CLAUDIA PANKE

Privatisierungsfolgenmanagement im Personalbereich am Beispiel der Deutschen Bahn AG

Schriftenreihe der Hochschule Speyer

Band 175

Privatisierungsfolgenmanagement im Personalbereich am Beispiel der Deutschen Bahn AG

Von

Claudia Panke

Duncker & Humblot · Berlin

Die Deutsche Hochschule für Verwaltungswissenschaften Speyer
hat diese Arbeit im Jahre 2003 / 2004 als Dissertation angenommen.

Bibliografische Information Der Deutschen Bibliothek

Die Deutsche Bibliothek verzeichnet diese Publikation in
der Deutschen Nationalbibliografie; detaillierte bibliografische
Daten sind im Internet über <http://dnb.ddb.de> abrufbar.

Fremddatenübernahme: Klaus-Dieter Voigt, Berlin
Druck: Color-Druck Dorfi GmbH, Berlin
Printed in Germany

ISSN 0561-6271
ISBN 3-428-11709-3

Gedruckt auf alterungsbeständigem (säurefreiem) Papier
entsprechend ISO 9706 ♾

Internet: http://www.duncker-humblot.de

Geleitwort

Claudia Panke behandelt in ihrer vorliegenden Arbeit einen der in der Praxis besonders relevanten Problembereiche von Privatisierungsvorhaben. Die Frage, welche Folgen ein Privatisierungsprozeß für das bei der privatisierten Stelle beschäftigte Personal hat, hat zentrale Bedeutung für die erfolgreiche Gestaltung einer Privatisierung. Nicht wenige Privatisierungsvorhaben scheitern am Widerstand der Beschäftigten. Wissenschaftliche Befassungen mit diesem Fragenkreis leiden nicht selten unter mangelndem Einblick in die tatsächliche Gestaltung des Privatisierungsfolgenmanagements. Demgegenüber ist die Arbeit *Claudia Pankes* ein Glücksfall für die verwaltungswissenschaftliche Durchdringung der Privatisierungsdiskussion, gelingt es ihr doch in vorbildlicher Weise, ihre im verwaltungswissenschaftlichen Magisterstudium an der Deutschen Hochschule für Verwaltungswissenschaften Speyer erworbenen wissenschaftlichen Fähigkeiten mit ihren praktischen Erfahrungen aus ihrer Tätigkeit bei der Deutschen Bahn AG zu einem wirklichen wissenschaftlichen „Mehrwert" zusammenzufügen.

Speyer

Univ.-Prof. Dr. *Jan Ziekow*

Vorwort

Die vorliegende Arbeit ist im WS 2003/04 vom Fachbereich Rechtswissenschaften, Lehrstuhl für öffentliches Recht, insbesondere allgemeines und besonderes Verwaltungsrecht der Deutschen Hochschule für Verwaltungswissenschaften Speyer als Dissertation angenommen worden. Die zu diesem Thema veröffentlichte Rechtsprechung und Literatur wurden bis Dezember 2004 berücksichtigt.

Mein erster und herzlicher Dank gilt Herrn Prof. Dr. Jan Ziekow für die intensive Betreuung der Arbeit. Sein Interesse für die Arbeit, seine Anregungen und Vorschläge haben wesentlich zu ihrem Gelingen beigetragen.

Für die Übernahme des Zweitgutachtens möchte ich mich bei Herrn Prof. Dr. Hermann Hill bedanken.

Die vorliegende Publikation habe ich während meiner Tätigkeit als Doktorandin bei der Deutschen Bahn AG erstellt. Ich danke daher allen Kolleginnen und Kollegen, die es mir durch ihre fachlichen Anregungen, durch die Bereitstellung relevanter Informationen und durch die Schaffung von Freiräumen ermöglicht haben, die Arbeit zu einem erfolgreichen Abschluß zu bringen.

Für seine Aufmunterung während der Erstellung dieser Arbeit und seine originelle Unterstützung am Tag meines Rigorosums danke ich aufrichtig Herrn Dr. Heinrich Schlüter.

Ganz besonderer Dank gilt meinem Mitdoktoranden Dr. Gerd Wilger, der mich als konstruktiver Diskussionspartner, Korrekturleser und Ratgeber unermüdlich in allen Phasen dieser Arbeit unterstützt hat.

Wesentlich für die gelungene Realisierung der Arbeit waren das Verständnis und der Rückhalt in meinem privaten Umfeld. Ich danke daher allen Freundinnen und Freunden, die mich durch die Höhen und Tiefen einer solchen Arbeit begleitet haben.

Der größte Dank gilt meiner Familie, insbesondere meinen Eltern. Durch die Unterstützung bei der Literaturrecherche, die Erörterung von Fachthemen und durch sorgfältiges Korrekturlesen meines Manuskriptes haben sie rege an der Erstellung der Arbeit teilgenommen. Sie haben mich auf meinem Weg begleitet und mich immer in meinem Vorhaben bestärkt. Sie haben daher einen grundlegenden Anteil zur erfolgreichen Verwirklichung dieser Arbeit beigetragen.

Ihnen ist die vorliegende Arbeit gewidmet.

Frankfurt a. M., im Januar 2005 *Claudia A. Panke*

Inhaltsverzeichnis

Abbildungsverzeichnis

Abkürzungsverzeichnis

a. A.	anderer Ansicht
a. a. O.	am angegebenen Ort
abgedr.	abgedruckt
Abs.	Absatz
ADAB	Allgemeine Dienstanweisung für die Bundesbahnbeamten
ADAzB	Allgemeine Dienstanweisung für die der Deutschen Bahn AG zugewiesenen Beamten des Bundeseisenbahnvermögens
a. F.	alte Fassung
AFG	Arbeitsförderungsgesetz
AG	Aktiengesellschaft
AG	Amtsgericht/Arbeitsgericht
AGBG	Gesetz zur Regelung des Rechts der Allgemeinen Geschäftsbedingungen
Agv MoVe	Arbeitgeberverband der Mobilitäts- und Verkehrsdienstleister
AiB	Arbeit im Betrieb (Zeitschrift)
AK-GG	Alternativkommentar zum Grundgesetz
AktG	Aktiengesetz
Allg.	allgemeine
Alt.	Alternative
AN	Arbeitnehmer
ÄndVO	Änderungsverordnung
Anm.	Anmerkung
AnTV	Tarifvertrag für die Angestellten der Deutschen Bundesbahn
AöR	Archiv des öffentlichen Rechts
AP	Arbeitsrechtliche Praxis
AR	Arbeitsrecht
ArbuR	Arbeit und Rechtsprechung (Zeitschrift)
ArchPT	Archiv für Post und Fernmeldewesen
Art.	Artikel
AT-Angestellte	Außertarifliche Angestellte
AÜG	Arbeitnehmerüberlassungsgesetz
Aufl.	Auflage
AVG	Angestelltenversicherungsgesetz
Az	Aktenzeichen
AZV	Verordnung über die Arbeitszeit der Bundesbeamten (Arbeitszeitverordnung)

BABl.	Bundesarbeitsblatt
BAG	Bundesarbeitsgericht
BAGE	Entscheidungen des Bundesarbeitsgerichts
BAT	Bundesangestelltentarifvertrag
BB	Betriebsberater (Zeitschrift)
BBahnG	Bundesbahngesetz
BBesG	Bundesbesoldungsgesetz
BBG	Bundesbeamtengesetz
Bd.	Band
BDiG	Bundesdisziplinargericht
BDiO	Bundesdisziplinarordnung
BeamtVG	Beamtenversorgungsgesetz
bearb.	bearbeitet
Bek.	Bekanntmachung
BENeuglG	Gesetz zur Zusammenführung und Neugliederung der Bundeseisenbahnen
Beschl.	Beschluß
BetrAVG	Gesetz zur Verbesserung der betrieblichen Altersversorgung
BetrVG	Betriebsverfassungsgesetz
BEV	Bundeseisenbahnvermögen
BGB	Bürgerliches Gesetzbuch
BGBl.	Bundesgesetzblatt
BGH	Bundesgerichtshof
BGHZ	Bundesgerichtshofentscheidungen in Zivilsachen
BLV	Bundeslaufbahnverordnung
BMI	Bundesministerium des Innern
BPersVG	Bundespersonalvertretungsgesetz
BR	Betriebsrat
BR	Bundesrat
BR-Drs.	Bundesratsdrucksache
BRRG	Beamtenrechtsrahmengesetz
BSG	Bundessozialgericht
bspw.	beispielsweise
BT	Bundestag
BT-Drs.	Bundestagsdrucksache
Buchst.	Buchstabe
BundesbahnG	Bundesbahngesetz
BVerfG	Bundesverfassungsgericht
BVerfGE	Entscheidungen des Bundesverfassungsgerichts
BVerwG	Bundesverwaltungsgericht
BVerwGE	Entscheidungen des Bundesverwaltungsgerichts
bzgl.	bezüglich

bzw.	beziehungsweise
ca.	circa
DB	Der Betriebsberater (Zeitschrift)
DB	Deutsche Bahn AG
DBAGZustV	Deutsche Bahn AG Zuständigkeitsverordnung
DBB	Deutscher Beamtenbund
DBGrG	Deutsche Bahn Gründungsgesetz
DB Vermittlung TV	Tarifvertrag für die in der DB Vermittlung GmbH beschäftigten Arbeitnehmer
DB Zeitarbeit TV	Tarifvertrag für die in der DB Zeitarbeit GmbH beschäftigten Arbeitnehmer
DDB	Der Deutsche Beamte (Zeitschrift)
ders.	derselbe
d.h.	das heißt
dies.	dieselben
DLÜV	Dienstleistungsüberlassungsvertrag
DöD	Der öffentliche Dienst (Zeitschrift)
DÖV	Die öffentliche Verwaltung (Zeitschrift)
Drs.	Drucksache
DV	Dienstvereinbarung
DVBl.	Deutsches Verwaltungsblatt (Zeitschrift)
DZA	Dienstleistungszentrum Arbeit (Deutsche Bahn AG)
E	Entscheidung
EAZV	Verordnung zur Regelung der Arbeitszeit der der Deutsche Bahn AG zugewiesenen Beamten des Bundeseisenbahnvermögens (Eisenbahnarbeitszeitverordnung)
ebd.	ebenda
e.V.	eingetragener Verein
EDV	Elektronische Datenverarbeitung
EG	Europäische Gemeinschaft
Einl.	Einleitung
einstw. Vfg.	einstweilige Verfügung
ELV	Verordnung über die Laufbahnen der Beamten beim Bundeseisenbahnvermögen (Eisenbahnlaufbahnverordnung)
ENeuOG	Gesetz zur Neuordnung des Eisenbahnwesens (Eisenbahnneuordnungsgesetz)
entspr.	entsprechend
Erl.	Erläuterung
E-Stelle	Einigungsstelle
etc.	ecetera
EU	Europäische Union
EuGH	Europäischer Gerichtshof
EuGRZ	Europäische Grundrechte-Zeitschrift

evt.	eventuell
EzA	Entscheidungssammlung zum Arbeitsrecht
f.	folgend
ff.	fortfolgende
FAZ	Frankfurter Allgemeine Zeitung
Fn.	Fußnote
FS	Festschrift
GBA	Gesamtbetriebsausschuss
GBl.	Gesetzblatt
GbR	Gesellschaft bürgerlichen Rechts
GBR	Gesamtbetriebsrat
GBV	Gesamtbetriebsvereinbarung
GDBA	Gewerkschaft Deutscher Bundesbahnbeamten, Arbeiter und Angestellter
GdED	Gewerkschaft der Eisenbahner Deutschlands (jetzt Transnet)
GDL	Gewerkschaft Deutscher Lokführer und Anwärter
gem.	gemäß
GewArch	Gewerbearchiv
GG	Grundgesetz
ggf.	gegebenenfalls
GJAV	Gesamtjugendauszubildendenvertretung
GKöD	Gemeinschaftskommentar öffentliches Dienstrecht
GmbH	Gesellschaft mit beschränkter Haftung
GmbHG	GmbH-Gesetz
GO	Gemeindeordnung
GO	Geschäftsordnung
GSchwerV	Gesamtschwerbehindertenvertretung
Hdb.	Handbuch
h.L.	herrschende Lehre
h.M.	herrschende Meinung
HGB	Handelsgesetzbuch
HPR	Hauptpersonalrat
Hrsg.	Herausgeber
Hs.	Halbsatz
i.d.F.	in der Fassung
i.d.R.	in der Regel
i.e.	im engeren
i.S.	im Sinne
i.S.d.	im Sinne des
i.V.m.	in Verbindung mit
i.w.	im weiteren
insb.	insbesondere

JA	Juristische Arbeitsblätter (Zeitschrift)
JazTV	Jahresarbeitszeittarifvertrag
JZ	Juristen Zeitung
JuS	Juristische Schulung (Zeitschrift)
Kap.	Kapitel
KBR	Konzernbetriebsrat
KBV	Konzernbetriebsvereinbarung
KG	Kommanditgesellschaft
KGSt	Kommunale Gemeinschaftsstelle
KJ	Kritische Justiz (Zeitschrift)
KonzernAtzTV	Tarifvertrag zur Förderung von Altersteilzeit für die Arbeitnehmer verschiedener Unternehmen des DB Konzerns
KonzernRTV	Rahmentarifvertrag für die Arbeitnehmer verschiedener Unternehmen des DB Konzerns
KonzernRatio TV	Tarifvertrag zur sozialverträglichen Abmilderung von Nachteilen, welche sich aus Rationalisierungs- bzw. Umstrukturierungsmaßnahmen für die Arbeitnehmer in verschiedenen Unternehmensbereichen im DB Konzern ergeben
KoRiLi	Konzernrichtlinie
krit.	kritisch
KSchG	Kündigungsschutzgesetz
KSchR	Kündigungsschutzrecht
LAG	Landesarbeitsgericht
LAGE	Entscheidungen des Landesarbeitsgerichts
LAS TV	Tarifvertrag Leistungsanreizsysteme
LBG	Landesbeamtengesetz
LG	Landesgericht
LPersVG	Landespersonalvertretungsgesetz
LPZV	Leistungsprämien- und Leistungszulagenverordnung
LS	Leitsatz
LTV	Tarifvertrag für die Arbeiter der Deutschen Bundesbahn
m. E.	meines Erachtens
m. w. N.	mit weiteren Nachweisen
MA	Mitarbeiter
MBR	Mitbestimmungsrecht
MDR	Monatsschrift für Deutsches Recht (Zeitschrift)
Mio.	Millionen
MiStra	Mitteilungen in Strafsachen
MitbestG	Mitbestimmungsgesetz
MK	Münchner Kommentar zum Bürgerlichen Gesetzbuch
Mrd.	Milliarde
MTV Schiene	Manteltarifvertrag für die Arbeitnehmer von Schienenverkehrs- und Schieneninfrastrukturunternehmen

Nachw.	Nachweise
n. F.	neue Fassung
NJW	Neue Juristische Wochenzeitschrift (Zeitschrift)
Nr.	Nummer
NVwZ	Neue Zeitschrift für Verwaltungsrecht (Zeitschrift)
NVwZ-RR	NVwZ-Rechtsprechungsreport
NW	Nordrhein-Westfalen
NZA	Neue Zeitschrift für Arbeitsrecht
o. ä.	oder ähnlich
OLG	Oberlandesgericht
ÖPNV	Öffentlicher Personennahverkehr
ÖTV	Gewerkschaft Öffentlicher Dienst, Transport und Verkehr
OVG	Oberverwaltungsgericht
OVGE	Entscheidungen des Oberveraltungsgerichts
PC	Personal Computer
PersR	Der Personalrat (Zeitschrift)
PersV	Die Personalvertretung (Zeitschrift)
PersVG	Personalvertretungsgesetz
RdA	Recht der Arbeit
RG	Reichsgericht
RGZ	Entscheidungen des Reichsgerichts in Zivilsachen
RiLi	Richtlinie
Rn.	Randnummer
Rsp.	Rechtsprechung
S.	Seite
s.	siehe
s. a.	siehe auch
SchwbG	Schwerbehindertengesetz
SGB	Sozialgesetzbuch
Slg.	Sammlung
sog.	sogenannt
SozR	Sozialrecht
SprAuG	Sprecherausschussgesetz
st. Rsp.	ständige Rechtsprechung
STV	Sozialtarifvertrag
SUrlVO	Sonderurlaubsverordnung
SZ	Süddeutsche Zeitung
TV	Tarifvertrag
TVG	Tarifvertragsgesetz
TV TG	Tarifvertrag für die Arbeitnehmer der Transfergesellschaft GmbH
u. a.	unter anderem
UmwG	Umwandlungsgesetz

unveröff.	unveröffentlicht
Urt.	Urteil
u. U.	unter Umständen
v.	vom
VerfGH	Verfassungsgerichtshof
VerArch	Verwaltungsarchiv
Vfg.	Verfügung
VG	Verwaltungsgericht
VGH	Verwaltungsgerichtshof
vgl.	vergleiche
VO	Verordnung
VR	Verwaltungsrundschau
VVDStRL	Veröffentlichungen der Vereinigung der Deutschen Staatsrechtslehrer
VV	Verwaltungsvorschrift
VwGO	Verwaltungsgerichtsordnung
VwVfG	Verwaltungsverfahrensgesetz
WA	Wirtschaftsausschuss
zahlr.	zahlreich
z. B.	zum Beispiel
ZBR	Zeitschrift für Beamtenrecht
ZBVR	Zeitschrift für Betriebsverfassungsrecht
ZfA	Zeitschrift für Arbeitsrecht
ZGR	Zeitschrift für Gesellschaftsrecht
ZHR	Zeitschrift für Handelsrecht
Ziff.	Ziffer
zit.	zitiert
z. T.	zum Teil
ZTR	Zeitschrift für Tarifrecht
zutr.	zutreffend
ZVersTV	Tarifvertrag über die betriebliche Zusatzversorgung für die Arbeitnehmer der DB AG
ZVK	Zusatzversorgungskasse
zZ	zur Zeit
zzgl.	zuzüglich

A. Einleitung

I. Problemstellung und Zielsetzung der Arbeit

Ein Ziel der in der Bundesrepublik Deutschland praktizierten Politik kann mit dem Stichwort „schlanker Staat“ einprägsam beschrieben werden. Neben der effektiveren Erfüllung der Verwaltungsaufgaben durch Reformen und Einführung von Managementmethoden aus der freien Wirtschaft gilt vor allem die Privatisierung als ein geeignetes Instrument zur Umsetzung dieser Intention.

Privatisierungsmaßnahmen erschöpfen sich nicht in dem einmaligen Akt der Privatisierungsentscheidung. Vielmehr sind Privatisierungen als ein Prozeß zu verstehen, der mit der Entscheidung zur Umstrukturierung von Einrichtungen der öffentlichen Hand angestoßen wird, sich im Rahmen der Privatisierungsfolgenverantwortung weiterentwickelt und im äußersten Fall mit einer vollständigen Übertragung der Aufgabenwahrnehmung und Aufgabenverantwortung auf einen privaten Rechtsträger endet.

In welcher Weise sich Privatisierungen auf die Rolle des Staates, den Aufgabenbestand der öffentlichen Hand, die Grundrechtslage der betroffenen Beschäftigten sowie auf die wirtschaftliche und politische Zielsetzung des privatisierten Unternehmens auswirken, ist Gegenstand des Privatisierungsfolgenrechts[1].

Die Privatisierungen der großen öffentlich-rechtlichen Unternehmen wie der Deutschen Flugsicherung, der Deutschen Bundespost und der Deutschen Bundesbahn hatten Pilotfunktionen für weitere Reform- und Umstrukturierungsvorhaben auf Bundes-, Landes- und Kommunalebene. Auf Grund der substantiellen Dimension dieser Privatisierungsmaßnahmen können sie als Prüfungsobjekt herangezogen werden, um die Bedeutung des Privatisierungsfolgenrechts aufzuzeigen. In diesem Kontext soll ein besonderes Augenmerk auf die Entwicklung des Privatisierungsfolgenmanagements bei den privatisierten Eisenbahnunternehmen gerichtet werden.

Der vom Staat getragene Schienenverkehr in der Bundesrepublik Deutschland konnte in den letzten Jahrzehnten die an ihn gestellten ökologischen und ökonomischen Erwartungen nicht erfüllen. Der Schienenverkehr verlor aufgrund seiner schwachen Position kontinuierlich Marktanteile im Güter- und Personenver-

---

[1] s. *Schuppert,* Jenseits von Privatisierung und „schlankem“ Staat: Vorüberlegungen zu einem Konzept von Staatsentlastung durch Verantwortungsteilung in: *Gusy,* Privatisierung von Staatsaufgaben: Kriterien – Grenzen – Folgen, S. 72, 84.

kehr und stellte zuletzt eine nicht mehr tragbare Belastung des öffentlichen Haushalts dar[2]. Durch die Privatisierung sollten die deutschen Bahnen von den „Fesseln des öffentlichen Rechts“ befreit werden. Es bestand die Erwartung, daß die Reform zukünftig eine – auch unter betriebs- und personalwirtschaftlichen Kriterien – effektivere Unternehmensführung ermöglicht.

Der Entschluß zur Bahnreform war somit nur der erste Schritt. Die Entwicklung des privatisierten Eisenbahnunternehmens von einer staatlichen Institution der Daseinsvorsorge zu einem kapitalmarktfähigen Unternehmen umfaßt die nächsten Schritte für eine erfolgreiche Umsetzung der Reformbestrebungen.

Da das traditionelle Berufsbild des Beamten als Staatsdiener durch die Verfassung und die einschlägigen Gesetze geregelt wird, hat der Gesetzgeber mit seiner Entscheidung zur Privatisierung der Flugsicherung, der Deutschen Bundespost und der Deutschen Bundesbahn, in bezug auf die Überleitung und Weiterbeschäftigung von Beamten in Unternehmen der Privatwirtschaft juristisches Neuland betreten.

In diesem Zusammenhang waren die Probleme der Privatisierungsentscheidung, u.a. die grundsätzliche Frage der rechtlichen Zulässigkeit von Privatisierungsmaßnahmen und die Regelungen zur Überleitung von Personen, die in einem öffentlich-rechtlichen Dienst- und Treueverhältnis stehen, in ein privatrechtlich organisiertes Unternehmen, bereits vielfach Gegenstand von wissenschaftlichen Untersuchungen[3].

Auf die rechtlichen Rahmenbedingungen der Privatisierungsentscheidung zur Bahnreform wird in der vorliegenden Arbeit komprimiert eingegangen. Ein besonderer Fokus wird in den nachfolgenden Ausführungen auf die Entwicklung des Privatisierungsfolgenmanagements während und nach der Bahnreform gelegt, die bislang nur oberflächlich in der juristischen Fachliteratur begutachtet wurde.

Für eine erfolgreiche Umsetzung der Bahnstrukturreform sind nicht nur die rechtlichen Rahmenbedingungen maßgeblich, sondern es ist auch die Akzeptanz und der Gestaltungswille für die Privatisierungsmaßnahme der verschiedenen Interessen- und Anspruchsgruppen erforderlich.

[2] *Schneider,* J., Die Privatisierung der Deutschen Bundes- und Reichsbahn, S. 1 m.w.N.

[3] So z.B. bei: *Benz,* H., Die verfassungsrechtliche Zulässigkeit der Beleihung einer AG mit Dienstherrenbefugnissen; *Menges,* Die Rechtsgrundlagen für die Strukturreform der Deutschen Bahnen: Auswirkungen der Neuorganisation auf das Verhältnis des Staates zu seinem Unternehmen; *Schönrock,* Beamtenüberleitung von Beamten anlässlich der Privatisierung von öffentlichen Unternehmen.

Als Akteure der Bahnreform sind insbesondere

- der Bund als Mehrheitseigentümer und Dienstherr der Beamten,
- die Deutsche Bahn AG als markt- und wettbewerbsorientiertes Wirtschaftsunternehmen,
- die kollektiven Interessen- und Arbeitnehmervertretungen (Gewerkschaften, Betriebsräte, Verbände) sowie
- die Arbeitnehmer und Beamten als unmittelbar betroffene Beschäftigte,

zu nennen.

Welche Verantwortung und Aufgaben sich für die einzelnen Anspruchsgruppen nach der Bahnreform ergeben und mit welchen rechtlichen und wirtschaftlichen Konsequenzen sie sich als Folge der Privatisierungsmaßnahme auseinandersetzen müssen, wird ebenfalls in den nachfolgenden Untersuchungen analysiert.

Notwendige Voraussetzungen für eine Analyse des Privatisierungsfolgenmanagements sind Erfahrungswerte und Lebenssachverhalte, die unter verfassungsrechtlichen, beamtenrechtlichen, arbeitsrechtlichen, betriebsverfassungsrechtlichen und verwaltungswissenschaftlichen Gesichtspunkten zu untersuchen sind.

Im Verlauf der Bahnreform wurden bereits offensichtliche personalrechtliche und personalwirtschaftliche Folgen der Privatisierungsmaßnahme in den politischen Gremien diskutiert[4]. Die Beantwortung der Fragen behandelt die Problematik der Privatisierungsfolgen für die übergeleiteten Mitarbeiter allerdings nur oberflächlich und vermag daher nicht zu befriedigen.

---

[4] Als Beispiel sind hier u.a. nur zu nennen: *BT-Drs.* 13/8310, S. 38, Nr. 70: „... Welche Folgerungen zieht die Bundesregierung im Rahmen der Verantwortung des Bundeseisenbahnvermögens für die der DB AG zugewiesenen Beamten daraus, daß die BahnTransGmbH zur Zeit nur einen Teil der im Geschäftsbereich Stückgut der DB AG zur Zeit noch beschäftigten 4.000 Mitarbeiterinnen und Mitarbeiter übernehmen wird, die DB AG aber für viele der bei ihr verbleibenden Mitarbeiterinnen und Mitarbeiter – darunter auch viele Beamtinnen und Beamte – keine Arbeit hat?“. Die Antwort auf diese Anfrage ist vom 18. Juli 1997, *BT-Drs.* 13/8310, S. 38: „... Inwieweit die zur BahnTransGmbH beurlaubten 275 Beamten des Bundeseisenbahnvermögens von der Maßnahme betroffen sein werden, läßt sich zur Zeit noch nicht absehen. Die Bundesregierung geht jedoch davon aus, daß die DB AG mit Hilfe des bei ihr eingerichteten Dienstleistungszentrums Arbeit in der Lage sein wird, ... nicht mehr benötigte Beamte in anderen Bereichen des Unternehmens unterzubringen.“; *BT-Drs. 13/8310,* S. 38, Nr. 71: „... Ist der Bundesregierung bekannt, wie hoch die finanzielle Belastung für das Bundeseisenbahnvermögen durch die verbleibenden Mitarbeiterinnen und Mitarbeiter insgesamt und im Besonderen für die Beamtinnen und Beamten, die keine Beschäftigung bei der DB AG finden werden, eingeschätzt wird?“. Die Antwort auf die Anfrage ist in *BT-Drs.* 13/8310, S. 39 nachzulesen: „... Tarifverträgen unterliegenden Mitarbeiter sind von der DB AG übernommen worden und stellen daher keine finanzielle Belastung für das Bundeseisenbahnvermögen dar. Für die der DB AG zugewiesenen Beamten wird sich eine finanzielle Belastung für das Bundeseisenbahnvermögen hieraus nicht ergeben. Auf die Antwort zu Frage 70 wird verwiesen.“

Um ein besseres Verständnis und eine die Theorie ergänzende Sichtweise zu erhalten, wurden nach der abstrakten rechtlichen Prüfung der Privatisierungsfolgen Interviews mit ausgewählten Experten aus der Unternehmenspraxis zu den rechtlichen Konsequenzen der Bahnreform geführt. Die Kernaussagen der Interviewpartner bestätigen qualitativ die bereits von politischer Seite im Rahmen der Bahnreform aufgeworfenen Fragen und dienen für die Untersuchung des Privatisierungsfolgenmanagements somit zusätzlich als Bewertungsmaßstab.

Mit der vorliegenden Arbeit sollen die wesentlichen Zielsetzungen des Privatisierungsfolgenmanagements am Beispiel der Deutschen Bahn AG aufgezeigt und die folgenden Fragen beantwortet werden:

- **Einordnung der Bahnreform in das Privatisierungsrecht**

  - Welche Auswirkungen haben die verfassungsrechtlichen Änderungen bzw. die Einfügung der Art. 87e und 143a GG?
  - Ist das Mehrheitseigentum des Bundes eine notwendige Voraussetzung für die rechtliche Zulässigkeit der Zuweisung von Beamten auf das privatisierte Eisenbahnunternehmen?

- **Rechtliche Konsequenzen der Beschäftigung von Beamten bei der Deutschen Bahn AG**

  - Wie kommt der Dienstherr seiner Privatisierungsfolgenverantwortung gegenüber den „privatisierten" Beamten, die weiterhin als Bundesbeamte gelten und deren Rechtsstellung verfassungsrechtlich abgesichert ist, nach?[5]
  - Inwiefern entfalten die hergebrachten Grundsätze des Berufsbeamtentums gem. Art. 33 Abs. 5 GG und andere gewichtige Prinzipien des Beamtenrechts ihre Gültigkeit für „privatisierte" Beamte?
  - Ist die Anwendung des Disziplinarrechts auf „privatisierte" Beamte mit dem Gleichheitsgrundsatz gem. Art. 3 GG vereinbar, insbesondere unter dem Aspekt der Sanktion von außerdienstlichem Fehlverhalten?
  - Wie werden die Beamten nach der Bahnreform in die betriebliche Mitbestimmung im Sinne des Betriebsverfassungsgesetzes eingebunden?

---

[5] Zur Definition des Begriffes „Privatisierungsfolgenverantwortung", s. *Schuppert,* Jenseits von Privatisierung und „schlankem" Staat: Vorüberlegungen zu einem Konzept von Staatsentlastung durch Verantwortungsteilung in: *Gusy,* Privatisierung von Staatsaufgaben: Kriterien – Grenzen – Folgen, S. 72, 82; *BT-Drs.* 12/6691, S. 16, Nr. 71 zur Frage, „... ob das berufliche Fortkommen der Bundesbeamten nach der Privatisierung gesichert ist, und ob die Bundesregierung den von der Bundeseisenbahnverwaltung vorgeschlagenen Stellenplan, der auch Beförderungsstellen ausbringt, genehmigen wird?".

- Welche Auswirkung kristallisieren sich aufgrund der Beschäftigung von Beamten für das privatisierte Eisenbahnunternehmen heraus? Stellt die Beschäftigung von Beamten im Hinblick auf eine effiziente Personalwirtschaft aus unternehmerischer Perspektive tatsächlich einen Wettbewerbsnachteil dar?

- **Rechtliche Konsequenzen der Bahnreform für die Tarifkräfte der Deutschen Bundes- und Reichsbahn**

  - Können die Tarifkräfte, die auf Grund der Bahnreform auf die privatisierten Eisenbahnunternehmen übergeleitet wurden, ebenso wie die Beamten einen Anspruch auf eine Statussicherung als Arbeitnehmer des öffentlichen Dienstes geltend machen?
  - Welche Besonderheiten ergeben sich nach der Privatisierungsmaßnahme für die betriebliche Altersversorgung?

- **Aufzeigen der Privatisierungsfolgen an zwei ausgewählten Beispielen der Deutschen Bahn AG**

  - Welche Auswirkungen ergeben sich infolge von Rationalisierungsmaßnahmen, die mit dem Ziel einer Verschlankung der Hierarchien und der Personalstruktur durchgeführt werden, für die betroffenen Beamten und Arbeitnehmer?
  - Welche rechtlichen Möglichkeiten bestehen für das privatisierte Eisenbahnunternehmen zum Abbau eines Personalüberbestandes und zu Personalfreisetzungsmaßnahmen unter Berücksichtigung des Tatbestandes der Beschäftigung von Beamten und Tarifkräften, die unter eine sogenannte Unkündbarkeitsklausel fallen?
  - Welche Maßnahmen ergreift das privatisierte Unternehmen im Hinblick auf seine zukünftige Positionierung im Bereich der nationalen und internationalen Tarif- und Sozialpolitik?

Mit der Untersuchung der genannten Kernfragen wird der Versuch unternommen, generalisierende Aussagen für das Privatisierungsfolgenmanagement zu erarbeiten und damit einen Beitrag zum Erfolg zukünftiger Privatisierungsmaßnahmen zu leisten.

II. Verlauf der Untersuchung

Die Bearbeitung der dargelegten Kernfragen wird thematisch in drei Blöcke unterteilt.

In den Kapiteln B. und C. werden die Grundlagen und Rahmenbedingungen für die Untersuchungen in den Kapiteln D. und E. herausgestellt, deren abstrakte Ergebnisse in Kapitel F. anhand von ausgesuchten Praxisbeispielen überprüft werden.

Zunächst werden in Kapitel B. und Kapitel C. die verschiedenen Formen der Privatisierung und deren rechtlichen Grenzen aufgezeigt. In diesem Kontext erfolgt auch eine Darstellung der historischen Entwicklung der deutschen Eisenbahnunternehmen und des Modells der Bahnstrukturreform.

Im Weiteren sind die Auswirkungen der geänderten bzw. neu eingefügten verfassungsrechtlichen Regelungen einerseits auf den Bund und andererseits auf die künftige unternehmerische Ausrichtung der Deutschen Bahn AG sowie auf die Mitarbeiter, die in einem öffentlich-rechtlichen Dienst- und Treueverhältnis stehen, darzulegen. In diesem Zusammenhang sind insbesondere die Bedeutung und die Wirkung des Art. 143a GG zu analysieren.

Wegen der unterschiedlichen Rechtsstellung von Tarifkräften und Beamten und den daraus resultierenden Rechtsfragen werden die Konsequenzen der Privatisierung für diese beiden Beschäftigungsgruppen getrennt behandelt.

In Kapitel D. werden die verfassungs- und einfachgesetzlichen Voraussetzungen und Grenzen für die Beschäftigung von Beamten bei der Deutschen Bahn AG bzw. ihren Nachfolgeunternehmen erörtert. Infolge von Privatisierungsmaßnahmen gehen regelmäßig die bisherigen Dienstposten der betroffenen Beamten verloren. Es besteht daher die Gefahr, daß die in den privatisierten Unternehmen tätigen Beamten durch die erfolgte Umstrukturierungsmaßnahme ihren verfassungsrechtlich gewährleisteten Rechtsstatus verlieren.

Im Mittelpunkt der Analyse stehen daher die rechtlichen Konsequenzen, die sich aufgrund der Bahnreform für den Beamtenstatus und den daraus resultierenden Rechten und Pflichten der „privatisierten" Beamten ergeben.

In diesem Zusammenhang ist auch zu ergründen, inwieweit die hergebrachten Grundsätze des Berufsbeamtentums Anwendung finden und ob die „privatisierten" Beamten nunmehr ein Arbeitskampfrecht geltend machen können. Ferner ist zu untersuchen, welche Auswirkungen das Disziplinarrecht auf „privatisierte" Beamte hat und wie die bei der Deutschen Bahn AG beschäftigten Beamten in die betriebliche Mitbestimmung eingebunden werden.

Im Anschluß daran befaßt sich Kapitel E. mit den Voraussetzungen und Auswirkungen der Überleitung der Tarifkräfte der Deutschen Bundesbahn und der Deutschen Reichsbahn auf die Deutsche Bahn AG bzw. ihre Nachfolgegesellschaften. In diesem Kontext wird auf ausgewählte Probleme, die sich aus der Privatisierung für die Tarifkräfte ergeben, eingegangen[6]. Im Fokus der Untersuchungen stehen der Anspruch der Arbeitnehmer auf eine betriebliche Altersversorgung, die ein Äquivalent zu der Altersversorgung im öffentlichen Dienst darstellt, und die Prüfung eines Anspruchs der Arbeitnehmer auf eine Statussicherung als Arbeitnehmer des öffentlichen Dienstes.

In Kapitel F. werden abschließend an zwei Praxisbeispielen die Ergebnisse der in den Kapiteln D. und E. vorgenommenen Analyse transferiert und überprüft.

Die wesentlichen Erkenntnisse zur allgemeinen Entwicklung des Privatisierungsfolgenmanagements sowie generalisierende Empfehlungen für künftige Privatisierungsmaßnahmen werden in Kapitel G. dargelegt.

[6] Eine Prüfung und Darstellung der einzelnen Tatbestandsmerkmale zum Betriebsübergang gem. § 613a BGB wird nicht vorgenommen. Insofern wird hier auf die einschlägige und ausführliche Fachliteratur verwiesen.

B. Privatisierung von Staatsunternehmen

Staat und Verwaltung in Deutschland zeigen alle Zeichen einer weltweit stattfindenden Modernisierungsbewegung, die ihren Ausgang im anglo-amerikanischen Raum genommen hat und heute vor allem unter den Begriffen „New Public Management“, „Reinventing Government“, „Lean Management“ sowie „Neues Steuerungsmodell“ diskutiert wird.

Durch diese Reformansätze wird eine „Managerialisierung“ sowie Ökonomisierung des Staatssektors angestrebt, die in Strategien der Privatisierung, Deregulierung, der staatlichen Binnenrationalisierung und der Spar- und Abbaupolitik ihren Ausdruck findet[1].

In Deutschland sind bereits einige substantielle Veränderungen des Staatssektors festzustellen. Die Bundesregierung verfolgt seit der politischen Wende im Jahre 1982/83 eine konsequente Privatisierungspolitik. Die achtziger Jahre standen im Zeichen des Verkaufs von Bundesbeteiligungen an Erwerbsunternehmen. Die Anteile des Bundes an VW, Veba, VIAG, der deutschen Pfandbriefanstalt und vielen anderen Unternehmen wurden erheblich reduziert oder ganz aufgegeben[2]. In den neunziger Jahren folgten die Privatisierungen der Flugsicherung, des Rundfunks sowie der Monopolgiganten Bahn und Post[3]. Hierbei waren die Motive für die Privatisierungsvorhaben durchaus unterschiedlich. Bei dem Verkauf der Bundesbeteiligungen standen fiskalische Interessen im Vordergrund, bei der Bundespost ging es primär um die Öffnung des Telekommunikationsmarktes für den nationalen und internationalen Wettbewerb und Kapitalaufstok-

---

[1] Vgl. *König,* Rückzug des Staates – Privatisierung der öffentlichen Verwaltung, DÖV 1998, S. 963 ff.

[2] Aus den Verkäufen konnte der Bundesfinanzminister zwischen 1984 und 1989 Einnahmen von ca. 9,4 Mrd. DM verbuchen, vgl. hierzu *Blanke/Sterzel,* Probleme der Personalüberleitung im Falle einer Privatisierung der Bundesverwaltung (Flugsicherung, Bahn und Post), ArbuR 1993, S. 265 m. w. N.

[3] Allerdings hatten diese Maßnahmen gleichzeitig den Effekt, daß eine Fülle neuer staatlicher Regulierungen für eine erfolgreiche Umsetzung erforderlich war. In diesem Zusammenhang ist festzustellen, daß die Strategie der Deregulierung – Schaffung von Spielräumen der Eigenverantwortung für Unternehmer, Interessenvertretungen und Konsumenten etc. – in Deutschland z. B. im Vergleich zu den USA, nur einen geringen Stellenwert einnimmt. Trotz einer lebhaften Kritik an einer Überregulierung der öffentlichen Angelegenheiten sind bislang keine ernsthaften Maßnahmen zur Rechtsbereinigung und -vereinfachung in den Bereichen der Legislative, Judikative und Exekutive abzusehen. Im Gegenteil ist durch die Umsetzung supranationalen Rechts der Europäischen Union in nationales Recht mit einer weiteren Regulierungsflut zu rechnen.

kung, bei der Flugsicherung um die Abkehr von einem defizienten öffentlichen Besoldungsrecht und bei der Bundesbahn um die Entschuldung und Sanierung.

Die Ziele von Privatisierungsmaßnahmen sind insbesondere die Verbesserung der defizitären Lage der öffentlichen Haushalte, die Entlastung der öffentlichen Hand von der stetig anwachsenden Last wahrzunehmender Aufgaben, die Abschaffung starrer Hierarchiestrukturen, der Abschied vom öffentlichen Dienstrecht und somit eine Flexibilisierung der Personalwirtschaft sowie die vielfach propagierte verbesserte Kunden- und Dienstleistungsorientierung.

Im Kern geht es also um eine Effizienz- und Effektivitätssteigerung in öffentlichen Angelegenheiten. Handelt es sich allerdings um die Privatisierung von zentralen Basisleistungen, so können die Entscheidungen nicht allein aufgrund ökonomischer Effizienzkriterien getroffen werden. Vielmehr spielen personal-, sozial- und umweltpolitische Aspekte ebenso wie Überlegungen zur Zukunft des öffentlichen Sektors und zur Funktion des Staates eine Rolle im Entscheidungsprozeß.

Privatisierungsvorhaben im Sinne eines Transfers vormals öffentlicher Aufgaben auf private, unter Wettbewerbsbedingungen operierende Unternehmen sind sehr komplexe Prozesse und werfen zwangsläufig eine Fülle an juristischen, verwaltungswissenschaftlichen und betriebswirtschaftlichen Fragen auf[4].

I. Formen der Privatisierung (Allgemeine Begriffsdefinitionen)

Der Begriff „Privatisierung“[5] wird schlagwortartig auf vielfältige Sachverhalte in unterschiedlicher Art und Weise angewandt und ist daher umfassend und unscharf zugleich. Allgemein definiert ist Privatisierung, die vereinfa-

---

[4] Ein Indiz hierfür sind die zahlreichen Dissertationen über das Thema „Privatisierung“, z.B. *Benz,* H., Die verfassungsrechtliche Zulässigkeit der Beleihung einer Aktiengesellschaft mit Dienstherrenbefugnis; *Schneider,* J., Die Privatisierung der Deutschen Bundes- und Reichsbahn: institutioneller Rahmen – wertkettenorientiertes Synergiekonzept – Analyse der Infrastrukturgesellschaft; *Schönrock,* Beamtenüberleitung anlässlich der Privatisierung von öffentlichen Unternehmen; *Metzger,* Realisierungschancen einer Privatisierung öffentlicher Dienstleistungen; *Menges,* Die Rechtsgrundlagen für die Strukturreform der Deutschen Bahnen: Auswirkungen der Neuorganisation auf das Verhältnis des Staates zu seinem Unternehmen.

[5] Zur Typologie der Privatisierung im Einzelnen, vgl. *v. Hagemeister,* Die Privatisierung öffentlicher Aufgaben, S. 33 ff.; häufig wird das Wort „Entstaatlichung“ als Synonym verwendet. Beide Begriffe bezeichnen den gleichen Vorgang, jedoch aus unterschiedlichen Perspektiven: Während der Begriff „Entstaatlichung“ den Ausgangspunkt des Vorgangs hervorhebt, markiert das Wort „Privatisierung“ die Zielrichtung, vgl. hierzu *v. Arnim,* Rechtsfragen der Privatisierung, S. 16; von der Entstaatlichung durch Privatisierung ist die Entstaatlichung durch Deregulierung zu unterscheiden, vgl. *Peine,* Grenzen der Privatisierung – verwaltungsrechtliche Aspekte, DÖV 1997, S. 353, 355.

chende, übergeordnete Bezeichnung für vielfältige und auch in sich komplexe und variierbare Sachverhalte[6]. Aufgrund der unterschiedlichen Verwendung dieser Vokabel ist eine konkretere Begriffsdefinition erforderlich. Daher werden die fünf wichtigsten Privatisierungsformen dargelegt und ihre Bedeutung für die nachfolgenden Ausführungen festgelegt.

1. Vermögensprivatisierung

Unter einer Vermögensprivatisierung ist die Übertragung öffentlichen Eigentums bzw. Vermögens auf private Dritte zu verstehen[7]. Vermögensprivatisierungen sind insbesondere für den Bund und die Länder von praktischer Bedeutung. Da es sich beim Betrieb erwerbswirtschaftlicher Unternehmen, die Staatseigentum sind, nicht um eine Staatsaufgabe im eigentlichen Sinne handelt, liegt bei der Veräußerung (Privatisierung) derartiger Unternehmen keine Aufgabenveränderung, sondern lediglich ein Wechsel der Eigentumsverhältnisse vor[8].

2. Formelle Privatisierung, Organisationsprivatisierung

Formelle Privatisierung, Organisationsprivatisierung oder Inhouse-Outsourcing bedeutet die Erfüllung staatlicher Aufgaben ganz oder teilweise durch eine verselbständigte juristische Person des Privatrechts[9]. Die Aufgabenverantwortung verbleibt in vollem Umfang bei der öffentlichen Hand. Die Aufgabenwahrnehmung erfolgt dagegen in den Rechtsformen des Privatrechts.

---

[6] *Schuppert,* Jenseits von Privatisierung und „schlankem" Staat: Vorüberlegungen zu einem Konzept von Staatsentlastung durch Verantwortungsteilung in: *Gusy,* Privatisierung von Staatsaufgaben: Kriterien – Grenzen – Folgen, S. 72, 83.

[7] *Sterzel* in: *Blanke/Trümner,* Handbuch Privatisierung, S. 135 f., Rn. 162; *Schoch,* Der Beitrag des kommunalen Wirtschaftsrechts zur Privatisierung öffentlicher Aufgaben, DÖV 1993, S. 377, 378.

[8] *Krölls,* Rechtliche Grenzen der Privatisierungspolitik, GewArch 1995, S. 129, 133; *Sterzel* in: *Blanke/Trümner,* Handbuch Privatisierung, S. 136 zur Fn. 84.

[9] *Burgi* in: *Erichsen/Ehlers,* Allgemeines Verwaltungsrecht, § 54 Rn. 11; *Gern,* Privatisierung in der Kommunalverwaltung, S. 15; *Peine,* Grenzen der Privatisierung – verwaltungsrechtliche Aspekte, DÖV 1997, S. 353, 354; *Boysen,* Kommunale outsourcing-Rechtsprobleme der privatrechtlich verselbständigten Erfüllung kommunaler Aufgaben, VR 1996, S. 74; *Koch,* Outsourcing im Bereich öffentlicher Dienstleistungen, AuA 1995, S. 329 ff.; *Ziekow,* Rechtliche Rahmenbedingungen der Privatisierung kommunaler Dienstleistungen, in: *Meyer-Teschendorf,* S. 131, 137; *Sterzel* in: *Blanke/Trümner,* Handbuch Privatisierung, Rn. 163; *v. Arnim,* Rechtsfragen der Privatisierung, S. 17; *Bull,* Privatisierung öffentlicher Aufgaben, VerwArch 86 (1995), S. 621, 622, der die formelle Privatisierung auch als eine Art der Organisationsreform betrachtet.

3. Materielle Privatisierung, echte Aufgabenprivatisierung

Materielle Privatisierung oder echte Aufgabenprivatisierung kann als eine vollständige oder teilweise Entlassung öffentlicher Aufgaben in die volle Verantwortung nichtstaatlicher Rechtssubjekte definiert werden[10]. Hierbei wird sowohl die Aufgabenwahrnehmung als auch die Aufgabenverantwortung auf einen privaten Rechtsträger übertragen, der von der öffentlichen Hand unabhängig ist.

Die Folge der damit verbundenen Aufgabenverlagerung ist, daß bislang von der öffentlichen Hand erbrachte Leistungen abgebaut und stattdessen von privaten Wirtschaftsunternehmen nach Maßgabe marktwirtschaftlicher Prinzipien angeboten werden. Eine Garantie, daß die betreffenden Leistungen auch weiterhin erbracht werden, besteht also nicht. Problematisch gestaltet sich somit die Privatisierung von Leistungen aus dem Bereich der Daseinsvorsorge, weil sie flächendeckend vom Staat zur Verfügung gestellt werden müssen, um die Grundversorgung in allen wichtigen Infrastrukturbereichen (z. B. Verkehr, Ent- und Versorgung) sicherzustellen bzw. den selbstverständlichen zivilisatorischen Standard einer Industriegesellschaft gewährleisten zu können (staatliche Ingerenzverpflichtung).

Daher sind bei solchen Privatisierungen die sozialstaatlich bedeutsamen Daseinsvorsorgeleistungen durch Regulierungen sicherzustellen[11].

4. Unechte Aufgabenprivatisierung

Um eine unechte Aufgabenprivatisierung handelt es sich, wenn – ungeachtet der Wahl einer privatrechtlichen Organisationsform und der im Grundsatz privatwirtschaftlich erfolgenden Aufgabenerfüllung – der Staat eine rechtlich definierte Garantenstellung hinsichtlich der Grundversorgung mit Infrastruktureinrichtungen und/oder Pflichtleistungen übernimmt und entsprechende Regulierungsbefugnisse gegenüber dem Privatunternehmen erhält, um das bisher im

---

[10] *Burgi* in: *Erichsen/Ehlers,* Allgemeines Verwaltungsrecht, § 54 Rn. 35; *Peine,* Grenzen der Privatisierung – verwaltungsrechtliche Aspekte, DÖV 1997, S. 353, 354; *Ziekow,* Rechtliche Rahmenbedingungen der Privatisierung kommunaler Dienstleistungen, in: *Meyer-Teschendorf,* S. 131, 138; *Gern,* Privatisierung in der Kommunalverwaltung, S. 8; *Sterzel* in: *Blanke/Trümner,* Handbuch Privatisierung, S. 137 f., Rn. 164; *v. Arnim,* Rechtsfragen der Privatisierung, S. 17.

[11] *Schuppert,* Rückzug des Staates? Zur Rolle des Staates zwischen Legitimationskrise und politischer Neubestimmung, DÖV 1995, S. 761, 768; umfassende materielle Privatisierungsmaßnahmen sind im Entsorgungsbereich möglich aufgrund der Neuregelung im Kreislaufwirtschafts-/Abfallgesetz (BGBl. 1994, S. 2705), wenn es sich um einen Vorgang der Abfallverwertung handelt. Vgl. hierzu auch *Rodin,* Rahmenbedingungen und Empfehlungen zur Vertragsgestaltung in: *Fettig/Späth,* Privatisierung kommunaler Aufgaben, S. 61, 63; *Gern,* Privatisierung in der Kommunalverwaltung, S. 8.

Rahmen der öffentlichen Aufgabenwahrnehmung erreichte Versorgungsniveau sicherzustellen[12].

5. Funktionale Privatisierung

Die funktionale Privatisierung liegt zwischen der formellen und materiellen Privatisierung und ist durch eine Aufgabenverlagerung gekennzeichnet[13]. Die Aufgabenverantwortung verbleibt bei dem Verwaltungsträger, während die Aufgabenwahrnehmung zumindest partiell durch ein von der öffentlichen Hand unabhängiges privatrechtliches Unternehmen erfolgt. Hierunter fällt auch das Prinzip des Outsourcing, bei dem die öffentliche Hand bestimmte Dienstleistungen und Produkte die sie benötigt, durch private Dritte erbringen läßt[14].

Ebenso sind die Finanzierungsprivatisierung[15], die Beleihung[16], die sog. Betreibermodelle[17], die Auftrags- oder Funktionsnachfolge[18], das Contracting out und sonstige Formen des Public-Private-Partnership[19] als funktionale Verselbständigungen zu qualifizieren.

II. Zulässigkeit von Privatisierungsmaßnahmen

Generell liegt es im freien Ermessen des Staates, wie er öffentliche Aufgaben erledigen lassen will. Nach dem Prinzip der organisatorischen Wahlfreiheit dür-

---

[12] *Schmidt-Aßmann/Röhl,* Grundposition des neuen Eisenbahnverfassungsrechts (Art. 87e GG), DÖV 1994, S. 577 ff.; *Sterzel* in: *Blanke/Trümner,* Handbuch Privatisierung, S. 138, Rn. 165.

[13] *Sterzel* in: *Blanke/Trümner,* Handbuch Privatisierung, S. 127, Rn. 155; *Ziekow,* Rechtliche Rahmenbedingungen der Privatisierung kommunaler Dienstleistungen, in: *Meyer-Teschendorf,* S. 131, 138.

[14] *Koch,* Outsourcing im Bereich öffentlicher Dienstleistungen, AuA 1995, S. 329, 330; *Ziekow,* Rechtliche Rahmenbedingungen der Privatisierung kommunaler Dienstleistungen, in: *Meyer-Teschendorf,* S. 131, 139; *v. Arnim,* Rechtsfragen der Privatisierung, S. 18; *König,* Rückzug des Staates – Privatisierung der öffentlichen Verwaltung, DÖV 1998, S. 963, 965; ausführlich *Sterzel* in: *Blanke/Trümner,* Handbuch Privatisierung, S. 138 ff., Rn. 166 ff.

[15] *Gern,* Privatisierung in der Kommunalverwaltung, S. 31 ff.

[16] Vgl. auch *Peine,* Grenzen der Privatisierung – verwaltungsrechtliche Aspekte, DÖV 1997, S. 353, 360 m. w. N.; *Ziekow,* Rechtliche Rahmenbedingungen der Privatisierung kommunaler Dienstleistungen, in: *Meyer-Teschendorf,* S. 131, 139; *v. Arnim,* Rechtsfragen der Privatisierung, S. 14; *Wolff/Bachof/Stober,* Verwaltungsrecht II, 5. Auflage, § 104 Rn. 2 f. m. w. N.; *dies.,* Verwaltungsrecht II, 6. Auflage, § 34 Rn. 8.

[17] *Haller,* Privatisierung öffentlicher Aufgaben, DÖD 1997, S. 97 ff.; *Gern,* Privatisierung in der Kommunalverwaltung, S. 18, 21 ff.

[18] *Gaul,* B., Die Privatisierung von Dienstleistungen als rechtsgeschäftlicher Betriebsübergang, ZTR 1995, S. 344, 346.

[19] *Ziekow,* Rechtliche Rahmenbedingungen der Privatisierung kommunaler Dienstleistungen, in: *Meyer-Teschendorf,* S. 131, 139 m. w. N.

fen sich öffentlich-rechtliche Einrichtungen und Körperschaften auch privatrechtlicher Handlungsformen bedienen, soweit keine öffentlich-rechtliche Normen oder sonstige Rechtsgrundsätze entgegenstehen (Grundsatz der organisatorischen Wahlfreiheit zur Erledigung von Staatsaufgaben nach Maßgabe des jeweiligen Aufgabenbereichs)[20].

1. Verfassungsrechtliche Grenzen als Privatisierungsschranke

Ein verfassungsrechtlich statuiertes Privatisierungsverbot besteht grundsätzlich nicht. Hinsichtlich der Frage, welche Handlungsfelder privatisierungsfähig sind, ist nach der Aufgabenverantwortung und Aufgabenwahrnehmung sowie nach der Eigenart und der Bedeutung der einzelnen Aufgabe zu differenzieren.

Aus den Organisations- und Strukturprinzipien des Demokratie- und Rechtsstaatsgebotes, dem aus Art. 33 Abs. 4 GG hergeleiteten Funktionsvorbehalt sowie aus den Grundrechten des Einzelnen könnte sich eine Sperrwirkung für die Privatisierung hoheitlicher Aufgaben ergeben, die im Folgenden näher betrachtet wird.

a) Das Demokratie-, Sozial- und Rechtsstaatsprinzip

Sofern die Erfüllung notwendiger Leistungen der Daseinsvorsorge abgesichert ist, ist es zulässig diese Aufgaben durch Private erbringen zu lassen. Insoweit stellt das Sozialstaatsprinzip[21] keine Schranke für Privatisierungsmaßnahmen dar[22]. Ebensowenig läßt sich aus dem Rechtsstaatsprinzip und dem Demokratieprinzip[23] ein explizites Privatisierungsverbot herleiten[24].

b) Der verfassungsrechtliche Funktionsvorbehalt gem. Art. 33 Abs. 4 GG

Eine verfassungsrechtlich wirksame Privatisierungsschranke könnte jedoch der Funktionsvorbehalt in Art. 33 Abs. 4 GG im Zusammenhang mit Art. 33 Abs. 5 GG als institutionelle Garantie des Berufsbeamtentums darstellen.

---

[20] *BAG,* PersR 1997, S. 26, 27; *Wolff/Bachof/Stober,* Verwaltungsrecht I, § 23 Rn. 5 ff.

[21] *BVerfGE* 22, 180, 204; 35, 202, 226; 45, 376, 387.

[22] *Ziekow,* Rechtliche Rahmenbedingungen der Privatisierung kommunaler Dienstleistungen, in: *Meyer-Teschendorf,* S. 143 m. w. N.

[23] *BVerfGE* 20, 56, 98; 44, 125 ff.

[24] So auch: *Gern,* Privatisierung in der Kommunalverwaltung, S. 10; *Peine,* DÖV 1997, S. 353, 356; *Boysen,* Kommunale out-sourcing-Rechtsprobleme der privatrechtlich verselbständigten Erfüllung kommunaler Aufgaben, VR 1996, S. 73, 75.

aa) Unmittelbar geltendes Verfassungsrecht

Art. 33 Abs. 4 GG überträgt die Ausübung hoheitsrechtlicher Befugnisse als ständige Aufgabe in der Regel Angehörigen des öffentlichen Dienstes, die in einem öffentlich-rechtlichen Treueverhältnis stehen[25]. Angestellte und Arbeiter des öffentlichen Dienstes werden von dieser Verfassungsnorm nach der h. M. nicht erfaßt. Vielmehr zielt sie gerade auf die Beamten ab[26]. Sie enthält zusammen mit dem eng verknüpften Art. 33 Abs. 5 GG somit eine institutionelle Garantie des Berufsbeamtentums und schreibt die Zweispurigkeit des öffentlichen Dienstes fest[27].

Hierbei sieht die überwiegende Auffassung in Literatur und Rechtsprechung in Art. 33 Abs. 4 GG nicht nur einen Verfassungsauftrag[28], sondern unmittelbar geltendes Verfassungsrecht, das den Gesetzgeber und die Exekutive bindet[29]. Die Intention des historischen Gesetzgebers ging doch vor allem dahin, sofort Beamte für die Durchführung von Hoheitsaufgaben bereitzustellen, um Garanten für den Rechtsstaat zu haben[30]. Gegen diese Auffassung spricht auch nicht, daß die Ausgestaltung der Beamtenverhältnisse erst durch das Bundesbeamtengesetz von 1953 und durch das Beamtenrechtsrahmengesetz als Rahmenvorschriften für die Ländergesetzgebung mit Wirkung vom 01.09.1957 in Kraft getreten ist. Denn diese Gesetze beinhalten die Voraussetzungen für Beginn und Ende eines Beamtenverhältnisses, die rechtliche Stellung eines Beamten und

---

[25] Zur Historie und Entstehungsgeschichte des Art. 33 Abs. 4 GG, vgl. *Lehnguth,* Die Entwicklung des Funktionsvorbehalts nach Art. 33 Abs. 4 GG und seine Bedeutung in der heutigen Zeit, ZBR 1991, S. 266, 267 f. m. w. N.

[26] *BAG,* ZBR 1999, S. 207 f.; *BVerfGE* 3, 162, 186; *Jachmann* in: *Mangoldt/Klein/Starck,* Das Bonner Grundgesetz, Art. 33 Rn. 5, 30; *Maunz* in: *Maunz/Dürig/Herzog,* Kommentar zum GG, Art. 33 Rn. 39; *Thieme,* Der öffentliche Dienst in der Verfassungsordnung des GG (Art. 33 GG), S. 56; *ders.,* Der Aufgabenbereich der Angestellten im öffentlichen Dienst und die hoheitsrechtlichen Befugnisse nach Art. 33 Abs. 4 GG, S. 18; *Benndorf,* Zur Bestimmung der „hoheitlichen Befugnisse" gem. Art. 33 Abs. 4 GG, DVBl. 1981, S. 23.

[27] *Battis* in: *Sachs,* Kommentar zum GG, Art. 33 Rn. 45; *v. Münch/Kunig,* Kommentar zum GG, Art. 33 Rn. 39; *Lecheler,* Der öffentliche Dienst in: *Isensee/Kirchhof,* Handbuch des Staatsrechts, § 72 Rn. 8; *Merten,* Grundgesetz und Berufsbeamtentum, in: *Merten/Pitschas/Niedobitek,* Neue Tendenzen im öffentlichen Dienst, S. 3.

[28] *A. A.: Ule,* Öffentlicher Dienst in: *Bettermann,* Die Grundrechte, Bd. IV/2, S. 559.

[29] *BVerfG* 8, 1, 11; 9, 268, 286; *Maunz* in: *Maunz/Dürig/Herzog,* Kommentar zum GG, Art. 33 Rn. 40 m. w. N.

[30] So auch *Merten,* Das Berufsbeamtentum als Element deutscher Rechtsstaatlichkeit, ZBR 1999, S. 1, 2, „… mittels einer Institutionalisierung will das GG den Beamten nicht einen Beruf sichern, sondern soll das Berufsbeamtentum die Staatsgrundsätze sicherstellen, weshalb es zu Recht als „Erscheinung von staatsgrundsätzlicher Bedeutung" apostrophiert wird. Der Parlamentarische Rat hat um des Staates, nicht um des Beamten willen an den hergebrachten Grundsätzen des Berufsbeamtentums nicht zwecks musealer Bewahrung, sonder wegen der erwiesenen Bewährung festgehalten …".

Bestimmungen über den Beschwerdeweg sowie den Rechtsschutz. Sie besagen mithin aber gerade nicht, welche Aufgaben und Funktionen die Beamten innehaben, da diese Entscheidung bereits durch Art. 33 Abs. 4 GG vorgegeben ist[31].

bb) Der Begriff der hoheitlichen Befugnisse

Der Begriff der hoheitlichen Befugnisse gem. Art. 33 Abs. 4 GG erfaßt unstreitig den Bereich der Eingriffsverwaltung[32]. In ihr wird seit jeher das natürliche Betätigungsfeld der Beamten gesehen, weil der Staat dem Bürger hier als übergeordnete Instanz entgegentritt und dessen Freiheit und Eigentum zwangsweise beschränken kann.

Dagegen fällt das Gebiet der Fiskalverwaltung[33], also die erwerbswirtschaftliche Betätigung der öffentlichen Hand durch eigene unternehmerische Tätigkeiten oder über Handelsgesellschaften sowie die Hilfsgeschäfte der Verwaltung, nach fast einhelliger Auffassung nicht unter den Funktionsvorbehalt[34]. Die Leistung untergeordneter Hilfsdienste und die Tätigkeit der Bundesprüfstelle für jugendgefährdende Schriften stellen ebenfalls keine ständige Ausübung hoheitlicher Befugnisse dar und werden somit nicht vom Funktionsvorbehalt erfaßt[35].

Ob der verfassungsrechtliche Funktionsvorbehalt jedoch für die Leistungsverwaltung Gültigkeit hat, ist stark umstritten.

Die h.L.[36] und die Rechtsprechung[37] interpretieren den Begriff der hoheitlichen Aufgabenerfüllung extensiv und beziehen neben der Eingriffsverwaltung

---

[31] *Lehnguth,* Die Entwicklung des Funktionsvorbehalts nach Art. 33 Abs. 4 GG und seine Bedeutung in der heutigen Zeit, ZBR 1991, S. 266, 268.

[32] *Maunz* in: *Maunz/Dürig/Herzog,* Kommentar zum GG, Art. 33 Rn. 33; *Isensee/Kirchof,* Handbuch des Staatsrechts, S. 86; *Warbeck,* Die Reichweite des Funktionsvorbehalts des Art. 33 Abs. 3 GG, RiA 1998, S. 22, 24; *Jachmann/Strauß,* Berufsbeamtentum, Funktionsvorbehalt und der „Kaperbrief für den Landeinsatz", ZBR 1999, S. 289, 291; *Jung,* Die Zweispurigkeit des öffentlichen Dienstes, S. 124; *Peine,* Der Funktionsvorbehalt des Berufsbeamtentums, Die Verwaltung, S. 415, 419 ff., 424.

[33] Zu den Fikuslehren und dem Fiskusbegriff: *Ehlers* in: *Erichsen/Ehlers,* Allgemeines Verwaltungsrecht, § 2 Rn. 71 ff.; *Wolff/Bachof/Stober,* Verwaltungsrecht I, § 23 Rn. 10 f., § 8 Rn. 9 ff.

[34] Vgl. *Warbeck,* Die Reichweite des Funktionsvorbehalts des Art. 33 Abs. 4 GG, RiA 1998, S. 22, 25; *Lehnguth,* Die Entwicklung des Funktionsvorbehalts nach Art. 33 Abs. 4 GG und seine Bedeutung in der heutigen Zeit, ZBR 1991, S. 266, 269; *Benndorf,* Zur Bestimmung der „hoheitlichen Befugnisse" gem. Art. 33 Abs. 4 GG, DVBl. 1981, S. 23, 24; *Ule,* Öffentlicher Dienst in: *Bettermann,* Die Grundrechte, Bd. IV/2, S. 560; *Merten,* Grundgesetz und Berufsbeamtentum, in: *Merten/Pitschas/Niedobitek,* Neue Tendenzen im öffentlichen Dienst, S. 5; *Leisner,* Berufsbeamtentum und Entstaatlichung, DVBl. 1978, S. 733, 737; *a.A.: Huber,* Das Berufsbeamtentum im Umbruch, Die Verwaltung 29 (1996), S. 437, 446 ff.; *Strauß,* Funktionsvorbehalt und Berufsbeamtentum, S. 113 f.

[35] *BVerfGE* 83, 130, 150; *Jarass/Pieroth,* Kommentar zum GG, Art. 33 Rn. 9.

auch die öffentlich-rechtliche Leistungsverwaltung einschließlich der in privatrechtlicher Form erbrachten Leistungen in den Wirkungsbereich des Art. 33 Abs. 4 GG ein. Dabei wird der Kreis der Hoheitsaufgaben generell nach Verwaltungsbereichen und nicht nach den jeweils ausgeübten Funktionen des einzelnen Beamten gezogen[38]. Entscheidendes Abgrenzungskriterium ist hiernach der mit der Verwaltungstätigkeit verfolgte Zweck. Hat dieser einen öffentlichrechtlichen Charakter, so sind zu seiner Verwirklichung Beamte einzusetzen. Darüber hinaus wird auf den einheitlichen Verwaltungsbegriff hingewiesen, der eine klare Abgrenzung von Eingriffs- und Leistungsverwaltung nicht erlaubt.

Die Gegenmeinung[39] klammert die Leistungsverwaltung generell aus dem Anwendungsbereich aus und beschränkt die hoheitsrechtliche Aufgabenerfüllung im Sinne des Art. 33 Abs. 4 GG unter Berufung auf die historische Entwicklung des Begriffes allein auf die obrigkeitliche[40] Wirkungsweise des Staates. Nur die Erfüllung solcher Aufgaben, in denen die staatliche Verwaltung dem Bürger mit zwangsweisen, freiheitsbeschränkenden Eingriffen entgegentritt, stellen hoheitsrechtliche Tätigkeiten dar. Diese enge Interpretation des Funktionsvorbehalts wird mit einer historischen Auslegung begründet. Danach sollte Art. 33 Abs. 4 GG nicht dazu dienen, einer bestimmten Gruppe öffentlicher Bediensteter in deren Interesse ein weites Betätigungsfeld verfassungsfest zu eröffnen, sondern eine beamtenrechtliche Tätigkeit garantieren, die mit den Besonderheiten der hoheitlichen Aufgabenstellung korrespondiert. Aus historischen Gründen sind allenfalls jene Bereiche der Leistungsverwaltung in den Geltungsbereich des Art. 33 Abs. 4 GG einzubeziehen, die wie Hochschulen und Schulen als herkömmliche Domäne des Berufsbeamtentums angesehen werden[41].

---

[36] *Jarass/Pieroth,* Kommentar zum GG, Art. 33 Rn. 9; *Battis* in: *Sachs,* Kommentar zum GG, Art. 33 Rn. 55, 57 m.w.N.; *Maunz* in: *Maunz/Dürig/Herzog,* Kommentar zum GG, Art. 33 Rn. 33; *Leisner,* Der Beamte als Leistungsträger – Die Anwendbarkeit des beamtenrechtlichen Funktionsvorbehaltes auf die Leistungsverwaltung, S. 121, 139 ff.; *ders.,* Berufsbeamtentum und Entstaatlichung, DVBl. 1978, S. 733, 736.

[37] *BVerfGE* 8, 71, 76; 20, 257, 258; *BVerwGE* 34, 126; 49, 141 (Lehrtätigkeit); 47, 314 (Leistungsverwaltung).

[38] Vgl. *Battis* in: *Sachs,* Kommentar zum GG, Art. 33 Rn. 55 m.w.N.

[39] *Schuppert* in: AK, Kommentar zum GG, Art. 33, Rn. 33, Rn. 24 ff.; *Leitges,* Die Entwicklung des Hoheitsbegriffs in Art. 33 Abs. 4 des Grundgesetzes (Art. 33 GG), S. 199 f.; *Thieme,* Der öffentliche Dienst in der Verfassungsordnung des GG, S. 57; *ders.,* Der Aufgabenbereich der Angestellten im öffentlichen Dienst und die hoheitlichen Befugnisse nach Art. 33 Abs. 4 des Grundgesetzes, S. 27; *Jung,* Die Zweispurigkeit des öffentlichen Dienstes, S. 151 ff.

[40] Nach § 148 Abs. 1 S. 1 des Deutschen Beamtengesetzes vom 26.01.1937 (RGBl. I S. 39) durften Stellen für Beamten nur eingerichtet werden, „... soweit sie die Wahrnehmung obrigkeitlicher Aufgaben in sich schließen ...“.

[41] So explizit *Thieme,* Der Aufgabenbereich der Angestellten im öffentlichen Dienst und die hoheitsrechtlichen Befugnisse nach Art. 33 Abs. 4 GG, S. 27.

Nach einer vermittelnden und differenzierenden Auffassung[42] ist u.a. die Grundrechtsrelevanz des staatlichen Handelns, das Bestehen eines Subordinationsverhältnisses sowie die Bedeutung der jeweiligen Aufgabe entscheidend für die Einbeziehung der Leistungsverwaltung in den Funktionsvorbehalt gem. Art. 33 Abs. 4 GG.

Der Meinungsstreit, ob der Bereich der Leistungsverwaltung insgesamt oder teilweise unter den Wortlaut des Art. 33 Abs. 4 GG zu subsumieren ist, kann allerdings dahin stehen. Auch wenn der weitesten Auslegung gefolgt wird, ist immer noch zu entscheiden, für welche Aufgaben der Verwaltung (Eingriffs- und/oder Leistungsbereich) der Funktionsvorbehalt letztlich eine Privatisierungssperre darstellen könnte.

Wenn die Ausübung hoheitsrechtlicher Befugnisse Beamten obliegt, d.h., Angestellte und Arbeiter des öffentlichen Dienstes diese Aufgaben nicht erfüllen dürfen, könnte sich hieraus die Folgerung ergeben, daß dies erst recht für Private gilt und die Aufgaben daher nicht privatisiert werden können.

cc) Konsequenzen für Privatisierungen aufgrund der Auslegung des Art. 33 Abs. 4 GG

Die Frage, inwieweit Art. 33 Abs. 4 GG eine Grenze für die Privatisierung von Staatsaufgaben bildet, ist anhand von Sinn und Zweck der Norm zu entscheiden, die einen substantiell bedeutsamen Tätigkeitsbereich für das Berufsbeamtentum garantiert und die Gesetzmäßigkeit der Verwaltung gewährleistet.

Ein Vergleich der dargelegten Standpunkte zeigt, daß der Bereich klassisch hoheitlichen Handelns, in dem der Staat unter Ausübung seiner Befehls- und Zwangsgewalt auftritt (Eingriffsverwaltung), nach allen Auffassungen unbestrittenes Element des Vorbehaltsbereichs gem. Art 33 Abs. 4 GG ist.

Aufgrund der Wahrung des staatlichen Gewaltmonopols und des damit korrespondierenden Sicherheits- und Rechtsschutzinteresses der Allgemeinheit sind daher die Kernfunktionen staatlichen Handelns – Justiz, Polizei, Bundeswehr, Strafvollzug, Abgabenerhebung und -einzug – nicht als ständige Aufgabe auf private Rechtsträger, wie sie insbesondere im Wege der materiellen Privatisierung erfolgt, übertragbar[43]. Infolgedessen verbleibt ein substantiell bedeutsamer Tätigkeitsbereich den Beamten überlassen, so daß auch das Berufsbeamtentum

---

[42] *Stern,* Staatsrecht I, S. 347 ff.; *Benndorf,* Zur Bestimmung der „hoheitlichen Befugnisse“ gem. Art. 33 Abs. 4 GG, DVBl. 1981, S. 23, 26 f.; hinsichtlich der Bedeutung der Aufgabe differenzierend *Lehnguth,* Die Entwicklung des Funktionsvorbehalts nach Art. 33 Abs. 4 GG und seine Bedeutung in der heutigen Zeit, ZBR 1991, S. 266, 269 ff.; *Huber,* Das Berufsbeamtentum im Umbruch, Die Verwaltung 29 (1996), S. 437, 444 f.; *Peine,* Der Funktionsvorbehalt des Berufsbeamtentums, Die Verwaltung (17) 1984, S. 415 ff., 433.

weiterhin garantiert wird. Diese Auslegung wird durch den traditionellen, streng umgrenzten Bestand an Hoheitsbefugnissen in privater Hand in Form der Beleihung bestätigt[44].

Unter Berücksichtigung der vermittelnden bzw. weiten Auslegung des Funktionsvorbehalts ist jedoch weiter zu prüfen, ob außerhalb der klassischen staatlichen Kernaufgaben der Funktionsvorbehalt gem. Art. 33 Abs. 4 GG eine Sperrwirkung für Privatisierungen von Aufgaben in der Leistungsverwaltung entfaltet, für die der Staat die Gewährleistung der Aufgabenwahrnehmung übernommen hat und die vorzugsweise im Bereich staatlicher Unternehmenswirtschaft erledigt werden[45].

Grundsätzlich kann der Funktionsvorbehalt nicht auf ein Handeln des Staates als Obrigkeit verengt werden. Zu einem widerspricht eine solche Interpretation dem Wortlaut der Verfassung; zum anderen läuft sie der in Art. 33 Abs. 4 GG festgelegten dualistischen Personalstruktur des öffentlichen Dienstes zuwider.

In dem aktuellen Handeln der öffentlichen Hand zeigt sich immer mehr, daß auch Leistungsgewährungen mit Eingriffen verbunden sind[46], z.B. sind im Bereich der Sozialversicherung die Zwangsmitgliedschaft und Pflichtabgabe zu nennen.

---

[43] *Schoch,* Privatisierung von Verwaltungsaufgaben, DVBl. 1994, S. 962 ff., 969; *Krölls,* Rechtliche Grenzen der Privatisierungspolitik, GewArch 1995, S. 135 f.; *Badura,* Die hoheitlichen Aufgaben des Staates und die Verantwortung des Berufsbeamtentums, ZBR 1996, S. 321, 322; *Peine,* Der Funktionsvorbehalt des Berufsbeamtentums, Die Verwaltung (17) 1984, S. 415, 436 f.; *Krölls,* Privatisierung der öffentlichen Sicherheit in Fußgängerzonen, NVwZ 1999, S. 233, 234 f.; vgl. zum Monopolbegriff im Bereich des öffentlichen Rechts, *Langer,* Monopole als Handlungsinstrumente der öffentlichen Hand, S. 63 f.; *Heinemann,* Grenzen staatlicher Monopole im EG-Vertrag, S. 3 f.

[44] *Peine,* Grenzen der Privatisierung – verwaltungsrechtliche Aspekte, DÖV 1997, S. 353, 355; *Haller,* Privatisierung öffentlicher Aufgaben, DÖD 1997, S. 97; *Metzger,* Realisierungschancen einer Privatisierung öffentlicher Dienstleistungen, S. 65 f.; *Krölls,* Die Privatisierung der inneren Sicherheit, GewArch 1997, S. 445, 451; *Scholz,* Staatliche Sicherheitsverantwortung zu Lasten Privater? in: FS für Friauf, Wendt (Hrsg.) Wirtschaft und Steuern, S. 439, 446.

[45] Vgl. *Sterzel* in: *Blanke/Trümner,* Handbuch Privatisierung, S. 149 ff., Rn. 179, Fn. 132, der auf das Ergebnis von Badura in seinem im Auftrag des BIM erstellten Rechtsgutachtens zur Reichweite des Funktionsvorbehalts nach Art. 33 Abs. 4 GG unter Berücksichtigung aktueller Privatisierungstendenzen sowie der Auswirkungen der Europäischen Integration und der Entwicklung in den neuen Ländern, 1995, unveröffentlicht, verweist. Nach der Auffassung von *Peine,* Der Funktionsvorbehalt des Berufsbeamtentums, Die Verwaltung (17) 1984, S. 415, 437 kommt Art. 33 Abs. 4 GG in der Entstaatlichungsdiskussion keine Relevanz zu. Er ist bedeutungslos, weil die klassischen Staatsaufgaben dem Staat durch das Grundgesetz zur Erfüllung zugewiesen und daher schon nicht privatisierbar sind.

[46] *Badura,* Die hoheitlichen Aufgaben des Staates und die Verantwortung des Berufsbeamtentums, ZBR 1996, S. 321, 326; *Lecheler,* Die Zukunft des Berufsbeamtentums, ZBR 1996, S. 1, 3.

Aufgrund des Funktionswandels in der öffentlichen Verwaltung würde eine Fokussierung des Funktionsvorbehalts allein auf die staatlichen Kernaufgaben zu einer Verkümmerung und Bedrohung des verfassungsrechtlich garantierten Berufsbeamtentums führen.

Diese Entwicklung zeigt allerdings auch, daß eine Differenzierung zwischen Eingriffs- und Leistungsverwaltung irreführend ist und diese Bezeichnungen nur noch verwaltungswissenschaftliche, nicht aber verwaltungs- und verfassungsrechtliche Kategorien darstellen können.

Abzustellen ist demnach nicht allein auf die Rechtsform staatlichen Handelns oder ganze Verwaltungsbereiche, sondern auf den Gehalt und die Bedeutung der jeweiligen Aufgabe. Im Wege einer konstruktiven Aufgabenkritik, die selbst ein notwendiger Teil der staatlichen Aufgabenerfüllung ist, sind die ordnungs- und gesellschaftspolitischen Belange, die staatliche Garantie für bestimmte Leistungen und die soziale Sicherheit, die Grenzen des Wohlfahrtsstaates sowie die Eigenverantwortlichkeit der Bürger stets aufs Neue zu überprüfen und festzulegen.

Die Ausgestaltung des Berufsbeamtentums und der Umfang des Funktionsvorbehaltes gem. Art. 33 Abs. 4 GG gewinnen vor diesem Hintergrund an Bedeutung.

Dies wird durch den Wortlaut des Art. 33 Abs. 4 GG „in der Regel“ bestätigt, wonach dem Gesetzgeber ein gewisser Spielraum für eine dynamische Entwicklung der Aufgabenerfüllung und -zuweisung verbleibt.

Die Debatte um die Privatisierung der Flugsicherung, der Bundespost und der Bundesbahn zeigte, daß aufgrund markt-, wettbewerbs- und personalpolitischer Umstände die Wahrnehmung dieser Aufgaben durch den Staat neu überdacht werden mußte. Der Staat hat mittels einschlägiger Grundgesetzänderung (vgl. Art. 87a, 143a GG für die Bahn, Art. 87f, 143b GG für die Post) einen neuen verfassungsrechtlichen Ordnungsrahmen für die bereichsspezifischen Aufgaben geschaffen, auch wenn er die Gewährleistung der Aufgabenwahrnehmung in Form der bundeseigenen Verwaltung zuvor ausdrücklich gesetzlich übernommen hatte (z. B. gem. Art 87 GG a. F., Art. 87d GG a. F.).

Letztlich ist bei der Entscheidung, in welchem Umfang der Funktionsvorbehalt für sonstige Aufgaben staatlichen Handelns eine Privatisierungssperre darstellt, auf die Art und die Reichweite der Privatisierung abzustellen.

Handelt es sich um existentielle Leistungen der Daseinsvorsorge, wie die Sicherstellung der Verkehrs-, Informations- und Telekommunikationsinfrastruktur, der medizinischen Versorgung etc. ist eine Übertragung dieser Aufgaben auf Private nur so weit zulässig, wie der Staat noch Einfluß auf deren Ausübung und Erfüllung hat.

Folglich sind notwendige Leistungen der Daseinsvorsorge auf juristische Personen des Privatrechts bzw. private Einzelpersonen nur im Wege der formellen

Privatisierung, der unechten Aufgabenprivatisierung sowie der funktionellen Privatisierung übertragbar. Insofern stellt der Funktionsvorbehalt gem. Art. 33 Abs. 4 GG keine Privatisierungssperre dar. Allerdings ist die Entstaatlichung solcher Aufgaben aus dem öffentlich-rechtlichen Organisationsbereich im Wege der materiellen Privatisierung nicht mehr vom Funktionsvorbehalt gedeckt und somit verfassungsrechtlich nicht zulässig[47].

Die Gewährleistung der Gesetzmäßigkeit der Verwaltung durch das Berufsbeamtentum gem. Art. 33 Abs. 4 GG steht im übrigen einer Übertragung sonstiger staatlicher Aufgaben auf Private nicht entgegen. Dies gilt insbesondere für formelle Privatisierungsmaßnahmen, weil hier lediglich die Aufgabenwahrnehmung, nicht jedoch die Aufgabenverantwortung übertragen wird[48].

Bei der Durchführung einer Vermögensprivatisierung bewegt sich der Staat in einem Bereich, in dem er keine hoheitlichen Befugnisse ausübt, so daß eine Privatisierungssperre durch Art. 33 Abs. 4 GG ohnehin ausscheidet.

Materielle bzw. funktionale Privatisierungsmaßnahmen sonstiger staatlicher Aufgaben sind auch unter der Prämisse des Funktionsvorbehalts möglich. Die öffentliche Hand hat außerhalb der verfassungsrechtlichen Vorgaben die Kompetenz, ihren Aufgaben- und Wirkungskreis selbst zu bestimmen. Infolge der vollständigen bzw. teilweisen Übertragung von Aufgaben auf private Rechtsträger, „verwaltet" sie die Aufgaben nicht mehr, so daß ein entsprechend qualifiziertes verbeamtetes Personal nicht mehr erforderlich ist.

c) Die Grundrechte Einzelner

Schließlich könnten einer Privatisierung die Grundrechte Einzelner entgegenstehen, wenn diese durch die Aufgabenübertragung verletzt würden.

Hierbei ist jedoch zu bedenken, daß es dem Bürger in der Regel nur darauf ankommt, eine Leistung, insbesondere im Rahmen der Daseinsvorsorge zu erhalten. Ob dies in den Rechtsformen des öffentlichen oder privaten Rechts geschieht, ob der Staat selbst handelt oder Private mit der Aufgabenerfüllung beauftragt, ist für den einzelnen Grundrechtsträger in der Regel ohne Belang.

Folglich sind insoweit formelle und funktionale Privatisierungen sowie unechte Aufgabenprivatisierungen zulässig.

---

[47] Vgl. im Ergebnis auch *Peine,* Grenzen der Privatisierung – verwaltungsrechtliche Aspekte, DÖV 1997, S. 353, 355 m.w.N.; *Ziekow,* Rechtliche Rahmenbedingungen der Privatisierung kommunaler Dienstleistungen, in: *Meyer-Teschendorf,* S. 143.

[48] Vgl. *Jachmann/Strauß,* Berufsbeamtentum, Funktionsvorbehalt und der „Kaperbrief für den Landeinsatz", ZBR 1999, S. 289, 297; im Ergebnis auch *Huber,* Das Berufsbeamtentums im Umbruch, Die Verwaltung 29 (1996), S. 437, 449.

Grundrechte können aber dann verletzt sein, wenn nach einer materiellen Privatisierung, bei der sich die öffentliche Hand einer Aufgabe vollständig entledigt, eine Leistung wegfällt[49].

Die Zulässigkeit einer solchen Privatisierungsmaßnahme ist daher im Einzelfall, abhängig von der Bedeutsamkeit der Leistung und den betroffenen Grundrechten unter Berücksichtigung ggf. bestehender Grundrechtsschranken sowie verfassungsimmanenter Schranken zu überprüfen[50].

d) Zusammenfassung

Im Hinblick auf die Beurteilung der Zulässigkeit von Privatisierungsmaßnahmen ist auf die konkrete Aufgabe, die durch einen privatrechtlich organisierten Dritten erfüllt werden soll, und auf die Form der Privatisierung, inwieweit die öffentliche Hand die Verantwortung und Einflußnahmemöglichkeiten überträgt, abzustellen. Weder aus dem Sozialstaatsprinzip, dem Rechtsstaatsprinzip noch dem Demokratieprinzip läßt sich ein explizites Privatisierungsverbot herleiten. Dagegen ist eine Entstaatlichung der notwendigen Leistungen der Daseinsvorsorge im Wege der materiellen Privatisierung nicht mehr vom Funktionsvorbehalt gem. Art. 33 Abs. 4 GG gedeckt. Insoweit stellt der Funktionsvorbehalt gem. Art. 33 Abs. 4 GG eine Privatisierungsschranke dar. Folglich sind die notwendigen Leistungen der Daseinsvorsorge auf juristische Personen des Privatrechts bzw. private Einzelpersonen nur im Wege der Organisationsprivatisierung, der unechten Aufgabenprivatisierung sowie der funktionellen Privatisierung übertragbar.

Hinsichtlich der Zulässigkeit von Privatisierungsmaßnahmen ist unter Beachtung der Grundrechte auf den Einzelfall abzustellen.

Grundsätzlich kommt auch das kommunale Verfassungsrecht als Privatisierungsschranke in Betracht. Da im Folgenden jedoch nur auf Bundesrecht abzustellen ist, wird dieser Aspekt hier nicht weiter untersucht[51].

---

[49] Als hypothetisches Beispiel könnte folgender Sachverhalt konstruiert werden: der Staat privatisiert die Gas-, Wasser- und Stromversorgung und der private Unternehmer, der die Versorgungsaufgabe übernommen hat, koppelt bestimmte Regionen von der Versorgung der Leistungen ab.

[50] Vgl. *Nagel* in: *Blanke/Trümner,* Handbuch Privatisierung, S. 364, Rn. 466, der vorschlägt, daß die Rechtsprechung des BVerfG zum Existenzminimum in Richtung eines Teilhaberechts weiterentwickelt werden könnte, wonach auch durch Privatisierungsmaßnahmen nicht in den garantierten Mindeststandard der staatlichen Daseinsvorsorge eingegriffen werden darf.

[51] Vgl. hierzu *BVerfGE* 79, 126, 149 „Rastede-Entscheidung"; *OVG Koblenz* DVBl. 1985, S. 176, 177; *Ziekow,* Rechtliche Rahmenbedingungen der Privatisierung kommunaler Dienstleistungen, in: *Meyer-Teschendorf,* S. 131, 141 ff.; *Gern,* Privatisierung in der Kommunalverwaltung, S. 9 ff.; *Schoch,* Privatisierung von Verwaltungsausgaben, DVBl. 1994, S. 962 ff.; *Haller,* Privatisierung öffentlicher Aufgaben, DÖD 1997,

2. Überprüfung der These „Juristische Personen des Privatrechts können keine Beamten haben!“

Nach dem Leitbild des klassischen Berufsbeamtentums als besondere Ausprägung eines Dienst- und Treueverhältnisses zum Staat ist die Zulässigkeit der Beschäftigung von Beamten in Unternehmen des Privatrechts zweifelhaft. Im Folgenden ist daher die demonstrative These „Juristische Personen des Privatrechts können keine Beamten haben!“ zu diskutieren.

a) Zulässigkeit von Personalüberleitungsmaßnahmen

Eines der zentralen Probleme bei der Privatisierung staatlicher Einrichtungen ist das „Ob“ und „Wie“ der Überleitung der bei dieser Behörde bzw. öffentlich-rechtlichen Einrichtung beschäftigten Beamten.

Anders als bei Arbeitern und Angestellten bewirkt ein Betriebsübergang gem. § 613a BGB bzw. nach den Vorschriften des Umwandlungsgesetzes weder einen Übergang der Beamtenverhältnisse auf die private Nachfolgegesellschaft noch die Begründung eines Arbeitsverhältnisses zwischen den Beamten und dem privatrechtlich organisierten Unternehmen.

Nach der Rechtsprechung[52] ist eine Zuweisung von Beamten zur Dienstleistung an Einzelpersonen, die nicht ihrerseits Organe von juristischen Personen des öffentlichen Rechts sind, oder an juristische Personen des Privatrechts allgemein nicht zulässig.

Diese Kernaussage zur Personalhoheit des Staates (Dienstherrenfähigkeit) beruht auf den Grundprinzipien des demokratischen Rechtsstaats gem. Art. 20, 28 Abs. 1 S. 1 GG sowie den Grundrechten der Beamten gem. Art 33 Abs. 4 und 5 GG, insbesondere auf dem besonderen öffentlich-rechtlichen Dienst- und Treueverhältnis, das Dienstherr und Beamte einander schulden[53].

Das Beamtenverhältnis ist ein öffentlich-rechtliches Rechtsverhältnis, das zwischen Staat und Beamten gem. § 2 Abs. 2 BRRG, § 4 BBG sowie den entsprechenden Landesgesetzen zur Wahrnehmung hoheitsrechtlicher Aufgaben oder solcher Aufgaben begründet wird, die aus Gründen der Sicherheit des Staates oder der Allgemeinheit nicht ausschließlich Personen übertragen werden dürfen, die in einem privatrechtlichen Arbeitsverhältnis stehen.

Aus diesem besonderen Gewaltverhältnis[54] resultiert eine öffentlich-rechtliche Dienstleistungspflicht des Beamten unter dauerndem und vollständigem

S. 97 ff.; *Peine,* Grenzen der Privatisierung – verwaltungsrechtliche Aspekte, DÖV 1997, S. 353 ff.

[52] *BVerwGE* 69, 303, 306; vgl. auch *BVerfGE* 9, 282 f.

[53] *BVerwGE* 12, 273.

Einsatz der gesamten Persönlichkeit gem. § 56 BBG, insbesondere die disziplinarische Verantwortlichkeit für sein amtsmäßiges, achtungswürdiges Verhalten innerhalb und außerhalb des Dienstes sowie eine besondere Treuepflicht gegenüber dem Dienstherrn. Hiermit korrespondiert die besondere Fürsorgepflicht des Dienstherrn gegenüber seinen Beamten.

Allerdings wird durch den Funktionsvorbehalt gem. Art. 33 Abs. 4 GG, wie bereits dargelegt, ein Einsatz von Beamten außerhalb des hoheitlichen Aufgabenbereichs des Staates nicht kategorisch ausgeschlossen[55]. Der Staat ist somit nicht gehindert, Beamten auch nicht hoheitliche Befugnisse zu übertragen[56]. Der Funktionsvorbehalt stellt also nur eine Mindestvorschrift dar, zieht eine Untergrenze, aber keine Obergrenze.

Unter Berücksichtigung der Sonderrechtsstellung der Beamten darf die Beschäftigung von Beamten außerhalb des Hoheitsbereichs allerdings nur ausnahmsweise erfolgen und muß durch die Aufgabenerfüllung bzw. einen hinreichenden sachlichen Grund gerechtfertigt sein[57].

b) Konsequenzen für den Beamteneinsatz in Abhängigkeit vom Umfang der Privatisierungsmaßnahme

Je nach Art und Umfang der Privatisierungsmaßnahme ergeben sich für die weitere Verwendung von Beamten in dem privatisierten Unternehmen unterschiedliche Konsequenzen.

aa) Formelle Privatisierung, Organisationsprivatisierung, unechte Aufgabenprivatisierung

Die mit einer Organisationsprivatisierung einhergehende Veränderung der öffentlich-rechtlichen Rechtsbeziehung zwischen Beamten und Dienstherrn und der damit verbundene Eingriff in die Rechtsstellung des Beamten ist im Lichte der verfassungsrechtlichen Vorgaben für das Berufsbeamtentum gem. Art. 33 Abs. 4, 5 GG durchaus problematisch.

---

[54] *Battis,* Kommentar zum BBG, § 2 Rn. 9, 12; *Steiner,* Besonderes Verwaltungsrecht, S. 373, 394 Rn. 28; andere Bezeichnungen für die besondere Rechtsbeziehung zwischen Beamten und Dienstherrn vgl. *Blanke/Sterzel,* Privatisierungsrecht für Beamte, S. 30 Fn. 5.

[55] Vgl. *BVerfGE* 83, 130, 150; *Schuppert* in: AK, Kommentar zum GG, Art. 33 Rn. 38; *Blanke/Sterzel,* Privatisierungsrecht für Beamte, S. 33 Fn. 13 m.w.N.; im Ergebnis so auch *Badura,* Die hoheitlichen Aufgaben des Staates und die Verantwortung des Berufsbeamtentums, ZBR 1996, S. 321, 327.

[56] *Maunz* in: *Maunz/Dürig/Herzog,* Kommentar zum GG, Art. 33 Rn. 41; *Schuppert* in: AK, Kommentar zum GG, Art. 33 Rn. 38.

[57] Vgl. *Leisner,* Legitimation des Berufsbeamtentums aus der Aufgabenerfüllung, S. 54.

Die Auflösung seiner Dienststelle infolge einer Privatisierung und die Weiterbeschäftigung des Beamten in dem privatwirtschaftlich organisierten Unternehmen sind mit einer erheblichen Veränderung seiner Rechtsstellung verbunden.

Im Beamtenrecht unterscheidet man zunächst zwischen dem Amt im statusrechtlichen Sinne und dem Amt im funktionellen Sinne. Das Amt im statusrechtlichen Sinne kennzeichnet neben der Art des Beamtenverhältnisses die Rechtsstellung des Beamten. Es wird definiert durch die Zugehörigkeit zu einer Laufbahn und Laufbahngruppe, durch das Endgrundgehalt der Besoldungsgruppe und durch die dem Beamten verliehene Amtsbezeichnung[58]. Das Amt im abstrakt-funktionellen Sinn ist als ein entsprechend der Rechtsstellung des Beamten festgelegter Aufgabenkreis bei einer bestimmten Behörde[59] zu definieren. Das Amt im konkret-funktionellen Sinne ist dagegen die Übertragung eines bestimmten geschäftsplanmäßigen Aufgabenbereichs (sog. Dienstposten)[60].

Infolge der Überleitung auf das private Unternehmen nimmt der Beamte künftig weder ein Amt im abstrakt-funktionellen Sinne noch ein Amt im konkret-funktionellen Sinne wahr[61]. Zwar hat er keinen Anspruch auf die Übertragung eines bestimmten Dienstpostens, also auf ein konkret-funktionelles Amt. Er kann jedoch einen Anspruch auf Übertragung eines abstrakt-funktionellen Amtes, das seinem statusrechtlichen Amt entspricht, sowie die Übertragung eines amtsgemäßen Aufgabenkreises geltend machen[62]. Es besteht die Gefahr, daß dieses Recht bei der Weiterbeschäftigung in einem privatisierten Unternehmen nicht umsetzbar ist, so daß der Betroffene einen Teil seines beamtenrechtlichen Status einbüßt. Hinzukommt, daß er hinsichtlich der Art und Weise der zu erbringenden Dienstleistung nicht mehr unmittelbar dem Dienstherrn unterstellt ist, sondern zumindest faktisch dem Direktionsrecht des privaten Arbeitgebers unterliegt.

Demnach sind entweder verfassungsrechtliche oder einfachgesetzliche Regelungen erforderlich, um die Weiterbeschäftigung von Beamten in den privatrechtlich organisierten Nachfolgeunternehmen und den Erhalt ihres beamtenrechtlichen Anspruchs auf ein Amt im statusrechtlichen Sinne sowie ein Amt im abstrakt-funktionellen Sinne rechtmäßig zu gestalten.

---

[58] *BVerwGE* 65, 270, 272; 69, 303, 306; *Battis,* Kommentar zum BBG, § 6 Rn. 9; *Schwegmann/Summer,* Kommentar zum BBesG, § 18 Rn. 5.

[59] *BVerwGE* 49, 64, 67 f.; 65, 270, 272; 69, 303, 306 f.; 87, 310, 314; *Behrens,* Beamtenrecht, § 2 Rn. 19; *Schwegmann/Summer,* Kommentar zum BBesG, § 18 Rn. 6.

[60] *BVerwGE* 65, 270, 272; 69, 303, 306 f.; 87, 310, 314 f.; *Behrens,* Beamtenrecht, § 2 Rn. 20; *Schwegmann/Summer,* Kommentar zum BBesG, § 18 Rn. 6.

[61] Vgl. zu dieser Unterscheidung *BVerwGE* 65, 270, 272 f.; 69, 303, 305 f.

[62] *BVerwGE* 60, 144, 150; 65, 270, 273; 60, 208, 209; 87, 310, 315; *BVerwG,* NVwZ 1992, S. 1096, 1097.

Bei der Privatisierung der Deutschen Bundesbahn und der Deutschen Bundespost wurde daher durch eine Änderung des Grundgesetzes in Art. 87e Abs. 3, S. 1 GG, Art. 143a GG und Art. 87f GG sowie Art. 143b GG und durch den Erlaß einfachgesetzlicher Regelungen ein spezieller beamtenrechtlicher Ordnungsrahmen geschaffen, um die Weiterbeschäftigung der Beamten und die Berücksichtigung ihrer Statusrechte gem. Art. 33 Abs. 4, 5 GG ausreichend rechtsstaatlich abzusichern.

Bei sonstigen Privatisierungsmaßnahmen auf Bundes-, Landes- oder Kommunalebene fehlt es an den notwendigen, bereichsspezifischen verfassungsrechtlichen Rechtfertigungen, die einen Beamteneinsatz rechtmäßig gestalten. Gleichwohl hat sich der Gesetzgeber dieser Problematik angenommen und im Zuge der Dienstrechtsreform im Jahre 1997[63] die Beschäftigung von Beamten bei juristischen Personen des Privatrechts durch den neu eingefügten § 123a Abs. 2 BRRG einfachgesetzlich sichergestellt.

bb) Materielle Privatisierung, echte Aufgabenprivatisierung

Nach einer materiellen Privatisierung bzw. echten Aufgabenprivatisierung der öffentlichen Einrichtung ist die weitere Beschäftigung von Beamten in dem privatrechtlich organisierten Unternehmen gem. Art 33 Abs. 4 und 5 GG, § 121 BRRG grundsätzlich unzulässig[64].

Infolge der vollständigen Übertragung der Aufgabenwahrnehmung und der Aufgabenverantwortung auf private Rechtsträger besteht bei einer üblichen markt- und wettbewerbsorientierten Arbeitsweise des privaten Unternehmens keine funktionale Rechtfertigung mehr für einen Beamteneinsatz unter dem Aspekt der Sicherung des Staates oder des öffentlichen Lebens. Darüber hinaus weisen die privaten Rechtsträger nicht die notwendige Dienstherrenfähigkeit auf, um Beamte beschäftigen zu können.

Lediglich im Fall der auf eine materielle Privatisierung zielenden Postreform II, die über eine bloße Strukturreform hinausging, wurde durch entsprechende Grundgesetzänderungen in den Art. 87f Abs. 2, 143b Abs. 1, 2 GG sowie den Erlaß des einfachgesetzlichen PostPersRG ein spezieller beamtenrechtlicher Ordnungsrahmen geschaffen, um den Bruch mit dem tradierten Beamtenrecht im Sinne des Art. 33 Abs. 4, 5 GG ausreichend rechtsstaatlich und verfassungsrechtlich absichern zu können[65].

Für weitere materielle Privatisierungsmaßnahmen auf Bundes-, Landes- oder Kommunalebene fehlt es an einer vergleichbaren verfassungsrechtlichen Grund-

---

63 Dienstrechtsreformgesetz vom 1. Juli 1997 (BGBl. I 1997, S. 325).

64 *Blanke/Sterzel,* Privatisierungsrecht für Beamte, Rn. 47.

65 Vgl. hierzu *Blanke/Sterzel,* Privatisierungsrecht für Beamte, Rn. 47.

lage, die einen Einsatz von Beamten in privatwirtschaftlichen Unternehmen legitimiert.

cc) Funktionale Privatisierung

Bei einer funktionalen Privatisierung bleibt der Beamte weiterhin in den öffentlichen Aufgaben- und Verwendungszusammenhang eingebunden, da die Aufgabenverantwortung beim öffentlich-rechtlichen Träger verbleibt und die Aufgabenwahrnehmung nur partiell auf ein privatrechtlich organisiertes Unternehmen bzw. eine private Einzelperson übergeht.

Insoweit bestehen für den Einsatz von Beamten für eine privatrechtliche Tätigkeit keine verfassungsrechtlichen bzw. beamtenrechtlichen Bedenken.

3. Organisations- und Rechtsform des privatisierten Unternehmens

Im Gegensatz zu individuellen Gestaltungsmöglichkeiten der bundeseigenen Verwaltung im öffentlichen Recht herrscht im Privatrecht aus Gründen des Gesellschafter-, Anleger- und Gläubigerschutzes ein numerus clausus der Gesellschaftstypen[66].

Der Verfassung ist jedoch keine einschränkende Stellungnahme darüber zu entnehmen, welche privatrechtliche Form für ein privatisiertes Staatsunternehmen zu wählen ist.

Zur Wahrung der verfassungsrechtlich gebotenen Exekutivnähe der bundeseigenen Verwaltung ist gleichwohl eine solche Privatrechtsform erforderlich, die eine Durchsetzung des staatlichen Führungsanspruches jederzeit rechtzeitig gewährleistet, d.h., die Organisationsform muß geeignet sein, die Verwaltungsaufgabe zu erfüllen und eine Beherrschbarkeit bzw. Einflußnahme durch den Staat zu gewährleisten.

Insbesondere auf kommunaler Ebene ist die öffentliche Hand unter Beachtung des kommunalen Wirtschaftsverfassungsrecht i.V.m. den einfachgesetzlichen Grundsätzen der jeweiligen Gemeindeordnung bei der Wahl ihrer Unternehmensform eingeschränkt.

Aufgrund ihrer besonderen Zweckbestimmung sind Genossenschaften und Stiftungen in der Privatisierungspraxis eher selten[67].

Die Genossenschaft dient den teilhabenden Genossen nur zur Förderung des eigenen Erwerbs und derer eigener Wirtschaft. Die Errichtung einer Stiftung

---

[66] *Menges,* Rechtsgrundlagen für die Strukturreform der Deutschen Bahnen, S. 51.

[67] *Cronauge,* Kommunale Unternehmen, Rn. 189; *Nagel* in: *Blanke/Trümner,* Handbuch Privatisierung, S. 314, Rn. 411, 412.

privaten Rechts setzt neben dem Stiftungsgeschäft auch eine staatliche Genehmigung gem. § 80 BGB voraus. Zudem ist sie eigentlich kein Mittel der Privatisierung, sondern eher ein Mittel der Perpetuierung von privatem Vermögen zu bestimmten, unternehmerischen Zwecken.

Unzulässig ist die Beteiligung der öffentlichen Hand an einer OHG, einer Gesellschaft bürgerlichen Rechts, einem wirtschaftlichen Verein gem. § 22 BGB und an einer KG als Komplementärin, da bei diesen Organisationsformen die Haftung im Außenverhältnis nicht beschränkbar ist[68]. Lediglich der sogenannte Idealverein gem. § 21 BGB, der nicht auf einen wirtschaftlichen Geschäftsbetrieb gerichtet ist, hat bei Privatisierungsmaßnahmen der öffentlichen Hand Bedeutung erlangt[69]. Denkbar wäre allerdings die Beteiligung der öffentlichen Hand als nicht haftende Kommanditistin bei einer bestehenden KG (wobei sie der KG lediglich Kapital zuführt) oder einer GmbH&Co. KG[70].

Für Privatisierungen öffentlicher Aufgabenfelder sind deshalb nur die Gesellschaft mit beschränkter Haftung und die Aktiengesellschaft als gesellschaftsrechtliche Organisationsformen von Interesse[71].

III. Zusammenfassung des Kapitels B.

Angesichts der verfassungsrechtlichen Diskussion, ob verfassungsunmittelbare Vorgaben oder Schranken für Privatisierungsmaßnahmen bestehen, ist festzustellen, daß es grundsätzlich weder ein verfassungsrechtliches Privatisierungsgebot als Ausdruck eines allgemeinen wirtschaftspolitisch relevanten Subsidiaritätsprinzips noch ein generelles Privatisierungsverbot gibt. Die Erfüllung staatlicher Aufgaben in verselbständigter Privatrechtsform ist bis auf wenige Ausnahmen zulässig.

Die Entscheidung über Privatisierungen staatlicher Unternehmen liegt somit in der Kompetenz des Gesetzgebers oder unter Berücksichtigung der gesetzlichen Vorgaben im Ermessen der Verwaltung[72]. Trifft der Gesetzgeber keine

---

[68] *Gern,* Privatisierung in der Kommunalverwaltung, S. 19; *Schmidt-Aßmann,* Besonderes Verwaltungsrecht, Rn. 125; *Ziekow,* Rechtliche Rahmenbedingungen der Privatisierung kommunaler Dienstleistungen, in: *Meyer-Teschendorf,* S. 131, 152; *Nagel* in: *Blanke/Trümner,* Handbuch Privatisierung, S. 313 f., Rn. 406 ff.

[69] *BGHZ* 42, 210, 216.

[70] Durch die Wahl dieser Mischform hat die Treuhandanstalt die persönliche Haftung der Gesellschafter vermieden; vgl. hierzu *Nagel* in: *Blanke/Trümner,* Handbuch Privatisierung, S. 313 ff., Rn. 407, 413.

[71] Vgl. hierzu die Ausführungen bei *Boysen,* Kommunale out-sourcing Rechtsprobleme der privatrechtlich verselbständigten Erfüllung kommunaler Aufgaben, VR 1996, S. 73 ff.; *Cronauge,* Kommunale Unternehmen, Rn. 192 ff.; *Gaul,* D., Der Betriebsübergang, S. 10; *Großfeld/Janssen,* Zur Organisation der Deutschen Bundespost, DÖV 1993, S. 424 ff.

Entscheidung über die organisatorische Ausführung der Aufgaben, steht dem Bund oder dem Land ein Wahlrecht zu, ob unmittelbare Verwaltungsaufgaben in den Handlungs- und Organisationsformen des privaten oder öffentlichen Rechts wahrgenommen werden sollen. Aus der staatlichen Aufgabenverantwortung für das Gemeinwesen (Garantenstellung des Staates) können sich jedoch Gewährleistungspflichten des Staates und somit bestimmte Beschränkungen für Privatisierungsvorhaben ergeben[73].

Die anfangs aufgestellte These „Juristische Personen des Privatrechts können keine Beamte haben" ist in dieser provokativen Formulierung nicht haltbar. Vielmehr ist die Tätigkeit von Beamten auch in privatrechtlich organisierten Unternehmen grundsätzlich zulässig.

Es bestehen jedoch besondere Legitimationserfordernisse und Konstruktionsprobleme, um den Beamteneinsatz im Rahmen von Privatisierungen ermöglichen zu können. Insbesondere sind die Art der Aufgabe sowie Art und Umfang der Privatisierungsmaßnahme ausschlaggebend für den weiteren Einsatz von Beamten in privatwirtschaftlich organisierten Unternehmen.

---

[72] *H.M.:* vgl. hierzu *Sterzel* in: *Blanke/Trümner,* Handbuch Privatisierung, S. 127, Rn. 155, S. 147, 176 m.w.N.

[73] Verpflichtung des Staates zur Daseinsvorsorge in lebenswichtigen Bereichen, z.B. Sicherung der Verkehrsinfrastruktur, der Wasser- und Elektrizitätsversorgung, die Bereitstellung von medizinischen Leistungen, vgl. *Sterzel* in: *Blanke/Trümner,* Handbuch Privatisierung, S. 147, Rn. 176 f.

C. Die Neuordnung des Eisenbahnwesens

I. Historischer Rückblick auf die Bahnreform

1. Schwindende Marktchancen der Eisenbahn

Die Entwicklung der Dampfmaschine ermöglichte nicht nur den Eintritt in das Industriezeitalter. Sie stellte der Gesellschaft auch zur rechten Zeit ein entsprechendes Verkehrsmittel zur Verfügung. Zunächst konkurrenzlos eroberte die Eisenbahn in kurzer Zeit den Transportmarkt zu Lande und entwickelte sich zu einem profitablen Staatsunternehmen[1].

Das Automobil gewann als neues Verkehrsmittel jedoch immer mehr Marktanteile und drängte die Eisenbahn, insbesondere nach dem 2. Weltkrieg, immer mehr in die Defensive.

Im Bereich der alten Bundesländer hatte die Deutsche Bundesbahn dieser Entwicklung kaum etwas entgegenzusetzen. Als Staatsbetrieb war die Bundesbahn zu schwerfällig, wirksame (Gegen-)Maßnahmen einzuleiten. Im Gegensatz zu privatwirtschaftlich organisierten Wettbewerbern war die Bundesbahn als Behörde an das öffentliche Dienst- und Haushaltsrecht gebunden. Der Bund und die Länder nutzten ihre Rechte in Form von Aufsicht, Einwirkung, Genehmigung und Einspruch zur Verfolgung politischer Ziele.

Im Bereich der neuen Bundesländer dagegen hatte die Deutsche Reichsbahn, die nach der Teilung Deutschlands die alte Bezeichnung der deutschen Eisenbahn beibehalten hatte, bis zur politischen Wende das Verkehrsmonopol.

Die Verkehrsentwicklung in der Nachkriegszeit und das wirtschafts- und politische Potential der Automobilindustrie bewirkten, daß aus einer einst gewinnträchtigen Institution Eisenbahn ein zunehmend defizitärer Staatsbetrieb wurde, der zu Lasten des Steuerzahlers auf eine steigende Alimentation des Bundes in Milliardenhöhe angewiesen war[2]. Im Jahre 1951 wurde zum letzten Mal ein Gewinn erwirtschaftet[3].

---

[1] Zur Vorgeschichte der Bahnreform s. *Fromm,* Die Reorganisation der Deutschen Bahnen, DVBl. 1994, S. 187 ff., 188; *Ronellenfitsch,* Privatisierung und Regulierung des Eisenbahnwesens, DÖV 1996, S. 1028, 103 ff. m.w.N.; *Holst,* Prozeß der Privatisierung und Probleme der Regulierung, S. 83 ff.; *Reinhardt,* Die Deutsche Bahn AG – von der öffentlich-rechtlichen zur privatrechtlichen Zielsetzung in Unternehmen der öffentlichen Hand, ZGR 1996, S. 374 ff.; *Benz,* A., Privatisierung und Regulierung der Bahnreform, S. 162, 163 ff.

Die Verschuldung der Deutschen Bahn wuchs von 13,9 Milliarden DM (1970) auf 47 Milliarden DM (1990) und erreichte 1993 67 Milliarden DM[4].

Für 1996 prognostizierte der Bundesverkehrsminister eine Schuldenhöhe von mehr als 80 Milliarden DM; für das Jahr 2003 wurde – unter Zugrundelegung des Status quo – eine Verschuldung in Höhe von 266 Milliarden DM prophezeit[5].

Der finanzielle Kollaps der Bundesbahn war somit errechen- und voraussehbar.

In Abbildung Nr. 1 ist schematisch dargestellt, wie die politischen Kräfte und die einzelnen Faktoren auf den Betrieb der Bundesbahn bzw. Reichsbahn einwirkten, sich gegenseitig beeinflußten und bedingten und sich somit zu einem Kreislauf zusammenschlossen. Dieser war nicht mehr zu durchbrechen und führte in die tiefe Verschuldung der Staatsunternehmen.

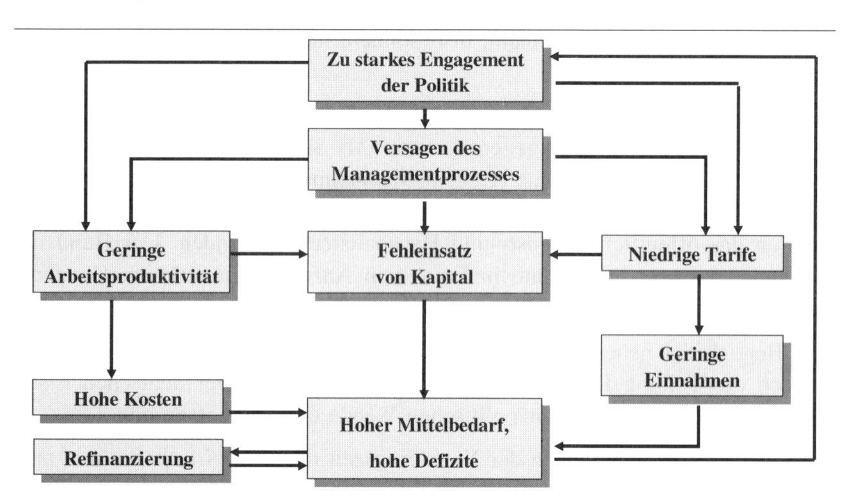

Abbildung 1: Defiziterzeugender Kreislauf bei Staatsbahnen[6]

[2] Ausführlich hierzu *Schneider,* J., Die Privatisierung der Deutschen Bundes- und Reichsbahn, S. 35 ff.

[3] *Dürr,* Kann der Staat als Unternehmer erfolgreich sein?, S. 11, 15.

[4] *Bennemann,* Die Bahnreform – Anspruch und Wirklichkeit, S. 35; *BR-Drs.* 131/93, S. 1; *BT-Drs.* 12/4609, S. 1 ff.; von Altbundeskanzler *Helmut Schmidt* ist die Aussage bekannt, daß die Bahn zum Haushaltsrisiko Nr. 1 des Bundes geworden ist.

[5] Bericht der Regierungskommission Bundesbahn 1991, S. 11 f.; zur Marktsituation vgl. *Dürr,* Die Bahnreform, S. 2 ff.; Nach Schätzungen des Bundesministers für Verkehr werden ohne eine grundlegende Strukturreform bis zum Jahre 2002 sogar Fehlbeträge von insgesamt 510 Mrd. DM anlaufen, Bericht in der FAZ vom 21.08.1992.

Ausgangsposition der Bahn vor der Bahnreform in 1990 Die Bahn DB

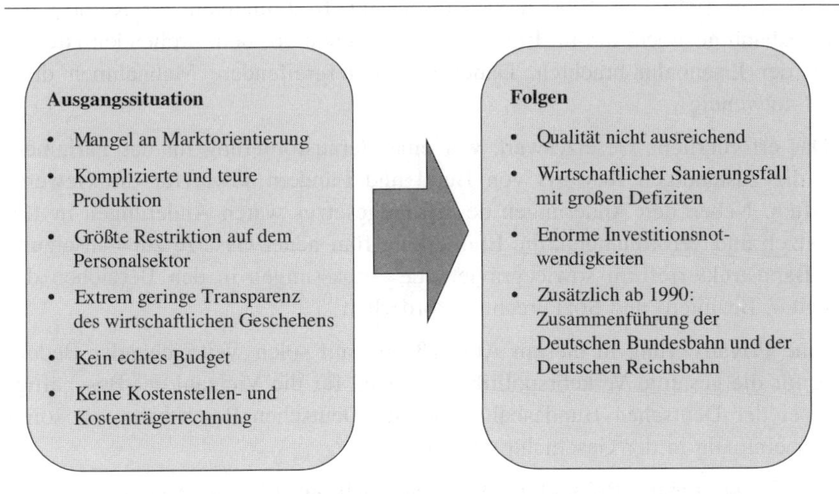

Abbildung 2: Ausgangsposition der Bahn vor der Bahnreform[7]

Die verschiedenartig gelagerten Gründe sowie die schlechten Startbedingungen für die Deutsche Bundesbahn und die Deutsche Reichsbahn nach der Wiedervereinigung der beiden deutschen Staaten werden in Abbildung Nr. 2 thesenartig zusammengefaßt.

Der Vorsitzende der Vorstände der Deutschen Bundesbahn und der Deutschen Reichsbahn, Heinz Dürr, präzisierte die Ursache der enormen Verschuldung im Geschäftsbericht der Deutschen Bundesbahn 1991 folgendermaßen[8]:

„Im heutigen Status arbeiten die Bahnen im Spannungsfeld widersprüchlicher Bestimmungen. Nach Art. 87 GG sind sie eine Behörde, nach § 28 BbG aber wie ein Wirtschaftsunternehmen zu führen, dessen Einnahmen die Ausgaben decken sollen und das zudem eine angemessene Verzinsung des Eigenkapitals zu erwirtschaften hat.“

---

[6] *Quelle:* Historie der Bahnreform auf: www.bahn.de.

[7] *Quelle:* Historie der Bahnreform auf: www.bahn.de.

[8] So auch *Schneider,* J., Die Privatisierung der Deutschen Bundes- und Reichsbahn, S. 46.

2. Begleitsignale für die Bahnreform

Zwischen 1949 und 1990 hat es insgesamt 16 Initiativen zur Reform der Bundesbahn gegeben, die im Ergebnis keine Wende vor dem drohenden Niedergang der Eisenbahn brachten. Daher waren tiefgreifendere Maßnahmen dringend notwendig[9].

Das erforderliche Gesetzeswerk war eine Herausforderung für das Parlament und die zuständigen Ressorts von Bund und Ländern sowie für die Gewerkschaften. Neben den Änderungen des Grundgesetzes waren Änderungen in 130 Gesetzen und Verordnungen, die Erarbeitung fünf neuer Gesetze zur Umsetzung der Bahnstrukturreform sowie gravierende Anpassungen in den Bereichen des Arbeits-, Beamten- und Sozialrechts erforderlich[10].

Eine Privatisierung in diesem Ausmaß und mit solch weitreichender Bedeutung für die gesamte Verkehrspolitik, aber auch für die Vielzahl der Beschäftigten bei der Deutschen Bundesbahn und der Deutschen Reichsbahn, ist somit bisher einmalig in der Geschichte Deutschlands[11].

Den Boden für die Bahnreform bereitete auch die öffentliche Diskussion, die durch Begriffe wie drohenden Verkehrsinfarkt, Stau und Streß, Energieverschwendung und Smog, Lärmbelästigung und Gesundheitsschäden geprägt war. Diese Debatte führte zu einer Rückbesinnung auf das umweltfreundliche Verkehrsmittel Eisenbahn und das Verlangen, dieses wieder marktfähig und verkehrspolitisch attraktiv zu gestalten.

Nach Initiierung der Bahnreform wurde die Ausgangslage der Eisenbahnen zudem durch die überraschende Wiedervereinigung der beiden deutschen Teilstaaten entscheidend beeinflußt. In der sozialistischen Planwirtschaft an garantierte Güter- und Personenverkehrsleistungen gewöhnt, mußte sich die Deutsche Reichsbahn nun dem Wettbewerb mit anderen Verkehrsträgern bei einem gleichzeitig stark schrumpfenden Verkehrsaufkommen stellen[12].

Wichtige und die Bahnreform begleitende Signale setzte außerdem die auf europäischer Ebene in Angriff genommene Liberalisierung der Verkehrsmärkte durch den Erlaß der Richtlinie zur Entwicklung der Eisenbahnunternehmen der Gemeinschaft[13] und durch die EG-Verordnung[14] über die Abgeltung gemein-

---

[9] Vgl. zu den Hintergründen *Fromm,* Die Reorganisation der Deutschen Bahnen, DVBl. 1994, S. 187, 189 m.w.N.; *Wernicke,* Bundesbahn – Wo sind deine Beamten geblieben, ZBR 1998, S. 266.

[10] *BR-Drs.* 131/93, S. 1; *BT-Drs.* 12/4609, S. 1; vgl. Ausführungen bei *Günther,* Jahrhundertwerk auf die Schiene, Bundesarbeitsblatt 1994, S. 9.

[11] *Günther,* Jahrhundertwerk auf die Schiene, Bundesarbeitsblatt 1994, S. 9.

[12] Vgl. *Bennemann,* Die Bahnreform – Anspruch und Wirklichkeit, S. 38 m.w.N.

[13] Richtlinie des Rates vom 29.07.1991 zur Entwicklung der Eisenbahnunternehmen der Gemeinschaft – 91/440/EWG.

schaftlicher Leistungen im Verkehrsbereich[15]. Danach sind die Mitgliedsstaaten explizit verpflichtet, Reformen durchzuführen, da die Verhältnisse in keinem Mitgliedsland der neuen Richtlinie bzw. Verordnung entsprechen.

So soll die Entwicklung der Eisenbahnunternehmen der Gemeinschaft unter den genannten Vorgaben erfolgen:

- der unternehmerischen Unabhängigkeit der Eisenbahnen,
- der Trennung von Infrastruktur und Verkehr,
- der finanziellen Sanierung der Unternehmen,
- der Zulassung Dritter zum Schienennetz, d.h., Herstellung von Wettbewerb auf der Schiene.

3. Gründe für die Bahnreform

Neben der katastrophalen wirtschaftlichen Lage der Deutschen Bahnen und des unflexiblen Personalapparats wegen der Bindung an das öffentliche Dienst- und Haushaltsrechts waren die Organisation und der Aufbau der Behörde Bundesbahn sowie ihr Verhältnis zum Eigentümer Bund ausschlaggebend für die Reformpläne[16].

---

[14] EWG-Verordnung des Rates vom 20.06.1991 – EWG Nr. 1893/91.

[15] So auch *Bennemann,* Die Bahnreform – Anspruch und Wirklichkeit, S. 38; *Menges,* Rechtsgrundlagen für die Strukturreform der Deutschen Bahnen, S. 195 ff.; *Ronellenfitsch,* Privatisierung und Regulierung des Eisenbahnwesens, DÖV 1996, S. 1028, 1032; *Fromm,* Die Reorganisation der Deutschen Bahnen, DVBl. 1994, S. 187, 189 – Ferner führt *Fromm* aus, daß nicht erst die EWG-Richtlinie 91/440/EWG einen Bedeutungswandel für das Eisenbahnwesen herbeigeführt hat. Bereits in Art. 8 der Entscheidung des Rates vom 13.05.1965 über die Harmonisierung bestimmter Vorschriften, die den Wettbewerb im Eisenbahn-, Straßen- und Binnenschiffsverkehrs beeinflussen, wurde festgelegt, daß mit dem Ziel der finanziellen Eigenständigkeit der Eisenbahnen die Vorschriften Schritt für Schritt zu harmonisieren seien, die die finanziellen Beziehungen zwischen den Eisenbahnunternehmen und den Staaten regeln. Daraufhin erging die Entscheidung des Rates vom 20.05.1975 zur Sanierung der Eisenbahnunternehmen und zur Harmonisierung der Vorschriften über die finanziellen Beziehungen zwischen diesen Unternehmen und den Staaten. Sie gebot den Mitgliedsstaaten, dafür Sorge zu tragen, daß die Eisenbahnunternehmen nach wirtschaftlichen Grundsätzen geführt werden können.

[16] *Menges,* Rechtsgrundlagen für die Strukturreform der Deutschen Bahnen, S. 98; *Reinhardt,* Die Deutsche Bahn AG – von der öffentlich-rechtlichen zur privatrechtlichen Zielsetzung in Unternehmen der öffentlichen Hand, ZGR 1996, S. 374, 375 ff.; *Suckale,* Taschenbuch der Eisenbahngesetze, S. 18 ff.; *Krölls,* Rechtliche Grenzen der Privatisierungspolitik, GewArch 1995, S. 129, 133, wonach „... die Befreiung vom öffentlichen Dienstrecht der entscheidende Hebel für den Personalabbau darstellt. So verleiht die Abschaffung das mit dem Status der Unkündbarkeit verbundenen Beamtenstatus im Verein mit der Absenkung der Eingangstarife für neu eingestellte Mitarbeiter, der Deutschen Bahn AG die Handhabe im Interesse der Konsolidierung des Unternehmens die Personalkosten in den Griff zu bekommen.“; *Fehling,* Zur Bahnre-

Das öffentliche Dienstrecht ist nicht im Sinne einer Leistungs- und Wettbewerbsorientierung ausgerichtet, sondern konstituiert eine strenge Ämter- und Laufbahnhierarchie. Danach muß jedes Amt einer Laufbahn mit einer Mindestzeit durchlaufen werden. Insbesondere in Zeiten finanzieller Engpässe in den öffentlichen Haushalten verlängern sich diese Mindestzeiten aufgrund von Beförderungssperren. Darüber hinaus sieht das öffentliche Dienstrecht nur marginale Möglichkeiten eines effizienten Personalabbaus, z. B. durch eine vorzeitige Versetzung in den Ruhestand, vor und fordert im Rahmen der Kameralistik die Einhaltung des Stellenkegels im Sinne des Bundesbesoldungsgesetzes.

Organisatorisch war die Deutsche Bundesbahn im Sinne eines klassischen Behördenaufbaus strukturiert. Rechtlich gesehen stellte sie jedoch keine Behörde, sondern ein nicht rechtsfähiges Sondervermögen dar[17]. Obwohl sie durch ihre Organe nach kaufmännischen Gesichtspunkten arbeiten sollte, war sie bei ihrer wirtschaftlichen Handlungsweise wegen der Eigentümerstellung des Bundes auch von der innerdeutschen politischen Entwicklung abhängig, d.h., nicht allein der Vorstand des Staatsunternehmens Bundesbahn konnte über die künftige wirtschaftliche, personelle und verkehrspolitische Entwicklung entscheiden, sondern die weitreichenden Befugnisse des Bundesinnenminister sowie des Bundesverkehrsminister waren zu berücksichtigen und in die Entscheidungen einzubeziehen[18].

Der Bund als Eigentümer betrachtete die Bahn zumeist als Wirtschaftsunternehmen, das Jahr für Jahr kaufmännische Verluste einfuhr. Dagegen sah der Kunde die Bahn eher als Behörde und kritisierte die Unflexibilität sowie die nicht marktgerechten, festen Tarife und Regeln.

Zusammenfassend ist festzustellen, daß infolge der oben dargestellten Konstellationen die Bundesbahn in Wirtschaft und Staat einen Fremdkörper darstellte. Die Janus-Köpfigkeit dieses Staatsunternehmens stand klaren Strategien und Entscheidungen entgegen[19].

Die Kritik des damaligen Vorstandes bringt die Lage der Deutschen Bundesbahn auf den Punkt[20]:

„Der Staat hat wie ein Unternehmer über sein Unternehmen Deutsche Bundesbahn verfügt, aber er hat nicht wie ein Unternehmer gehandelt.

---

form – Eine Zwischenbilanz im Spiegel erfolgreicher „Schwesterreformen", DÖV 2002, S. 793.

[17] Vgl. Ausführungen bei *Menges,* Rechtsgrundlagen für die Strukturreform der Deutschen Bahnen, S. 98, 184 ff.

[18] *Menges,* Rechtsgrundlagen für die Strukturreform der Deutschen Bahnen, S. 184 f., 191 ff.

[19] *Bennemann,* Die Bahnreform – Anspruch und Wirklichkeit, S. 34.

[20] Kritik von *Dürr,* Kann der Staat als Unternehmer erfolgreich sein? S. 11, 13.

Ein Unternehmen kann aber nur dann erfolgreich sein, wenn es die normalen unternehmerischen Freiräume von dem beherrschenden Eigentümer eingeräumt bekommt und die Verantwortlichen im Unternehmen entsprechend agieren können."

Oberste Maxime in einem Unternehmen ist hierbei die Wirtschaftlichkeit. Die Gewinnerzielung ist hierbei nicht der Zweck des Unternehmens, sondern die Meßgröße dafür, ob ein Unternehmen richtig funktioniert und geführt wird[21].

Dies ist mittels der Organisations- und Führungsstruktur der Deutschen Bundesbahn als Behörde nicht möglich.

4. Ziele der Bahnreform

Das bestimmende Anliegen aller konzeptionellen Überlegungen zur Bahnreform war somit, den beiden deutschen Bahnen eine Position und Struktur zu geben, die ihnen für die Zukunft von der wirtschaftlichen und unternehmerischen Seite her eine Perspektive bieten sollten, u. a. also[22]

- Erhöhung der Leistungsfähigkeit und damit der Wettbewerbsfähigkeit des Eisenbahnwesens,
- stärkere Beteiligung an dem zu erwartenden künftigen Verkehrswachstum,
- neue Positionierung der Bahn im nationalen und internationalen Verkehr durch stärkere Konkurrenzfähigkeit gegenüber anderen Verkehrsträgern,
- Berücksichtigung der ständig wachsenden Anforderungen zur umweltgerechten Bewältigung des Verkehrsaufkommen,
- Finanzielle Sanierung des Eisenbahnwesens und nachhaltige Entlastung des Bundeshaushalts,
- Umsetzung der EG-Richtlinie 91/440/EWG und der EWG-Verordnung Nr. 1893/91.

Ein weiteres primäres Ziel der Bahnstrukturreform, das den hier anzustellenden Untersuchungen zugrunde liegt, ist die *Flexibilisierung des Personalbereichs.*

Die Abbildung Nr. 3 zeigt die Entwicklung der Personalzahlen von 1994 bis 2001. An der Statistik ist erkennbar, daß die Privatisierung einen entscheidenden Einschnitt in die Personalbestandsentwicklung bewirkt hat. Das Ziel der Flexibilisierung des Personalbereichs fokussiert sich in diesem Zusammenhang insbesondere auf einen Personalabbau[23].

---

[21] *Dürr,* Kann der Staat als Unternehmer erfolgreich sein? S. 11, 13.

[22] *BR-Drs.* 131/93, S. 1 ff.; *BT-Drs.* 12/4609, S. 1 ff.: vgl. Ausführungen bei *Günther,* Jahrhundertwerk auf die Schiene, Bundesarbeitsblatt 1994, S. 9; kritisch zur Zielerreichung nach einigen Jahren der Bahnreform, *Fehling,* Zur Bahnreform – Eine Zwischenbilanz im Spiegel erfolgreicher „Schwesterreformen", DÖV 2002, S. 793 ff., 802.

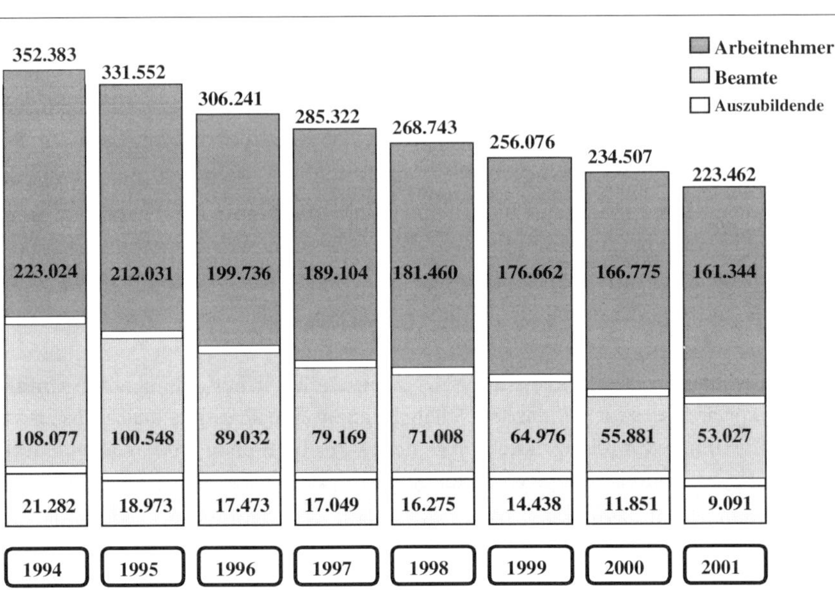

Abbildung 3: Struktur der Mitarbeiter im Konzern der DB AG[24]

5. Politische Wegbereitung der Bahnreform: Daten und Fakten

Am 01.02.1989 beschloß das Bundeskabinett die Einsetzung einer unabhängigen Kommission zur Prüfung der Zukunft der Deutschen Bundesbahn, die sog. Regierungskommission Bundesbahn[25]. Der Kommission gehörten Vertreter der

---

[23] Die Erreichung des Ziels der Wettbewerbsfähigkeit sowie einer Effizienzsteigerung, um die Aufzehrung des Eigenkapitals zu verhindern, ist ausschlaggebend für eine sozialverträgliche Personalpolitik. Anderenfalls drohe der Abbau von ca. 70.000 Personalstellen, so eine Stellungnahme des Vorstandsvorsitzenden der DB AG, Herrn *Harmut Mehdorn* im Haushaltsausschuss des Bundestages am 23.02.2000, Blickpunkt Bundestag 2/2000, S. 23.

[24] *Quelle*: Personalbericht der DB AG 1999–2001, S. 22; Personalbericht der DB AG 2001, S. 10.

[25] Der Regierungskommission wurde ein großer Handlungsspielraum zugestanden. Nach *Fromm,* Die Reorganisation der Deutschen Bahnen, DVBl. 1994, S. 187, 190 wurde „... dieser Kommission, was die Rechtsform der Bahn anging, weder ein Maulkorb verpaßt noch ein Denkverbot erteilt. Vielmehr durfte sie sich auch darüber Ge-

Wissenschaft, der Wirtschaft, der Politik und der Arbeitnehmer an. Die Regierungskommission prognostizierte in ihrem Abschlußbericht, daß sich unter Beibehaltung des Status quo die Verluste der Deutschen Bundesbahn in den nächsten zehn Jahren auf rund 266 Mrd. DM belaufen würden[26].

Die Bundesregierung beschloß daraufhin am 15.07.1992 eine grundlegende Reform der Bundeseisenbahnen[27].

Am 17.02.1993 verabschiedete das Bundeskabinett das vom Bundesverkehrsminister vorgelegte Gesetzespaket zur Bahnreform. Mit diesem Beschluß wurde die wohl größte Unternehmenssanierung in der deutschen Wirtschaftsgeschichte auf den Weg gebracht und der Beginn der eigentlichen Gesetzgebungsverfahren zur Bahnreform eingeleitet.

Die zur Bahnreform notwendige Änderung des Grundgesetzes erforderte eine Zweidrittelmehrheit des Deutschen Bundestages und des Bundesrates. Der Bundestag stimmte am 02.12.1993 und der Bundesrat am 17.12.1993 mit überwältigender Mehrheit zu[28].

---

danken machen, ob eine Änderung des GG erforderlich sei, wenn man zu einem vernünftigen Ergebnis gelangen wollte ...". Neu war auch, daß die Kommission nachhaltig vom Vorstand der Deutschen Bundesbahn unterstützt wurde. Dieser ließ allerdings von Anfang an keinen Zweifel daran, daß eine Bahnreform ohne Verfassungsänderung nicht denkbar ist, vgl. *Dürr,* Die Bahnreform und Industriepolitik, FVSG (1992), S. 9 ff.

[26] Bericht der Regierungskommission Bundesbahn 1991, S. 11 f.; zur Marktsituation *Dürr,* Die Bahnreform, S. 2 ff.

[27] Vgl. hierzu im einzelnen *Loschelder,* Strukturreform der Bundeseisenbahnen durch Privatisierung, S. 1 ff.

[28] Die Regierungsentwürfe für das Gesetz zur Änderung des GG und für das ENeuOG wurden am 07.05.1993 vom Bundesrat im ersten Durchgang beraten. Die erste Beratung im Bundestag stand am 27.05.1993 an (vgl. Plenarprotokoll 12/161, S. 13801 B). Im Wortlaut damit übereinstimmende Gesetzentwürfe hatten die Fraktionen der CDU/CSU und der FDP bereits am 23.03.1993 im Bundestag eingebracht. Angesichts der tiefgreifenden Meinungsverschiedenheiten zwischen Bund und Ländern sah der federführende Ausschuss für Verkehr davon ab, sofort in die Beratungen einzutreten. Er gab der Erwartung Ausdruck, daß die parlamentarische Sommerpause dazu genützt werden könne, eine grundsätzliche Einigung unter den Beteiligten herbeizuführen. Eine Anrufung des Vermittlungsausschusses wollte man unter allen Umständen vermeiden. Daraufhin kam es auf verschiedenen Ebenen zu Gesprächen. Die Ministerpräsidenten der Länder beschäftigten sich mehrfach mit dem Thema, insbesondere in Erörterungen mit dem Bundeskanzler am 12.11.1993 und am 30.11.1993, nachdem auf einer Sonderkonferenz der Länderverkehrsminister am 21.11.1993 in München neue Einwände erhoben wurden. Dem war eine Kritik aus den Reihen der SPD und von seiten des Freistaats Bayern vorausgegangen (vgl. FAZ Nr. 270 vom 20.11.1993 und Nr. 272 vom 22.11.1993). Der Bundestag billigte die Bahnreform am 02.12.1993 (Plenarprotokoll 12/1996, S. 16958 ff.) nachdem sich der Ausschuss für Verkehr unmittelbar zuvor auf eine Beschlußempfehlung verständigt hatte (vgl. *BT-Drs.* 12/6269). Ein am 01.12.1993 unternommener Vorstoß der neuen Bundesländer, der sich auf eine rechtlich verbindliche Festlegung des Bundes auf Angleichung des Standards der DR auf das Niveau der DB richtete, war nicht erfolgreich. Der Bundes-

Am 23.12.1993 trat das Gesetz zur Änderung des Grundgesetzes[29] und am 27.12.1993 das Gesetz zur Neuordnung des Eisenbahnwesens (ENeuOG)[30], das neben dem Gesetz zur Zusammenführung und Neugliederung der Bundeseisenbahnen (BENeuglG), dem Gesetz zur Gründung einer Deutschen Bahn Aktiengesellschaft (DBGrG) sowie dem Allgemeinen Eisenbahngesetz (AEG) zahlreiche weitere Neuregelungen und Anpassungen enthält, in Kraft.

Mit dem Jahr 1993 endete eine Epoche deutscher Eisenbahngeschichte. Der Gesetzgeber hat die Weichen gestellt und den Kurs bestimmt[31]. Getrennt verschwanden am 31.12.1993 die Deutsche Bundesbahn und die Deutsche Reichsbahn in einem Tunnel, um – juristisch vereint – am 01.01.1994 als Deutsche Bahn AG wieder herauszukommen.

Noch am 01.01.1994 wurde mit der Unterzeichnung der Gründungsurkunde durch Vertreter des Bundes und des Bundeseisenbahnvermögens die Deutsche Bahn AG in Frankfurt am Main gegründet.

Am 05.01.1994 wurde das Unternehmen Deutsche Bahn AG (DB AG) mit einem Stammkapital von 4,2 Milliarden DM unter der Nr. 50.000 in das Berliner Handelsregister eingetragen. Alleinige Aktionärin war und ist gem. § 8 Abs. 1 Nr. 1 DBGrG bis auf weiteres die Bundesrepublik Deutschland. Der Aufsichtsrat der DB AG konstituierte sich am 10.01.1994[32].

Im Jahre 1999 wurden die Führungsgesellschaften Personenfernverkehr, Personennahverkehr, Güterverkehr und Fahrweg gem. § 2 Abs. 1 i.V.m. § 25 DBGrG aus der Deutschen Bahn AG ausgegliedert und in die jeweiligen Handelsregister als selbständige Aktiengesellschaften eingetragen.

II. Das Bahnmodell

1. Inhalte der Bahnreform

Die ersten Schritte der Bahnreform vollzieht das neue Unternehmen Deutsche Bahn AG in einem fünf Jahre dauernden Prozeß. Im Ergebnis wurde die erste Stufe der Bahnreform genutzt, um die in der zweiten Stufe gesetzlich vorgegebene Zielstruktur vorzubereiten, die einen Konzern mit selbständigen Aktiengesellschaften und einer Holding an der Spitze vorschreibt.

---

rat stimmte im zweiten Durchgang am 17.12.1993 zu, vgl. *Fromm,* Die Reorganisation der Deutschen Bahnen, DVBl. 1994, S. 187.

[29] BGBl. 1993 I, S. 2089 ff., Erlaß am 20.12.1993, in Kraft getreten am 23.12.1993.

[30] BGBl. 1993 I, S. 2378 ff.

[31] *Günther,* Jahrhundertwerk auf der Schiene, Bundesarbeitsblatt 1994, S. 9.

[32] Vorsitzender des Aufsichtsrates der DB AG wurde der Leiter der Reformkommission, *Dr. Günther Saßmannshausen.*

a) Erste Stufe der Bahnreform

Am 1. Januar 1994 wurden die Sondervermögen des Bundes – Deutsche Bundesbahn und Deutsche Reichsbahn – zu einem nichtrechtsfähigen Sondervermögen des Bundes unter dem Namen „Bundeseisenbahnvermögen“ zusammengefaßt[33].

Dieses unterteilt sich gem. § 3 Abs. 1 BENeuglG in einen „Unternehmerischen Bereich“, der die Erbringung von Eisenbahnverkehrsleistungen und den Betrieb der Eisenbahninfrastruktur umfaßt, und einen „Verwaltungsbereich“, dem u.a. die hoheitlichen Aufgaben, die Verwaltung des Personals und der zinspflichtigen Verbindlichkeiten zugeordnet sind.

Bei diesem Abschnitt der Bahnreform handelt es sich jedoch nur um eine Durchgangsstufe. Direkt im Anschluß wurde aus dem unternehmerischen Bereich des Bundeseisenbahnvermögens die Deutsche Bahn AG gegründet, aus dem Verwaltungsbereich entstanden das Restbundeseisenbahnvermögen (BEV[34]) und das Eisenbahnbundesamt (EBA).

Die aufgezeigten Verfahrensschritte sind in Abbildung 4 (Seite 62) noch einmal zusammengefaßt.

Sowohl das Bundeseisenbahnvermögen als auch das Eisenbahnbundesamt sind Bundesbehörden, für dessen Personal weiterhin das öffentliche Dienst- und Haushaltsrecht gilt.

Alle hoheitlichen Aufgaben sowie alle damit beschäftigten Mitarbeiter wurden dann auf das Eisenbahnbundesamt übertragen[35], während alle übrigen Verwaltungsaufgaben bei dem (Rest-)Bundeseisenbahnvermögen verblieben, so gem. § 3 Abs. 2 BENeuglG z.B.

- Verwaltung und Betreuung der bei der Deutschen Bahn AG beschäftigten Beamten,
- Regelung der Beamtenversorgung,

---

[33] Als Art. 1 ENeuOG § 1 Gesetz zur Zusammenführung und Neugliederung der Bundeseisenbahnen (BENeuglG) verkündet am 27.12.1993, BGBl. I, S. 2378; in Kraft getreten am 1. Januar 1994.

[34] Im weiteren Bundeseisenbahnvermögen genannt; eine begriffliche Differenzierung zwischen „Bundeseisenbahnvermögen“ und „Rest-Bundeseisenbahnvermögen“ nimmt das Gesetz nicht vor – vgl. § 3 Abs. 1 BENeuglG.

[35] Art. 3 ENeuOG (BGBl. 1993, I S. 2394); § 3 Abs. 2 Nr. 2 BENeuglG, §§ 2, 3 EVerkVerwG; zu den hoheitlichen Aufgaben zählen u.a. Planfeststellung für die Schienenwege, ausüben der Eisenbahnaufsicht, Erteilung und Widerruf von Betriebsgenehmigungen, Aufgaben nach dem AEG, Untersuchung von Störungen im Eisenbahnbetrieb etc; hinsichtlich der Aufgaben des Eisenbahnbundesamtes s. *Grupp,* Eisenbahnaufsicht nach der Bahnreform, DVBl. 1996, S. 591 ff.

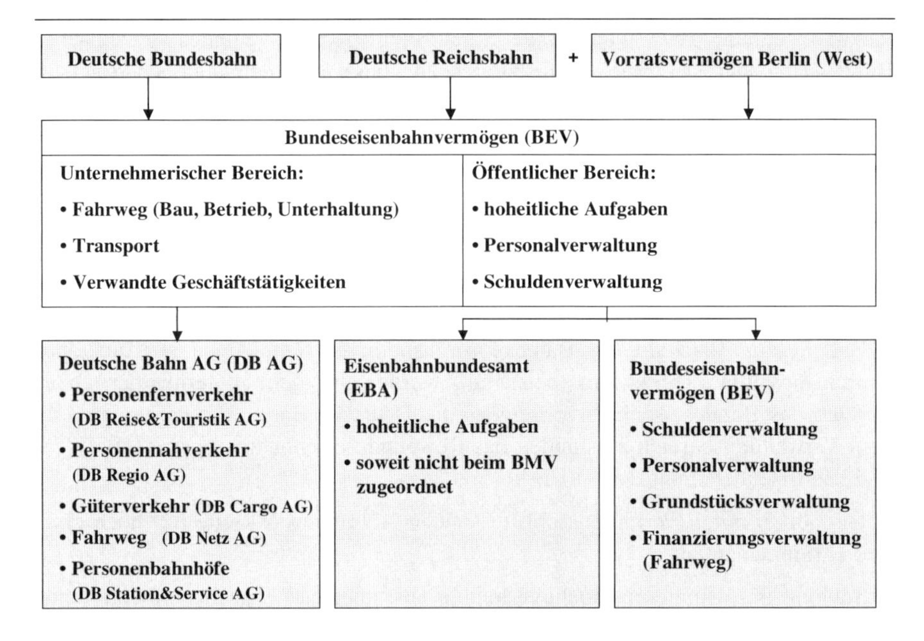

Abbildung 4: Verfahrensschritte zur Umwandlung der Bundes- und Reichsbahn in eine Aktiengesellschaft[36]

– Kredit- und Schuldenmanagement der von der Deutschen Bundesbahn und Deutschen Reichsbahn Ende 1993 übernommenen Altschulden (ca. 67 Mrd. DM)[37],

– Verwertung und Vermarktung der für das Erbringen der Eisenbahnverkehrsleistungen sowie für das Betreiben der Eisenbahninfrastruktur nicht benötigten Liegenschaften[38].

[36] In § 25 DBGrG sind als Pflichtausgliederungen nur die Bereiche „Personenfernverkehr", „Personennahverkehr", „Güterverkehr" und „Fahrweg" genannt. Der Wortlaut des § 25 DBGrG eröffnet jedoch die Möglichkeit weitere Bereiche als Führungsgesellschaft auszugliedern. Von dieser Möglichkeit wurde für den Bereich „Personenbahnhöfe" mit Gründung der Führungsgesellschaft „DB Station&Service AG" Gebrauch gemacht.

[37] *Wernicke*, Bundesbahn – Wo sind deine Beamten geblieben, ZBR 1998, S. 266, 267.

[38] s. hinsichtlich der Aufgaben des Bundeseisenbahnvermögens auch Verwaltungsverordnung des Bundeseisenbahnvermögens (VwO-BEV) vom 28. Juli 1999 (Verkehrsblatt Nr. 3 vom 15. Februar 2000), abgedruckt in *Kunz*, Kommentar zum Eisenbahnrecht, A 2.4.

Da die vorgenannten Aufgaben aus der Natur der Sache rückläufig sind – dem Personalbestand der Deutschen Bahn AG werden keine weiteren Beamten mehr zugeführt, so daß ihre Zahl ständig sinkt – hat der Gesetzgeber den Bestand des Bundeseisenbahnvermögen vorerst gem. § 30 BENeuglG nur bis Ende 2003 gesichert.

Die folgende Aufzählung zeigt stichpunktartig die wesentlichen Inhalte der ersten Stufe der Bahnreform:

- **Personalrechtliche und personalpolitische Inhalte:**

  - Zuweisung der Beamten, die nicht ausscheiden oder beurlaubt werden, durch Gesetz zur DB AG – Art. 143a Abs. 1 S. 3 GG,
  - Anpassung der Strukturen und Geschäftsprozesse sowie des Personalbestandes nach der Fusion der ehemaligen Bundesbahn und der ehemaligen Reichsbahn zur Deutschen Bahn AG,
  - Vorbereitung der Mitarbeiter durch ein umfassendes Schulungspogramm (ca. 72.000 Mitarbeiter) auf die neuen unternehmerischen Ziele.

- **Wirtschafts- und verkehrspolitische sowie wettbewerbsfördernde Inhalte:**

  - Strikte Trennung der staatlichen von den unternehmerischen Aufgaben zur Sicherung der unternehmerischen Unabhängigkeit und Stärkung der Wettbewerbsfähigkeit,
  - Verschmelzung der früheren Sondervermögen des Bundes zu einem nicht rechtsfähigen Sondervermögen „Bundeseisenbahnvermögen" (BEV),
  - Aufgaben des BEV: Verwaltung und Verwertung nicht betriebsnotwendiger Grundstücke, Verwaltung der der DB AG zugewiesenen Beamten – Art. 1 ENeuOG, § 3 Abs. 2 des Gesetzes zur Zusammenführung und Neugliederung der Bundeseisenbahnen[39],
  - Ausgliederung und Umwandlung des unternehmerischen Teils des „Bundeseisenbahnvermögen" in eine auf dem Verkehrsmarkt selbstverantwortlich handelnde Aktiengesellschaft (DB AG) und damit die Befreiung der Bahn von den wettbewerbsbehindernden Regelungen des öffentlichen Haushalts- und Dienstrechts und von nicht marktkonformen politischen Weisungen,

---

[39] Vgl. dazu auch die Zusammenfassung im Finanzplan des Bundes 1993–1997, *BR-Drs.* 501/93, S. 21.

- Gliederung der DB AG in mindestens vier auf dem Verkehrsmarkt eigenverantwortlich handelnde Bereiche (Fahrweg, Personennahverkehr, Personenfernverkehr und Güterverkehr) mit eigener Ergebnisrechnung – gem. § 25 DBGrG,
- Ausgliederung dieser Bereiche in selbständige Aktiengesellschaften in drei spätestens in fünf Jahren – gem. § 2 Abs. 1 DBGrG,
- Öffnung mehrer Optionen gem. § 2 Abs. 2 DBGrG für die Deutsche Bahn AG als Holding: Auflösung der Holding und Bildung völlig voneinander getrennter Aktiengesellschaften,
- Beförderungs- und Tarifpflicht nur noch im Personenverkehr – Art. 5 ENeuOG, §§ 10, 11 Abs. 2 AEG,
- Öffnung des Schienennetzes für Dritte,
- Übertragung der Aufgaben- und Ausgabenverantwortung für den öffentlichen und schienengebundenen Personennahverkehr auf die Bundesländer zum 01.01.1996 (Regionalisierung des Nahverkehrs)[40], Festlegung in Art. 143a Abs. 3 GG; gem. Art. 106a GG erhalten die Länder ab diesem Zeitpunkt zweckgebundene Finanzmittel für den öffentlichen Personennahverkehr aus dem Steueraufkommen des Bundes – Näheres regelt das Regionalisierungsgesetz,
- Freistellung der DB AG von ihren Altschulden und Übernahme der Altschulden durch das BEV,
- Übernahme der Mehrbelastung der DB AG aufgrund des Produktivitätsrückstandes der ehemaligen Deutschen Reichsbahn durch den Bund,
- Übernahme des Nachholbedarfs an Investitionen der ehemaligen Deutschen Reichsbahn durch den Bund.

b) Zweite Stufe der Bahnreform

Die zweite Stufe der Bahnreform setzt die in der ersten Stufe erarbeitete Zielstruktur um und wird im wesentlichen von der Ausgliederung der Führungsgesellschaften bestimmt.

Um die Trennung der Geschäftsbereiche zu optimieren, aber auch um Übergriffe von einem Sektor auf den anderen zu vermeiden, sollten nach §§ 2, 25 DBGrG[41] zwischen 1997 und 1999 Gesellschaften mit den Bereichen Personennahverkehr, Personenfernverkehr, Güterverkehr und Fahrweg ausgegliedert werden.

---

[40] Vgl. *BT-Drs.* 12/6311 vom 01.12.1993.

[41] Gesetz über die Gründung einer Deutschen Bahn Aktiengesellschaft vom 27.12.1993 (BGBl. 1993 I, S. 2386).

Bei der Ausgliederung handelt es sich um ein Instrument, das durch eine Revision des Umwandlungsgesetzes erstmalig als eine Form der Vermögensübertragung in den deutschen Rechtskreis eingeführt worden ist[42].

Die Deutsche Bahn AG als Holding hat Betriebsteile auf die zu diesem Zweck neu gegründeten Gesellschaften übertragen; im Gegenzug hält sie sämtliche Gesellschaftsanteile. Anders jedoch als bei Auf- oder Abspaltungen im Sinne des Umwandlungsgesetzes wird der Bund als Alleingesellschafter der DB AG keine Mitgliedschaftsrechte an den ausgegliederten Einheiten gewinnen. Die Beteiligung des Bundes an einem der o. g. neuen Infrastrukturunternehmen wird nur noch über die Holding vermittelt.

Das Unternehmen Deutsche Bahn ist danach gesellschaftsrechtlich als mehrstufiger Konzern unter der Führung einer Holding ausgestaltet. Der Konzern gliedert sich in die Konzernleitung und fünf – als eigenständige Aktiengesellschaften – geführte Unternehmensbereiche für die Geschäftsfelder Fernverkehr (DB Reise&Touristik AG), Nahverkehr (DB Regio AG), Güterverkehr (DB Cargo AG), Fahrweg (DB Netz AG) und Personenbahnhöfe (DB Station& Service AG[43])[44].

Die DB AG hat die Konzernleitung inne. Ihr werden Dienstleistungs- und Kompetenzzentren[45] zugeordnet, die organisatorisch Teile der Deutschen Bahn AG sind. Mittels dieser neuen Konzernorganisation ist der äußere Rahmen für ein markt- und wettbewerbsorientiertes Handeln geschaffen.

Zur Erreichung der erklärten Ziele der Privatisierung ist darüber hinaus mittelfristig geplant, im Zuge der weiteren Organisationsentwicklung Teile der Aktiengesellschaften auszugliedern oder in unterschiedlichen Formen mit anderen Unternehmen zusammenzuführen[46]. Ein aktuelles Beispiel für diese organisatorische Entwicklungstendenz ist der Erwerb der Stinnes AG durch die Deutsche Bahn AG und die Eingliederung der DB Cargo AG in den Konzern der Stinnes AG[47].

---

42 *Menges,* Rechtsgrundlagen für die Strukturreform der Deutschen Bahnen, S. 57 m. w. N.

43 Die Gründung der DB Station&Service AG wurde im DBGrG nicht gefordert.

44 Die Eintragung dieser fünf Aktiengesellschaften erfolgte am 1. Juni 1999 in das Handelsregister Berlin-Charlottenburg.

45 Beispielsweise DB Service, DB Systems, DB Gastronomie, DB Bildung, DB Technologie- und Forschungszentrum.

46 Nach Auffassung von Bundesfinanzminister Eichel und Bundesverkehrsminister Klimmt muß die Deutsche Bahn finanziell auf eigenen Füßen stehen, vgl. FAZ v. 14.03.2000; nach *Böhm/Schneider,* „Beamtenprivatisierung" bei der Deutschen Bahn AG, S. 77, wird die Wettbewerbsfähigkeit des Unternehmens vor dem Hintergrund der finanziellen Selbständigkeit zur Überlebensfrage.

47 s. Abbildung Nr. 7 „Schachtelbeteiligung des Bundes an der Raillion Deutschland (früher DB Cargo AG)" sowie Ausführungen in Kapitel D., Teil I, Nr. 4a).

2. Wichtigste verfassungsrechtliche Voraussetzungen und Änderungen

Die im Zuge eines Gesetzes zur Neuordnung des Eisenbahnwesens vorgesehene Umwandlung der gem. Art. 87 Abs. 1 GG in Behördenform geführten Deutschen Bundesbahn und Deutschen Reichsbahn in ein oder mehrere privatrechtlich organisierte Wirtschaftsunternehmen setzte eine Änderung der Art. 73 Nr. 6, 74 Nr. 23, 80 Abs. 2 und 87 Abs. 1 S. 1 GG sowie die Einfügung der Nr. 6a in Art. 73 GG sowie der Art. 87e und Art. 143a GG voraus.

Ob eine Privatisierung der Bundeseisenbahnen auch ohne Verfassungsänderung möglich gewesen wäre, war umstritten.

Im Hinblick auf den organisatorischen Gehalt des Art. 87 Abs. 1 S. 1 GG a. F. wurde diese Frage überwiegend verneint[48].

Zweifelhaft war jedoch, ob ein Rückzug des Bundes aus dem Bereich des Schienenpersonennahverkehrs zulässig war oder ob dem die Aufgabenzuweisung des Art. 87 Abs. 1 GG a. F. entgegenstand[49].

Ebenso wurde die Notwendigkeit einer verfassungsrechtlichen Verankerung der Zuweisung von Beamten zu dem neu gegründeten privatrechtlichen Eisenbahnunternehmen angezweifelt[50].

Um die Diskussion über den organisations- und aufgabenrechtlichen Normgehalt des Art. 87 Abs. 1 GG a. F. zu beenden, wurden konsequent durch die Grundgesetzänderung Regelungen über die künftige Organisationsform und die Aufgabenverantwortung der Bundeseisenbahnen geschaffen. Desgleichen wurde aus Gründen der Rechtssicherheit das Personalüberleitungsinstrument der gesetzlichen Zuweisung ausdrücklich im Grundgesetz verankert.

a) Änderung des Art. 87 Abs. 1 GG und Einfügung des Art. 87e GG

Mit der Änderung des Art. 87 Abs. 1 GG[51] und der Einfügung des Art. 87e GG wird die Systematik des 8. Abschnitts des GG entsprechend den Verhältnis-

---

[48] *Uerpmann* in: *v. Münch/Kunig,* Kommentar zum GG, Art. 87e Rn. 1 m. w. N.; *Windthorst* in: *Sachs,* Kommentar zum GG, Art. 87e Rn. 5; *Gersdorf* in: *Mangoldt/Klein/Starck,* Das Bonner Grundgesetz, Art. 87e Rn. 2; *Schmidt-Aßmann/Fromm,* Aufgaben und Organisation der Deutschen Bundesbahn in verfassungsrechtlicher Sicht, S. 99 f., 113 ff.; *a. A.: Püttner,* Die öffentlichen Unternehmen, S. 86 f.; *Schoch,* Privatisierung von Verwaltungsaufgaben, DVBl. 1994, S. 962, 969; *Stober,* Die privatrechtlich organisierte öffentliche Verwaltung, NJW 1984, S. 449, 452.

[49] Vgl. *Uerpmann* in: *v. Münch/Kunig*: Kommentar zum GG, Art. 87e Rn. 1 m. w. N.

[50] *Benz,* H., Postreform II und Bahnreform – Ein Elastizitätstest für die Verfassung, DÖV 1995, S. 679, 681 f.; *Fromm,* Die Reorganisation der Deutschen Bahnen, DVBl. 1994, S. 187, 194 m. w. N.; *Battis* in: *Sachs,* Kommentar zum GG, Art. 143a Rn. 7.

sen zwischen Bund und Ländern hinsichtlich der Ausführung der Bundesgesetze geregelt.

Größte Bedeutung für die künftige Organisation der Eisenbahnen des Bundes entfaltet hierbei, als „Herzstück der Reform“[52], der neue Art. 87e GG, der im wesentlichen von drei Zielen getragen wird[53]:

- der Trennung von hoheitlicher Verwaltung und Wirtschaftstätigkeit,
- der Überführung der wirtschaftlichen Tätigkeit in eine private Organisationsform,
- dem Rückzug des Bundes aus der Verantwortung für den Eisenbahnverkehr.

aa) Eisenbahnverkehrsverwaltung gem. Art. 87e Abs. 1 GG

Art. 87e GG statuiert in Abs. 1 in enger textlicher Anlehnung an Art. 87d Abs. 1 GG[54] die bundeseigene Eisenbahnverwaltung für Eisenbahnen des Bundes. Das Erbringen von Eisenbahnverkehrsleistungen und das Betreiben der Eisenbahninfrastruktur müssen nicht mehr durch eine Eisenbahnbehörde erfolgen. Vielmehr ist deren Tätigkeit auf das „Verwalten“ im traditionellen Sinne beschränkt[55]. Danach ist unter Eisenbahnverwaltung gem. Art. 87e Abs. 1 GG die Wahrnehmung wirtschaftverwaltungsrechtlicher Ordnungs- und Steuerungsaufgaben zu verstehen, die mit dem Eisenbahnwesen zusammenhängen[56]. Als oberste Bundesbehörde nimmt insbesondere das Eisenbahnbundesamt (EBA) die

[51] *Menges,* Rechtsgrundlagen für die Strukturreform der Deutschen Bahnen, S. 48 ff. mit ausführlicher Darstellung der früheren Ausgangslage in der Verfassung, der Diskussion über Privatisierungsmöglichkeiten auf der Grundlage des. Art. 87 Abs. 1 GG a.F. und weiteren Nachweisen; hinsichtlich Kontroverse, ob Art. 87 Abs. 1 GG a.F. eine Privatisierung der Bahnen erlaubte, bejahend: Deregulierungskommission, Bericht März 1990, S. 126; so auch *Fromm,* Die Reorganisation der Deutschen Bahnen, DVBl. 1994 S. 187, 190.

[52] *Pestalozza,* Neues Deutschland – in bester Verfassung?, Jura 1994, S. 561, 571.

[53] Vgl. hierzu *Heinze,* Das Gesetz zur Änderung des Verfassungsrechts der Eisenbahnen vom 20.12.1993, BayVwBl. 1994, S. 266; *Windthorst* in: *Sachs*: Kommentar zum GG, Art. 87e Rn. 3.

[54] s. Begründung zum Gesetzesentwurf der Bundesregierung, *BT-Drs.* 12/4610, S. 6 f.

[55] *Schmidt-Bleibtreu/Klein,* Kommentar zum GG, Art. 87e Rn. 3; *Heinze,* Das Gesetz zur Änderung des Verfassungsrechts der Eisenbahnen vom 20.12.1993, NVwZ 1994, S. 748 f.

[56] *Gersdorf* in: *Mangoldt/Klein/Starck,* Das Bonner Grundgesetz, Art. 87e Rn. 18 f.; *Schmidt-Aßmann/Röhl,* Grundposition des neuen Eisenbahnverfassungsrechts (Art. 87e GG), DÖV 1994, S. 577, 583; *Uerpmann* in: *v. Münch/Kunig,* Kommentar zum GG, Art. 87e Rn. 3; nach allgemeiner Auffassung gehören zur Eisenbahnverwaltung: die Bahnaufsicht, die Entscheidung über Betriebsgenehmigungen, die Genehmigung von Beförderungstarifen, die Planfeststellung sowie als Annex die Bahnpolizei (Abwehr von Angriffen auf die Bahnsicherheit).

Aufgaben der Eisenbahnverwaltung wahr[57]. Die Aufgaben der Bahnpolizei, die als Annex ebenso zur Eisenbahnverwaltung zu zählen sind, werden nunmehr durch den Bundesgrenzschutz ausgeführt[58]. Die Bahnpolizei wurde aufgelöst.

Kehrseite dieser Verpflichtung ist folglich ein Verbot einer formellen sowie materiellen Privatisierung[59]. Die Aufgaben der Eisenbahnverkehrsverwaltung dürfen privaten Eisenbahnunternehmen daher grundsätzlich weder übertragen noch überlassen werden.

Nach Art. 87e Abs. 1 S. 2 GG können jedoch Aufgaben der Eisenbahnverkehrsverwaltung durch Bundesgesetz den Ländern als eigene Angelegenheiten übertragen werden (fakultative Aufgabenübertragung). Für den Bund besteht gem. Art. 87e Abs. 2 GG jedoch die Möglichkeit – in Anlehnung an Art. 89 Abs. 2 S. 2 GG – die Verwaltungskompetenz durch Bundesgesetz wieder an sich zu ziehen, damit verkehrspolitisch sinnvolle Aufgabenübertragungen im Bereich der Eisenbahnverkehrsverwaltung, die über den Bereich der Bundeseisenbahnen hinausgehen, wahrgenommen werden können. Darüber hinaus kann durch diese Regelung ein ungewollter Wechsel der Verwaltungszuständigkeit, der bei einer materiellen Privatisierung von Eisenbahnen des Bundes gem. Art. 87e Abs. 1 GG eintreten würde, verhindert werden[60].

Nach Art. 87e Abs. 2 GG ist weiterhin die Übertragung von Hoheitsbefugnissen auf Behörden der Eisenbahnverkehrsverwaltung zulässig. Hierbei handelt es sich vor allem um die Aufgaben der Eisenbahnaufsicht des Eisenbahnbundesamtes bei nicht bundeseigenen Eisenbahnen gem. § 5 AEG sowie um die in § 3 des Gesetzes über die Eisenbahnverkehrsverwaltung[61] genannten weiteren öffentlichen Aufgaben[62].

---

[57] Gesetz über die Eisenbahnverkehrsverwaltung des Bundes vom 27.12.1993 (BGBl. 1993 I S. 2394) mit der Möglichkeit in § 4 Eisenbahnen des Bundes mit der technischen Aufsicht über Betriebsanlagen und Fahrwege zu beleihen; Organisationsentscheidung über das EBA: Bundesminister für Verkehr, Verkehrsblatt 1994, S. 90.

[58] *Uerpmann* in: *v. Münch/Kunig,* Kommentar zum GG, Art. 87e Rn. 3.

[59] *Windthorst* in: *Sachs*: Kommentar zum GG, Art. 87e Rn. 16, 17 m.w.N.

[60] *Schmidt-Bleibtreu/Klein,* Kommentar zum GG, Art. 87e Rn. 4; *Uerpmann* in: *v. Münch/Kunig,* Kommentar zum GG, Art. 87e Rn. 8; *Windthorst* in: *Sachs,* Kommentar zum GG, Art. 87e Rn. 30; vgl. auch *BT-Drs.* 12/5015 S. 7, dies soll insbesondere für die Aufsicht über den Eisenbahnverkehr anderer Eisenbahnverkehrsunternehmen mit Sitz im Ausland auf dem Schienennetz der deutschen Bahn gelten.

[61] Gesetz über die Eisenbahnverkehrsverwaltung vom 27.12.1993 (BGBl. I S. 2378).

[62] Soweit die dazugehörenden Verfahren unter § 9 VwVfG zu subsumieren sind, gelten für das Eisenbahnbundesamt die Vorschriften des Verwaltungsverfahrensgesetzes nach § 1 VwVfG subsidiär. Dies gilt ebenso für Planfeststellungs- und genehmigungsverfahren nach §§ 18 ff. AEG sowie für Verfahren zur Widmung und Endwidmung von Bahnanlagen; nach *BVerwG,* NVwZ 1997, S. 920, Betriebsanlagen der Eisenbahn i.S.d. § 18 AEG i.V.m. § 3 EBO können nicht entwidmet werden, solange sie ihre Funktion beibehalten.

bb) Führung als „Wirtschaftsunternehmen" gem. Art. 87e Abs. 3 GG

Entscheidend greift jedoch Art. 87e Abs. 3 GG in bestehende Organisationsstrukturen ein. Während in Art. 87 Abs. 1 GG a.F. für die Eisenbahnen der Behördenstatus festgeschrieben wurde, ist in Art. 87e Abs. 3 GG nunmehr ausdrücklich geregelt, daß zukünftig „Eisenbahnunternehmen des Bundes ... als Wirtschaftsunternehmen in privatrechtlicher Form geführt" werden sollen[63]. Diese Formulierung gibt die Essenz der Reformziele wieder[64]: Sie beinhaltet das Gebot einer formellen Privatisierung[65] sowie die Option einer materiellen Privatisierung[66].

Der Verfassung ist jedoch keinerlei Stellungnahme darüber zu entnehmen, welche privatrechtliche Form für die Eisenbahnunternehmen zu wählen ist. Der Wortlaut in Art. 87e Abs. 3 S. 1 GG spricht insgesamt nur „von Wirtschaftsunternehmen in privatrechtlicher Form". Unter Berücksichtigung der Reformziele – Sanierung und Entschuldung der deutschen Eisenbahnunternehmen – ist die Wahl einer wirtschaftsgängigen Organisationsform naheliegend. Danach wäre die Fortführung der Deutschen Bundesbahn sowohl in der Form der Gesellschaft mit beschränkter Haftung (GmbH) als auch in Form der Aktiengesellschaft (AG) denkbar und zulässig gewesen[67].

Das Reformkonzept der Bundesregierung konzentrierte sich allerdings ebenso wie die Verhandlungen im Bundestag und Bundesrat allein auf die Rechtsform der Aktiengesellschaft[68]. Als maßgebliches Argument für diese Organisations-

---

[63] Art. 1 Abs. 5 Gesetz zur Änderung des Grundgesetzes in *BT-Drs.* 12/4610, S. 3 (BGBl. 93 I, S. 2089 ff.) in Kraft getreten am 23.12.1993.

[64] Zusammenfassung der Beschlüsse des Bundeskabinett vom 15.07.1992 bei *Gellner,* Eine der drängendsten politischen Aufgaben, Internationales Verkehrswesen 44 (1992), S. 471 f.

[65] Nach *Windthorst* in: *Sachs,* Kommentar zum GG, Art. 87e Rn. 37 ff. verlangt der Normtext von Art. 87e Abs. 3 GG eine funktionsbezogene Auslegung, d.h., eine kaufmännische, wettbewerbsorientierte Führung nach handelsrechtlichen Grundsätzen.

[66] *Gersdorf* in: *Mangoldt/Klein/Starck,* Das Bonner Grundgesetz, Art. 87e Rn. 64; *Stelkens/Schmitz* in: *Stelkens/Bonk/Sachs,* Kommentar zum VwVfG, § 1 Rn. 103; *Schmidt-Aßmann/Röhl,* Grundposition des neuen Eisenbahnverfassungsrechts (Art. 87e GG), DÖV 1994, S. 577, 582; *Menges,* Rechtsgrundlagen für die Strukturreform der Deutschen Bahnen, S. 47 f.; *Fromm,* Die Reorganisation der Deutschen Bahnen, DVBl. 1994, S. 187, 191; *Wurm,* Der Begriff des öffentlichen Dienstes, S. 157.

[67] So auch *Uerpmann* in: *v. Münch/Kunig,* Art. 87e Rn. 9; *Gersdorf* in: *Mangoldt/Klein/Starck,* Art. 87e Rn. 42; *Heinze,* Das Gesetz zur Änderung des Verfassungsrechts der Eisenbahnen vom 20.12.1993, BayVwBl. 1994, S. 266; *a.A.: Windthorst* in: *Sachs,* Kommentar zum GG, Art. 87e Rn. 35, der jedoch einräumt, daß den organisatorischen Anforderungen am besten eine Aktiengesellschaft gerecht wird, vgl. Rn. 36.

[68] Vgl. Begründung des Gesetzesentwurfes des Abgeordneten *Fischers* u.a., *BT-Drs.* 12/4609, S. 56, wonach eine unabhängige Geschäftsführung nach kaufmännischen Grundsätzen am besten durch die Rechtsform der AG zu gewährleisten sei.

form wurden die notwendige Entscheidungs- und Handlungsfreiheit, aber auch die Möglichkeit der Beschaffung von Eigenkapital durch Notierung der Gesellschaft an der Börse genannt[69].

Der Wortlaut des Art. 87e Abs. 3 GG beinhaltet die Entscheidung des Gesetzgebers für eine ausdrücklich erwerbswirtschaftliche Ausrichtung der privatisierten Bahnunternehmen im Sinne einer Wettbewerbs- und Gewinnorientierung. Die Unternehmensführung unterliegt damit nicht mehr dem immanenten Gemeinwohlauftrag und der Grundrechtsbindung, die für die staatliche Verwaltung charakteristisch sind[70]. In Zukunft ist der staatliche Aufgabenträger ausschließlich dafür verantwortlich, daß auch weiterhin gemeinwirtschaftliche Verkehrsleistungen erbracht werden[71]. Eine gewisse Einschränkung bildet die durch das fortbestehende (Mehrheits-)Eigentum des Bundes an den privatisierten Eisenbahnen eröffnete Möglichkeit einer gemeinnützigen Einwirkung im Rahmen einer Beteiligungsverwaltung[72]. In Betracht kommt dies fortan im Personennahverkehr, d.h., wer auf die Erbringung der Leistung Wert legt, muß sie bei der der DB Regio AG bzw. anderen externen Bahnen im Sinne des sog. Bestellerprinzips einkaufen[73].

Bei der Umsetzung der europäischen Vorgaben ist der deutsche Gesetzgeber durch die Fassung des Art. 87e Abs. 3 GG somit weit über das Geforderte hinausgegangen[74].

---

[69] *Gellner,* Eine der drängendsten politischen Aufgaben, Internationales Verkehrswesen 44 (1992), S. 471, 472 „... eine Bahn AG sei die beste Organisationsform, um unternehmensfremde Einflüsse zurückzudrängen, dem Management die notwendige Entscheidungs- und Handlungsfreiheit einzuräumen, sich auf Gewinnerzielung auszurichten und unternehmerisch- und ergebnisorientiertes Handeln zu ermöglichen ...". Ein weiteres entscheidendes Argument für die Wahl der Rechtsform einer Aktiengesellschaft ist jedoch auch die Möglichkeit der Beschaffung von Eigenkapital durch Notierung der Gesellschaft an der Börse.

[70] *BT-Drs.* 12/5015, S. 5; *Fromm,* Die Reorganisation der Deutschen Bahnen, DVBl. 1994, S. 187, 191 m.w.N.; so u.a. Hinweis darauf, daß der Begriff der Daseinsvorsorge ein weiteres Mal in der Gesetzgebung Eingang gefunden hat, wie sich aus Art. 4 ENeuOG – § 1 Regionalisierungsgesetz ergibt. Allerdings ist seinen Ausführungen zu entnehmen, daß der Eisenbahngüterverkehr schon seit geraumer Zeit nicht mehr zur Daseinsvorsorge gezählt wird a.a.O. Fn. 39; *Wurm,* Der Begriff des öffentlichen Dienstes, S. 157; *Schmidt-Aßmann/Röhl,* Grundposition des neuen Eisenbahnverfassungsrechts (Art. 87e GG), DÖV 1994, S. 577, 581; vorsichtiger *Heinze,* Das Gesetz zur Änderung des Verfassungsrechts der Eisenbahnen vom 20.12.1993, BayVwBl. 1994, S. 266, 268 f.; *Uerpmann* in: *v. Münch/Kunig,* Kommentar zum GG, Art. 87e Rn. 10; *Windthorst* in: *Sachs,* Kommentar zum GG, Art. 87e, Rn. 41.

[71] *Dürr,* Mit Plan und Perspektiven, Vorstand der Deutschen Bahnen 1993, S. 829; *Wurm,* Der Begriff des öffentlichen Dienstes, S. 157.

[72] So *Windthorst* in: *Sachs,* Kommentar zum GG, Art. 87e, Rn. 41, 51 f.

[73] Daneben gibt es auch nach wie vor die Möglichkeit mit Auflagen zu arbeiten. Allerdings ist derjenige, der sich solcher Auflagen bedient, verpflichtet, die Leistung auszugleichen (Folge aus der EWG-Verordnung Nr. 1893/91), so daß rein rechnerisch „unter dem Strich" dasselbe herauskommt, vgl. *Fromm,* Die Reorganisation der Deutschen Bahnen, DVBl. 1994, S. 187, 192.

cc) Privatisierungsbegrenzung aufgrund der Eigentumsverhältnisse

Art. 87e Abs. 3 S. 2 GG bestimmt, daß die Eisenbahnen des Bundes Eigentum des Bundes sind, soweit ihre Tätigkeit den Bau, die Unterhaltung und das Betreiben von Schienenwegen umfaßt (Eisenbahninfrastrukturunternehmen[75]).

Diese Regelung ist mißverständlich formuliert, weil Eisenbahnen des Bundes definitionsgemäß mehrheitliches Bundeseigentum implizieren. Der spezifische Sinngehalt des Art. 87e Abs. 3 S. 2 GG erschließt sich erst aus dem Zusammenwirken mit Art. 87e Abs. 3 S. 3 GG, der spezielle Vorgaben für die Eigentumsverhältnisse an Eisenbahninfrastrukturunternehmen aufstellt[76]. Danach stehen zum einen die Veräußerung von Anteilen des Bundes unter dem Vorbehalt des Gesetzes gem. Art. 87e Abs. 3 S. 3, 1. Halbsatz GG. Zum anderen muß bei einer Veräußerung von Bundesanteilen das Mehrheitseigentum beim Bund verbleiben, kraft dessen er die Stimmenmehrheit in der Haupt- oder Gesellschafterversammlung innehat[77].

Im Zusammenhang stellen daher Abs. 3 S. 2 und 3 für diese Unternehmen, die den Bau, die Unterhaltung und das Betreiben von Schienenwegen umfassen, eine Aufgabenprivatisierungsschranke dar.

Im Umkehrschluß gelten für die anderen, von Art. 87e Abs. 3 S. 2 und 3 GG nicht erfaßten Unternehmen, also insbesondere für die Eisenbahnverkehrsunter-

---

[74] So auch *Uerpmann* in: *v. Münch/Kunig,* Art. 87e Rn. 2; *Schmidt-Aßmann/Röhl,* Grundposition des neuen Eisenbahnverfassungsrechts (Art. 87e GG), DÖV 1994, S. 577, 579 f.

[75] Unterscheidung zwischen Eisenbahn*verkehrs*unternehmen und Eisenbahn*infrastruktur* aufgrund europarechtlicher Trennung der Sparten Infrastruktur und Verkehrsleistungen, Legaldefinition in § 2 Abs. 3 AEG; AEG abgedruckt in: *Suckale,* Taschenbuch der Eisenbahngesetze, S. 40 ff.; vgl. Erläuterungen bei *Uerpmann* in: *v. Münch/Kunig,* Kommentar zum GG, Art. 87e Rn. 11; *Windthorst* in: *Sachs,* Kommentar zum GG, Art. 87e Rn. 10.

[76] Vgl. *Uerpmann* in: *v. Münch/Kunig*: Kommentar zum GG, Art. 87e Rn. 11; *Windthorst* in: *Sachs,* Kommentar zum GG, Art. 87e Rn. 42; *Gersdorf* in: *v. Mangoldt/Klein/Starck,* Das Bonner Grundgesetz, Art. 87e Rn. 58, der insoweit von einer formellen und materiellen Klausel des Art. 87e Abs. 3 S. 3 GG spricht; ebenso *Schmidt-Aßmann/Röhl,* Grundposition des neuen Eisenbahnverfassungsrechts (Art. 87e GG), DÖV 1994, S. 577, 782; *Hommelhoff/Schmidt-Aßmann,* Die Deutsche Bahn als Wirtschaftsunternehmen: Zur Interpretation des Art. 87e Abs. 3 GG, ZHR 160, S. 521, 527.

[77] *BT-Drs.* 12/6280, S. 8, wonach die Sätze 2 und 3 erst auf Empfehlung des Vermittlungsausschusses in Art. 87e Abs. 3 GG eingefügt wurden, um sicherzustellen, daß der Bund das Mehrheitseigentum am Fahrweg behalten muß; zu den gesellschaftlichen Einflußnahmemöglichkeiten *Scholz/Aulehner,* Berufsbeamtentum nach der Deutschen Wiedervereinigung, ArchPT 1993, S. 221, 244; Zulässigkeit von Schachtelbeteiligungen befürworten *Schmidt-Aßmann/Röhl,* Grundposition des neuen Eisenbahnverfassungsrechts (Art. 87e GG), DÖV 1994, S. 577, 582; *Windthorst* in: *Sachs,* Kommentar zum GG, Art. 87e Rn. 42, 45; *Gersdorf* in: *Mangoldt/Klein/Starck,* Das Bonner Grundgesetz, Art. 87e Rn. 61.

nehmen des Bundes, diese Privatisierungsklauseln nicht. Zunächst unterliegt die Privatisierung dieser Unternehmen somit nicht dem Vorbehalt des Gesetzes.

Darüber hinaus ist der Bund auch nicht daran gehindert, seine Kapitalanteile an den Unternehmen mehrheitlich oder vollständig aufzugeben[78].

Bei Eisenbahnen des Bundes, auf die nicht den Privatisierungsbegrenzungen des Art. 87e Abs. 3, S. 2 und 3 GG zutreffen, sind auch materielle Privatisierungen zulässig[79].

Hieraus kann jedoch nicht gefolgert werden, daß der Bund dauerhaft keine Eigentumsanteile an diesen Unternehmen halten darf. Eine Verpflichtung zur materiellen Privatisierung läßt sich aus der Verfassung nicht entnehmen[80]. Aus dem Umkehrschluß von Art. 87e Abs. 3 S. 2 und 3 GG wird somit lediglich die Option, nicht aber die Verpflichtung zu einer materiellen Privatisierung gegeben[81].

dd) Gewährleistungspflicht des Bundes gem. Art. 87e Abs. 4 GG

Art. 87e Abs. 4 GG regelt die Sicherstellung einer politischen Verantwortung des Bundes[82]. Sie ist vor allem mit Mitteln des Eisenbahnverwaltungsrechts wahrzunehmen, hierzu zählen u.a. Genehmigungsverfahren für Streckenstillegungen, entgeltliche Anforderung gemeinwirtschaftlicher Leistungen sowie ggf. Finanzhilfen für die Infrastruktur und der Erhalt des Schienennetzes (Privatisierungsfolgenverantwortung)[83].

Unter Berücksichtigung der neuen Regelungen in Art. 87e GG sind somit für die Eisenbahnverkehrsverwaltung keine, für das Betreiben der Eisenbahnverkehrsinfrastruktur nur eine formelle und für Eisenbahnverkehrsleistungen formelle und auch materielle Privatisierungsmaßnahmen möglich.

---

[78] *Gersdorf* in: *Mangoldt/Klein/Starck,* Das Bonner Grundgesetz, Art. 87e Rn. 62.

[79] So *Gersdorf* in: *Mangoldt/Klein/Starck,* Das Bonner Grundgesetz, Art. 87e Rn. 62; *Jarass/Pieroth,* Kommentar zum GG, Art. 87f Rn. 5; *Böhm/Schneider,* „Beamtenprivatisierung“ bei der Deutschen Bahn AG, S. 82; *Hommelhoff/Schmidt-Aßmann,* Die Deutsche Bahn als Wirtschaftsunternehmen: Zur Interpretation des Art. 87e Abs. 3 GG, ZHR 1996, S. 521, 537.

[80] *Gersdorf* in: *Mangoldt/Klein/Starck,* Das Bonner Grundgesetz, Art. 87e Rn. 64; *a.A.: Windthorst* in: *Sachs,* Kommentar zum GG, Art. 87e Rn. 40.

[81] Ebenso *Gersdorf* in: *Mangoldt/Klein/Starck,* Das Bonner Grundgesetz, Art. 87e Rn. 64; *Schmidt-Aßmann/Röhl,* Grundposition des neuen Eisenbahnverfassungsrechts (Art. 87e GG), DÖV 1994, S. 577, 582.

[82] *Schmidt-Bleibtreu/Klein,* Kommentar zum GG, Art. 87e Rn. 6; *Gersdorf* in: *Mangoldt/Klein/Starck,* Das Bonner Grundgesetz, Art. 87e Rn. 66 ff., 73; *Windthorst* in: *Sachs,* Kommentar zum GG, Art. 87e Rn. 48 ff.; *Stelkens/Schmitz* in: *Stelkens/Bonk/Sachs,* Kommentar zum VwVfG, § 1 Rn. 103.

[83] *Sterzel* in: *Blanke/Trümner,* Handbuch Privatisierung, S. 138, Rn. 165.

b) Einfügung des Art. 143a GG

Der durch das Gesetz zur Änderung des Grundgesetzes neu in die Verfassung eingefügte Art. 143a GG[84] steht in unmittelbaren Zusammenhang mit Art. 87e GG und bildet mit diesem gemeinsam die Säulen der Bahnreform.

Ergänzend regelt Art. 143a GG

- in Abs. 1 S. 1 und Abs. 2 die ausschließliche Kompetenz des Bundes zum Erlaß und zur Ausführung der erforderlichen Reformgesetze,
- in Abs. 1 S. 2 das Zustimmungserfordernis des Bundesrates beim Gesetzeserlaß,
- in Abs. 1 S. 3 die Zuweisung von Beamten der Bundesbahn an die privatrechtlich organisierte Bahn und
- in Abs. 3 die vorläufige Sicherung des Schienenpersonennahverkehrs.

Bedeutungsvoll für die weiteren Analysen der personalrechtlichen Privatisierungsfolgen sind insbesondere Inhalt und Auslegung des Art. 143a Abs. 1 S. 3 GG.

Hierdurch wurde die verfassungsrechtliche Grundlage für die gesetzliche Zuweisung von Beamten der bisherigen Bundeseisenbahn – auch gegen ihren Willen – zur Dienstleistung bei dem privatrechtlich organisierten Bahnunternehmen geschaffen[85]. Dieses Modell ist die notwendige dienstrechtliche Folge aus der gem. Art. 87e GG vorgegebenen organisationsrechtlichen Umwandlung der ehemaligen Bundesbehörde in ein privatrechtlich organisiertes Eisenbahnunternehmen[86].

Die Vorschrift erfaßt allerdings nur diejenigen Beamten, die zum Zeitpunkt der Umwandlung der Deutschen Bundesbahn in die DB AG schon als Beamte dort beschäftigt waren. Neueinstellungen von Beamten sind dagegen nicht mehr möglich[87]. Infolgedessen hat diese Vorschrift einen – allerdings lang währenden

---

[84] Gesetz zur Änderung des Grundgesetzes vom 20.12.1993 (BGBl. I, S. 2089).

[85] Art. 1 Abs. 6 Gesetz zur Änderung des Grundgesetzes (BGBl. 93 I, S. 2089 ff.) in Kraft getreten am 23.12.1993; vgl. *BT-Drs.* 12/4610, S. 3, 8.

[86] So auch *Battis* in: *Sachs,* Kommentar zum GG, Art. 143a, Rn. 9; *Gersdorf* in: *Mangoldt/Klein/Starck,* Das Bonner Grundgesetz, Art. 143a Rn. 8; *Menges,* Rechtsgrundlagen für die Strukturreform der Deutschen Bahnen, S. 54 f.; *Blanke/Sterzel,* Probleme der Personalüberleitung im Falle einer Privatisierung der Bundesverwaltung (Flugsicherung, Bahn und Post), ArbuR 1993, S. 265, 269 f.; *Wurm,* Der Begriff des öffentlichen Dienstes, S. 153; *Fromm,* Die Reorganisation der Deutschen Bahnen, DVBl. 1994, S. 187, 194; *Loschelder,* Strukturreform der Bundeseisenbahnen durch Privatisierung, S. 38.

[87] *H.M.: Uerpmann* in: *v. Münch/Kunig,* Kommentar zum GG, Art. 143a Rn. 4; *Gersdorf* in: *Mangoldt/Klein/Starck,* Das Bonner Grundgesetz, Art. 143a Rn. 8; *a.A.:* aus Sicht des Fachrechts *Lorenzen,* Die Bahnreform – Neuland für Dienst- und Personalvertretungsrecht, PersV 1994, S. 145, 151.

– Übergangscharakter[88]. Sie wird gegenstandslos, wenn sämtliche zum Zeitpunkt der Umwandlung beamteten Personen ausgeschieden sind und keine beamtenrechtlichen Versorgungsansprüche mehr bestehen[89].

aa) Geltungsbereich des Art. 143a Abs. 1 S. 3 GG

Die Zuweisung der Bundesbahnbeamten zur Deutschen Bahn AG erfolgt „unter Wahrung ihrer Rechtsstellung" gem. Art. 143a Abs. 1 S. 3 GG. Die Bedeutung und Reichweite dieser verfassungsrechtlichen Norm sind jedoch unklar. Es stellt sich deshalb die Frage, wie weit jene Statussicherungsklausel reicht und wo die unternehmerischen Gestaltungsfreiheiten der Deutschen Bahn AG in bezug auf beamtenrechtliche Prinzipien beginnt.

Nach einer engen Auffassung umfaßt die Formulierung „unter Wahrung ihrer Rechtsstellung" lediglich die verfassungsrechtliche Gewährleistung des Amtes im statusrechtlichen Sinne[90]. Nach anderer Auffassung hat der Wortlaut des Art. 143a Abs. 1 S. 3 GG eine doppelte Bedeutung. Zum einen soll die individuelle Rechtsstellung des Beamten, die dieser zum Zeitpunkt der Überleitung inne hatte, im Sinne eines Bestandsschutzes geschützt werden. Zum anderen soll klargestellt werden, daß die von der Überleitung betroffenen Beamten, obwohl sie in privaten Unternehmen tätig werden und daher kein Amt im funktionellen Sinne mehr besitzen, die Rechte behalten, die ihnen aufgrund des nicht beendeten Dienstverhältnisses zum Bund zustehen[91].

Der letztgenannten Auffassung ist zuzustimmen.

Nach der Rechtsprechung des Bundesverwaltungsgerichts wird die persönliche Rechtsstellung eines Beamten im wesentlichen von dem ihm verliehenen Amt im statusrechtlichen Sinne geprägt[92]. Unter Berücksichtigung der Kenntnis dieser höchstrichterlichen Rechtsprechung ist anzunehmen, daß der Gesetzgeber den Begriff der „Rechtsstellung" in diesem Sinne verwenden wollte. Die Privatisierung der Deutschen Bundesbahnen sollte also nicht zu Lasten der Beamten durchgeführt werden. Zielsetzung des Art. 143a Abs. 1 S. 3 GG ist somit, daß die betroffenen Beamten durch die Überleitung auf die Deutsche Bahn AG

---

[88] *Battis* in: *Sachs,* Kommentar zum GG, Art. 143a Rn. 9.

[89] Mit Stand März 2003 ist der jüngste im Konzern der DB AG tätige Beamte 26 Jahre alt (*Quelle*: DB AG, APB).

[90] *Böhm/Schneider,* „Beamtenprivatisierung" bei der Deutschen Bahn AG, S. 50 m.w.N.; zur Parallelproblematik des Art. 143b Abs. 3 S. 1 GG, *Lerche* in: *Maunz/Dürig/Herzog,* Kommentar zum GG, Art. 143b Rn. 31.

[91] *Gersdorf* in: *Mangoldt/Klein/Starck,* Das Bonner Grundgesetz, Art. 143a Rn. 13; *Ossenbühl/Ritgen,* Beamte in privaten Unternehmen S. 78 ff. m.w.N. über die Auffassung anderer Autoren, die sogar von einem Verschlechterungsverbot sprechen.

[92] *BVerwGE* 49, 64, 67; 65, 270, 272.

keine Einbußen in den Rechtspositionen erleiden dürfen, die das Amt im statusrechtlichen Sinne ausmachen.

Durch die verfassungsrechtliche Gewährleistung „der Wahrung der Rechtsstellung der Beamten" wird jedoch nicht nur das Amt im statusrechtlichen Sinne erfaßt. Vielmehr kommt der gesetzlichen Formulierung eine weitergehende Bedeutung zu. Über den formalen Statusbegriff ist auf die beamtenrechtliche Bewertung der Tätigkeit abzustellen. Diese ergibt sich aus der Verbindung der Verpflichtungen des Beamten und des statusrechtlichen Amtes. Zwar liegt der Schwerpunkt der gesetzlichen Anknüpfungen an das Amt im statusrechtlichen Sinne beim Laufbahn- und Besoldungsrecht, jedoch sind mit der Rechtsstellung des Beamten Rechte und Pflichten verbunden, die über eine formelle statusmäßige Beurteilung hinausgehen[93].

Hierzu gehört grundsätzlich auch das Recht auf Übertragung eines diesem Amt entsprechenden Amtes im funktionellen Sinn. Zwar kann der Beamte keinen Anspruch auf ein bestimmtes funktionelles Amt geltend machen, und es ist auch zu beachten, daß der Beamte künftig in einem privatrechtlich organisierten Unternehmen beschäftigt ist. Dies führt dazu, daß er ein Amt im funktionellen Sinne nicht mehr innehaben kann. Gleichwohl hat er nunmehr einen Anspruch auf Verleihung eines Tätigkeitsbereichs, der seinem ursprünglichen Amt vergleichbar und seinem Status entsprechend ist[94].

Die Statussicherungsklausel umfaßt somit den Bestandschutz sowie die Rechte, die den Beamten aufgrund des nicht beendeten Dienstverhältnisses zum Bund zustehen. Veränderungen im Rahmen der unternehmerischen Gestaltungsfreiheiten der Deutschen Bahn AG, die nicht den o. g. Rechtsstatus und Rechte berühren, müssen daher von den zugewiesenen Beamten hingenommen werden.

Vom Wortlaut des Art. 143a Abs. 1 S. 3 GG ist nur die Überleitung der Beamten der Deutschen Bundesbahn auf eine privatrechtlich organisierte Eisenbahn des Bundes erfaßt.

Fraglich ist daher, ob die Möglichkeit einer Zuweisung nur für die erste Stufe der Bahnreform oder auch für weitere Privatisierungsmaßnahmen im Sinne der zweiten Stufe der Bahnreform gilt. Was soll mit den zugewiesenen Beamten geschehen, wenn die in § 2 Abs. 1 i. V. m. § 25 DBGrG benannten Bereiche als eigenständige Gesellschaften ausgegliedert werden bzw. die Privatisierung der Bahn durch weitere Ausgliederungen oder Beteiligungen darüber hinaus weiter betrieben wird?

---

[93] *Battis,* Beleihung anlässlich der Privatisierung der Postunternehmen, in: FS für Raisch, S. 355, 365.

[94] *Battis,* Kommentar zum BBG, § 27 Rn. 6 für den vergleichbaren Fall einer Zuweisung nach § 123a BRRG; *Ossenbühl/Ritgen,* Beamte in privaten Unternehmen, S. 80, nach deren Auffassung zwar das Amtswalterverhältnis, nicht aber das sog. „Grundverhältnis" durch die Überleitung auf das privatrechtliche Unternehmen endet.

Der Umfang der Zuweisung ist nicht allein aus dem Wortlaut des Art.143a Abs. 1 S. 3 GG zu erschließen, sondern unter Berücksichtigung seiner Entstehungsgeschichte, der Systematik und des Sinns und Zwecks sowie im Zusammenhang mit den Art. 73 Nr. 6a, 87e GG auszulegen.

Im Rahmen der Privatisierungsdiskussion wurde festgelegt, daß die Beamten, die sich nicht auf eigenen Antrag zu einer privatrechtlich organisierten Eisenbahn des Bundes beurlauben lassen, kraft Gesetzes unbefristet einer privatrechtlich organisierten Eisenbahn des Bundes zuzuweisen sind[95]. Diese Aussage kann unter dem Aspekt, daß nicht nur die erste, sondern auch die bereits die zweite Stufe der Bahnreform in Art. 2 des Eisenbahnneugliederungsgesetz manifestiert wurde, nur dahingehend verstanden werden, daß eine Beschäftigung von Beamten bei der Fortsetzung der Bahnreform nicht ausgeschlossen sein sollte[96]. Vielmehr hätte der Gesetzgeber es hier in der Hand gehabt, durch eine eindeutige Formulierung die gesetzliche Zuweisung nach Art. 143a Abs. 1 S. 3 GG nur auf die erste Stufe der Bahnreform zu beziehen.

Die Entstehungsgeschichte spricht somit nicht gegen eine Gültigkeit des Art. 143a Abs. 1 S. 3 GG für weitere Privatisierungsmaßnahmen im Sinne des Art. 2 Eisenbahnneugliederungsgesetz.

Auch eine systematische Auslegung führt zu keinem anderen Ergebnis. Der Begriff der Eisenbahnen des Bundes ist in Art. 73 Nr. 6a GG legal definiert. Danach handelt es sich um Eisenbahnen des Bundes, wenn diese ganz oder mehrheitlich im Eigentum des Bundes stehen. Solange die weiter ausgegliederten Gesellschaften und Nachfolgeunternehmen diese Voraussetzung erfüllen, ist auch die Zuweisung von Beamten nach Art. 143a Abs. 1 S. 3 GG zu diesen Unternehmen möglich.

Das neu gegründete privatrechtliche Unternehmen der Deutschen Bahn AG benötigte bei Betriebsaufnahme das vorhandene, erfahrene und ausgebildete Personal, also auch die Beamten, und zwar in ausreichendem Umfang und einer möglichst dauerhaften Arbeitsleistung für die Gesellschaft[97]. Zur Erreichung dieses Ziels wurde die gesetzliche Zuweisung der Beamten als ein Instrument der Personalüberleitung geschaffen. Alleiniger Sinn und Zweck der Regelung ist daher die Gewährleistung der Rechtstellung der Beamten trotz ihrer Tätigkeit bei einem privaten Unternehmen.

Allerdings stand bereits zum Zeitpunkt des Erlasses des Art. 143a GG die Aufteilung der Deutschen Bahn AG in verschiedene Konzernsparten im weiteren Verlauf der Privatisierung fest. Diesen Nachfolgeunternehmen sollte eben-

---

[95] *BT-Drs.* 12/5015, S. 8.

[96] Anderenfalls würde die Möglichkeit einer dauerhaften Zuweisung gem. § 12 Abs. 2 S. 2 DBGrG keinen Sinn ergeben.

[97] *BT-Drs.* 12/4609 (neu) S. 81 f.

falls das erfahrene und ausgebildete Personal zur Verfügung stehen, um die Betriebsaufnahme der Gesellschaften Personennahverkehr, Personenfernverkehr, Güterverkehr, Fahrweg und Personenbahnhöfe zu ermöglichen. Der Sinn und Zweck der Absicherung der Beamten durch eine Statuswahrung ist daher auch auf diese Unternehmen anzuwenden. Folglich ist aufgrund einer teleologischen Auslegung festzustellen, daß die gesetzliche Zuweisung der Beamten zu privatrechtlichen Eisenbahnen des Bundes gem. Art. 143a Abs. 1 S. 3 GG nicht auf die erste Stufe der Bahnreform beschränkt ist, sondern auch für die zweite Stufe der Bahnreform bzw. weitere Ausgliederungen im Sinne des Art. 2 des Eisenbahnneugliederungsgesetzes Gültigkeit entfaltet.

bb) Erforderlichkeit des Mehrheitseigentums des Bundes für eine Zuweisung

Umstritten ist die Frage, ob Art. 143a Abs. 1 S. 3 GG seine spezifische Funktion dann einbüßt, wenn der Bund sein (Mehrheits-)Eigentum an den Eisenbahnverkehrsunternehmen aufgibt.

Unter Berücksichtigung der Legaldefinition gem. Art 73 Nr. 6a GG handelt es sich in einem solchen Fall nicht mehr um Eisenbahnen des Bundes. Folglich ist der Wortlaut und Tatbestand des Art. 143a Abs. 1 S. 3 GG, wonach Beamte einer privatrechtlich organisierten Eisenbahn des Bundes zur Dienstleistung zugewiesen werden, nicht mehr erfüllt[98]. Die Zuweisung der Beamten zu solchen Unternehmen ist danach zu beenden.

Dagegen ist nach anderer Auffassung die Weiterbeschäftigung von Beamten in Unternehmen, an denen der Bund nicht mehr das Mehrheitseigentum innehat, zulässig. Das Anliegen des Gesetzgebers zielte danach vornehmlich auf die Schaffung einer verfassungsrechtlichen Grundlage für die Zuweisung von Beamten zu einem privatrechtlich organisierten Eisenbahnunternehmen, ohne jedoch von der Zustimmung der betroffenen Beamten zu der beabsichtigten Maßnahme abhängig zu sein[99]. Der Sinn und Zweck der verfassungsrechtlichen Norm werden ebenfalls als Begründung für eine weite Auslegung angeführt. Der Verfassungsgesetzgeber bezweckte mit der Regelung einen Schutz der individuellen Rechtsstellung des Beamten. Dieser individuelle Bestandsschutz soll nicht nur bei Eisenbahnen des Bundes, sondern auch bei materiell privatisierten Eisenbahnunternehmen gelten.

---

[98] *Uerpmann* in: *v. Münch/Kunig,* Kommentar zum GG, Art. 143a Rn. 5.

[99] *Gersdorf* in: *Mangoldt/Klein/Starck,* Das Bonner Grundgesetz, Art. 143a Rn. 8 mit Verweis auf Begründung des Gesetzesentwurfs der Bundesregierung in *BT-Drs.*12/5015, S. 8; *Böhm/Schneider,* „Beamtenprivatisierung" bei der Deutschen Bahn AG, S. 85 ff.

Dieser extensiven Auslegung kann jedoch so nicht gefolgt werden.

Trotz der gesetzlich angeordneten Beschäftigung der Bundesbeamten bei den im Zuge der Bahnreform privatisierten Eisenbahnen des Bundes bleibt der Bund weiterhin ihr Dienstherr[100]. Unstreitig war es auch ein Anliegen des Gesetzgebers, durch diese Vorschrift die individuelle Rechtsstellung der zugewiesenen Beamten weiterhin zu schützen und sicherzustellen. Dieses Bestreben kann in der Praxis jedoch nur erfolgreich umgesetzt werden, wenn der Bund im Rahmen seiner Aufsicht und Verantwortung als Dienstherr die Möglichkeit hat, steuernd auf die Beamten bzw. ihre Rechtsstellung einzuwirken.

In diesem Zusammenhang ist auch zu klären, wie weit die zur Verwirklichung dieser Verantwortlichkeit erforderlichen Aufsichtsbefugnisse des Bundes gegenüber den privatisierten Eisenbahnunternehmen reichen, d.h., hat der Bund neben der in § 13 Abs. 1 DBGrG gesetzlich manifestierten Rechtsaufsicht[101] auch die Fachaufsicht[102] über die Unternehmen inne[103]?

Aufgrund der Dienstherreneigenschaft des Bundes und seiner daraus resultierenden Verantwortung liegt die Schlußfolgerung auf eine weitreichende Aufsichts- und Weisungskompetenz des Bundes nahe. Diese kann nur dann ausgeübt werden, wenn weitreichende Steuerungsbefugnisse vorliegen[104]. Entsprechend der Kompetenzverteilung bei einer Bundesauftragsverwaltung[105] liegt danach die Wahrnehmungskompetenz bei den Eisenbahnunternehmen. Die zunächst den Unternehmen obliegende Sachkompetenz steht indes unter dem Vorbehalt ihrer Inanspruchnahme durch den Bund.

---

[100] Einhellige Auffassung, vgl. *Jarass/Pieroth,* Kommentar zum GG, Art. 143a Rn. 2; *Uerpmann* in: *v. Münch/Kunig,* Kommentar zum GG, Art. 143a Rn. 4; *Gersdorf* in: *Mangoldt/Klein/Starck,* Das Bonner Grundgesetz, Art. 143a Rn. 14.

[101] Vgl. *Maurer,* Allgemeines Verwaltungsrecht, Rn. § 23 Rn. 18; § 23 Rn. 19 ff. mit einer Aufzählung der generell-repressiven sowie der speziell-präventiven Aufsichtsmittel; *Bull,* Allgemeines Verwaltungsrecht, § 3 Rn. 176; die Rechtsaufsicht beschränkt sich auf eine Rechtmäßigkeitskontrolle, d.h., die Einhaltung der Gesetzesbindung wird durch die staatliche Aufsicht überwacht und erforderlichenfalls durchgesetzt.

[102] Vgl. *Maurer,* Allgemeines Verwaltungsrecht, § 23 Rn. 23; *Bull,* Allgemeines Verwaltungsrecht, § 3 Rn. 174; mit Mitteln der Fachaufsicht sind die Zweckmäßigkeit und Rechtmäßigkeit von Entscheidungen der nachgeordneten Behörden zu überprüfen. Die Fachaufsicht ist das Verfahren, in dem die Anweisungen von einer Instanz zur anderen ergehen und insofern mit der „Leitung" einer Behörde durch den Behördenchef gleichzusetzen.

[103] Vgl. Diskussion dieser Frage auch *Benz,* H., Beleihung einer Aktiengesellschaft mit Dienstherrenbefugnissen, S. 203 ff.; *ders.,* Postreform II und Bahnreform – Ein Elastizitätstest für die Verfassung, DÖV 1995, S. 679, 683 f.

[104] *Uerpmann* in: *v. Münch/Kunig,* Kommentar zum GG, Art. 143a Rn. 5; *ders.,* Jura 1996, S. 79, 83 f.

[105] Vgl. hierzu *BVerfGE* 81, S. 310, 331 ff.; 84, S. 25, 31.

Grundsätzlich soll die Abgrenzung nach Rechts- und Fachaufsicht anhand der wahrzunehmenden Aufgabe erfolgen, wobei allerdings die weitergehende Fachaufsicht den Regelfall von Aufsichtsmaßnahmen darstellt[106].

Eine Überwachung im Sinne einer Rechtsaufsicht ist nur dann ausreichend, wenn eine solche Begrenzung gesetzlich gedeckt ist und besondere Gründe dies rechtfertigen. Zum Mindestbestand staatlicher Einwirkungskompetenzen gehört daher die Befugnis, die Funktionsübertragung zu widerrufen, sobald der „Beliehene" seine Verwaltungskompetenz nicht mehr ordnungsgemäß erfüllt[107].

Entscheidend ist jedoch auf Substanz und Effektivität der Aufsicht abzustellen. Primäres Ziel der Aufsicht ist es zu verhindern, daß der „Beliehene" die ordnungsgemäße Aufgabenerfüllung und Ausübung der Weisungsrechte aus dem Auge verliert, mithin „aus dem staatlichen Ruder läuft". Dies kann aber mit einer wirkungsvoll gestalteten Rechtsaufsicht ebenso effektiv erreicht werden wie mit einer strikten fachaufsichtlichen Kontrolle.

Die Konzeption einer Fachaufsicht des Bundes gegenüber den privatisierten Eisenbahnunternehmen steht zu der gesetzlichen Intention des Art. 87e Abs. 3 S. 1 GG im Widerspruch. Die Frage nach der Reichweite der Aufsichtsbefugnisse des Bundes läßt sich daher nicht allein mittels der Auslegung des Art. 143a Abs. 1 S. 3 GG beantworten. Vielmehr ist eine Gesamtschau der im Zuge der Bahnstrukturreform neu eingefügten Verfassungsnormen notwendig.

Durch Art. 87e Abs. 3 S. 1 GG soll den Eisenbahnen des Bundes ein unternehmerischer Autonomiebereich garantiert werden, welcher der externen Einflußnahme des Bundes Schranken setzt[108].

Ein Einwirkungspotential durch den Bund im Sinne einer Fachaufsicht steht daher mit dem von der Verfassung gewährleisteten Autonomiebereich ersichtlich nicht in Einklang. Es widerspricht der klaren Trennung zwischen hoheitlichen und unternehmerischen Aufgaben und damit dem eigentlichen Anliegen der Bahnreform[109].

---

106 *Wolff/Bachof/Stober,* Verwaltungsrecht II, 5. Auflage, § 104 Rn. 7; *dies.,* Verwaltungsrecht II, 6. Auflage, § 67 Rn. 20; *Steiner,* Verwaltung durch Private, S. 283; *Bansch,* Zur Beleihung als verfassungsrechtliches Problem, S. 150 ff.; ausführliche Darstellung der Aufsicht im Zusammenhang mit der Beleihungsproblematik bei *Benz,* H., Beleihung einer Aktiengesellschaft mit Dienstherrenbefugnissen, S. 158 ff.

107 *Steiner,* Verwaltung durch Private, S. 284.

108 *Windthorst* in: *Sachs,* Kommentar zum GG, Art. 87e Rn. 35; *Hommelhoff/Schmidt-Aßmann,* Die Deutsche Bahn als Wirtschaftsunternehmen: Zur Interpretation des Art. 87e Abs. 3 GG, ZHR 160, S. 521, 543, 555 ff.; *Gersdorf* in: *Mangoldt/Klein/Starck,* Das Bonner Grundgesetz, Art. 143a Rn. 14; *ders.* in: *Mangoldt/Klein/Starck,* Das Bonner Grundgesetz, Art. 87e Rn. 51, wonach den Eisenbahnen des Bundes aufgrund ihrer verfassungskräftigen Unternehmensautonomie eine Sonderrolle im Recht der öffentlichen Unternehmen zukommt.

109 So auch *Battis* in: *Sachs,* Kommentar zum GG, Art. 143a Rn. 9.

Im Sinne einer solchen Auslegung der Art. 87e Abs. 3 S. 1 und Art. 143a Abs. 1 S. 3 GG obliegt dem Bund daher nur die Rechtsaufsicht über die zugewiesenen Beamten[110]. Diese gilt auch für die nach § 2 Abs. 1 bzw. § 3 Abs. 3 DBGrG ausgegliederten Gesellschaften, die zugewiesene Beamte beschäftigen, sowie gegenüber der DB AG Holding.

Zurückkommend auf die oben aufgeworfene Frage der Konsequenzen bei einem Wegfall der Mehrheitsbeteiligung des Bundes an dem Unternehmen kann nunmehr folgendes festgestellt werden:

Die festgestellte Steuerungsbefugnis des Bundes im Sinne einer Rechtsaufsicht sowie der Schutzzweck des Art. 143a Abs. 1 S. 3 GG können in einem Unternehmen, an dem der Bund nicht mehr die Stimmenmehrheit bzw. gar keine Anteile mehr innehat (materielle Privatisierung), nicht verwirklicht werden. Das Unternehmen nimmt vielmehr selbständig am Privatrechtsverkehr teil, so daß es dem Bund nicht mehr gestattet ist, auf die Unternehmenspolitik, z.B. insbesondere die Personalpolitik, Einfluß auszuüben.

In diesem Zusammenhang kann auch nicht die Auffassung von *Böhm/Schneider*[111] überzeugen, daß der Gesetzgeber eine ausdrücklich andere Regelung getroffen hätte, wenn er die Beamten lediglich an die im Mehrheitseigentum des Bundes stehenden Aktiengesellschaften hätte zuweisen wollen. Hierbei handelt es sich lediglich um eine hypothetische Interpretation, die der Intention des Art. 143a GG im systematischen Zusammenhang mit Art. 73 Nr. 6a GG widerspricht.

Der Gesetzgeber hat sich durch die Einschränkung der Zuweisung zu „Eisenbahnen des Bundes" klar ausgedrückt. Unter Berücksichtigung der Legaldefinition in Art. 73 Nr. 6a GG[112] werden damit nur Gesellschaften, die im Mehrheitseigentum des Bundes stehen, erfaßt[113].

Diese Auslegung steht auch nicht im Widerspruch zu den Zielen der Bahnreform, wie u.a. der Erreichung der Wettbewerbsfähigkeit und Kapitalmarktfähigkeit.

---

[110] *Gersdorf* in: *Mangoldt/Klein/Starck,* Das Bonner Grundgesetz, Art. 143a Rn. 14; *ders.* in: *Mangoldt/Klein/Starck,* Das Bonner Grundgesetz, Art 87e Rn. 51. Die Beschränkung auf eine Rechtsaufsicht wird als eine Konkretisierung der verfassungsrechtlichen Direktiven anerkannt; im Ergebnis so auch *Benz,* H., Postreform II und Bahnreform – Ein Elastizitätstest für die Verfassung, DÖV 1995, S. 679, 683.

[111] *Böhm/Schneider,* „Beamtenprivatisierung" bei der Deutschen Bahn AG, S. 91.

[112] Vgl. auch Legaldefinition in § 2 Abs. 6 AEG.

[113] Vgl. weitere Argumente bei *Kunz,* Kommentar zum Eisenbahnrecht, A 2.2 zu § 23 DBGrG, S. 78, wonach die Gesetzgeber mit dieser Bedingung auch verhindern wollten, daß zugewiesene Beamte zu den „Als-ob-Kosten" des § 21 DBGrG in nicht verbundenen Unternehmen eingesetzt werden.

Für den Bereich der Eisenbahnverkehrsleistungen sind grundsätzlich auch materielle Privatisierungen zulässig. Bei dieser Entscheidung muß nur berücksichtigt werden, daß – wie bereits dargelegt – die gesetzliche Zuweisung für die neu ausgegliederten Bereiche nur insoweit gilt, wie diese im Mehrheitseigentum des Bundes stehen. Tritt der Fall ein, daß der Bund nicht mehr Mehrheitsaktionär des Eisenbahnunternehmens ist[114], endet die Zuweisung der Beamten – im Umkehrschluß aus Art. 143a Abs. 1 S. 3 GG – kraft Gesetzes, da es sich nicht mehr um eine Eisenbahn des Bundes handelt[115].

cc) Vereinbarkeit mit dem Funktionsvorbehalt und den hergebrachten Grundsätzen des Berufsbeamtentums

Der Regelungsgehalt des Art. 143a Abs. 1 GG, der Funktionsvorbehalt gem. Art. 33 Abs. 4 GG sowie die hergebrachten Grundsätze des Berufsbeamtentums gem. Art. 33 Abs. 5 GG sind im Sinne einer „praktischen Konkordanz“ gegeneinander abzuwägen.

Die Konsequenz der neuen Grundgesetznorm in Art. 143a Abs. 1 S. 3 GG könnte verfassungsrechtlich bedenklich sein, wenn Art. 33 Abs. 4 und 5 GG der Grundsatz zu entnehmen ist, daß ein Einsatz von Beamten zur Dienstleistung in Unternehmen des Privatrechts gegen ihren Willen ausgeschlossen ist.

Der Funktionsvorbehalt in Art. 33 Abs. 4 GG verbietet nicht grundsätzlich einen Beamten im Einzelfall auch außerhalb des „hoheitsrechtlichen Bereichs“ einzusetzen.

Kritische Stimmen in der Literatur haben insbesondere im Vorfeld der Bahnreform daraufhin gewiesen, daß die o.g. Wirkung des Funktionsvorbehalts nicht bedeuten könne, daß Beamte in beliebiger Zahl – sogar gegen ihren Willen – auf einem „beamtenfremden“ Terrain tätig werden[116]. Dies soll insbesondere dann gelten, wenn diese Aussage in den Kontext mit der institutionellen Garantie des Berufsbeamtentums gem. Art. 33 Abs. 5 GG gestellt wird. Die Notwendigkeit einer solchen Verknüpfung ergibt sich schon aus dem Wortlaut des Art. 33 Abs. 4 GG. Indem die Regelung die „Ausübung hoheitsrechtlicher Befugnisse“ solchen Angehörigen des öffentlichen Dienstes vorbehält, die „in einem öffentlich-rechtlichen Dienst- und Treueverhältnis stehen“, umschreibt sie

---

[114] Hierbei ist allerdings zu berücksichtigen, daß auch Schachtelbeteiligungen des Bundes an den Unternehmen erlaubt sind, vgl. Ausführungen in Kapitel C, Teil II Nr. 1b) Fn. 47.

[115] Es kann damit auch dahinstehen, ob der Verfassungsgesetzgeber eine dauerhafte Stimmenmehrheit des Bundes an den Eisenbahnen des Bundes im Blickwinkel hatte oder nicht, vgl. Begründung des Gesetzesentwurfes der Bundesregierung, *BT-Drs.* 12/5015, S. 8 f.

[116] *Loschelder,* Strukturreform der Bundeseisenbahnen durch Privatisierung, S. 16 f. m.w.N.

zugleich den Kerngehalt des Beamtenverhältnisses, das in Art. 33 Abs. 5 GG als hergebrachte Grundsätze des Berufsbeamtentums institutionalisiert wird[117].

Die hieraus resultierende besondere Bindung der Beamten an den Staat, die eine loyale, verläßliche und interessenneutrale Wahrnehmung gewährleisten soll, ist zugleich der Grund für die Zuteilung bestimmter staatsspezifischer Aufgaben an dieses personelle Klientel. Diese stabilisierende Funktion bildet umgekehrt jedoch auch die Rechtfertigung für die gesteigerte Inanspruchnahme der Beamten. Wenn gerade die wahrgenommene staatsspezifische Aufgabe den besonderen Status legitimiert, wäre es mißbräuchlich, diesem Sonderstatus seine Berechtigung zu nehmen, indem in größerem Umfang Beamte auf beamtenfremden Feldern eingesetzt werden[118]. Aus demselben Grunde ist auch ein Transfer der Beamten unbeachtlich ihrer Zustimmung nicht zulässig.

Ebendies sollte jedoch bei der Strukturreform der deutschen Eisenbahnen geschehen. Allerdings bezogen sich diese Argumente gegen einen Massentransfer der Beamten der Deutschen Bundesbahn auf die Deutsche Bahn AG mittels der damals zur Verfügung stehenden Personalüberleitungsinstrumente und ggf. gegen einen Transfer aufgrund einer einfachgesetzlichen Zuweisungsregelung[119].

Um die beamten- und verfassungsrechtlichen Bedenken aus Art. 33 Abs. 4 und 5 GG auszuräumen, wurde von der Literatur eine entsprechende Verfassungsänderung gefordert[120].

---

[117] Zur Definition der hergebrachten Grundsätze des Berufsbeamtentums gem. Art. 33 Abs. 5 GG sowie Darstellung der einzelnen Grundsätze vgl. *Lecheler,* Die „hergebrachten Grundsätze des Berufsbeamtentums" in der Rechtsprechung des BVerfG und BVerwG, AöR 103, 1978, S. 349 ff.; *Mayer,* Die hergebrachten Grundsätze des Berufsbeamtentums, in: FS für Gehlen, S. 227, 229 ff.; *Merten,* Grundgesetz und Berufsbeamtentum, in: *Merten/Pitschas/Niedobitek,* Neue Tendenzen im öffentlichen Dienst, S. 2 ff., 6 m. w. N.; *Summer,* Die hergebrachten Grundsätze des Berufsbeamtentums – ein Torso, ZBR 1992, S. 1, 2.

[118] *Loschelder,* Strukturreform der Bundeseisenbahnen durch Privatisierung, S. 40 f.; *Blanke/Sterzel,* Privatisierungsrecht für Beamte, S. 106, Rn. 143 ff.

[119] *Loschelder,* Strukturreform der Bundeseisenbahnen durch Privatisierung, S. 40 ff., 75.

[120] *Loschelder,* Strukturreform der Bundeseisenbahnen durch Privatisierung, S. 75 (Pkt. 2a), erster Spiegelstrich) äußert sich jedoch kritisch zu Art. 33 Abs. 5 GG wonach „... speziell die Konstruktion einer Personalüberleitung, die der Gesellschaft die Bahnbeamten zur Dienstleistung überläßt, dem Maßstab des Art. 33 Abs. 5 GG nicht Stand hält. Auch bei einer Änderung dieser Verfassungsvorschrift bleibt es dabei, daß eine derartige Regelung die Einrichtung des Berufsbeamtentums deformieren und in ihrer Substanz schädigen würde."; *Blanke/Sterzel,* Probleme der Personalüberleitung im Falle einer Privatisierung der Bundesverwaltung (Flugsicherung, Bahn und Post), ArbuR 1993, S. 267, 273 f. insoweit einschränkend, daß „... die beabsichtigten Regelungen – auch Verfassungsänderungen – mit den tragenden Strukturen der Verfassungsordnung insgesamt kompatibel sein müssen. Dies ist hinsichtlich der beabsichtigten Dienstleistungszuweisung der Beamten dann nicht der Fall, wenn ihr weiterführender Beamtenstatus mit Grundrechtseinschränkungen verbunden bleibt, die für Arbeitnehmer nicht gelten."; *a. A.: Battis* in: *Sachs,* Kommentar zum GG, § 143 Rn. 7;

Als einfachrechtliches Vorbild wurde zwar bereits durch die Rechtsprechung[121] eine vorübergehende Beschäftigung von Beamten aufgrund von Dienstleistungsüberlassungsverträgen auch ohne ausdrückliche Verfassungsbestimmungen für zulässig erklärt[122].

Gleichwohl waren Zweifel an der Verfassungsmäßigkeit vertraglicher Dienstleistungsüberlassungsverträge nicht verstummt[123].

Bei der Beantwortung der Frage nach der Verfassungsmäßigkeit einer Personalüberleitung gegen den Willen der Betroffenen, sind die in den Beamtengesetzen normierten Fälle zustimmungsbedürftiger und zustimmungsfreier Maßnahmen als systematischer und teleologischer Vergleich heranzuziehen.

Vorschriften, die ein Zustimmungserfordernis statuieren, finden sich hinsichtlich der Versetzung von Beamten in den Bereich eines anderen Dienstherrn gem. § 26 Abs. 1 S. 1 BBG, §§ 123 Abs. 1 i.V.m. 18 Abs. 1 S. 1 BRRG bzw. § 27 Abs. 1, 3 BBG, §§ 123 Abs. 1 i.V.m. 17 Abs. 1 und 3 BRRG. Sie sollen die Mitwirkung des Beamten in solchen Fällen sichern, in denen seine Rechtsstellung wesentlich verändert wird.

Hingegen ist für die Umsetzung, deren Wirkungen auf die innerbehördliche Organisation beschränkt bleiben und in der Organisationsgewalt des Dienstherrn liegen, eine Zustimmung entbehrlich[124].

Gesetzlich normierte Fälle, die in ihren sozialen und personellen Folgewirkungen der Umstrukturierung der Deutschen Bahnen am nächsten kommen, sind die Auflösung, die Umbildung, die Verschmelzung oder die wesentliche Änderung des Aufbaus einer Behörde. Aufgrund dienstlicher Bedürfnisse[125] ist

---

Uerpmann in: *v. Münch/Kunig*: Kommentar zum GG, Art. 143a Rn. 5; *Böhm/Schneider*, „Beamtenprivatisierung" bei der Deutschen Bahn AG, S. 80 „... Erforderlich wäre die Beschäftigung von Beamten bei der Deutschen Bundesbahn nicht, da sich der Betrieb der Eisenbahn nicht als hoheitliche Aufgabe darstellt ... Von der Grundstruktur her war im parlamentarischen Rat aber von Anfang an klar, daß die Bundeseisenbahnen ebenso wie die Bundespost nicht zu den hoheitlichen Bereichen im klassischen Sinn gerechnet werden konnten. Sie wurden vielmehr in die Nähe eines Wirtschaftsunternehmens gerückt, daß nicht hoheitliche, sondern vielmehr – so die Abgrenzung im parlamentarischen Rat – Daueraufgaben wahrnehmen sollte."

[121] *BVerwGE* 69, 303 ff.; auch *BAGE* 31, 218.

[122] So auch *Uerpmann* in: *v. Münch/Kunig,* Kommentar zum GG, Art. 143a Rn. 5; *ders.,* Einsatz von Beamten bei einer Gesellschaft privaten Rechts, Jura 1996, S. 79 ff.; *Scholz/Aulehner,* Berufsbeamtentum nach der Deutschen Wiedervereinigung, ArchPT 1993, S. 221, 237 m.w.N.

[123] *OVG Münster,* DB 1980, S. 200 m. Anm. v. *Pitschas,* JA 1981, S. 129; *Lecheler,* Der Verpflichtungsgehalt des Art. 87 I 1 GG – Fessel oder Richtschnur für die bundesunmittelbare Verwaltung, NVwZ 1989, S. 834, 837; *Loschelder,* Strukturreform der Deutschen Bundesbahnen durch Privatisierung, S. 39; *Blanke/Sterzel,* Probleme der Personalüberleitung im Falle einer Privatisierung der Bundesverwaltung (Flugsicherung, Bahn und Post), ArbuR 1993, S. 265, 272.

[124] *Wind/Schimana/Wichmann,* Öffentliches Dienstrecht, S. 169 f.

in diesen Fällen nach § 26 Abs. 2 BBG, §§ 123 Abs. 1 i.V.m. § 18 Abs. 2 BRRG bzw. § 27 Abs. 2 BBG, §§ 123 Abs. 1 i.V.m. § 17 Abs. 2 BRRG, eine Zustimmung der betroffenen Beamten nicht erforderlich[126].

Der umfangreiche Transfer der Beamten der ehemaligen Deutschen Bundesbahn auf die Deutsche Bahn AG ist die notwendige dienstrechtliche Folge der organisationsrechtlichen Verfassungsänderung in Art. 87e GG und stellt somit ein den vorgenannten Sachverhalten vergleichbares dienstliches Bedürfnis für den Wegfall des Zustimmungserfordernisses dar. Diese Ausnahmeregelung zu Art. 33 Abs. 5 GG ist daher materiell rechtlich gerechtfertigt[127].

Darüber hinaus haben sich aufgrund des Wegfalls der staatlichen Verwaltungsaufgaben im Betriebsbereich gem. Art. 87e GG auch die Einschränkungen im Sinne des Funktionsvorbehalts gem. Art. 33 Abs. 4 GG erledigt[128].

Angesichts des expliziten Hinweises auf die Wahrung der Rechtsstellung der Beamten und der Verantwortung ihres Dienstherrn in Art. 143a Abs. 1 S. 3 GG, liegt daher keine Beeinträchtigung der geschützten Rechtsstellung der Beamten – zumindest im Hinblick auf das statusrechtliche Amt – vor[129].

Die Entbehrlichkeit einer Zustimmung der ehemaligen Bundesbahnbeamten zur Überleitung auf die privatisierten Eisenbahnunternehmen ist daher verfassungsgemäß.

---

125 Unbestimmter Rechtsbegriff, s. bzgl. der Auslegung: *Summer* in: GKÖD, Bd. I, Beamtenrecht des Bundes und der Länder, K § 26 Rn. 23 f.

126 *Battis,* Beleihung anlässlich der Privatisierung der Postunternehmen, in: FS für Raisch, S. 371 m.w.N., insbesondere mit dem Verweis auf BVerfGE 17, 172, 187, daß den hergebrachten Grundsätzen des Berufsbeamtentums nicht zu entnehmen sei, daß ein Wechsel des Dienstherrn nur mit der Zustimmung des Beamten erfolgen kann; *Summer* in: GKÖD, Bd. I, Beamtenrecht des Bundes und der Länder, K § 26 Rn. 34; *Plog/Wiedow/Beck,* Kommentar zum BBG, § 26 Rn. 32 ff.

127 Im Ergebnis so auch: *Battis* in: *Sachs,* Kommentar zum GG, § 143a Rn. 7; zu weitgehend *Böhm/Schneider,* „Beamtenprivatisierung" bei der Deutschen Bahn AG, S. 91 f.

128 Vgl. *Blanke/Sterzel,* Ab die Post? Die Auseinandersetzung um die Privatisierung der Deutschen Bundespost, KJ 1993, S. 278, 295; *Menges,* Rechtsgrundlagen für die Strukturreform der Deutschen Bahnen, S. 54 m.w.N.

129 So auch *Summer* in: GKÖD, Bd. I, Beamtenrecht des Bundes und der Länder, K § 27 Rn. 23, 25; *Lorenzen,* Die Bahnreform – Neuland für Dienst- und Personalvertretungsrecht, PersV 1994, S. 145, 151; *Uerpmann,* Einsatz von Beamten bei einer Gesellschaft privaten Rechts, Jura 1996, S. 79, 83; *Wernicke,* Bundesbahn – Wo sind deine Beamten geblieben?, ZBR 1998, S. 266, 270; *Battis,* Kommentar zum BBG, § 27 Rn. 6 f.; *Battis* in: *Sachs,* Kommentar zum GG, Art. 143a Rn. 7 so für das statusrechtliche Amt, einschränkend jedoch für das Amt im funktionalen Sinne.

dd) Keine Übertragung von Dienstherrenbefugnissen

Zu erörtern ist weiterhin, ob Art. 143a Abs. 1 S. 3 GG über die Zuweisung der Beamten zur Dienstleistung hinaus auch zur Übertragung der Wahrnehmung von Dienstherrenbefugnissen berechtigt.

Als Dienstherr ist die juristische Person des öffentlichen Rechts zu bezeichnen, der gegenüber die Pflichten und Rechte des Beamten aus dem Grundverhältnis bestehen[130].

Teilweise wird es als unzulässig angesehen, die Eisenbahnverkehrsunternehmen mit der Ausübung der Dienstherrenbefugnis zu betrauen, da eine entsprechende Bestimmung wie in Art. 143b Abs. 3 S. 2 GG[131] im Zusammenhang mit der Privatisierung der Bundespost fehlt[132].

Demgegenüber ist nach anderer Auffassung Art. 143a GG im Lichte des Art. 87e Abs. 3 S. 1 GG auszulegen. Die Berechtigung zur Wahrnehmung von Dienstherrenbefugnissen muß demzufolge den Eisenbahnverkehrsunternehmen durch den Gesetzgeber übertragen werden, weil ansonsten die durch Art. 87e Abs. 3 S. 1 GG garantierte Unternehmensautonomie leer läuft[133].

Der letztgenannten Auffassung ist nur insoweit zuzustimmen, daß bei Beantwortung der strittigen Frage systematisch das Gesamtgefüge der neu erlassenen Art. 87e und Art. 143a GG betrachtet werden muß. Gleichwohl ist die Wahrung der verfassungsmäßig gewährleisteten Unternehmensautonomie nicht von der Ausübung der Dienstherrenbefugnis abhängig. Vielmehr ist hier auch die Besonderheit der Bahnreform zu berücksichtigen. Um dem Bund weiterhin Einwirkungspotentiale einzuräumen, erfolgte eben keine materielle Privatisierung der Eisenbahnverkehrsunternehmen. Insofern nehmen sie tatsächlich eine Sonderrolle im Rahmen der öffentlichen Unternehmen ein.

Zudem ist auch der Wille des Verfassungsgesetzgebers hinsichtlich einer Übertragung der Dienstherrenkompetenz auf das privatisierte Nachfolgeunternehmen zu berücksichtigen.

---

130 *Wolff/Bachof/Stober,* Verwaltungsrecht II, 5. Auflage, § 109 Rn. 8.

131 Gesetz zur Änderung des GG vom 30.08.1994 (BGBl. 1994 I, S. 2245).

132 *Uerpmann* in: *v. Münch/Kunig,* Kommentar zum GG, Art. 143a Rn. 5, Art. 143b Rn. 10, hier wird auch die Verfassungsmäßigkeit der § 12 Abs. 6 S. 2, Abs. 9 DBGrG i.V.m. § 1 DBAGZustV angezweifelt.

133 *Gersdorf* in: *Mangoldt/Klein/Starck,* Das Bonner Grundgesetz, Art. 143a Rn. 12, hiernach ist die Wahrnehmung der Dienstherrenbefugnisse die notwendige aus Art. 87e Abs. 3 S. 1 GG folgende Kehrseite der durch Art. 143a Abs. 1 S. 3 GG eröffneten Möglichkeit den Eisenbahnen des Bundes Beamte zur Dienstleistung gesetzlich zuzuweisen; *Benz,* H., Beleihung einer Aktiengesellschaft mit Dienstherrenbefugnissen, S. 196 f.; *ders.,* Postreform II und Bahnreform – Ein Elastizitätstest für die Verfassung, DÖV 1995, S. 679, 681 f.; *Kunz,* Kommentar zum Eisenbahnrecht, A 2.2 zu § 12 DBGrG, S. 37.

Das Beleihungsmodell wurde in Art. 143b Abs. 3 S. 2 GG durch Gesetz zur Änderung des GG[134] konstituiert. Die Privatisierung der Deutschen Bundespost erfolgte im engen zeitlichen Zusammenhang kurz nach der Bahnreform. Hätte der Gesetzgeber daher auch für die Eisenbahnverkehrsunternehmen ein solches Modell konzipieren wollen, so hätte es dies bereits bei der notwendigen Verfassungsänderung im Zuge der Bahnprivatisierung, spätestens – falls ein redaktionelles Versehen vorgelegen hätte – im Rahmen der Postprivatisierung vornehmen können. Ebendies ist jedoch nicht geschehen.

Letztlich macht jedoch der Zweck des Art. 143a Abs. 1 S. 3 GG deutlich, daß nur die Dienstleistung der Beamten gesetzlich zugewiesen werden soll[135]. Die Verantwortung verbleibt beim alten Dienstherrn, dem Bund. Zur Gewährleistung einer einheitlichen Organisation der betrieblichen Tätigkeit und einer unternehmerischen Handlungsfreiheit, wird die Deutschen Bahn AG aufgrund einer einfachgesetzlichen Regelung in § 12 Abs. 4 DBGrG ermächtigt[136], ausgesuchte Rechte des Dienstherrn wahrzunehmen.

Die Übertragung von Dienstherrenbefugnissen auf die Eisenbahnverkehrsunternehmen ist infolgedessen verfassungsrechtlich nicht zulässig[137].

c) Zusammenfassung

Art. 87e GG legt nunmehr fest, daß die Eisenbahnen des Bundes als Wirtschaftsunternehmen in privatrechtlicher Form geführt werden.

Unter Berücksichtigung der oben dargelegten verfassungsrechtlichen Rahmenbedingungen zielt die Bahnstrukturreform somit auf eine umfassende Organisationsprivatisierung und eine beschränkte Aufgabenprivatisierung[138].

---

[134] Gesetz zur Änderung des GG vom 30.08.1994 (BGBl. 1994 I, S. 2245).

[135] *BT-Drs.* 12/4609 (neu), S. 82, wonach durch den Erlaß des Art. 143a GG verfassungsrechtliche Bedenken gegen die besondere Form der Überleitung der Beamten ohne ihre Zustimmung zu privatrechtlichen Unternehmen und ihre weitere Beschäftigung ausgeschlossen werden sollten. Zweck des Art. 143a GG war demnach die Kontinuität des Eisenbahnverkehrs sowie die zur Betriebsaufnahme notwendige rasche Ausstattung der Deutschen Bahn AG mit erfahrenem Personal zu gewährleisten. Nach *Battis* in: *Sachs,* Kommentar zum GG, Art. 143a Rn. 9, ist die Ausnahmeregelung in Art. 143a GG in Abwägung zu Art. 33 Abs. 5 GG materiell gerechtfertigt als notwendige dienstrechtliche Folgerung der organisationsrechtlichen Verfassungsänderung durch Gesetz vom 20.12.1993.

[136] s. Kapitel D., Teil I., Nr. 4 Buchst. b), bb) hinsichtlich der Prüfung der Verfassungsmäßigkeit des § 12 Abs. 4, 6 DBGrG i.V.m. DBAGZustV.

[137] So auch *Blanke/Sterzel,* Ab die Post? Die Auseinandersetzung um die Privatisierung der Deutschen Bundespost, KJ 1993, S. 278, 295 f.; *dies.,* Probleme der Personalüberleitung im Falle einer Privatisierung der Bundesverwaltung (Flugsicherung, Bahn und Post), ArbuR 1993, S. 265, 270 f.; *Menges,* Rechtsgrundlagen für die Strukturreform der Deutschen Bahnen, S. 54 m.w.N.

Im weiteren Verlauf der Bahnreform können gem. Art. 87e Abs. 3 GG Unternehmen für das Betreiben der Eisenbahninfrastruktur nur formell privatisiert werden. Dagegen sind für Unternehmen, die Eisenbahnverkehrsleistungen erbringen, im Umkehrschluß aus Art. 87e Abs. 3 GG formelle und auch materielle Privatisierungsmaßnahmen zulässig. Allein für die Eisenbahnverkehrsverwaltung sind Privatisierungen ausgeschlossen.

Folglich ist hiermit auch kein Raum mehr für einen gemeinwirtschaftlichen Auftrag, so daß das privatisierte Eisenbahnunternehmen auch nicht mehr als Träger der Daseinsvorsorge verstanden werden kann.

Die gesetzliche Zuweisung nach Art. 143a Abs. 1 S. 3 GG ist nicht nur auf die erste Stufe der Bahnreform anzuwenden, sondern auch auf Privatisierungsvorhaben im Sinne der zweiten Stufe der Bahnreform. Voraussetzung hierfür ist allerdings, daß sich die Unternehmen noch im Mehrheitseigentum des Bundes befinden.

Mit Art. 143a GG werden die verfassungsrechtlichen Voraussetzungen für die Zuweisung der Bundesbahnbeamten – auch gegen ihren Willen – kraft Gesetzes auf die Deutsche Bahn AG zur Dienstleistung geschaffen. Der Geltungsbereich des Art. 143a Abs. 1 S. 3 GG beinhaltet jedoch keine Übertragung von Dienstherrenbefugnissen. Bei Status- und Personalangelegenheiten von Beamten aufgrund des Art. 143a Abs. 1 S. 3 GG i. V. m. den darauf beruhenden Ausführungsgesetzen kann das Verwaltungsverfahrensgesetz subsidiär anwendbar sein[139].

Die Bedeutung und Reichweite des verfassungsrechtlichen Wortlautes „unter Wahrung der Rechtsstellung der Beamten der Bundeseisenbahn" in Art. 143 Abs.1 S. 3 GG in bezug auf das Amt im funktionalen Sinne sowie auf die Rechte und Pflichten der Beamten sind allerdings noch nicht hinreichend geklärt. Die Weitergeltung der hergebrachten Grundsätze des Berufsbeamtentums, die beruflichen Exspektanzen, die Geltung des Streikverbots, die betriebsverfassungsrechtliche Mitbestimmung, die versorgungsrechtlichen Aspekte sind daher noch zu überprüfen.

---

[138] *Windthorst* in: *Sachs,* Kommentar zum GG: Art. 87e Rn. 1; begrifflich wird die Umwandlung der Bundesbehörde Deutsche Bundesbahn in die DB AG auch als unechte Aufgabenprivatisierung verstanden, so *Sterzel* in: *Blanke/Trümner,* Handbuch Privatisierung, S. 138, Rn. 165; *Blanke/Sterzel,* Probleme der Personalüberleitung im Falle einer Privatisierung der Bundesverwaltung (Flugsicherung, Bahn und Post), ArbuR 1993, S. 265, 267; *Hofmann,* Privatisierung öffentlicher Dienstleistungen und Beamtenbeschäftigung, ZTR 1996, S. 493; zu weitgehend *Böhm/Schneider,* „Beamtenprivatisierung" bei der Deutschen Bahn AG, S. 81 m. w. N., wonach eine materielle Aufgabenprivatisierung gewollt war.

[139] *Bonk/Schmitz* in: *Stelkens/Bonk/Sachs,* Kommentar zum VwVfG, § 2 Rn. 142 m. w. N.

Ob daher der Prüfbitte des Bundesrates, wonach die geschützte Rechtsstellung des Beamten zu der insbesondere das Recht am Amt im statusrechtlichen Sinne gehört, durch die gesetzliche Zuweisung zu einem Privatunternehmen nicht beeinträchtigt werden sollte, in der Praxis entsprochen wird, ist u.a. Gegenstand der Untersuchung im nachfolgenden Gutachten[140].

3. Primäre Vorteile der Bahnstrukturreform unter Berücksichtigung der neuen Organisationsform

Die typischen behördenprägenden Kontrollregelungen und Entscheidungsrestriktionen sind nach der Bahnreform zugunsten unternehmerischer Entscheidungsfreiheiten und marktorientierter Handlungsspielräume beseitigt worden.

Im Vergleich hierzu hatte der Vorstand der Deutschen Bundesbahn nur sehr begrenzte Gestaltungsmöglichkeiten und entsprechend eingeschränkte Verantwortungen und Spielräume. Eine gesetzlich festgelegte Ressortzuständigkeit verhinderte eine effiziente gesamthafte Vorstandsverantwortung. Letztendlich lag die Entscheidung beim Bundesverkehrsminister, der jedoch in die Gesamtpolitik seiner Regierung eingebunden war.

Der Verwaltungsrat stellte das Aufsichtsgremium des früheren Staatsunternehmens dar, dem Bundes- und Landesminister, Bundestagsabgeordnete sowie Vertreter der mit der Deutschen Bundes- bzw. Reichsbahn konkurrierenden Wettbewerber angehörten. Die Grundzüge der Geschäftsführung und wichtige Einzelgeschäfte wurden durch dieses Gremium beschlossen. Es bestand daher die Gefahr, daß die Mitglieder bei ihren Entscheidungen auch unternehmensfremde Aspekte berücksichtigten und nicht immer zum Wohl des Staatsunternehmens agierten. Die Eigenverantwortung des Vorstands wurde somit ausgehöhlt[141].

Ein weiterer Vorteil der Bahnreform ist der Wegfall bzw. zumindest Reduzierung langer Entscheidungswege. Jede Investition über 5 Mill. DM und jede Deinvestition über eine Million DM mußte einzeln vom Bundesverkehrsminister genehmigen werden, der wiederum das Einvernehmen mit dem Bundesfinanzminister herstellen mußte. Im Gegensatz hierzu wird dem Aufsichtsrat der DB AG eine kurz- und mittelfristige Investitionsplanung vom Vorstand zur Genehmigung vorgelegt, in deren Rahmen der Vorstand nach erfolgter Bewilligung dann eigenverantwortlich handelt.

Das ehemalige Staatsunternehmen Bundesbahn/Reichsbahn hatte im Rahmen des öffentlichen Dienstrechts[142] und Haushaltsrechts zu arbeiten. Die einer wirtschaftlichen Unternehmensführung widersprechende Kameralistik wurde infolge

---

[140] Vgl. Ausführungen in Kapitel D.

[141] Eine beliebte Exkulpation war der Hinweis auf die Entscheidungsträger in Bonn.

der Bahnreform durch eine kaufmännische Buchführung ersetzt. Die Loslösung vom öffentlichen Dienst- und Haushaltsrecht eröffnet langfristig die Möglichkeit leistungsbezogener Bezahlungen, anderer Karrierechancen sowie eines markt- und kundenorientierten Handelns.

Die Bahnstrukturreform ist somit eine wesentliche Voraussetzung für eine bessere Behauptung der Deutschen Eisenbahnunternehmen als bisher im Wettbewerb, weil ihnen hierdurch die notwendige Flexibilität gegeben wird[143].

4. Überleitung des Personals der Deutschen Bundesbahn und der Deutschen Reichsbahn auf die Deutsche Bahn AG

Die verfassungsrechtliche Grundentscheidung für ein privatwirtschaftlich organisiertes Eisenbahnwesen verlangte nach einer Regelung des Schicksals der in diesem Bereich bislang beschäftigten Beamten und Arbeitnehmer. Diese Regelung mußte einerseits den personalrechtlichen Erfordernissen der Privatisierung Genüge tun, andererseits aber auch dem im Regelfall auf Lebenszeit begründeten Beamtenstatus in seiner Substanz Rechnung tragen. Denn allein die Umwandlung des Sondervermögens der Deutschen Bundesbahn berührte nicht das zwischen den bei der Bundesbahn beschäftigten Beamten und ihrem Dienstherrn, der Bundesrepublik Deutschland, bestehende öffentlich-rechtliche Dienstverhältnis.

Kraft dieses Dienst- und Treueverhältnisses waren die Beamten ihrem Dienstherrn, aber nicht dem Nachfolgeunternehmen der Deutschen Bundesbahn zu Dienstleistungen verpflichtet. Diese haben als juristische Person des Privatrechts keine Dienstherrenfähigkeit im Sinne des § 121 BRRG und können somit keine Beamten beschäftigen. Die nach der Zusammenführung von Deutscher Bundesbahn und Deutscher Reichsbahn im „Unternehmerischen Bereich" des Bundeseisenbahnvermögens tätigen Beamten verlieren durch die Bildung der Deutschen Bahn AG insoweit ihren beamtenrechtlichen Bezugrahmen.

Im Bereich des Arbeits- und Sozialrechts sowie des Beamtenrechts waren deshalb gravierende Anpassungen erforderlich. Ein konsequenter gesetzlicher

---

[142] D.h., Stellenplan und Stellenkegel, formaler Rechtfertigungsbedarf für jede Beförderung, fehlende Sanktionsmöglichkeiten bei formal nicht zu beanstandendem Verhalten, keine leistungsorientierte Entlohnung etc.

[143] Vgl. *EuGH,* Urteil v. 22.05.1985, NJW 1985, S. 2080, vor übertriebenen Erwartungen an die Bahnstrukturreform wurde jedoch gewarnt. Es sei abwegig anzunehmen, daß mit der Privatisierung über Nacht aus roten Zahlen schwarze würden. Allerdings sei der erste Schritt, um der Bahn eine Flexibilität einzäumen, der ihr eine Behauptung im freien Wettbewerb ermögliche, insbesondere vor dem Hintergrund, daß der EuGH unmissverständlich zu erkennen gegeben hat, daß er eine Harmonisierung der Wettbewerbsbedingungen nicht als conditio sine qua non für eine Liberalisierung und Deregulierung des Verkehrsmarktes ansehe.

Schutz der Rechte und Interessen der Beschäftigten der Deutschen Bahnen war geboten, um das notwendige Vertrauen und eine gewisse Akzeptanz aller Beteiligten für die Privatisierungsmaßnahme herzustellen.

Die Situation der Arbeiter und Angestellten der Deutschen Bundesbahn und der Deutschen Reichsbahn stellte sich im Gegensatz zur beamtenrechtlichen Problematik unkomplizierter dar. Zwar standen auch diese Arbeitnehmer im Dienste der Bundesrepublik Deutschland gem. § 7 Abs. 1 Art. 1 ENeuOG[144].

Unmittelbar nach Inkrafttreten des ENeuOG ging jedoch die Wahrnehmung der Arbeitgeberfunktion auf das Bundeseisenbahnvermögen für die bei der Deutschen Bundesbahn und der Deutschen Reichsbahn beschäftigten Arbeitnehmer über.

Mit der Eintragung ins Handelsregister am 5. Januar 1994 hat die Deutsche Bahn AG im Wege der Rechtsnachfolge die Arbeitgeberfunktion für die beim Bundeseisenbahnvermögen bestehenden Arbeits- und Auszubildendenverhältnisse übernommen. Nach § 14 Abs. 4 Art. 2 ENeuOG[145] wurden die Regelungen des § 613a BGB für den Übergang der Dienststellen bzw. Teile von Dienststellen auf die DB AG für anwendbar erklärt. Allerdings waren von dieser Überleitung nur die Arbeits- und Auszubildendenverhältnisse erfaßt, die bei den Dienststellen bestanden, die auf einer Liste der überzuleitenden Dienststellen benannt wurden.

Als Rechtsnachfolgerin des Bundes im Hinblick auf die Sondervermögen der Deutschen Bundesbahn und Reichsbahn, ist die Deutsche Bahn AG somit gem. § 15 Abs. 2 Art. 2 ENeuOG in die bestehenden Arbeitsverträge eingetreten.

Die Angestellten und Arbeiter sind daher heute unmittelbar arbeitsvertraglich an die Deutsche Bahn AG bzw. ihre Führungsgesellschaften gebunden.

In der nachfolgenden Abbildung werden der erste Schritt der Überleitung der Arbeitnehmer von der Deutschen Bundesbahn bzw. Reichsbahn auf das Bundeseisenbahnvermögen und der direkt im Anschluß folgende 2. Schritt der Aufteilung zur Deutschen Bahn AG gem. § 613a BGB, zum Eisenbahnbundesamt sowie der Verbleib beim Bundeseisenbahnvermögen schematisch dargestellt.

Eine solche Rechtsnachfolge in bezug auf die Beamten, d.h., ein Eintreten der Deutschen Bahn AG in die bestehenden öffentlich-rechtlichen Dienst- und Treueverhältnisse, war aufgrund ihrer fehlenden Dienstherrenfähigkeit, als Aktiengesellschaft, nicht möglich. Der Einsatz von ca. 100.000 Beamten in anderen

---

[144] Entspricht Gesetz zur Zusammenführung und Neugliederung der Bundeseisenbahnen (BENeuglG) vom 27. Dezember 1993 (BGBl. I S. 2378), abgedruckt in: *Suckale,* Taschenbuch der Eisenbahngesetze, S. 129 ff.

[145] Entspricht Gesetz zur Gründung einer Deutschen Bahn AG (DBGrG) vom 27. Dezember 1993 (BGBl. I S. 2378, 2386), abgedruckt in: *Suckale,* Taschenbuch der Eisenbahngesetze, S. 149 ff.

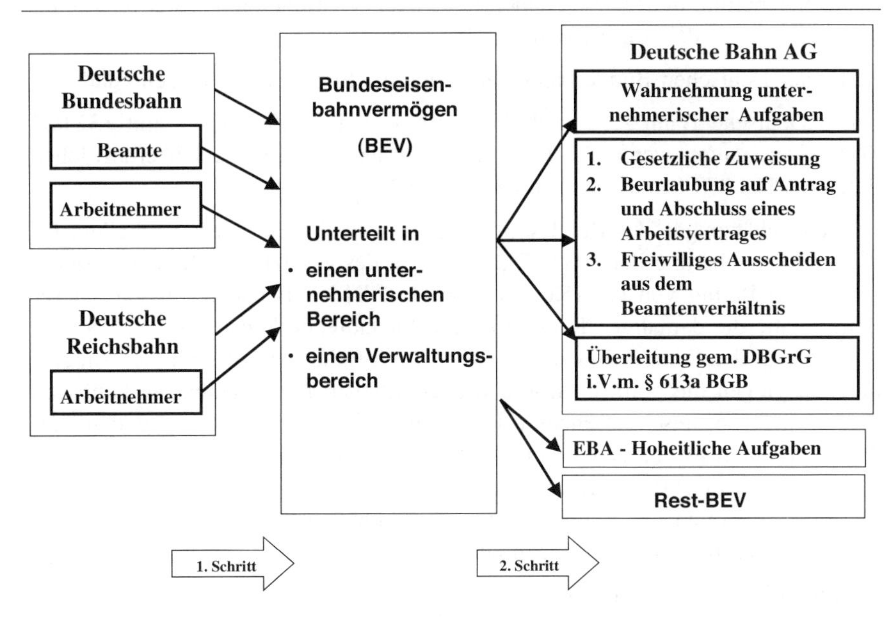

Abbildung 5: Personaltransfer von der Bundes- und Reichsbahn auf die DB AG

Bereichen der Bundesverwaltung kam nicht in Betracht, da es sich überwiegend um technisch bzw. bahnspezifisch geschultes Personal handelte[146].

Erst recht illusorisch erschien die Möglichkeit, die Betroffenen in den einstweiligen Ruhestand zu versetzen[147]. Ausschlaggebend für die Lösungsfindung war vielmehr, daß das privatisierte Unternehmen zur Gewährleistung seiner Funktionsfähigkeit auf das erfahrene, ausgebildete verbeamtete Personal in ausreichendem Umfang und mit der Aussicht auf eine möglichst dauerhafte Arbeitsleistung angewiesen war.

Eine Lösung zur Überleitung des Personals wie sie für die Privatisierung der Flugsicherung gewählt wurde, kam für die Privatisierung der Deutschen Bahnen ebenfalls nicht in Betracht. Die Beschäftigungsverhältnisse der Mitarbeiter der Deutschen Flugsicherung wurden derart attraktiv ausgestaltet, daß die ca. 2.900 Beamten freiwillig aus dem öffentlichen Dienst ausschieden und Arbeitnehmer

---

[146] So sind z. B. Zugbegleiter, Triebfahrzeugführer, Disponenten, Rangierer etc. nur im Bereich des Eisenbahnwesens einsetzbar; es ist daher nicht auf die Bediensteten aus dem Overhead-Bereich, die typische Verwaltungs-, Organisations- und Führungsaufgaben wahrnehmen, abzustellen.

[147] Ob dies rechtlich möglich gewesen wäre, kann hier dahinstehen.

bei dem neuen privatwirtschaftlichen Unternehmen wurden[148]. Die für die Nachversicherung in der gesetzlichen Rentenversicherung aufzubringenden Summen hielten sich dabei in vertretbaren Grenzen.

Bei der Deutschen Bundesbahn stellte sich die Situation abweichend dar.

Die Deutsche Bahn AG beschäftigte am 1. Januar 1995 insgesamt 332.083 Mitarbeiter, davon waren 223.024 Arbeitnehmer des tarif- und übertariflichen Bereichs, 108.077 Mitarbeiter waren Beamte[149].

Nach Schätzungen des Bundesministers für Verkehr hätte der Bund allein für die Nachversicherung der 108.077 Beamten in der gesetzlichen Rentenversicherung einen Betrag von ca. 15,6 bis 20,8 Mrd. DM aufwenden müssen. Dieser Betrag hätte die damaligen Rückstellungen für laufende Pensionen und Anwartschaften in den Unternehmen der Deutschen Bahn bei weitem überstiegen. Folglich gingen die politischen und wirtschaftlichen Pläne dahin, die künftigen Eigentümer von diesen absehbaren Personalfolgekosten zu entlasten und sie auf den Bund abzuwälzen. Daher wurden in den zuständigen Ministerien eine Reihe von Modellen diskutiert, die es ermöglichen sollten, die im Dienst des Bundes stehenden Beamten als Bundesbeamte zu führen, aber ihre Arbeitsleistung in den Aktiengesellschaften erbringen zu lassen.

Durch die Einfügung des Art. 143a GG wurde daher eine rechtliche Möglichkeit zur Überleitung der Beamten auf die Deutsche Bahn AG geschaffen.

Wie in Abbildung 6 (Seite 93) erkennbar, wurden die Beamten zu diesem Zweck zunächst auf das Bundeseisenbahnvermögen, als bestehende Personalbehörde des Dienstherrn Bund, übergeleitet.

Mit Inkrafttreten des ENeuOG wurde die Ausübung der Dienstherrenfunktion über die Beamten der Deutschen Bundesbahn auf den Präsidenten des Bundeseisenbahnvermögens delegiert.

Als die Neuordnung mit der Gründung der DB AG und der Errichtung des Eisenbahnbundesamtes ihre nächste Stufe erreichte, teilte sich das zunächst dem Bundeseisenbahnvermögen (BEV) zugefallene Personal in drei Richtungen: Ein Teil der Beamten blieb beim Bundeseisenbahnvermögen selbst, ein weiterer – zahlenmäßig weitaus der größte – ist bei der DB AG tätig und ein dritter wurde zum Eisenbahn-Bundesamt (EBA) versetzt.

Die Beamten bleiben unmittelbare Bundesbeamte gem. § 7 Abs. 1 S. 2 Art. 1 ENeuOG. Infolgedessen sind weiterhin die §§ 1, 52 ff., 77 BBG sowie § 1 BDG auf die zugewiesenen Beamten anwendbar[150].

---

[148] *Blanke/Sterzel*, Probleme der Personalüberleitung im Falle einer Privatisierung der Bundesverwaltung (Flugsicherung, Bahn und Post), ArbuR 1993, S. 265, 269 f.

[149] *Bäsler*, Beamte in der Privatwirtschaft am Beispiel der DB AG, PersR 1996, S. 357.

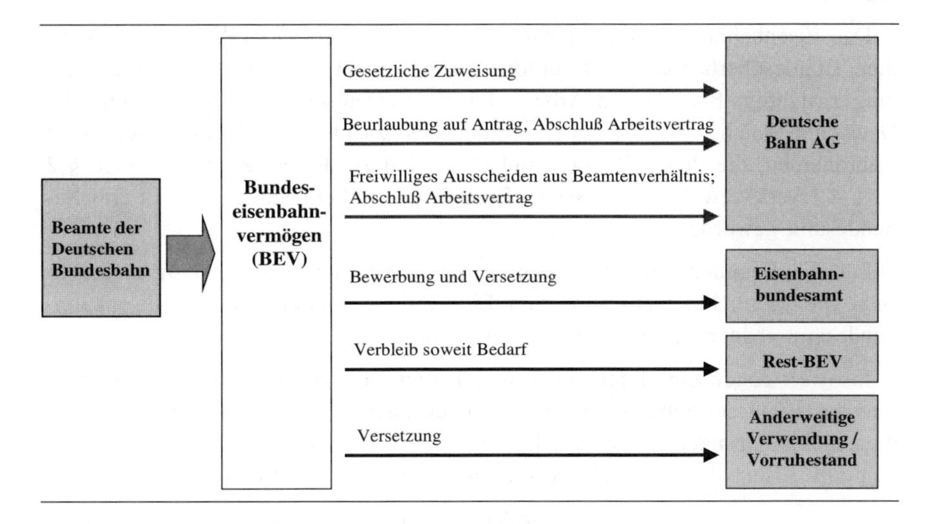

Abbildung 6: Überleitung der Beamten der Deutschen Bundesbahn[151]

Das Bundeseisenbahnvermögen nimmt zwar die Aufgaben des Dienstherrn wahr, verfügt selbst aber nicht über die Dienstherreneigenschaft gem. § 121 BRRG. Dienstherr ist gem. § 2 Abs. 2 S. 1 i.V.m. Abs. 1 S. 1 BBG weiterhin der Bund[152].

Oberster Dienstvorgesetzter aller Beamten des Bundeseisenbahnvermögens ist gem. § 10 Abs. 2 Art. 1 ENeuOG der Präsident des Bundeseisenbahnvermögens. Er ist gleichzeitig oberste Dienstbehörde für die Beamten. Da dem Personalbestand der Deutschen Bahn AG nach der Privatisierung keine neuen Beamten mehr zugeführt werden, sinkt beständig die Zahl der bei der Deutschen Bahn AG beschäftigten Beamten. Die Aufgaben des Bundeseisenbahnvermögens reduzieren sich somit im Zeitablauf. Aus diesem Grunde hat der Gesetzgeber in § 30 Abs. 1 Art. 2 ENeuOG den Bestand des Bundeseisenbahnvermögens vorerst lediglich bis zum 31.12.2003 gesichert.

Ein zahlenmäßig geringer Teil der ehemaligen Bundesbahnbeamten wird nach der Umstrukturierung der Deutschen Bahnen künftig beim Eisenbahnbun-

---

[150] *Kunz,* Kommentar zum Eisenbahnrecht, A 2.1 zu § 7 BENeuglG, S. 29.

[151] Abbildung bei *Günther,* Jahrhundertwerk auf die Schiene, Bundesarbeitsblatt 1994, S. 9, 11.

[152] Zur Definition der Dienstherreneigenschaft vgl. *Wolff/Bachof/Stober,* Verwaltungsrecht II, 5. Auflage, § 109 Rn. 8 ff.

desamt tätig sein. Diese Überleitung stellt sich beamtenrechtlich unproblematisch dar.

Das Eisenbahnbundesamt ist gem. § 2 Abs. 1 EVerkVerwG[153] eine selbständige Bundesoberbehörde und für die Aufgaben der Eisenbahnverkehrsverwaltung zuständig. Beamte und Arbeitnehmer der Deutschen Bundesbahn und der Deutschen Reichsbahn, die bei Errichtung des Eisenbahnbundesamtes Aufgaben wahrnahmen, die dieser Behörde obliegen, sind zu diesem Zeitpunkt gem. § 2 Abs. 4 EVerkVerwG kraft Gesetzes Beamte und Arbeitnehmer beim Eisenbahnbundesamt geworden[154].

Für die Beamten, die noch beim Bundeseisenbahnvermögen tätig sind, besteht die Möglichkeit aufgrund von Einzelfallentscheidungen zum Eisenbahnbundesamt abgeordnet oder versetzt zu werden.

Insoweit gelten die allgemeinen Vorschriften der §§ 26, 27 BBG. Arbeitnehmer des Bundeseisenbahnvermögens können nach § 2 Abs. 5 EVerkVerwG aus dienstlichen Gründen zur Wahrnehmung einer mindestens gleichwertigen Tätigkeit zum Eisenbahnbundesamt versetzt oder abgeordnet werden.

Im Gegensatz zu § 12 Abs. 1 BAT, wonach eine Anhörung nur bei einem Wechsel des Dienstortes vorgeschrieben ist, besteht gem. § 2 Abs. 5 S. 2 EVerkVerwG eine Anhörungspflicht des Arbeitnehmers, falls die Abordnung oder Versetzung voraussichtlich länger als drei Monate dauern soll.

III. Zusammenfassung des Kapitels C.

Ein entscheidender Beweggrund für die Privatisierung des Deutschen Bundesbahn und der Deutschen Reichsbahn war die finanzielle Sanierung des Eisenbahnwesens und die nachhaltige Entlastung des Bundeshaushalts sowie eine Erhöhung der Leistungsfähigkeit der Eisenbahnen im Sinne des Slogans „Mehr Verkehr auf die Schiene". Wichtige und die Bahnreform begleitende Signale setzte außerdem die auf europäischer Ebene in Angriff genommene Liberalisierung der Verkehrsmärkte. Aufgrund des Erlasses der Richtlinie zur Entwicklung

---

153 Art. 3 des ENeuOG – Gesetz über die Eisenbahnverkehrsverwaltung des Bundes vom 27. Dezember 1993 (BGBl. I S. 2378, 2394), in Kraft getreten am 1. Januar 1994.

154 *BT-Drs.* 12/4609, S. 20 sah diese Variante der Personalüberleitung noch nicht vor. Der Gesetzesentwurf ging in § 2 Abs. 4 davon aus, daß alle Beamten und Arbeitnehmer der Deutschen Bundesbahn und der Deutschen Reichsbahn bei Inkrafttreten des ENeuOG dem Bundeseisenbahnvermögen zugeteilt würden und erst durch eine spätere Einzelfallentscheidung zum Eisenbahnbundesamt versetzt werden könnten – so auch *Lorenzen,* Die Bahnreform – Neuland für Dienst- und Personalvertretungsrecht, PersV 1994, S. 145, 156; Um die Arbeitsfähigkeit des Eisenbahnbundesamt von vorneherein zu gewährleisten sowie zur Vermeidung eines enormen Verwaltungsaufwandes wurde § 2 Abs. 4 EVerkVerwG korrigiert und in der jetzigen Version eingefügt.

der Eisenbahnunternehmen der Gemeinschaft[155] und der EG-Verordnung[156] über die Abgeltung gemeinschaftlicher Leistungen im Verkehrsbereich sind die Mitgliedstaaten verpflichtet Reformen durchzuführen, wenn die nationalen Verhältnisse nicht dieser neuen EG-Richtlinie bzw. EG-Verordnung entsprechen.

Die Bahnstrukturreform gliedert sich in zwei Stufen und umfaßt somit einen mehrjährigen Entwicklungsprozeß. Sie zielt auf eine umfassende Organisationsprivatisierung und eine beschränkte Aufgabenprivatisierung hin. Im Ergebnis wurde die erste Stufe der Bahnreform im Jahre 1994 genutzt, um die in der zweiten Stufe gesetzlich vorgegebene Zielstruktur vorzubereiten, die im Jahre 1999 umgesetzt wurde.

Im Sinne einer Wegbereitung und rechtlichen Absicherung wurden im Zusammenhang mit der Bahnreform wichtige Verfassungsänderungen der Art. 73 Nr. 6, 74 Nr. 23, 80 Abs. 2 und 87 Abs. 1 S. 1 GG vorgenommen und die Nr. 6a in Art. 73 GG sowie die Art. 87e und Art. 143a GG in das Grundgesetz neu eingefügt. Die strikte unternehmerische Ausrichtung des Eisenbahnwesens durch die Gründung einer Aktiengesellschaft im Sinne des neuen Art. 87e GG und damit verbunden die Befreiung des privatisierten Unternehmens von der staatlichen Aufgabe der Daseinsvorsorge dienen somit als Instrumente zur Erreichung der Ziele der Bahnreform.

Juristisches Neuland hat der Gesetzgeber durch die Einfügung des Art. 143a GG in die Verfassung betreten, der die Zuweisung von Bundesbahnbeamten kraft Gesetzes zur Dienstleistung zu einem privatisierten Eisenbahnunternehmen konstituiert.

Ebenso waren im Bereich des Arbeits- und Sozialrechts gravierende gesetzliche Anpassungen erforderlich. Diese gesetzlichen Änderungen im Zuge der Bahnreform waren erforderlich, um einerseits durch einen konsequenten gesetzlichen Schutz der Interessen der Beschäftigten das notwendige Vertrauen und die breite Akzeptanz aller Beteiligten für die Privatisierung zu erzielen und andererseits das privatisierte Eisenbahnunternehmen mit kompetentem Personal auf Dauer auszustatten, um einen funktionierenden Betrieb zu gewährleisten.

Welche Instrumente zur Überleitung der Beamten im Sinne des Grundgesetzes, des ENeuOG und einfachgesetzlicher, beamtenrechtlicher Regelungen unter den Aspekten der Verfassungs- und Rechtmäßigkeit in Betracht kommen, welche hergebrachten Grundsätze des Berufsbeamtentums und sonstige beamtenrechtlichen Prinzipien weiter gelten und welche arbeitsrechtlichen Konsequenzen sich aus der Bahnreform ergeben, wird in den nachfolgenden Kapiteln dargestellt.

---

[155] Richtlinie des Rates vom 29.07.1991 zur Entwicklung der Eisenbahnunternehmen der Gemeinschaft – 91/440/EWG.

[156] EWG-Verordnung des Rates vom 20.06.1991 – EWG Nr. 1893/91.

D. Rechtliche Konsequenzen der Beschäftigung von Beamten bei der Deutschen Bahn AG

Mit der Beschäftigung der ehemals bei der Deutschen Bundesbahn tätigen Beamten bei der Deutschen Bahn AG wird ein wesentlicher Teil der gesamten Beamtenschaft des Bundes mit samt dem für sie geltenden besonderen Dienstrecht aus der dem Beamtenstand entsprechenden Sphäre der öffentlichen Verwaltung in die Sphäre der freien Wirtschaft transferiert.

Die Bediensteten behalten somit zwar ihren Beamtenstatus, sind aber wie alle anderen Mitarbeiter für ein privatwirtschaftlich strukturiertes Unternehmen tätig und damit in eine nach privatwirtschaftlichen Grundsätzen ausgerichtete Betriebs- und Arbeitsorganisation eingebunden. Für die Beamten bewirkt dies, daß sie sich in einer gespaltenen Rechtsposition befinden[1]. Sie stehen in einem öffentlich-rechtlichen Dienst- und Treueverhältnis zum Bund und in einem tatsächlichen Arbeitsverhältnis[2] zur Deutschen Bahn AG bzw. ihren Töchterunternehmen. Dies muß unweigerlich zu Spannungen führen.

Für die betroffenen Beamten bedeutet die Überleitung auf das privatisierte Unternehmen, daß ihre bisherigen Dienstposten verloren gehen. Ferner besteht die Gefahr, daß sie ihr Amt verlieren und ggf. die innere Legitimation und Folgerichtigkeit einiger beamtenrechtlicher Grundstrukturen nicht mehr gilt. Falls diese Faktoren dennoch von Bedeutung bleiben, stellen sie sich aus der Sicht der betroffenen Unternehmen als besondere Belastung und somit als Relativierung der Privatisierungsentscheidung dar.

Sowohl für die betroffenen Staatsdiener als auch für den Staat selbst ist es somit von Interesse, welche beamtenrechtlichen Prinzipien von der Privatisierung erfaßt werden und welche dienstrechtlichen Konsequenzen aus der Privatisierung folgen.

---

[1] *Blanke/Sterzel*, „Privatbeamte" der Postnachfolgeunternehmen und Disziplinarrecht, PersR 1998, S. 265, 266 ff., sprechen insoweit zu Recht von einer „Zwitterstellung".

[2] Die Beschreibung ist hier auf die reale Tätigkeit und Arbeitsleistung bezogen und nicht mit dem Begriff des faktischen Arbeitsverhältnisses zu verwechseln, denn ob die Beamten einen Arbeitsvertrag erhalten, hängt von der Form der Überleitung (Beurlaubung) auf das privatisierte Unternehmen ab; zur Definition des faktischen Arbeitsverhältnis vgl. *Gitter*, Arbeitsrecht, S. 49.

I. Zulässigkeit und Zweckmäßigkeit von Personalüberleitungsinstrumenten im Zusammenhang mit der Bahnreform

Angesichts des hohen Beamtenanteils unter den Beschäftigten der Deutschen Bundesbahn stellt sich damit das Problem, wie eine grundgesetzkonforme Überleitung der Beamten vom Bundeseisenbahnvermögen zur Deutschen Bahn AG gestaltet werden kann.

Zum Zeitpunkt der Bahnreform im Jahre 1994 standen als gesetzliche Überleitungstatbestände nur die Abordnung, die vorübergehende Zuweisung nach § 123a Abs. 1 BRRG und die Beurlaubung zur Verfügung.

Als Möglichkeit einer dauerhaften Weiterbeschäftigung von beamtetem Personal in einer privatisierten Einrichtung kommen zunächst nur die Entlassung aus dem Beamtenverhältnis auf Antrag oder die Gewährung von Sonderurlaub auf Antrag bei gleichzeitiger Begründung eines privaten Arbeitsverhältnisses in Betracht. Beide Alternativen setzen eine freiwillige Entscheidung des betroffenen Beamten voraus. Sie waren daher wenig praktikabel, um der neu gegründeten Deutschen Bahn AG die Gewähr eines kontinuierlichen und dauerhaften Geschäftsbetriebes mittels eines erfahrenen und ausreichend ausgebildeten Personals zu geben.

Bereits in der Begründung zum Entwurf des Eisenbahnneuordnungsgesetzes[3] wurde festgestellt, daß die zum damaligen Zeitpunkt zur Verfügung stehenden Instrumentarien zur Personalüberleitung nach bisher geltendem Dienstrecht den Anforderungen einer dauerhaften, in den Betriebsablauf integrierten und unter Wahrung der Rechtsstellung zu erbringenden Arbeitsleistung nicht gerecht wurden. Daher wurde für die Bahnreform ein spezialgesetzliches Dienstleistungszuweisungsmodell gem. Art. 143a GG i.V.m. § 12 DBGrG erlassen. Hiervon wird auch die Überleitung bestehender Dienstleistungsüberlassungsverträge erfaßt.

Aus Gründen der Vollständigkeit werden im Anschluß noch die Anwendbarkeit der bis dato bestehenden Rechtsgrundlagen der Abordnung sowie der Zuweisung gem. § 123a Abs.1 BRRG dargestellt. Zum Zeitpunkt der Bahnreform gab es noch nicht den Zuweisungstatbestand gem. § 123a Abs. 2 BRRG. Dieser wurde erst mit dem Dienstrechtsreformgesetz von 1997 in das Beamtenrechtsrahmengesetz eingefügt. Ob hierdurch der Zuweisungstatbestand im Sinne des Bahnmodells obsolet oder daneben ein weiterer Zuweisungstatbestand geschaffen wurde, ist ebenso wie die Unterschiede und Rechtsfolgen ihrer Anwendung zu analysieren.

---

[3] *BT-Drs.* 12/4609 (neu), Begründung zu § 13, S. 82.

1. Die vorzeitige Versetzung in den Ruhestand

Die vordergründige Problematik bei der Bahnreform war die Ausstattung des neuen privatisierten Eisenbahnunternehmens mit erfahrenem, ausgebildetem, möglichst auf Dauer zu beschäftigendem Personal, um die Kontinuität des Geschäftsbetriebes zu gewährleisten. Aufgrund der neuen, verschlankten Strukturen des privatisierten Eisenbahnunternehmens entstand gleichzeitig mit der Personalüberleitung das Problem eines Personalüberhangs. Diese Problematik verschärfte sich durch notwendige Sanierungsmaßnahmen[4] im Zuge der weiteren Privatisierung (insbesondere nach der 2. Stufe der Bahnreform).

Eine unmittelbare Anwendung der §§ 128, 130 BRRG zur Lösung der Situation kommt nicht in Betracht, da die erforderlichen Voraussetzungen nicht erfüllt sind. Zwar wird die Deutsche Bundesbahn, als Bundesbehörde, aufgelöst, jedoch nicht in eine andere Körperschaft des öffentlichen Rechts eingegliedert, sondern in das Privatrecht überführt.

Der Gesetzgeber hat daher in § 3 Art. 9 ENeuOG[5] eine Regelung zur vorzeitigen Versetzung in den Ruhestand für Beamte des Bundeseisenbahnvermögens, die von Umstrukturierungsmaßnahmen bei der Deutschen Bahn AG betroffen sind, erlassen.

Diese Regelung war bis zum 31.12.1998 zeitlich befristet. Am 22. März 2002 hat der Bundesrat der Wiederinkraftsetzung der Vorruhestandsregel nach Art. 9 ENeuOG bis zum 31.12.2006 zugestimmt[6]. Hierdurch soll ein sozialverträglicher Personalabbau, der sich nicht ausschließlich auf die Tarifkräfte konzentriert, ermöglicht werden.

In den Geltungsbereich dieser Vorruhestandsregelung fallen

- Beamte des einfachen und mittleren Dienstes, die das 55. Lebensjahr vollendet haben *oder*
- Beamte des gehobenen Dienstes, die das 60. Lebensjahr vollendet haben *und*
- die von Umstrukturierungsmaßnahmen bei der Deutschen Bahn AG oder einer Beteiligungsgesellschaft betroffen sind *und*

---

[4] In diesem Zusammenhang sind beispielhaft die folgenden Sanierungsmaßnahmen der letzten drei Jahre zu nennen: Sanierungsoffensive DB Regio AG; Sanierung in Form des Markt Orientierten Reisenden Angebots Personenverkehr/Cargo (MORA P; MORA C).

[5] Gesetz zur Verbesserung der personellen Struktur beim Bundeseisenbahnvermögen und in den Unternehmen der Deutschen Bundespost vom 27. Dezember 1993 (BGBl. I. S. 2378, 2426; BGBl. III 2030-30); Neuregelung vom 15. Mai 2002, in Kraft getreten am 23. Mai 2002 (BGBl. I S. 1579).

[6] s. Mitteilung der Gewerkschaft Transnet in ihrer Zeitschrift „Inform“, Heft 04/2002, S. 7.

– für die eine anderweitige Verwendung in der eigenen oder in anderen Verwaltungen nicht möglich oder nach allgemeinen beamtenrechtlichen Grundsätzen nicht zumutbar ist.

Aus diesem Wortlaut ist ersichtlich, daß eine vorzeitige Versetzung in den Ruhestand immer eine Ultima-ratio-Lösung darstellt.

Die § 42 Abs. 4 S. 3 BBG, § 4 Abs. 1 S. 1 BBesG gelten entsprechend, § 5 Abs. 3 BeamtVG findet dagegen keine Anwendung.

Nach einer statistischen Auswertung könnten ca. 7.100 Beamtinnen und Beamte diese Regelung bis Ende des Jahres 2006 in Anspruch nehmen und ohne Versorgungsabschläge in den Vorruhestand gehen. Auch unter der hypothetischen Annahme, daß alle Anspruchberechtigten diese Regelung geltend machen, wird hierdurch gleichwohl nicht das geforderte Personalrationalisierungspotential erreicht.

Darüber hinaus sind bei der Umsetzung der Vorruhestandsregelung die finanziellen Konsequenzen für das privatisierte Eisenbahnunternehmen zu berücksichtigen. Die Deutsche Bahn AG hat sich an den beim Bundeseisenbahnvermögen entstehenden Versorgungskosten für jeden nach der Vorruhestandsregelung vorzeitig in den Ruhestand versetzten Beamten mit einem einmaligen Beitrag von ca. 30.000,– Euro zu beteiligen. Infolgedessen könnte auf die Deutsche Bahn AG über die Personalkostenabrechnung bis Ende des Jahres 2006 eine Belastung in Höhe von maximal ca. 213.000.000,– Euro zukommen.

2. Die freiwillige Entlassung aus dem Beamtenverhältnis

Nach eigenem Ermessen kann der Beamte jederzeit freiwillig die Entlassung aus dem Beamtenverhältnis begehren, um eine Tätigkeit in der Privatwirtschaft aufzunehmen. Hierzu bedarf es eines schriftlichen Antrages gem. § 30 Abs. 1 BBG, § 23 Abs. 1, S. 3 BRRG[7].

Ein freiwilliger Verzicht auf die Arbeitsplatzsicherheit und sonstige öffentlich-rechtliche Vergünstigungen wie sie im Beamtenverhältnis garantiert sind, ist aber nur wahrscheinlich, wenn die im privaten Bereich angebotenen Bedingungen weitaus vorteilhafter sind, z. B. hinsichtlich der Vergütung, des weiteren beruflichen Aufstiegs, der Sozialbezüge etc.

---

[7] *Battis,* Kommentar zum BBG, § 30 Rn. 2 ff.; *Wind/Schimana/Wichmann,* Öffentliches Dienstrecht, S. 287 f.; *Pfohl,* Koalitionsfreiheit und öffentlicher Dienst, ZBR 1997, S. 78, 86; *Blanke* in: *Blanke/Trümner,* Handbuch Privatisierung, S. 703 f., Rn. 995; *Koch,* Outsourcing im Bereich öffentlicher Dienstleistungen, AuA 1995, S. 329, 332; *Schütz/Maiwald,* Beamtenrecht des Bundes und der Länder, C § 33, 2; *Scheerbarth/Höffken/Bauschke/Schmidt,* Beamtenrecht, § 21 I 4 a); *Bolck,* ZTR 1994, S. 14, 15.

Demgegenüber führt die freiwillige Beendigung des Dienstverhältnisses zu finanziellen Belastungen beim Staat. Als bisheriger Dienstherr besteht für ihn die Verpflichtung, die entlassenen Beamten gem. § 8 SGB VI nachzuversichern[8].

Im Zuge der Bahnreform sowie in der späteren Privatisierungspraxis sind nur Einzelfälle bekannt, in denen Beamte um eine freiwillige Entlassung aus ihrem Beamtenverhältnis gebeten hatten, um ein Arbeitsverhältnis mit der Deutschen Bahn AG bzw. mit einer Beteiligungsgesellschaft einzugehen. Da es sich nur um einen verschwindend geringen Anteil – gemessen an der Gesamtanzahl der überzuleitenden Beamten – handelt, werden diese Fälle auch nicht statistisch im Personalbericht der Deutschen Bahn AG erfaßt.

3. Die Beurlaubung

Die Beurlaubung der ehemaligen Bundesbahnbeamten mit dem Ziel der Ausübung einer Tätigkeit bei der Deutschen Bahn AG kommt als weiteres Instrument der Personalüberleitung in Betracht.

Die fehlende Dienstherrenfähigkeit des privatwirtschaftlich ausgerichteten Eisenbahnunternehmens steht dabei einer Beurlaubung nicht entgegen, weil durch sie gerade die Ausübung einer Tätigkeit außerhalb des öffentlichen Dienstes ermöglicht werden soll[9].

Grundsätzlich findet für eine Beurlaubung von Bundesbeamten zum Zwecke der Arbeitsleistung bei einem privatisierten Unternehmen die Verordnung über Sonderurlaub für Bundesbeamte und Richter im Bundesdienst[10] Anwendung.

Urlaub im Sinne der Sonderurlaubsverordnung ist jeder Urlaub, der nicht Erholungsurlaub ist. Nach der Sonderurlaubsverordnung kommt für eine Beurlaubung zu dem Zweck der Beschäftigung bei der Deutschen Bahn AG nur der Auffangtatbestand des Urlaubs „in anderen Fällen“ gem. § 13 SUrlV in Betracht[11].

---

[8] *Wind/Schimana/Wichmann,* Öffentliches Dienstrecht, S. 290; *Koch,* Outsourcing im Bereich öffentlicher Dienstleistungen, AuA 1995, S. 329, 332; *Bolck,* Personalrechtliche Probleme bei der Ausgliederung von Teilbereichen des öffentlichen Dienstes und Überführung in eine private Rechtsform, ZTR 1994, S. 14, 15.

[9] So *Benz,* H., Die verfassungsrechtliche Zulässigkeit der Beleihung einer Aktiengesellschaft mit Dienstherrenbefugnis, S. 51 m. w. N.

[10] Sonderurlaubsverordnung i.d.F. der Bekanntmachung vom 25. April 1997 (BGBl. I S. 978), die sich auf die Ermächtigung in § 89 Abs. 2 S. 1 BBG stützt; die Darstellung bezieht sich grundsätzlich auf die SUrlV des Bundes, die jedoch inhaltlich und in der Paragraphenfolge mit den Sonderurlaubsverordnungen der Länder weitgehend identisch ist, so daß teilweise auch Kommentierungen zur SUrlV des Landes NRW herangezogen werden.

[11] *Fürst,* GKÖD, Bd. I, Beamtenrecht des Bundes und der Länder, K § 89 Rn. 40.

Danach kann gem. § 13 Abs. 1 S. 1 SUrlV einem Beamten Urlaub ohne Weiterzahlung der Bezüge gewährt werden, wenn ein wichtiger Grund vorliegt und dienstliche Gründe nicht entgegenstehen[12]. Liegt der bewilligte Urlaub allerdings ganz oder teilweise im Interesse des Dienstherrn, so können dem Beamten gem. § 13 Abs. 2 S. 1 SUrlV die Bezüge belassen werden. Ansonsten werden die Leistungen der Beamten in dem privaten Unternehmen nach dem dort bestehenden Tarifrecht vergütet.

Die Beurlaubung nach der SUrlV setzt zunächst einen Antrag des betroffenen Beamten voraus. Demnach ist die Personalgestellung durch die öffentliche Hand nur mit dem Einverständnis des jeweiligen Beamten möglich. Infolgedessen sind Beurlaubungsregelungen, die vom Erfordernis eines Antrages des zu beurlaubenden Beamten absehen, unzulässig[13].

Weitere Voraussetzung für die Beurlaubung ist das Bestehen eines wichtigen Grundes. Fraglich ist gleichwohl, ob in der „Beamtengestellung" an privatrechtlich organisierte Unternehmen ein „wichtiger Grund" im Sinne des § 13 Abs. 1 S. 1 SUrlV liegt. Vielfach wird in Personalüberleitungsverträgen erklärt, daß die Beurlaubung den öffentlichen Belangen dient. Hiermit soll pauschal das Vorliegen eines wichtigen Grundes bestätigt werden, der sich aus dem Interesse der öffentlichen Hand an der Privatisierung staatlicher bzw. öffentlich-rechtlicher Aufgaben ergibt[14].

Ein systematischer Vergleich mit den übrigen in der Sonderurlaubsverordnung für Bundesbeamte und Richter des Bundes bzw. den Sonderurlaubsverordnungen der Länder geregelten Fällen zeigt, daß als wichtiger Grund ausschließlich die individuellen Interessen der Beamten (z.B. Ableistung eines freiwilligen sozialen Jahres, Urlaub für fachliche, staatspolitische, kirchliche und sportliche Zwecke etc.) und spezifische öffentliche Interessen (wie die Ausübung bzw. Erfüllung staatsbürgerlicher Rechte und Pflichten) angegeben werden. Nicht benannt wird jedoch das aus Privatisierungen resultierende dienstliche Interesse an einer Freistellung von Beamten zur Beschäftigung in privatwirtschaftlich organisierten Unternehmen. Allein diese Begründung reicht somit nicht für die Erfüllung der Voraussetzungen gem. § 13 Abs. 1 SUrlV aus, da die Gleichsetzung von Privatisierungsvorhaben, öffentlichen Belangen und wichti-

---

[12] Entsprechend bei Angestellten und Arbeitern gem. §§ 50 II BAT, 54a MTB II/MTL II, 47a BMT-G, vgl. *Bolck,* Personalrechtliche Probleme bei der Ausgliederung von Teilbereichen des öffentlichen Dienstes und Überführung in eine private Rechtsform, ZTR 1994, S. 14, 17.

[13] *Blanke* in: *Blanke/Trümner,* Handbuch Privatisierung, S. 681 f., Rn. 953; *Blanke/Sterzel,* Privatisierungsrecht für Beamte, Rn. 89; so auch schon *OVG Münster,* DÖD 1972, S. 177.

[14] *Blanke* in: *Blanke/Trümner,* Handbuch Privatisierung, S. 682, Rn. 954; *Wind/Schimana/Wichmann,* Öffentliches Dienstrecht, S. 241; *a.A.: Bolck,* ZTR 1994, S. 14, 15.

gem Grund den oben skizzierten Anwendungsbereich des § 13 Abs. 1 S. 1 SUrlV in unzulässiger Weise überschreitet. Vielmehr müssen für die Bejahung eines wichtigen Grundes weitere Voraussetzungen erfüllt sein, wie z. B. die besondere Qualifikation bzw. Fachkenntnisse eines Mitarbeiters, Sicherstellung des kontinuierlichen Geschäftsbetriebes etc.

Im Hinblick auf die Gewährung von Sonderurlaub hat der Dienstherr einen Ermessensspielraum. Ein Anspruch auf Beurlaubung, um eine Tätigkeit bei dem privaten Unternehmen aufzunehmen, liegt daher nur bei einer Ermessensreduzierung auf Null vor[15].

In § 12 Abs. 1 DBGrG findet sich eine spezialgesetzliche Regelung für die Beurlaubung von ehemaligen Bundesbahnbeamten zur Deutschen Bahn AG.

Danach dienen die Beurlaubungen von Beamten des Bundeseisenbahnvermögens zur Wahrnehmung einer Tätigkeit bei der Deutschen Bahn AG dienstlichen Interessen. Aus dieser gesetzlichen Fiktion kann jedoch nicht gefolgert werden, daß das Bundeseisenbahnvermögen einem Antrag auf Beurlaubung grundsätzlich stattzugeben hat. Der unbestimmte Rechtsbegriff der „dienstlichen Interessen“ hat keinen allgemein gültigen Inhalt. Vielmehr sind sein materieller Sinngehalt und seine besondere Bedeutung erst aus der Zweckbestimmung und der Zielsetzung der anzuwendenden Norm sowie aus dem systematischen Zusammenhang, in dem der Begriff steht, zu erschließen[16]. Vorliegend bezieht sich der unbestimmte Rechtsbegriff der „dienstlichen Interessen“ auf den Bereich des Bundeseisenbahnvermögens. Allein die Aufgaben des Dienstherrn und die in diesem Rahmen von den Beamten wahrgenommenen Pflichten sind maßgeblich, nicht jedoch die Interessen der Deutschen Bahn AG, die lediglich als Annex berücksichtigt werden können[17]. Trotz des Hinweises in § 12 Abs. 1 DBGrG auf „die dienstlichen Interessen“ ist über die Beurlaubung eines Beamten des Bundeseisenbahnvermögens zur Deutschen Bahn AG somit jeweils im konkreten Einzelfall zu entscheiden.

Zu erörtern ist daher, ob durch die spezialgesetzliche Regelung zur Bahnreform in § 12 Abs. 1 DBGrG ein eigenständiger Beurlaubungstatbestand geschaffen wurde oder ob dieser nur im Rahmen der bestehenden beamtenrechtlichen Beurlaubungsnorm nach § 13 SUrlV Anwendung finden soll.

Grundsätzlich beinhaltet die Regelung in § 12 Abs. DBGrG keine neuen bzw. anderen Tatbestandsmerkmale für die Zulässigkeit einer Beurlaubung von Beamten zur Aufnahme ihrer Beschäftigung bei der DB AG. Sie besagt allein,

---

[15] *Battis,* Kommentar zum BBG, § 89 Rn. 6; *Scheerbarth/Höffken/Bauschke/Schmidt,* Beamtenrecht, § 17 IV b, bb); *Kopp/Ramsauer,* Kommentar zum VwVfG, § 40 Rn. 30 zur Ermessensreduzierung auf Null, wonach nur eine einzige Entscheidung in Betracht kommt.

[16] *Fürst,* GKÖD, Bd. I, Beamtenrecht des Bundes und der Länder, K § 89 Rn. 58.

[17] *Kunz,* Kommentar zum Eisenbahnrecht, A 2.2 zu § 12 DBGrG, S. 26.

daß derartige Beurlaubungen dienstlichen Interessen dienen[18]. Der Wortlaut der Norm ist daher als eine Konkretisierung des erforderlichen „wichtigen Grundes" im Sinne des § 13 Abs. 1 S. 1 SUrlV auszulegen. Er stellt somit keinen eigenständigen Beurlaubungstatbestand für die Beamten des Bundeseisenbahnvermögens dar[19].

Gem. § 23 DBGrG gilt die Beurlaubungsregelung auch für die nach § 2 Abs. 1 und § 3 Abs. 3 DBGrG ausgegliederten Gesellschaften. Voraussetzung hierfür ist jedoch, daß weiterhin eine Mehrheitsbeteiligung des Bundes an diesen Gesellschaften besteht[20].

Während des Beurlaubungszeitraums besteht das Beamtenverhältnis unverändert fort. Der Beamte kann demnach auch während der Beurlaubung unter den Voraussetzungen des § 23 BBG befördert werden unter der Voraussetzung, daß er mit der Verleihung des Beförderungsamtes in eine besetzbare Planstelle eingewiesen wird[21]. Grundsätzlich unterliegen alle Beurlaubungen, auch zu Gesellschaften ohne Mehrheitsbeteiligung des Bundes oder der Deutschen Bahn AG, der Allgemeinen Verwaltungsvorschrift zum Beamtenversorgungsgesetz[22].

In der Praxis ist allerdings die Frage umstritten, ob die Beurlaubung nur für einen zeitlich begrenzten Zeitraum zulässig ist, oder ob auch eine dauerhafte Beurlaubung vom Zweck des § 13 SUrlV erfaßt wird[23].

Nach dem Wortlaut des § 13 Abs. 1 S. 2 SUrlV kann ein Urlaub für mehr als drei Monate nur in besonders begründeten Fällen durch die oberste Dienstbehörde bewilligt werden. Eine dauerhafte Beurlaubung des Beamten ist aufgrund des Wortlauts somit nicht vorgesehen[24].

---

[18] *Altvater/Backer/Hörter u.a.,* Kommentar zum BPersVG, Anhang III C § 12 Rn. 2.

[19] Im Ergebnis so *Weiß,* Disziplinarrecht bei den privaten Bahn- und Postunternehmen, ZBR 1996, S. 225, 231; *a.A.: Blanke/Sterzel,* Privatisierungsrecht für Beamte, S. 81, Fn. 110, die von einem spezialgesetzlichen Beurlaubungstatbestand sprechen; so wohl auch *Bäsler,* Beamte in der Privatwirtschaft am Beispiel der DB AG, PersR 1996, S. 357; *Sellmann,* Zum „Besitzstandsschutz" bei Beurlaubungen von Bundesbahnbeamten zu Nahverkehrsunternehmen, ZBR 1994, S. 71, 75.

[20] *Kunz,* Kommentar zum Eisenbahnrecht, A 2.2 zu § 12 DBGrG, S. 25 f.

[21] *Fürst,* GKÖD, Bd. I, Beamtenrecht des Bundes und der Länder, § 89 K Rn. 56.

[22] Allgemeine Verwaltungsvorschrift zum Beamtenversorgungsgesetz (BeamtVG-VwV) vom 3. November 1980 (Gem.MinBl. S. 742, ber. 1982, S. 355).

[23] Vgl. für eine zeitliche Begrenzung: *OVG Münster,* DB 1980, 200; *Pitschas,* JA 1981, S. 129 f.; *Blanke/Sterzel,* Probleme der Personalüberleitung im Falle einer Privatisierung der Bundesverwaltung (Flugsicherung, Bahn und Post), ArbuR 1993, S. 265, 270; *a.A.: Lemhöfer* in: *Plog/Wiedow/Beck,* Kommentar zum BBG, § 89 Rn. 32; einschränkend *Bolck,* Personalrechtliche Probleme bei der Ausgliederung von Teilbereichen des öffentlichen Dienstes und Überführung in eine private Rechtsform, ZTR 1994, S. 14, 15.

Die zeitliche Befristung von drei Monaten einer Beurlaubung gem. § 13 Abs. 1 S. 1 SUrlV entspricht jedoch nicht der Intention der Deutschen Bahn AG an einem dauerhaften, zeitlich unbeschränkten Einsatz des beurlaubten Beamten.

Die personelle Situation der Deutschen Bahn AG zum Zeitpunkt der Privatisierung sowie die Verfolgung der Ziele einer effektiven Strukturreform könnten aber als besonders begründete Fälle gem. § 13 Abs. 1 S. 2 SUrlV ausgelegt werden. Der Ausnahmetatbestand für eine Verlängerung der Beurlaubung der ehemaligen Bahnbeamten wäre somit erfüllt.

Aufgrund eines Erlasses des Bundesverkehrsministers[25] erging daher die Weisung an das Bundeseisenbahnvermögen, daß Beurlaubungen grundsätzlich auf längstens fünf Jahre befristet zu gewähren sind. Eine einmalige Verlängerung auf längstens insgesamt neun Jahre bleibt nach einer strengen Prüfung im Einzelfall möglich[26]. Ein Indiz für eine zunächst befristete Beurlaubungspraxis ist der Hinweis des Bundeseisenbahnvermögens in dem Informationsheft „Geschäftliche Mitteilungen“ auf die Möglichkeit der weiteren Beurlaubung von Beamten zu DB Konzernunternehmen, deren Beurlaubung ausläuft[27].

Allerdings erfolgte in der gleichen „Geschäftlichen Mitteilung“ auch der Hinweis, daß nach Vorgaben des Bundesministeriums für Verkehr-, Bau- und Wohnungswesen und einer Entscheidung des Präsidenten des Bundeseisenbahnvermögens Beurlaubungen im unmittelbaren Bahnbereich auf Antrag auch unbefristet ausgesprochen werden[28]. Zum unmittelbaren Bahnbereich gehören hierbei die DB AG (Holding) sowie die aus der Deutschen Bahn AG ausgegliederten Gesellschaften nach § 2 Abs. 1 DBGrG und die Gesellschaften nach § 3 Abs. 3 DBGrG, soweit diese Geschäftstätigkeiten nach § 3 Abs. 1 Nr. 1 und 2 DBGrG ausüben.

---

[24] *OVG NW,* DB 1980, S. 200; *Blanke* in: *Blanke/Trümner,* Handbuch Privatisierung, S. 683, Rn. 956 m. w. N.; *a. A.: Benz,* H., Die Beleihung einer Aktiengesellschaft mit Dienstherrenbefugnis, S. 51.

[25] Bundesverkehrsministerium, Erlaß vom 31. März 1994 (E 11/04.11.20/9 VA 94); da es sich um eine Beamtenrechtsangelegenheit von grundsätzlicher Bedeutung handelt, ist von der Mitzeichnung des Bundesinnenministers auszugehen. Der Erlaß spiegelt somit auch die Auffassung des zuständigen Fachministeriums wider.

[26] Erlaß abgedruckt in: Bildungs- und Förderungswerk e. V. der GdED, Hrsg., Aktuelles sowie Tips und Trends vom Besonderen Hauptpersonalrat für zugewiesene Beamten, 1996, S. 66 f.; vgl. auch *Kunz,* Kommentar zum Eisenbahnrecht, A 2.2 zu § 12 DBGrG, S. 26 f.

[27] BEV HV Bonn vom 06.11.2000, Az.: 11.03. Pou 89 B-13.1, in Geschäftliche Mitteilungen der DB AG, Nr. 46 vom 17.11.2000, S. 5; BEV-HV vom 26.02.2003–11.03. Pou 89 B-13.1 in: Geschäftliche Mitteilungen Nr. 11 vom 14.03.2003, S. 5.

[28] BEV HV Bonn vom 06.11.2000, Az.: 11.03. Pou 89 B-13.1, in Geschäftliche Mitteilungen der DB AG, Nr. 46 vom 17.11.2000, S. 5; BEV-HV vom 26.02.2003–11.03. Pou 89 B-13.1 in: Geschäftliche Mitteilungen Nr. 11 vom 14.03.2003, S. 5.

Die Rechtmäßigkeit dieser Beurlaubungspraxis ist jedoch sehr zweifelhaft.

Zwar hat der Gesetzgeber keine explizite Regelung über die Dauer der Beurlaubung getroffen. Gegen eine unbegrenzte Freistellung bestehen insbesondere aus den hergebrachten Grundsätzen des Berufsbeamtentums gem. Art. 33 Abs. 5 GG Bedenken. Danach obliegt es dem Beamten, „sich der vollen Dienstleistungspflicht hauptberuflich hinzugeben“[29]. Unter Berücksichtigung der Entwicklung zur Teilzeitbeschäftigung eines Beamten, sind die Beurlaubungstatbestände somit eng auszulegen. Zudem ist es mit den traditionellen beamtenrechtlichen Prinzipien nicht zu vereinbaren, wenn beurlaubte Beamte, durch ihren Rechtsstatus abgesichert, langfristig tarifrechtliche Vorteile hätten, aber nicht den beamten- und besoldungsrechtlichen Beschränkungen unterliegen würden. In solchen Fällen würden sich die Rechte aus dem Beamten- und Tarifrecht kumulieren[30].

Ebenso spricht ein systematischer Vergleich mit den Regelungen in § 72a Abs. 4, 5 BBG, wonach die Gesamtdauer für die zulässige Urlaubsgewährung bzw. genehmigte Teilzeitbeschäftigung zwölf Jahre nicht überschreiten darf, für eine zeitliche Begrenzung der Beurlaubung[31]. Ein Vergleich mit den Regelungen in den Sonderurlaubsverordnungen der Länder bestätigt diese Auslegung[32].

Beurlaubungen auf Dauer sind daher rechtswidrig. In Betracht kommen folglich nur befristete Beurlaubungen.

Demnach handelt es sich bei Beurlaubungsbescheiden, die eine unbefristete Beurlaubung verfügen, um rechtswidrige, aber wirksame Verwaltungsakte. Ihre Rücknahme ist daher nur unter der Voraussetzung des § 48 Abs. 1 i.V.m. Abs. 3–5 VwVfG zulässig. Da es sich bei dem Beurlaubungsbescheid nicht um einen Leistungsverwaltungsakt, sondern um einen sonstigen begünstigenden Verwaltungsakt handelt, entfaltet hierfür der Grundsatz der freien Rücknehmbarkeit nach pflichtgemäßem Ermessen gem. § 48 Abs. 1 S. 1 VwVfG Wirksamkeit[33].

---

[29] *BVerwGE* 82, 196, 202 f.

[30] So *Kunz,* Kommentar zum Eisenbahnrecht, A. 2.2 zu § 12 DBGrG, S. 26.

[31] Vgl. hierzu *Battis,* Kommentar zum BBG, § 72a Rn. 27; Schütz/*Maiwald,* Beamtenrecht des Bundes und der Länder, C § 78b, Rn. 5, 6.

[32] Beispielhaft wird hier nur auf § 12 Abs. 1 S. 2 SUrlV NW verwiesen, wonach ein Urlaub für länger als 6 Monate nur in besonders begründeten Fällen und nur durch die oberste Dienstbehörde bewilligt werden kann. Nach § 12 Abs. 4 SUrlV NW kann ein längerfristiger Urlaub aufgrund von dienstlichen Interessen gewährt werden, allein aus dem Wortlaut ist jedoch ersichtlich, daß auch hier eine zeitliche Fristsetzung erfolgt. Im Sinne einer systematischen Auslegung wird diese Feststellung auch durch § 11 Abs. 3 Nr. 1 LVO NW unterstützt. Danach sind Beurlaubungen ohne Dienstbezüge nur bis zu einer maximalen Dauer von 2 Jahren als Dienstzeiten anzurechnen.

[33] Meyer in: *Knack,* Kommentar zum VwVfG, § 48 Rn. 1, 38 m.w.N.; *Kopp/Ramsauer,* Kommentar zum VwVfG, § 48 Rn. 46, 118; *Sachs* in: *Stelkens/Bonk/Sachs,* Kommentar zum VwVfG, § 48 Rn. 181.

Danach besteht lediglich eine Ausgleichspflicht gegenüber dem Betroffenen, der auf den Bestand des Verwaltungsaktes vertraut hat. In diesem Zusammenhang ist als Grenze für die Ermessensentscheidung gleichwohl der Vertrauensschutz des Betroffenen zu berücksichtigen[34].

Darüber hinaus ist die Rücknahme begünstigender Verwaltungsakte nur innerhalb eines Jahres gem. § 48 Abs. 4 VwVfG zulässig[35]. Die Befristung der Rücknehmbarkeit dient insbesondere der Rechtssicherheit, dem Rechtsfrieden und der Rechtsklarheit.

Unter Berücksichtigung der statistisch erfaßten Personalzahlen ist seit der Bahnstrukturreform die Tendenz festzustellen, daß die Zahl der beurlaubten Beamten ansteigt. Im Jahre 1996 betrug ihr Anteil ca. 0,92% im Verhältnis zur Gesamtzahl der bei der Deutschen Bahn AG beschäftigten Beamten, im Jahre 2002 dagegen bereits ca. 8,1%[36].

4. Die gesetzliche Dienstleistungszuweisung im Sinne des Bahnmodells

Mit der Zuweisung von Beamten kraft Gesetzes zu einer Gesellschaft privaten Rechts hat der Gesetzgeber im Rahmen der Bahnstrukturreform Neuland betreten, um die Kontinuität des Eisenbahnverkehrs sowie die zur Betriebsaufnahme notwendige rasche Ausstattung der Deutschen Bahn AG mit erfahrenem Personal zu gewährleisten. Für eine Beurlaubung der Beamten gem. § 13 SurlV bzw. eine Zuweisung gem. § 123 Abs. 1 BRRG hätte die Zustimmung von ca. 100.000 Beamten eingeholt werden müssen. Angesichts der auch noch beim Inkrafttreten der Bahnreform bestehenden Ungewissheiten und dem mit derart vielen Einzelentscheidungen verbundenen Verwaltungsaufwand hätte diese Aktion in der zur Verfügung stehenden Zeit nicht abgeschlossen werden können.

Um den Anforderungen der beabsichtigten kurzfristigen Personalüberleitung zur Deutschen Bahn AG durch einen bislang im Beamtenrecht beispiellosen Massentransfer und der erwünschten Gewähr einer möglichen dauerhaften Arbeitsleistung gerecht werden zu können, wurde das Personalüberleitungsinstru-

---

[34] *Sachs* in: *Stelkens/Bonk/Sachs,* Kommentar zum VwVfG, § 48 Rn. 181 ff., wonach der Vertrauensschutz kein Hinderungsgrund für die Rücknahme ist.

[35] *Wolff/Bachof/Stober,* Verwaltungsrecht II, 6. Auflage, § 51 Rn. 92 ff., wonach es sich bei der Rücknahmefrist um eine Ausschlußfrist handelt, nach deren Ablauf eine Rücknahme nicht mehr möglich ist; *Kopp/Raumsauer,* Kommentar zum VwVfG, § 48 Rn. 130.

[36] *Quelle:* Ressort für Personalstatistik der DB AG; vgl. *Bäsler,* Beamte in der Privatwirtschaft am Beispiel der DB AG, PersR 1996, S. 357; nach *BT-Drs.* 13/8550 Nr. 29 vom 8. Oktober 1997 waren rund ca. 3.000 Beamte insgesamt beurlaubt, davon ca. 1.353 Beamte zu Dritten und ca. 2.341 Beamte zur DB AG.

ment der Zuweisung kraft Gesetzes gem. Art. 143a Abs. 1 S. 3 GG i.V.m. § 12 Abs. 2 S. 1 DBGrG[37] eingeführt.

Danach sind Beamte des Bundeseisenbahnvermögens, die nicht aus dem Beamtenverhältnis ausscheiden oder nicht beurlaubt werden, ab dem Zeitpunkt der Eintragung der Deutschen Bahn AG in das Handelsregister der Aktiengesellschaft kraft Gesetzes zugewiesen. Dies gilt jedoch nicht für Beamte, die aufgrund einer Einzelfallentscheidung beim Bundeseisenbahnvermögen oder anderweitig verwendet werden.

Ferner werden die Beamten, die zum Privatisierungszeitpunkt beurlaubt waren, mit Ablauf ihrer Beurlaubung der Deutschen Bahn AG gem. § 12 Abs. 3 DBGrG zugewiesen, sofern nicht vor dem Ablauf der Beurlaubung vom Bundeseisenbahnvermögen eine andere Entscheidung über die weitere Verwendung getroffen wird. Werden dagegen zugewiesene Beamte nach ihrer Zuweisung gem. § 12 Abs. 2 DBGrG beurlaubt, lebt die Zuweisung nach Beendigung der Beurlaubung wieder auf.

Die der Deutschen Bahn AG zugewiesenen Beamten bleiben gem. § 7 Abs. 1 BENeuglG unmittelbare Bundesbeamte des Bundeseisenbahnvermögens, stehen also im Dienst des Bundes[38].

a) Die „Weiterzuweisung" von Beamten gem. § 23 DBGrG

Der Normgehalt des § 12 Abs. 2 DBGrG beinhaltet unmittelbar nur die gesetzliche Zuweisung der Beamten der Deutschen Bundeseisenbahnen zur Deutschen Bahn AG im Zuge der ersten Stufe der Bahnreform. Allerdings stand zum Zeitpunkt des Erlasses des § 12 Abs. 2 DBGrG bereits die zweite Stufe der Strukturreform fest. Indiz hierfür sind die Regelungen in § 2 Abs. 1 i.V.m. § 25 DBGrG. Ferner werden durch § 3 Abs. 3 DBGrG weitere Privatisierungsvorhaben ermöglicht. Falls der Bund an diesen Unternehmen das Mehrheitseigentum behält, ist die weitere Tätigkeit der zugewiesenen Beamten durch Art. 143a Abs. 1 S. 3 GG verfassungsrechtlich abgesichert[39].

Eine direkte Anwendung des § 12 DBGrG ist aufgrund seines Wortlautes dagegen für die Überleitung der Beamten von der Deutschen Bahn AG auf die ausgegliederten Gesellschaften nicht möglich.

In Betracht kommt jedoch eine mittelbare Anwendbarkeit in Verbindung mit § 23 DBGrG. Aufgrund der Verweisung in § 23 S. 1 DBGrG gelten die besonderen personal- und beamtenrechtlichen Regelungen in § 12, 13, 17, 19, 21 und 22 DBGrG auch für ausgegliederte Gesellschaften im Sinne des § 2 Abs. 1

[37] Erlassen als Art. 2 ENeuOG (BGBl. I S. 2378, 2386).

[38] Entspricht § 7 Abs. 1 Art. 1 ENeuOG.

[39] s. Ausführungen in Kapitel C., Teil II, Nr. 2, Buchst. b), bb).

i. V. m. § 25 DBGrG[40]. Diese entsprechende Anwendung der vorgenannten Normen gilt gem. § 23 S. 2 DBGrG für Beteiligungen, Ausgliederungen etc. im Sinne des § 3 Abs. 3 DBGrG nur insoweit, wie diese Eisenbahnverkehrsleistungen zur Beförderung von Personen oder Gütern gem. § 3 Abs. 1 Nr. 1 DBGrG erbringen oder Eisenbahninfrastruktur gem. § 3 Abs. 1 Nr. 2 DBGrG betreiben. Ausdrücklich werden Gesellschaften, die Geschäftstätigkeiten in dem Eisenbahnverkehr verwandten Bereichen gem. § 3 Abs. 1 Nr. 3 DBGrG ausüben, nicht von der Verweisungsnorm in § 23 S. 2 DBGrG erfaßt[41].

Mit § 23 DBGrG wird also dem Umstand Rechnung getragen, daß neben der (Pflicht-)Ausgliederung der Bereiche Personennahverkehr, Personenfernverkehr, Güterverkehr und Fahrweg gem. § 2 Abs. 1 i. V. m. § 25 DBGrG weitere Umstrukturierungen im Sinne des § 3 DBGrG im Wege der Beteiligung, Ausgliederung oder Gründung neuer Unternehmen erforderlich werden könnten[42].

Vor diesem Hintergrund kommt § 23 DBGrG die Funktion zu, die Kontinuität des Personaleinsatzes bei diesen Unternehmen sicherzustellen.

Die Form der „Weiterzuweisung“[43] ergibt sich aus § 23 i. V. m. § 12 Abs. 2 DBGrG. Entsprechend dem Inhalt von § 12 Abs. 2 S. 1 DBGrG werden ab dem Zeitpunkt der Eintragung in das Handelsregister die der Deutschen Bahn AG zugewiesenen Beamten an die ausgegliederte Gesellschaft übergeleitet. Folglich ist für die „Weiterzuweisung“ dieser Beamten eine Aufhebung der einmal erfolgten Zuweisung mit einer anschließenden Neuzuweisung und somit ein besonderer Zwischenakt nicht erforderlich[44]. Vielmehr erfolgt sie ausschließlich kraft Gesetzes. Die Mitteilung des Bundeseisenbahnvermögens über die „Weiterzuweisung“ hat rein deklaratorische Wirkung. Sie ist somit kein Verwaltungsakt im Sinne des § 35 VwVfG und löst auch keine Beteiligungstatbestände nach dem BetrVG bzw. BPersVG aus[45].

---

[40] *Hofmann,* Privatisierung öffentlicher Dienstleistungen und Beamtenbeschäftigung, ZTR 1996, S. 493, 494 spricht hier sogar von einer perfekten Ausgestaltung des Zuweisungsmodells, da es auch gesetzliche Zuweisungen zu Tochtergesellschaften der DB AG ermöglicht.

[41] *A. A.: Böhm/Schneider,* „Beamtenprivatisierung“ bei der Deutschen Bahn AG, S. 98 f.

[42] *BT-Drs.* 12/4609 (neu) S. 78, danach sind über die in § 2 Abs. 1 Art. 2 ENeuOG festgelegten Ausgliederungen hinaus die Gründung, Erwerb sowie die Beteiligung an Unternehmen verwandter Art zulässig, um die Flexibilität der Deutschen Bahn AG am Markt zu erhöhen.

[43] Durch Verfasserin gewählter Begriff, um eine Unterscheidung von erster gesetzlicher Zuweisung zur DB AG im Zuge der ersten Stufe der Strukturreform zu ermöglichen.

[44] *Kunz,* Kommentar zum Eisenbahnrecht, A 2.2 zu § 2 DBGrG, S. 16 f.

[45] So auch *Kunz,* Kommentar zum Eisenbahnrecht, A 2.2 zu § 2 DBGrG, S. 17.

Ebenso können Beamte auf Antrag gem. § 12 Abs. 2 S. 2 i.V.m. § 23 DBGrG, z.B. im Rahmen einer Bewerbung, einer anderen ausgegliederten, gegründeten oder erworbenen Gesellschaft zugewiesen werden.

Die ausgegliederten bzw. neu gegründeten und erworbenen Gesellschaften treten in die Rechts- und Pflichtenstellung gegenüber den zuvor bei der Deutschen Bahn AG tätigen Beamten ein[46]. Die Regelung des § 23 i.V.m. § 12 Abs. 2 DBGrG kann daher als ein Fall der gesetzlichen Sonderrechtsnachfolge qualifiziert werden[47]. Mit der „Weiterzuweisung" zu einer ausgegliederten Gesellschaft endet die Zuweisung zur Deutschen Bahn AG.

Um einen Personaltransfer sowie eine Laufbahnentwicklung auch für zugewiesene Beamte innerhalb des Bahnkonzerns zu ermöglichen, ist somit eine Überleitung der Beamten gem. § 23 S. 2 i.V.m. § 3 Abs. 3 S. 2 i.V.m. § 12 DBGrG von einer ausgegliederten Gesellschaft zu einer anderen ausgegliederten Gesellschaft jederzeit möglich. Eine Aufhebung der einmal erfolgten Zuweisung ist in diesem Fall ebenfalls nicht erforderlich. Liegt gleichwohl eine Zuweisung im Einzelfall und ggf. auf Antrag zu einer ausgegliederten Gesellschaft vor, ohne daß der Ausgliederungstatbestand gem. §§ 2 Abs. 1, 3 Abs. 3 DBGrG erfüllt ist, so ist nicht die Tatbestandsvoraussetzung einer Organisationsänderung ursächlich für die „Weiterzuweisung" des Beamten. Die gesetzliche Automatik tritt somit nicht ein. Vielmehr entspricht die Überleitung einer Versetzung im Sinne des § 1 Nr. 2 DBAGZustV[48] mit den erforderlichen Beteiligungen der personalrechtlichen Interessenvertretungen[49].

Eine maßgebliche Voraussetzung für eine „Weiterzuweisung" der Beamten im Sinne des § 23 i.V.m. § 12 DBGrG ist jedoch, daß der Bund das Mehrheitseigentum an den ausgegliederten Gesellschaften gem. § 2 Abs. 1 DBGrG bzw. § 3 Abs. 3 i.V.m. Abs. 1 Nr. 1 und Nr. 2 DBGrG innehat[50].

Falls diese Bedingung nicht erfüllt wird, erfolgt keine „Weiterzuweisung" der Beamten kraft Gesetzes gem. Art. 143a Abs. 1 S. 3 GG i.V.m. §§ 23, 12, 2, 3 DBGrG bzw. die Zuweisung der Beamten endet – im Umkehrschluß aus Art. 143a Abs. 1 S. 3 GG – kraft Gesetzes.

Die gesetzliche Zuweisung von Beamten zur Deutschen Bahn AG bzw. den Nachfolgeunternehmen ist abschließend geregelt und schließt eine weitere Dienstleistungsüberlassung – auch an Behörden – aus[51].

---

[46] *Böhm/Schneider,* „Beamtenprivatisierung" bei der Deutschen Bahn AG, S. 97.

[47] *Böhm/Schneider,* „Beamtenprivatisierung" bei der Deutschen Bahn AG, S. 98.

[48] Zur Verfassungsmäßigkeit der DBAGZustV s. Ausführungen in Kapitel D. I. 4. b) bb).

[49] *Kunz,* Kommentar zum Eisenbahnrecht, A 2.2 zu § 23 DBGrG, S. 80.

[50] s. Ausführungen in Kapitel C., Nr. 2, b), bb) m.w.N.

[51] *Kunz,* Kommentar zum Eisenbahnrecht, A 2.2 zu § 12 DBGrG, S. 30 f.

Exkurs: Integration des Konzerns der Stinnes AG in die Deutsche Bahn AG

Aufgrund des Erwerbs des Konzerns der Stinnes AG im Jahre 2002 durch die Deutsche Bahn AG ändern sich die Beteiligungsverhältnisse sowie die gesellschaftsrechtlichen Verbindungen im Bahnkonzern. Die Führungsgesellschaft der DB Cargo AG wurde in die Deutsche Railion umgebildet und in den Konzern der Stinnes AG integriert. Sie ist daher nicht mehr direkt der Deutschen Bahn AG als Holding unterstellt. Allerdings hält die Deutsche Bahn AG die Mehrheitsanteile an der Stinnes AG und somit auch mittelbar an der Deutschen Railion. Dem Bund werden über die Mehrheitsaktionärin der Deutschen Bahn AG in Form von Schachtelbeteiligungen weiterhin Einflußmöglichkeiten in beamtenrechtlichen Angelegenheiten auf die Deutsche Railion vermittelt. Infolgedessen kann er trotz ihrer Eingliederung in die Stinnes AG weiterhin seine Rechtsaufsicht gem. § 13 DBGrG im Rahmen seiner Dienstherreneigenschaft ausüben. Die Zuweisung der Beamten zur DB Railion bleibt daher rechtswirksam bestehen.

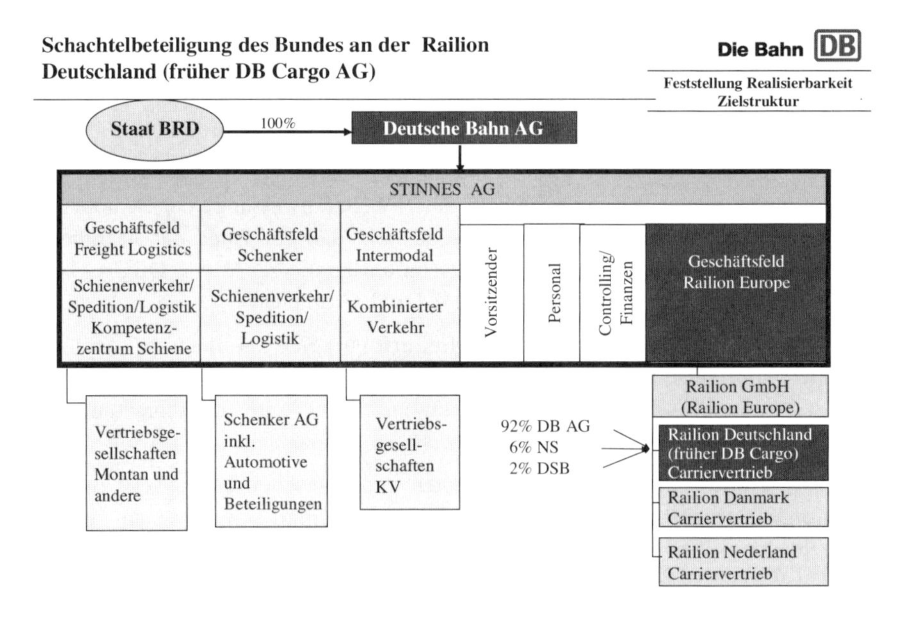

Abbildung 7: Darstellung der Schachtelbeteiligung des Bundes an der Railion Deutschland (früher DB Cargo AG)[52]

[52] *Quelle:* Vorstandspräsentation der Railion Deutschland vor dem Konzernbetriebsrat der DB AG im Januar 2003.

b) Übertragung weiterer Regelungsbefugnisse durch § 12 DBGrG auf die DB AG

Trotz der verfassungsrechtlichen Absicherung der Zuweisung durch Art. 143a Abs. 1 S. 3 GG könnten Bedenken gegen die Übertragung beamtenrechtlicher Regelungsbefugnisse in Form einer einfachgesetzlichen Ausgestaltung durch § 12 DBGrG bestehen[53].

aa) Das Weisungsrecht gem. § 12 Abs. 4 DBGrG

Nach § 12 Abs. 4 S. 2 DBGrG ist die Deutsche Bahn AG zur Ausübung des Weisungsrechts befugt, soweit die Dienstausübung im Betrieb der Deutschen Bahn AG dies erfordert.

Wesentlicher Hintergrund hierfür ist die Verpflichtung der Beamten zur Dienstleistung bei einer juristischen Person des Privatrechts als Dienstpflicht und die Entbindung von einer Pflicht zur unmittelbaren Dienstleistung beim Dienstherrn. Danach korrespondiert das Weisungsrecht mit der Organisationsgewalt und der arbeitsrechtlichen Direktionsbefugnis des Arbeitgebers[54]. Das Weisungsrecht muß insoweit auch gegenüber den zugewiesenen Beamten bestehen und ist daher beamten- und verfassungsrechtlich nicht zu bestanden[55]. Es erstreckt sich auf fachliche und tätigkeitsbezogene Anordnungen, die die Dienstausübung des Beamten näher konkretisieren und somit den betrieblichen Pflichtenkreis des Beamten betreffen. Anweisungen, die sich auf den statusrechtlichen Pflichtenkreis, also auf das Grundverhältnis des Beamten, beziehen, sind allein dem Dienstherrn vorbehalten. Infolge der Weitergeltung früherer Weisungen bzw. Verfügungen etc. der Deutschen Bundes- oder Reichsbahn sowie durch die vom Bundeseisenbahnvermögen festgelegte beamtenrechtliche Tätigkeitsordnung – ADAzB[56] – wird das Weisungsrecht der Deutschen Bahn AG nach § 12 Abs. 4 S. 2 DBGrG ausgefüllt.

---

[53] Vgl. *Lorenzen,* Die Bahnreform – Neuland für Dienst- und Personalvertretungsrecht, PersV 1994, S. 145, 151; *Uerpmann,* Einsatz von Beamten bei einer Gesellschaft privaten Rechts, Jura 1996, S. 79, 83; *Wernicke,* Bundesbahn – Wo sind deine Beamten geblieben?, ZBR 1998, S. 266, 270.

[54] *BAG,* DB 1994, S. 482 f.; *BAG,* NZA 1993, S. 1127 f. (zu den Schranken des Direktionsrechts); *LAG Düsseldorf,* NZA 1993, S. 411 f.; *Putzo* in: *Palandt,* Kommentar zum BGB, 62. Auflage, § 611 Rn. 45; danach ist die Direktionsbefugnis das Recht des Arbeitgebers, im Rahmen des Arbeitsvertrages die Arbeitspflicht des Arbeitnehmers nach Zeit, Art und Ort zu konkretisieren und diesem bestimmte Arbeit zuzuweisen.

[55] Vgl. *Summer* in: *GKÖD,* Bd. I, Beamtenrecht des Bundes und der Länder, K § 27 Rn. 23; *Wernicke,* Bundesbahn – Wo sind deine Beamten geblieben?, ZBR 1998, S. 266, 270; *Kunz,* Kommentar zum Eisenbahnrecht, A 2.2 zu § 12 DBGrG, S. 35.

[56] Allgemeine Dienstanweisung für die der Deutsche Bahn AG zugewiesenen Beamten des Bundeseisenbahnvermögens (ADAzB) vom 1. September 1997 – abge-

Da der Beamte nicht nur den Weisungen seines Vorgesetzten innerhalb der Deutschen Bahn AG, sondern darüber hinaus auch Anordnungen seines Dienstvorgesetzten beim Dienstherrn unterworfen ist, kann es zu Interessenkollisionen kommen[57]. Hierbei ist das öffentliche Recht vorrangig, wenn der beamtenrechtliche Pflichtenkreis gem. §§ 52 ff. BBG oder das Grundverhältnis des Beamten betroffen ist. Sind dagegen unternehmerische oder betriebliche Pflichten und das Betriebsverhältnis des Beamten betroffen, gehen diese dem öffentlichen Recht vor.

Um das Zusammenwirken zwischen dem Bundeseisenbahnvermögen und der Deutschen Bahn AG in beamten- und dienstrechtlichen Angelegenheiten auszugestalten, haben die Parteien daher eine Rahmenvereinbarung[58] abgeschlossen[59].

bb) Verfassungskonforme Auslegung des § 12 Abs. 6 DBGrG i. V. m. DBAG-Zuständigkeitsverordnung

Durch § 12 Abs. 6 S. 2 DBGrG wird das Bundesministerium für Verkehr ermächtigt, durch Rechtsverordnung im Einvernehmen mit dem Bundesinnenministerium festzulegen, welche beamtenrechtlichen Entscheidungsbefugnisse in bezug auf die der Deutschen Bahn AG zugewiesenen Beamten auf die DB AG übertragen werden. Diese beamtenrechtlichen Entscheidungskompetenzen und Maßnahmen werden durch die DBAG-Zuständigkeitsverordnung[60] in 40 Punkten konkretisiert, u. a. beinhaltet § 1 DBAGZustV

- die Umsetzung innerhalb eines Bereichs der DB AG, wenn sie mit einem Wechsel des Dienstortes verbunden ist,
- die Zuweisung einer Tätigkeit auf Dauer in einem anderen Bereich der DB AG, Versetzung,

druckt in: *Kunz,* Kommentar zum Eisenbahnrecht, A 5.13; vor Erlaß der ADAzB hatte die Allgemeine Dienstanweisung für Bundesbahnbeamte (ADAB) vom 1. April 1977 – abgedruckt in: *Kunz,* Kommentar zum Eisenbahnrecht, A 5.11 – Gültigkeit.

[57] *Kunz,* Kommentar zum Eisenbahnrecht, A 2.2 zu § 12 DBGrG, S. 35 spricht insoweit von einem Doppelrechtsverhältnis.

[58] Rahmenvereinbarung zwischen Bundeseisenbahnvermögen und Deutsche Bahn AG in dienstrechtlichen Angelegenheiten für die der Gesellschaft zugewiesenen und zu ihr beurlaubten Beamten des Bundeseisenbahnvermögens vom 1. August 1994 – abgedruckt in: *Kunz,* Kommentar zum Eisenbahnrecht, A 5.10.

[59] *Kunz,* Kommentar zum Eisenbahnrecht, A 2.2 zu § 12 DBGrG, S. 36, der diese Rahmenvereinbarung als öffentlich-rechtlichen Vertrag gem. § 54 VwVfG einordnet.

[60] DBAG-Zuständigkeitsverordnung (DBAGZustV) vom 1. Januar 1994 (BGBl. I S. 53; BGBl. III 931-5-1), abgedruckt in: *Suckale,* Taschenbuch der Eisenbahngesetze, S. 178 ff.

- die vorübergehende Tätigkeit bei einem anderen Bereich der DB AG, Abordnung,
- Anordnungen, welche die Freiheit in der Wahl der Wohnung betreffen,
- die Aufstellung des Urlaubsplans und damit zusammenhängender Fragen,
- Entscheidungen über Anträge auf Genehmigung einer Nebentätigkeit, Widerruf einer Nebentätigkeitsgenehmigung,
- die Entscheidung über Anträge nach § 72a oder § 79 BBG auf Teilzeitbeschäftigung oder auf Ermäßigung der regelmäßigen Arbeitszeit,
- Entscheidungen, die für den dienstlichen Werdegang des Beamten bedeutsam sein könnten, z.B. bzgl. der Stellenausschreibungen nach § 23 i.V.m. § 8 Abs. BBG und § 4 Abs. 2 Bundeslaufbahnverordnung zur Übertragung von höher bewerteten Tätigkeiten bei der DB AG, Einführung und Anwendung technischer Einrichtungen, um das Verhalten oder die Leistung der Beschäftigten zu überwachen, Beurteilungsrichtlinien für eine Tätigkeit bei der DB AG, Auswahl für Fortbildungsveranstaltungen,
- die Gewährung von Urlaub gem. Erholungsurlaubsverordnung, Sonderurlaubsverordnung oder Erziehungsurlaub, Dienstbefreiung,
- sowie eine Reihe weiterer Maßnahmen, die zur Gestaltung des Arbeitseinsatzes der Beamten erforderlich, u.a. zur Arbeitszeit, Gestaltung des Arbeitsplatzes, Arbeitsschutz, Arbeitsmethoden etc.

Aufgrund dieses umfangreichen Katalogs der beamtenrechtlichen Entscheidungsbefugnisse erfordert die Zuweisung somit implizit, daß dem privaten Arbeitgeber beamtenrechtliche Zuständigkeiten im Sinne einer Beleihung übertragen werden.

Es ist jedoch zweifelhaft, ob die umfassende Übertragung von beamtenrechtlichen Zuständigkeiten und Befugnissen im Sinne der DBAG-Zuständigkeitsverordnung vom Wortlaut des Art. 143a Abs. 1 S. 3 GG getragen wird.

Nach einer Auffassung können Dienstherrenbefugnisse grundsätzlich ohne eine entsprechende verfassungsrechtliche Ermächtigung überhaupt nicht übertragen werden[61]. Begründet wird dieser Standpunkt u.a. damit, daß ohne eine verfassungsrechtliche Grundlage für die Übertragung der Dienstherrenbefugnisse, die hierarchische Struktur im Sinne des Art. 33 Abs. 5 GG zerstört wird[62].

Das Beleihungsmodell bei der Privatisierung der Deutschen Bundespost wurde daher verfassungsrechtlich gem. Art. 143b Abs. 3 S. 2 GG abgesichert.

---

[61] *Lecheler,* Reform oder Deformation – Zu den „Februar-Reformen" des öffentlichen Dienstrechts, ZBR 1997, S. 206, 211.

[62] *Uerpmann* in: *v. Münch/Kunig*: Kommentar zum GG, Art. 143 Rn. 5; *ders.,* Einsatz von Beamten bei einer Gesellschaft privaten Rechts, Jura 1996, S. 79, 83 f.

Danach können die neugegründeten Aktiengesellschaften des Postkonzerns Dienstherrenbefugnisse ausüben. Die Ermächtigung zur Vornahme von beamtenrechtlichen Maßnahmen ist bei der Deutschen Bahn AG dagegen nur einfachgesetzlich ausgestaltet. Folglich ist die Ausführung von Dienstherrenbefugnissen durch die Deutsche Bahn AG nach dieser Ansicht nicht zulässig. Die entsprechenden Regelungen gem. § 12 Abs. 6 DBGrG i. V. m. DBAGZustV wären somit verfassungswidrig.

Nach anderer Auffassung wäre eine einfachgesetzliche Beleihung nur unter der Voraussetzung zulässig, daß sich der Dienstherr die Kontroll- und Eingriffsbefugnisse im Sinne einer Fachaufsicht vorbehält[63]. Durch § 13 DBGrG steht dem Dienstherrn nur die Rechtsaufsicht zu. Die o. g. Voraussetzung ist daher im Zuge der Privatisierung der Deutschen Bahnen nicht erfüllt worden.

Nach anderer Auffassung ist die Übertragung von beamtenrechtlichen Entscheidungsbefugnissen durch eine einfachgesetzliche Regelung verfassungskonform.

Argumentativ am Weitesten gehen dabei *Blanke/Sterzel* und *Kunz,* wonach die einfachgesetzliche Übertragung der Entscheidungsbefugnisse gemäß § 12 Abs. 6 DBGrG i. V. m. der DBAG-Zuständigkeitsverordnung im Kern auf eine Beleihung mit Dienstherrenbefugnissen hinausläuft, da anders die Weisungsrechte bzw. die Maßnahmen für die Dienstausübung der Beamten nicht wahrgenommen werden können[64].

Nach der Ansicht von *Summer* kann für eine solche Konstruktion der Übertragung von Entscheidungsbefugnissen der Begriff eines sog. „Verwendungsunternehmens" eingeführt werden, das jedenfalls bei der klassischen Zuweisung eine Position vergleichbar einer Abordnungsbehörde einnimmt[65]. Danach ist für die Ausübung einer Dienstleistung unerlässlich, daß den juristischen Personen des Privatrechts auch Entscheidungen des Dienstbetriebes anderer Art als des Weisungsrechts, z. B. die Urlaubsgewährung bei dem privatrechtlichen Unternehmen, zustehen.

Teilweise wird der Standpunkt vertreten, daß das privatisierte Unternehmen nur in der Weise mit beamtenrechtlichen Befugnissen beliehen werden soll, daß es die Funktion eines Dienstherrn wahrnehmen kann[66]. Die Deutsche Bahn AG

---

[63] *Uerpmann,* Einsatz von Beamten bei einer Gesellschaft privaten Rechts, Jura 1996, S. 79, 82; *Battis,* Beleihung anlässlich der Privatisierung der Postunternehmen, in: FS für Raisch, S. 355, 363 f., 370 f.; *Steiner,* Verwaltung durch Private, S. 283.

[64] *Blanke/Sterzel,* Privatisierungsrecht für Beamte, Rn. 147; *Kunz,* Kommentar zum Eisenbahnrecht, A 2.2 zu § 12 DBGrG, S. 37.

[65] *Summer* in: *GKÖD,* Bd. I, Beamtenrecht des Bundes und der Länder, K § 27 Rn. 23.

[66] *Battis,* Beleihung anlässlich der Privatisierung der Postunternehmen, in: FS für Raisch, S. 370, 372; *Steuck,* Zur Beschäftigung von Beamten in einer privatisierten

soll daher nicht selbst mit der Dienstherrenkompetenz ausgestattet werden, dies ist – im Gegensatz zum Postmodell – auch verfassungsrechtlich nicht vorgesehen.

Dieser letztgenannten Ansicht ist zuzustimmen.

Nach der Zielsetzung des Verfassungsgesetzgebers soll die Deutsche Bahn AG gerade nicht öffentlich-rechtlich als Beliehene handeln. Zur Gewährleistung der unternehmerischen Handlungsfreiheit muß die Deutsche Bahn AG jedoch befugt sein, die Maßnahmen, die die Dienstausübung der Beamten in ihrem Geschäftsbetrieb betreffen, zu regeln. Ansonsten würde der durch Art. 87e Abs. 3 S. 1 GG garantierte unternehmerische Autonomiebereich gegenstandslos[67]. Folglich wurde ihr die Ausübungsfunktion zu bestimmten dienstrechtlichen Maßnahmen gegenüber den ihr zugewiesenen Beamten übertragen.

Diese einfachgesetzliche Kompetenzübertragung ohne das Korrelat einer Fachaufsicht des Dienstherrn ist unter Berücksichtigung der Ziele der Bahnreform verfassungskonform auszulegen. Ein Einwirkungspotential durch den Bund im Sinne einer Fachaufsicht steht mit dem von der Verfassung gewährleisteten Autonomiebereich ersichtlich nicht in Einklang. Es widerspricht der klaren Trennung zwischen hoheitlichen und unternehmerischen Aufgaben und damit dem eigentlichen Anliegen der Bahnreform. Wie bereits dargelegt, reicht eine effektiv ausgestaltete Rechtsaufsicht aus, um die notwendige Kontrolle des Bundeseisenbahnvermögens über die Wahrnehmung der beamtenrechtlichen Befugnisse durch die Deutsche Bahn AG auszuüben. Danach steht dem Bundeseisenbahnvermögen im Rahmen dieser Rechtsaufsicht gem. § 13 DBGrG nicht nur ein uneingeschränktes Recht auf Unterrichtung durch den Vorstand bzw. Aufsichtsrat der Deutschen Bahn AG zu, sondern es hat auch ein Weisungsrecht gegenüber der Deutschen Bahn AG. Falls die Deutsche Bahn AG durch ein Handeln bzw. Unterlassen beamtenrechtliche Vorschriften verletzen sollte, kann der Präsident des Bundeseisenbahnvermögens gem. § 13 Abs. 2 DBGrG im Wege der Ersatzvornahme die gebotenen Maßnahmen ergreifen. Zwar fehlt ein entsprechendes Korrekturinstrument im Sinne des § 19 Abs. 3 PostPersRG[68]. Gleichwohl reicht das aufgezeigte Einzelfallinstrument zur Bekämpfung von

---

Einrichtung, ZBR 1999, S. 150, 151; weitergehend *Benz,* H., Postreform II und Bahnreform – Ein Elastizitätstest für die Verfassung, DÖV 1995, S. 679, 680, der eine Verfassungsänderung nicht für erforderlich hält und eine einfachgesetzliche Beleihung mit Dienstherrenbefugnissen für ausreichend hält.

[67] Vgl. bereits Ausführungen in Kapitel C., Teil II, Nr. 2, Buchst. a).

[68] Nach § 19 Abs. 3 PostPersRG besteht die Möglichkeit dem für personelle und soziale Angelegenheiten zuständigen Vorstandsmitglied die Ausübung dieser Aufgabe zu untersagen und sie nach Anhörung des Vorsitzenden des Aufsichtsrats und dessen Stellvertreter die Zuständigkeit einem anderen Vorstandsmitglied zuzuweisen; ausführlich hierzu *Benz,* H., Die Beleihung einer Aktiengesellschaft mit Dienstherrenbefugnis, S. 160 ff.

Verstößen gegen das Beamtenrecht aus, zumal durch die Bahnreform nicht massenhaft Dienstrechtsverstöße erwartet werden konnten.

Einzuräumen ist sicherlich, daß die verfassungsrechtlich gewährleistete Verantwortung des Dienstherrn mehr als eine Rechts- oder Fachaufsicht des Bundeseisenbahnvermögens über die von der Deutschen Bahn AG in eigener Zuständigkeit zu treffenden Maßnahmen erfordert. Grundsätzlich sind daher die von der Deutschen Bahn AG getroffenen beamtenrechtlichen Entscheidungen und Maßnahmen materiell dem Bundeseisenbahnvermögen zuzurechnen[69]. Diese Forderung hat der Gesetzgeber erfüllt, indem die zugewiesenen Beamten trotz ihrer Eingliederung in die Betriebsorganisation der Deutschen Bahn AG in ihrer dienstrechtlichen Beziehung zum Bundeseisenbahnvermögen verbleiben.

Eine Überprüfung der einzelnen Maßnahmen und Entscheidungen, die der Deutschen Bahn AG durch die DBAGZustV übertragen worden sind, ergibt zudem, daß es sich hierbei im wesentlichen um solche beamtenrechtlichen Angelegenheiten handelt, die das beamtenrechtliche „Betriebsverhältnis"[70] betreffen. Folglich sind zwar Beeinflußungen und Änderungen des Amtes im funktionalen Sinne möglich. Beamtenrechtliche Maßnahmen und Entscheidungen, die den Status des Beamten und damit sein „Grundverhältnis" berühren, bleiben dagegen im Verantwortungsbereich des Dienstherrn, bzw. des Bundeseisenbahnvermögens.

Wenn das Motiv der Personalüberleitungskonzeption darin bestand, der Deutschen Bahn AG von Beginn an ein qualifiziertes und erfahrenes Personal zuzuweisen, dann kann von dieser Absicht nicht die Notwendigkeit der konkreten Einsatzsteuerung der zugewiesenen Beamten durch die Deutsche Bahn AG bzw. deren Tochtergesellschaften getrennt werden[71].

Sicherlich kann jedoch nicht so weit argumentiert werden, daß nach Sinn und Zweck des Art. 143a Abs. 1 S. 3 GG über die gesetzliche Dienstleistungszuweisung hinaus auch im Bahnsektor das Beleihungsmodell auf Verfassungsebene abgesichert werden sollte[72].

---

[69] So auch *BVerwG,* Urteil vom 11. Februar 1999, Az.: 2 C 28/98 in: *Schütz/Maiwald,* Beamtenrecht des Bundes und der Länder, ES/D I 2, Nr. 48 S. 146 ff. zur Passivlegitimation des BEV (entspricht BVerwGE 108, 274 ff.).

[70] *BVerwGE* 60, 144, zur Unterscheidung bei Beamten zwischen „Grundverhältnis" und „Betriebsverhältnis".

[71] Würde man das Führen der Bahnbeamten als nicht von Art. 143a Abs. 1 S. 3 GG gedeckt ansehen, dann wäre der Schutzzweck das bloße Beschäftigen von Beamten, ohne ihre Tätigkeit steuern zu können; Letztendlich weist auch die aktuelle Rechtsprechung des BVerwG zur Passivlegitimation des BEV darauf hin, daß die DB AG nicht als Beliehene tätig wird, *BVerwG,* Urteil vom 11. Februar 1999, Az.: 2 C 28/98 in: *Schütz/Maiwald,* Beamtenrecht des Bundes und der Länder, Beamtenrecht des Bundes und der Länder, ES/D I 2, Nr. 48 S. 146, 148.

Zusammenfassend ist somit festzustellen, daß die konstituierte Rechtsaufsicht eine hinreichend effektive staatliche Kontrolle unter dem Aspekt darstellt, daß die Beamten weiterhin in der verfassungsrechtlichen und dienstrechtlichen Verantwortung des Bundeseisenbahnvermögens stehen. Die im Rahmen dieser Aufsicht übertragenen Entscheidungsbefugnisse berühren nur das funktionale Amt der Beamten, lassen jedoch ihren Status unberührt. Infolgedessen verstößt § 12 Abs. 6 S. 2 i. V. m. der DBAGZustV nicht gegen die Prinzipien aus Art. 33 Abs. 5 GG und ist daher verfassungsgemäß.

Soweit es die Dienstausübung erfordert, ist die Deutsche Bahn AG somit befugt, im Hinblick auf die ihr zugewiesenen Beamten beamtenrechtliche Entscheidungen vorzunehmen. Sie tritt dabei als Behörde auf gem. § 1 Abs. 4 VwVfG. Ihre Organisationsbereiche sind dabei Dienststellen gem. § 15 Abs. 1 BBesG und § 54 Nr. 2 VwGO[73]. Die Entscheidungen über eine Versetzung bzw. Abordnung im Sinne der DBAGZustV haben somit den Charakter eines Verwaltungsaktes gem. § 35 VwVfG. Die getroffenen Entscheidungen und Maßnahmen sind materiell rechtlich jedoch dem Bundeseisenbahnvermögen zuzurechnen. Über Widersprüche gegen beamtenrechtliche Entscheidungen der Deutschen Bahn AG entscheidet der Präsident des Bundeseisenbahnvermögens.

5. Sonstige Möglichkeiten der Personalüberleitung

a) Die Abordnung

Die Abordnung im Sinne der §§ 27 Abs. 1 BBG, 17 BRRG ist die vorübergehende Übertragung eines neuen konkret-funktionellen Amtes bei einer anderen Dienststelle desselben oder eines anderen Dienstherrn[74].

---

[72] So aber *Benz,* H., Die Beleihung einer Aktiengesellschaft mit Dienstherrenbefugnis, S. 158 ff.; *ders.,* Postreform II und Bahnreform – Ein Elastizitätstest für die Verfassung, DÖV 1995, S. 679, 681 f.; unklar *BT-Drs.* 12/5015, S. 8.

[73] Nach Auffassung der Rechtsprechung des VG Frankfurt am Main, Beschluß vom 22. Juni 1994, sind juristische Personen des Privatrechts, die aufgrund konkreter gesetzlicher Bestimmungen Beamte beschäftigen und dabei Beamtenrecht anzuwenden haben, Behörden i. S. d. § 1 Abs. 4 VwVfG. Ihre Untergliederung sind Dienststellen gem. § 15 Abs. 1 BBesG und § 52 Nr. 4 VwGO. Das Urteil betraf zwar einen Fall im Rahmen der Privatisierung der Flugsicherung, aber die DB AG wurde ausdrücklich im Urteil zitiert; *Kunz,* Kommentar zum Eisenbahnrecht, A 2.2 zu § 12 DBGrG, S. 30, 37 f., danach tritt die DB AG aufgrund ihrer Beleihung mit Dienstherrenbefugnissen als eine Behörde i. S. d. § 1 Abs. 4 VwVfG auf und erläßt Verwaltungsakte. Sie hat daher auch im Sinne des § 59 VwGO die Pflicht zur Rechtsbehelfsbelehrung, wie eine „Bundesbehörde"; grundsätzlich zur örtlichen Zuständigkeit gem. § 52 Nr. 4 VwGO, *Schmidt* in: *Eyermann/Fröhler,* Kommentar zur VwGO, § 52 Rn. 17 ff.

[74] *Wind/Schimana/Wichmann,* Öffentliches Dienstrecht, S. 168; *Schnellenbach,* Beamtenrecht in der Praxis, Rn. 123; *Battis,* Kommentar zum BBG, § 27 Rn. 3; *Ziekow,* Veränderungen des Amtes im funktionellen Sinne – eine Betrachtung nach Inkrafttre-

Eine Abordnung ist – ebenso wie eine Versetzung – nur zu einer anderen Dienststelle eines öffentlich-rechtlichen Dienstherrn möglich und somit nur im Geltungsbereich des Bundesbeamtengesetzes, des Beamtenrechtsrahmengesetzes bzw. der Landesbeamtengesetze zulässig.

Die Abordnung zu einer juristischen Person des Privatrechts, einem privatwirtschaftlich organisierten Unternehmens oder einem sonstigen Arbeitgeber des Privatrechts ist dagegen nicht statthaft[75].

Daher scheidet sie als ein geeignetes Instrument zur dauerhaften Personalüberleitung bzw. -gestellung im Zusammenhang mit Privatisierungsmaßnahmen aus.

b) Die vertragliche Dienstleistungsüberlassung

Die rein vertragliche Dienstleistungsüberlassung wurde im Rahmen eines regionalen Pilotprojektes in Schleswig-Holstein von Bundesbahn und Post im Jahre 1976 entwickelt, um die staatliche Aufgabe des Bahnbusverkehrs und des Postreisedienstes gemeinsam von einer privaten Gesellschaft betreiben zu können. Bei dem Modell wird das verbeamtete Verwaltungspersonal unter formaler Aufrechterhaltung der Dienst- und Vorgesetztenfunktion der bisher zuständigen Behörden an Private ausgeliehen, ohne daß beamtenrechtlich eine Zuweisung, Abordnung oder Versetzung verfügt wird.

Auf der Grundlage eines Vertrags mit einem privaten Dritten werden Beamte sowie Arbeitnehmer aus der Behördenorganisation ausgegliedert und in die Arbeitsorganisation des privaten Unternehmens integriert.

Dieses Instrument einer Personalüberleitung wurde unter bestimmten Voraussetzungen vom Bundesverwaltungsgericht[76] – und für das Tarifpersonal vom Bundesarbeitsgericht[77] – als verfassungsrechtlich zulässig angesehen[78].

---

ten des Dienstrechtsreformgesetzes, DÖD 1999, S. 7, 19; *Schütz/Maiwald,* Beamtenrecht des Bundes und der Länder, C § 29 Rn. 14.

[75] *Schütz/Maiwald,* Beamtenrecht des Bundes und der Länder, C § 29, Rn. 21; *Wind/Schimana/Wichmann,* Öffentliches Dienstrecht, S. 180; *Blanke* in: *Blanke/Trumner,* Handbuch Privatisierung, S. 685, Rn. 961 m.w.N.; *Koch,* Outsourcing im Bereich öffentlicher Dienstleistungen, AuA 1995, S. 329, 332; *Schnellenbach,* Beamtenrecht in der Praxis, Rn. 132; *Benz,* H., Die Beleihung einer Aktiengesellschaft mit Dienstherrenbefugnis, S. 48; *Schipp/Schipp,* Arbeitsrecht und Privatisierung, Rn. 424.

[76] *BVerwGE* 69, 303 ff.; *BVerwG,* ZBR 1995, S. 61 f.

[77] *BAGE* 31, 218 ff.

[78] Zustimmend: *Kunz,* Kommentar zum Eisenbahnrecht, A 2.2 zu § 16 DBGrG, S. 49 ff., Anm. 2–8; *Uerpmann,* Einsatz von Beamten bei einer Gesellschaft privaten Rechts, Jura 1996, S. 79, 80 f.; *Koch,* Outsourcing im Bereich öffentlicher Dienstleistungen, AuA 1995, S. 329, 332; kritisch: *Blanke* in: *Blanke/Trümner,* Handbuch Privatisierung, S. 686, Rn. 963 m.w.N.; *Blanke/Sterzel,* Privatisierungsrecht für Beamte, S. 66 f., Rn. 65 ff.

Demzufolge ist die Überlassung von Dienstleistungen eines Beamten an ein privates Unternehmen grundsätzlich zulässig, da nicht der Beamte, sondern nur seine Leistung zur Verfügung gestellt wird[79].

Entscheidend hierbei ist, daß keine Übertragung der Dienstvorgesetzteneigenschaft im Sinne von § 3 Abs. 2 BBG auf den privaten Rechtsträger erfolgt. Ebenso ist eine Umdeutung der Dienstleistungsüberlassung in ein Leiharbeitsverhältnis unzulässig, da hierfür keine explizite gesetzliche Ermächtigung besteht.

Bei der vertraglichen Dienstleistungsüberlassung werden dem privaten Unternehmen lediglich die Arbeitsleistungen (Dienstleistungsergebnisse) des Personals zur Verfügung gestellt, wohingegen weitgehend das Weisungsrecht und die Dienstherrnfunktion bei der das Personal überlassenden Institution, hier also dem Bundeseisenbahnvermögen, als Auftragnehmer verbleibt[80].

Eine solche Konstruktion mit umständlichen Abstimmungsprozessen zwischen der Deutschen Bahn AG und dem Bundeseisenbahnvermögen erschien dem Gesetzgeber jedoch bei der hohen Zahl von ca. hunderttausend Bundesbahnbeamten als zu schwerfällig, um als geeignetes Personalüberleitungsinstrument im Rahmen der Bahnstrukturreform in Betracht zu kommen. Außerdem wäre der Deutschen Bahn AG auch nur ein geringer Einfluß auf die Effizienz der ihr vom Personal erbrachten Leistungen verblieben[81]. Aus diesem Grund wurde die Dienstleistungszuweisung kraft Gesetzes als neues Personalüberleitungsinstrument geschaffen.

Ausgenommen von der gesetzlichen Zuweisung der Beamten des Bundeseisenbahnvermögens zur Deutschen Bahn AG sind gem. § 16 Abs. 1 DBGrG diejenigen Beamten, die bei Eintragung der Deutschen Bahn AG auf Grund einer Beurlaubung durch den Dienstherrn einen Arbeitsvertrag mit Dritten geschlossen haben. Nach der Bahnreform trifft dies noch auf ca. 6.000 Dienstkräfte zu[82]. Es kann sich hierbei um Beamte der Bundeseisenbahnen handeln, die vor dem 05.01.1994 beurlaubt waren. Diese sind einem Geschäftsbereich der Deutschen Bahn AG zugeordnet und fallen nach Beendigung der Beurlaubung als nunmehr zugewiesene Beamte gem. § 12 Abs. 2 DBGrG zur Deutschen Bahn AG zurück (sog. nachträgliche gesetzliche Zuweisung)[83]. Beamte, die nach dem 04.01.1994 aus einem bestehenden Dienstleistungsüberlassungsvertrag beurlaubt wurden, sind dagegen dem Bundeseisenbahnvermögen zugeordnet. Die be-

---

[79] *BVerwGE* 69, 303, 307; *BVerwG,* ZBR 1985, S. 61, 62; *Koch,* Outsourcing im Bereich öffentlicher Dienstleistungen, AuA 1995, S. 329, 332; *Uerpmann,* Einsatz von Beamten bei einer Gesellschaft privaten Rechts, Jura 1996, S. 79, 83.

[80] *BVerwGE* 69, 303, 307; *BVerwG,* ZBR 1985, S. 61, 62.

[81] Im Ergebnis so *Wernicke,* Bundesbahn – Wo sind deine Beamten geblieben?, ZBR 1998, S. 266, 269.

[82] *Kunz,* Kommentar zum Eisenbahnrecht, A 2.2 zu § 16 DBGrG, S. 49.

[83] So *Kunz,* Kommentar zum Eisenbahnrecht, A 2.2 zu § 16 DBGrG, S. 51.

stehenden Dienstleistungsüberlassungsverträge werden gem. § 16 Abs. 3 DBGrG vom Bundeseisenbahnvermögen weitergeführt[84].

Bei Aufhebung oder sonstiger Beendigung bestehender Dienstleistungsüberlassungsverträge finden gem. § 16 Abs. 4 DBGrG die Instrumente zur Personalüberleitung nach § 12 Abs.1 und 2 DBGrG Anwendung.

Die Kompetenz zum Abschluß von Dienstleistungsüberlassungsverträgen für Beamte obliegt allein dem Bund, als Dienstherrn, bzw. dem Bundeseisenbahnvermögen.

Durch das ENeuOG i. V. m. der DBAG-Zuständigkeitsverordnung wurde die Deutsche Bahn AG zwar ermächtigt, ausgewählte beamtenrechtliche Maßnahmen vorzunehmen. Die Kompetenz zum Abschluß eines Dienstleistungsüberlassungsvertrages ist dort jedoch nicht genannt. Eine derartige Personaldispositionsmaßnahme bleibt unter Berücksichtigung beamtenrechtlicher Prinzipien allein dem Dienstherrn vorbehalten. In § 16 DBGrG findet sich daher eine ausdrückliche Regelung für Dienstleistungsüberlassungsverträge, die zwischen dem Bundeseisenbahnvermögen und Dritten abgeschlossen wurden bzw. künftig vereinbart werden können[85].

Folglich kann die Deutsche Bahn AG mit Dritten, die nicht als eine ausgegliederte Gesellschaft im Sinne der § 23 i. V. m. §§ 2 Abs. 1, 3 Abs. 3, Abs. 1 Nr. 1 und 2 DBGrG einzuordnen sind, keine Dienstleistungsüberlassungsverträge abschließen und für die Dienstleistungsergebnisse der ihr zugewiesenen Beamte Entgelte verlangen.

Im Hinblick auf die Tarifkräfte steht ihr lediglich das Institut der Arbeitnehmerüberlassung zur Verfügung, das unter Berücksichtigung des persönlichen Geltungsbereiches des § 1 Abs. 1 AÜG auf die Beamten allerdings keine Anwendung findet[86].

c) *Die Zuweisung gem. § 123a Abs. 1 BRRG*

Durch das fünfte Gesetz zur Änderung besoldungsrechtlicher Vorschriften vom 28. Mai 1990[87] hat der Gesetzgeber mit der Zuweisung nach § 123a Abs. 1 BRRG ein weiteres, der Personalsteuerung im engeren Sinne dienendes, Instrument geschaffen.

---

[84] Nach § 16 Abs. 3 S. 2 DBGrG gilt dies auch, wenn die anderen Unternehmen keine Unternehmen des Bundes im Sinne des § 2 Abs. 6 AEG vom 27. Dezember 1993 (BGBl. I S. 2378, 2396) sind.

[85] *Kunz*, Kommentar zum Eisenbahnrecht, A 2.2 zu § 17 DBGrG, S. 54.

[86] *Wank* in: *Dieterich/Hanau/Schaub*, Erfurter Kommentar zum Arbeitsrecht, 140, § 1 Rn. 4, 5; *Sandmann/Marschall*, Kommentar zum AÜG, § 1 Nr. 7 (im Sinne einer Negativabgrenzung).

[87] BGBl. I, S. 967.

Gesetzeszweck dieser Norm war vorrangig die Ermöglichung des Einsatzes von Beamten im Ausland im Rahmen von supra- und internationalen Einrichtungen, bzw. in privaten und öffentlichen Einrichtungen anderer Staaten[88].

Die Zuweisung nach § 123a Abs.1 BRRG kann als Übertragung einer dem Amt entsprechenden Tätigkeit bei einer Einrichtung ohne Dienstherrenfähigkeit im Sinne des § 121 BRRG unter Aufrechterhaltung der Rechtsstellung des Beamten definiert werden[89]. Gem. § 123a Abs. 1 S. 1 BRRG kommt grundsätzlich nur eine Zuweisung an eine öffentliche Einrichtung in Betracht. Der Begriff der öffentlichen Einrichtung ist nicht identisch mit den entsprechenden Begriffen der innerstaatlichen Rechtsordnung, sondern ist wegen der unterschiedlichen Rechtsstrukturen im Ausland umfassend zu verstehen. Nicht in den Geltungsbereich des § 123a Abs.1 S. 1 BRRG fallen daher Zuweisungen an privatrechtlich organisierte Einrichtungen im Inland[90].

Für die öffentliche Hand ist daher von Interesse, ob von dem Begriff „andere Einrichtungen" in § 123a Abs. 1 S. 2 BRRG auch die Zuweisungen von Beamten zu privaten Rechtsträgern im Inland erfaßt werden.

Teilweise wird in der Literatur die Ansicht vertreten, daß der Begriff „andere Einrichtung" in Abgrenzung zu dem Begriff der „öffentlichen Einrichtung" in § 123a Abs. 1 S. 1 BRRG so weit auszulegen ist, daß eine Zuweisung an alle nicht öffentlichen Einrichtungen im In- und Ausland möglich ist. Danach wäre nach S. 2 auch eine Zuweisung von Beamten zu einer privaten Einrichtung im Inland vorstellbar[91]. Allein unter Berücksichtigung des Wortlautes der Norm ist eine solche extensive Auslegung zulässig[92]. Allerdings könnte der oben darge-

---

[88] *Battis,* Kommentar zum BBG, § 27 Rn. 5; *Summer* in: *GKÖD,* Bd. I, Beamtenrecht des Bundes und der Länder, K § 27 Rn. 22; *Ziekow,* Veränderungen des Amtes im funktionellen Sinne – eine Betrachtung nach Inkrafttreten des Dienstrechtsreformgesetz, DÖD 1999, S. 7, 23; *Kotulla,* Rechtsfragen im Zusammenhang mit der vorübergehenden Zuweisung eines Beamten nach § 123a BRRG, ZBR 1995, S. 168; *Schnellenbach,* Beamtenrecht in der Praxis, Rn. 135, Fn. 158; *Scheerbarth/Höffken/Bauschke/Schmidt,* § 14 IV 2; *Kathke,* Versetzung, Umsetzung, Abordnung und Zuweisung, ZBR 1999, S. 325, 341.

[89] *Ziekow,* Veränderungen des Amtes im funktionellen Sinne – eine Betrachtung nach Inkrafttreten des Dienstrechtsreformgesetz, DÖD 1999, S. 7, 25.

[90] *Schönrock,* Beamtenüberleitung anlässlich der Privatisierung von öffentlichen Unternehmen, S. 49.

[91] *Kotulla,* Rechtsfragen im Zusammenhang mit der vorübergehenden Zuweisung eines Beamten nach § 123a BRRG, ZBR 1995, S. 168, 169; *Schnellenbach,* Beamtenrecht in der Praxis, Rn. 135.

[92] *Battis,* Kommentar zum BBG, § 27 Rn. 5; *Schnellenbach,* Beamtenrecht in der Praxis, Rn. 135; *Kotulla,* Rechtsfragen im Zusammenhang mit der vorübergehenden Zuweisung eines Beamten nach § 123a BRRG, ZBR 1995, S. 168, 169; *Ziekow,* Veränderungen des Amtes im funktionellen Sinne – eine Betrachtung nach Inkrafttreten des Dienstrechtsreformgesetz, DÖD 1999, S. 7, 23; *Lemhöfer* in: *Plog/Wiedow/Beck,* Kommentar zum BBG, § 27 Rn. 13; *a.A.: Blanke* in: *Blanke/Trümner,* Handbuch Privatisierung, S. 677 f., Rn. 942 m.w.N.; *Trümner,* Probleme beim Wechsel von öffent-

legte Sinn und Zweck der Vorschrift gegen eine Zuweisung zu privatrechtlichen Unternehmen im Inland sprechen.

Eine Lösung ist mit Hilfe einer Argumentation im Sinne einer systematischen Auslegung zu finden. Aufgrund des neu erlassenen § 123a Abs. 2 BRRG kann ein Beamter auch ohne seine Zustimmung zu einer privaten Einrichtung im Inland zugewiesen werden. An diese Zuweisung ohne die Zustimmung des betroffenen Beamten sind jedoch strenge Voraussetzungen geknüpft. Diese strengen Tatbestandsvoraussetzungen wären dann unverhältnismäßig, wenn durch diese Vorschrift auch der Fall der Zuweisung mit der Zustimmung des Beamten geregelt würde. Es ist nicht erforderlich, den Beamten, der willentlich einem privaten Unternehmen zugewiesen wird, in dem gleichen Umfang zu schützen wie einen Beamten, der dieser Maßnahme gegen seinen Willen unterworfen wird.

Wird daher der Fall einer Zuweisung mit dem Einverständnis des Beamten nicht vom Geltungsbereich des § 123a Abs. 2 BRRG erfaßt und wird weiter angenommen, daß eine solche Zuweisung aufgrund des Schlusses „a maiore ad minus“ erst recht zulässig sein muß, so folgt daraus die Gültigkeit des § 123 Abs. 1 S. 2 BRRG als Rechtsgrundlage für die Zuweisung des Beamten an eine private Einrichtung mit dessen Zustimmung[93].

Grundsätzlich enthält § 123a Abs. 1 S. 2 BRRG keine eigenständige Zuweisungsregelung, sondern ist als Erweiterung des Grundtatbestandes in § 123a Abs. 1 S. 1 BRRG zu werten. Orientierungsmaßstab für die Beurteilung einer amtsgemäßen Verwendung des Beamten in einem privaten Unternehmen ist ausschließlich das Amt im statusrechtlichen Sinne[94]. Die zugewiesene Tätigkeit muß daher Aufgaben enthalten, die für das statusrechtliche Amt kennzeichnend sind. Weitere Voraussetzung ist, daß ein „dringendes öffentliches Interesse“ an der Zuweisung besteht. Ebenso wie bei § 13 Abs. 1 SUrlV reicht eine Förderung öffentlicher Belange nicht aus. Vielmehr muß ein unabweisbares öffentliches Bedürfnis bestehen, das nur durch die Zuweisung eines Beamten zu dem privaten Unternehmen befriedigt werden kann[95]. Die erforderliche Zustimmung

---

lich-rechtlichen zum privatrechtlichen Arbeitgeber infolge von Privatisierungen öffentlicher Dienstleistungen, PersR 1993, S. 473, 477.

[93] So im Ergebnis *Ziekow,* Veränderungen des Amtes im funktionellen Sinne – eine Betrachtung nach Inkrafttreten des Dienstrechtsreformgesetz, DÖD 1999, S. 7, 23; *ders.,* Rechtliche Rahmenbedingungen der Privatisierung kommunaler Dienstleistungen, in: *Meyer-Teschendörfer,* S. 156; *Kahtke* in: *Schütz/Maiwald,* Beamtenrecht des Bundes und der Länder, Vorbemerkungen zu §§ 28 Rn. 130.

[94] *Ziekow,* Veränderungen des Amtes im funktionellen Sinne – eine Betrachtung nach Inkrafttreten des Dienstrechtsreformgesetz, DÖD 1999, S. 7, 23; *a.A.: Kotulla,* Rechtsfragen im Zusammenhang mit der vorübergehenden Zuweisung eines Beamten nach § 123a BRRG, ZBR 1995, S. 168 f.

[95] *Kotulla,* Rechtsfragen im Zusammenhang mit der vorübergehenden Zuweisung eines Beamten nach § 123a BRRG, ZBR 1995, S. 168, 169; *Ziekow,* Veränderungen

des Beamten muß spätestens im Zeitpunkt des Erlasses der Zuweisungsverfügung erteilt werden[96].

Eine Zuweisung gem. § 123a Abs. 1 BRRG ist jedoch grundsätzlich nur auf eine vorübergehende Tätigkeit des Beamten bei einem privatrechtlichen Unternehmen gerichtet. Infolgedessen stellt die Zuweisung nach § 123a Abs. 1 S. 2 BRRG kein praktikables Instrument im Rahmen der Bahnreform dar, um dauerhaft das Personal für den Dienstbetrieb sicherzustellen.

d) Die Zuweisung nach § 123a Abs. 2 BRRG

Aufgrund der neuen Regelung in § 123a Abs. 2 BRRG[97] können Beamte einer Dienststelle, die ganz oder teilweise in eine privatrechtlich organisierte Einrichtung der öffentlichen Hand umgebildet wird, nunmehr ohne ihre Zustimmung einer ihrem Amt entsprechenden Tätigkeit bei einem privaten Rechtsträger zugewiesen werden, wenn dringende öffentliche Interessen dies erfordern. Durch § 123a Abs. 2 BRRG soll nach Privatisierungen staatlicher Handlungsbereiche eine zuverlässige Aufgabenerfüllung durch einen flexibleren Personaleinsatz sichergestellt werden[98].

Das Personalüberleitungsinstrument der zustimmungsfreien Zuweisung gem. § 123a Abs. 2 BRRG hat zum Zeitpunkt der Bahnreform noch nicht bestanden. Es ist daher zu erörtern, ob durch den Erlaß des § 123a Abs. 2 BRRG die Regelung in § 12 DBGrG obsolet geworden ist, ob die Regelung des § 12 DBGRG als lex specialis über den Norminhalt des § 123a Abs. 2 BRRG hinausgeht oder, ob beide Normen nebeneinander anwendbar sind.

Ein bedeutender Unterschied der beiden Zuweisungstatbestände liegt zunächst in ihrem Rechtscharakter. Nach § 12 Abs. 2 und 3 DBGrG erfolgt die Zuweisung unmittelbar durch Gesetz, d.h., eine Zuweisungsverfügung des Dienstherrn ist nicht erforderlich. Dagegen kann der Beamte nach § 123a Abs. 2 BRRG nur aufgrund eines Gesetzes zugewiesen werden. Demnach ist für eine

---

des Amtes im funktionellen Sinne – eine Betrachtung nach Inkrafttreten des Dienstrechtsreformgesetz, DÖD 1999, S. 7, 23.

[96] *Battis,* Kommentar zum BBG, § 27 Rn. 5; *Kotulla,* Rechtsfragen im Zusammenhang mit der vorübergehenden Zuweisung eines Beamten nach § 123a BRRG, ZBR 1995, S. 168, 169; *Blanke* in: *Blanke/Trümner,* Handbuch Privatisierung, S. 676, Rn. 940.

[97] *BT-Drs.* 13/5057, S. 64 durch das DienstrechtsreformG v. 24.02.1997 (BGBl. S. 322).

[98] *Battis,* Kommentar zum BBG, § 27 Rn. 6; *Schnellenbach,* Beamtenrecht in der Praxis, Rn. 136; *Ziekow,* Veränderungen des Amtes im funktionellen Sinne – eine Betrachtung nach Inkrafttreten des Dienstrechtsreformgesetz, DÖD 1999, S. 7, 24; *Steuck,* Zur Beschäftigung von Beamten in einer privatisierten Einrichtung, ZBR 1999, S. 150, 151.

Beschäftigung des Beamten bei dem privatisierten Unternehmen eine Zuweisungsverfügung in Form eines Verwaltungsaktes gem. § 35 VwVfG erforderlich.

Infolge des verschiedenen Rechtscharakters der beiden Zuweisungstatbestände, ergeben sich auch unterschiedliche Rechtsschutzmöglichkeiten.

Ebenso wie die gesetzliche Zuweisung gem. § 12 DBGrG ist eine Zuweisung nach § 123a Abs. 2 BRRG nur statthaft, wenn eine Mehrheitsbeteiligung der öffentlichen Hand an dem privatrechtlich organisierten Unternehmen besteht[99]. Ausgeschlossen sind daher Zuweisungen nach § 123a Abs. 2 BRRG bei materiellen Privatisierungen sowie funktionalen Maßnahmen in Form der Aufgabenprivatisierung.

Beamte, die schon vorher in der privatisierten Dienststelle tätig waren, können dem privaten Rechtsträger zugewiesen werden[100]. Die Voraussetzung der amtsentsprechenden Tätigkeit ist hierbei ebenso wie in § 123 Abs. 1 BRRG bzw. § 12 DBGrG i.V.m. Art. 143a Abs. 1 S. 3 GG auszulegen.

Unter Berücksichtigung des Wortlautes des § 123a Abs. 2 BRRG ist eine zustimmungsfreie Zuweisung gleichwohl nur im zeitlichen Zusammenhang mit der Umbildung der Dienststelle möglich, wenn also eine Dienststelle in ein privatrechtliches Unternehmen umgewandelt wird[101]. Eine spätere Zuweisung von Beamten zu dem privaten Unternehmen ohne seine Zustimmung ist daher ausgeschlossen. Aufgrund der Verweisungsnorm in § 23 DBGrG gilt dagegen die gesetzliche Zuweisung gem. § 12 DBGrG auch bei weiteren Privatisierungsmaßnahmen im Sinne der §§ 2 Abs. 1, 3 Abs. 3 i.V.m. Abs. 1 Nr. 1 und Nr. 2 DBGrG. Insoweit ist daher der Geltungsbereich der gesetzlichen Zuweisung umfassender als der Geltungsbereich der Personalüberleitung im Sinne des § 123a Abs. 2 BRRG.

Eine weitere Voraussetzung gem. § 123a Abs. 2 BRRG ist das Bestehen eines „dringenden öffentlichen Interesses" an der Zuweisung. Hierbei handelt es sich um einen unbestimmten Rechtsbegriff ohne Beurteilungsspielraum, der der verwaltungsgerichtlichen Kontrolle uneingeschränkt zugänglich ist[102].

---

[99] *Battis,* Kommentar zum BBG, § 27 Rn. 6; *Schnellenbach,* Beamtenrecht in der Praxis, Rn. 136; *Blanke* in: *Blanke/Trümner,* Handbuch Privatisierung, S. 692, Rn. 974.

[100] *Ziekow,* Veränderungen des Amtes im funktionellen Sinne – eine Betrachtung nach Inkrafttreten des Dienstrechtsreformgesetz, DÖD 1999, S. 7, 24.

[101] *Schönrock,* Beamtenüberleitung anlässlich der Privatisierung von öffentlichen Unternehmen, S. 51.

[102] *Kopp/Ramsauer,* Kommentar zum VwVfG, § 40 Rn. 14; *Wolff/Bachof/Stober,* Verwaltungsrecht I, § 31 Rn. 8 f.; *dies.,* § 29 Rn. 6 ff. zum Begriff des öffentlichen Interesses; *Steuck,* Zur Beschäftigung von Beamten in einer privatisierten Einrichtung, ZBR 1999, S. 150, 151.

Diese Bedingung entspricht dem Wortlaut in § 123a Abs. 1 S. 2 BRRG, so daß auch hier im Vergleich zu § 123a Abs. 1 S. 1 BRRG ein gesteigertes öffentliches Bedürfnis bestehen muß. Der Normzweck des § 123a Abs. 2 BRRG ist die Gewährleistung einer kontinuierlichen Aufgabenerfüllung. Ein öffentliches Interesse liegt also nur dann vor, wenn eine sachgerechte Aufgabenerfüllung des privatrechtlich organisierten Leistungsträgers nicht durch Arbeitnehmer sichergestellt werden kann, die bereits aufgrund eines Arbeitsvertrages im Unternehmen beschäftigt sind, sondern ausschließlich nur durch die Überleitung des verbeamteten Personals sicherzustellen ist[103].

Im Gegensatz hierzu erfolgt die Zuweisung gem. § 12 Abs. 2 und 3 DBGrG kraft Gesetzes ab dem Zeitpunkt der Eintragung der Deutschen Bahn AG, bzw. der ausgegliederten Gesellschaft gem. §§ 23, 2 Abs. 1, 3 Abs. 3 DBGrG, in das Handelsregister. Auf das Vorliegen eines dringenden öffentlichen Interesses an der Zuweisung kommt es daher nicht an. Allerdings bezieht sich der Geltungsbereich des § 12 Abs. 2 und 3 DBGrG nur auf Beamte des Bundeseisenbahnvermögens bzw. auf Beamte der ehemaligen Bundeseisenbahnen. Insoweit ist der Zuweisungstatbestand gem. § 12 Abs. 2 und 3 DBGrG enger gefaßt als der im Sinne des § 123a Abs. 2 BRRG, der alle Beamte auf Bundes-, Landes- und Kommunalebene erfaßt.

Die Regelung des § 121 BRRG zur Dienstherrenfähigkeit wird durch den Zuweisungstatbestand gem. § 123a Abs. 2 BRRG nicht berührt. Der Bund übt daher in seiner Eigenschaft als Dienstherr weiterhin die Dienstvorgesetztenfunktion aus und hat die ausschließlichen Kompetenzen zur Ausübung der Dienstherrenbefugnisse[104].

Begrifflich bietet § 123a Abs. 2 BRRG keinen Anhaltspunkt, daß hierdurch ein Beleihungstatbestand des privaten Unternehmens geschaffen wird. Vielmehr würde die Annahme einer Beleihungsermächtigung gegen Art. 33 Abs. 4 und 5 GG verstoßen. Regelungen, die die Ausübung der Dienstherrenbefugnisse Dritten übertragen, schränken den hergebrachten Grundsatz der Alleinzuständigkeit des Dienstherrn in personellen Angelegenheiten ein[105]. Daher ist der Gesetzgeber auch von der Notwendigkeit einer verfassungsrechtlichen Absicherung bei der Post- und Bahnreform ausgegangen[106]. Da im Fall der Zuweisung nach § 123a Abs. 2 GG eine solche verfassungsrechtliche Ermächtigungsgrundlage

---

[103] *BT-Drs.* 13/5057, S. 67; *Battis,* Kommentar zum BBG, § 27 Rn. 6; *Ziekow,* Veränderungen des Amtes im funktionellen Sinne – eine Betrachtung nach Inkrafttreten des Dienstrechtsreformgesetz, DÖD 1999, S. 7, 24; *Kröll,* Beamte und Beamtinnen in der Betriebsverfassung? Zur Neuregelung des § 123a Abs. 2 BRRG, PersR 1998, S. 62, 63.

[104] Eine mit Art. 143b Abs. 3 S. 2 GG vergleichbare Regelung, welche die Ausübung der Dienstherrenbefugnisse auf die privatisierte Einrichtung überträgt, findet sich dort nicht.

[105] *BVerfG,* NJW 1959, S. 1171, 1173.

fehlt, kann im Wege einer verfassungskonformen Auslegung der Tatbestand nach § 123a Abs. 2 GG daher nur als schlichte Zuweisungsregelung verstanden werden, bei der die Ausübung von Dienstherrenbefugnissen nach wie vor ausschließlich dem Dienstherrn vorbehalten bleibt[107]. Der private Träger hat folglich nur eine sachbezogene Kontrolle über die Arbeitsergebnisse des Beamten, vergleichbar dem Vorgesetzen im Sinne des § 3 Abs. 2 BBG[108], während die personenbezogene Kontrolle, die sich in dienstlichen Weisungen und dienstrechtlichen Maßnahmen äußert, beim Dienstherren verbleiben muß[109].

Durch den § 12 Abs. 6 S. 2 DBGrG i. V. m. DBAGZustV ist die Deutsche Bahn AG ermächtigt worden, die dort aufgeführten beamtenrechtlichen Entscheidungen und Maßnahmen eigenständig vorzunehmen. Der Kompetenzbereich der Deutschen Bahn AG in bezug auf beamtenrechtliche Entscheidungen, als Rechtsfolge der Zuweisung, ist somit umfassender, als die Reichweite der Befugnisse einer privatisierten Einrichtung auf die nach § 123a Abs. 2 BRRG zugewiesenen Beamten.

Hinsichtlich der Dauer der Zuweisung findet sich in § 123a Abs. 2 BRRG keine ausdrückliche Regelung. Bei der Privatisierung ganzer Dienststellen besteht für die Beamten oft keine andere Beschäftigungsmöglichkeit als in dem privatrechtlichen Unternehmen, da sie aufgrund des Lebenszeitprinzips auch nicht entlassen werden können. Daher ist von der Zulässigkeit einer dauerhaften Zuweisung auszugehen, wonach die Beamten in der Regel „auslaufend“ beschäftigt werden[110]. Dies trifft ebenso auf die gesetzliche Zuweisung nach § 12 DBGrG zu. Da die Dienstposten der Beamten bei der Bundesbahn mit der Bahnstrukturreform weggefallen sind, werden sie auf Dauer in den privatisierten Eisenbahnunternehmen tätig.

Zusammenfassend kann festgestellt werden, daß die Regelungen in § 12 Abs. 2 und 3 DBGrG durch den neuen Zuweisungstatbestand in § 123a Abs. 2 BRRG nicht obsolet werden. Aufgrund der bahnspezifischen Ausrichtung des § 12 DBGrG geht dieser als lex specialis der Zuweisung nach § 123a Abs. 2

---

[106] *BT-Drs.* 12/5015, S. 8 (Bahn); *BT-Drs.* 12/7269, S. 5 f. (Post); *Maunz/Dürig/Herzog,* Kommentar zum GG, Art. 143b Rn. 26 m.w.N.

[107] Im Ergebnis so auch *Steuck,* Zur Beschäftigung von Beamten in einer privatisierten Einrichtung, ZBR 1999, S. 150, 153.

[108] *Battis,* Kommentar zum BBG, § 27 Rn. 6; *Ziekow,* Veränderungen des Amtes im funktionellen Sinne – eine Betrachtung nach Inkrafttreten des Dienstrechtsreformgesetz, DÖD 1999, S. 7, 25.

[109] *BVerwGE* 69, 303, 308 ff.

[110] *Battis,* Kommentar zum BBG, § 27 Rn. 6; *Blanke* in: *Blanke/Trümner,* Handbuch Privatisierung, S. 692 f., Rn. 976; im Ergebnis auch *Ziekow,* Veränderungen des Amtes im funktionellen Sinne – eine Betrachtung nach Inkrafttreten des Dienstrechtsreformgesetz, DÖD 1999, S. 7, 24; *a.A.: Schnellenbach,* Beamtenrecht in der Praxis, Rn. 136; *Kathke,* Versetzung, Umsetzung, Abordnung und Zuweisung, ZBR 1999, S. 325, 342.

BRRG vor. Da die Tatbestandsvoraussetzungen des § 123a Abs. 2 BRRG grundsätzlich den Intentionen des Art. 143a Abs. 1 S. 3 GG entsprechen, kommt eine Zuweisung gem. § 123a Abs. 2 BRRG dann in Betracht, wenn § 12 DBGrG keine Anwendung findet[111]. Danach könnte ein Beamter auf der Grundlage des § 123a Abs. 2 BRRG einer ausgegliederten Gesellschaft gem. § 3 Abs. 1 Nr. 3 DBGrG, für die gem. § 23 DBGrG nicht die gesetzliche Zuweisung einschlägig ist, zugewiesen werden[112].

6. Zusammenfassung: Bewertung der Überleitungstatbestände

Zusammenfassend ist hinsichtlich der Zulässigkeit und Zweckdienlichkeit der untersuchten Überleitungstatbestände folgendes festzustellen:

Eine Personalüberleitung oder -gestellung an ein privatrechtlich organisiertes Unternehmen im Wege der Abordnung oder Versetzung ist nicht zulässig.

Eine Personalüberleitung an ein privatisiertes Unternehmen im Wege der Beurlaubung des Beamten ist verfassungsrechtlich zulässig. Allerdings soll die Beurlaubung nur für Einzelfälle gelten und ist zeitlich begrenzt. Daher ist sie kein taugliches Instrument für einen Personalmassentransfer, wie er bei der Bahnreform notwendig war, sowie für eine auf Dauer angelegte Personalgestellung.

Das Modell der vertraglichen Dienstleistungsüberlassung – gleichsam als Vorreiter der gesetzlichen Dienstleistungsüberlassung – ist unter Berücksichtigung der von der Rechtsprechung aufgestellten Voraussetzungen verfassungsrechtlich zulässig. Allerdings verbleibt das Weisungsrecht bei der das Personal überlassenden Institution und lediglich die Dienstleistungsergebnisse werden dem ausleihenden Unternehmen zur Verfügung gestellt. Daher eignet sich dieses Instrument für kleinere, eng begrenzte und überschaubare Privatisierungsmaßnahmen. Infolge der komplizierten Abstimmungsprozesse ist dieses Modell für eine dauerhafte Aufrechterhaltung des Betriebs durch das gestellte Personal für das privatisierte Unternehmen nicht reizvoll.

Eine Dienstleistungszuweisung kraft Gesetzes im Sinne des Bahnmodells bietet die Vorteile

- eines zeitgleichen Transfers aller für einen kontinuierlichen und stabilen Dienstbetrieb erforderlichen Mitarbeiter,

---

[111] *Goeres/Fischer* in: GKÖD, Bd. V, Personalvertretungsrecht des Bundes und der Länder, K § 76 Rn. 27b) und c); *Lorenzen/Schmitt/Etzel/Gerhold/Schlattmann/Rehak,* Kommentar zum BPersVG, § 1 Rn. 33d, f; *a.A.: Kunz,* Kommentar zum Eisenbahnrecht, A 2.2 zu § 12 DBGrG, S. 33.

[112] Nach *Kunz,* Kommentar zum Eisenbahnrecht, A 2.1 zu § 7 BENeuglG, S. 30 kommt eine Zuweisung gem. § 123a BRRG auch dann in Betracht, wenn der Bund das Mehrheitseigentum an den Gesellschaften aufgegeben hat.

- Verzicht eines zeitaufwendigen Zustimmungsverfahrens der betroffenen Mitarbeiter inklusive anschließender Rechtsschutzverfahren,
- der Aneignung von gebündeltem Know-how sowie
- die Vermeidung zeit- und kostenintensiver Personalauswahl- und einstellungsverfahren.

Allerdings birgt sie auch die Gefahr der Verletzung verfassungsrechtlich garantierter beamtenrechtlicher Grundprinzipien. Daher ist die Auslegung sowie die Verfassungsmäßigkeit des Art. 143a Abs. 1 GG i.V.m. § 12 DBGrG immer noch umstritten.

Mangels geeigneter anderer Überleitungsinstrumente war es zum damaligen Zeitpunkt offensichtlich der praktikabelste Weg die Privatisierung der Deutschen Bundespost und Deutschen Bundesbahn sowie Deutschen Reichsbahn durch eine Verfassungsänderung abzusichern. Dieser gesetzgeberische Aufwand wurde mit der Reichweite und Bedeutung der Umstrukturierung der Monopolgiganten gerechtfertigt. Folglich könnten diese Maßnahmen einmalig in der Privatisierungspraxis sein. Sicherlich eignet sie sich nicht für die Mehrzahl der Privatisierungsmaßnahmen, die oft nur einen geringeren Umfang haben und ggf. nicht sofort auf die weitere Aufrechterhaltung des Betriebes als Massendienstleister angewiesen sind.

Eine Möglichkeit zur Personalüberleitung für sonstige Privatisierungsmaßnahmen auf Bundes-, Landes- oder auch Kommunalebene wurde durch die Zuweisung gem. § 123a Abs. 1 S. 2 BRRG geschaffen. Voraussetzung hierfür ist allerdings die Befristung des Zuweisungszeitraums sowie die Zustimmung des Beamten. Dagegen ist nach § 123a Abs. 2 BRRG eine Zuweisung zu einem privatrechtlichen Unternehmen auch gegen den Willen des betroffenen Beamten und auf Dauer zulässig. Allein dieses Instrument wäre – vorausgesetzt die Regelung hätte zum Zeitpunkt der Bahnreform schon bestanden – geeignet gewesen, den Personaltransfer von den Bundeseisenbahnen auf die Deutsche Bahn AG im geeigneten Umfang und Dauer sowie ohne Zeitverzögerung durchzuführen.

Rechtliche Bedingung der Zuweisung kraft Gesetzes nach § 12 DBGrG sowie der Zuweisung aufgrund des § 123a BRRG ist die Gewährleistung der Rechtsstellung des Beamten, also der Schutz des statusrechtlichen Amtes[113]. Demnach bleibt die Zugehörigkeit zu einer Laufbahn und Laufbahngruppe, das Endgrundgehalt der Besoldungsgruppe und die Amtsbezeichnung bestehen. Da die Dienstposten der Beamten im Zuge der Privatisierung wegfallen, nehmen die zugewiesenen Beamten in dem privatrechtlich organisierten Unternehmen weder ein Amt im konkret-funktionellen noch im abstrakt-funktionellen Sinne

---

[113] So auch *BT-Drs.* 12/5015, S. 8; *BAG,* NZA 1998, S. 273, 278; *Blanke* in: *Blanke/Trümner,* Handbuch Privatisierung, S. 693, Rn. 978; *Steuck*, Zur Beschäftigung von Beamten in einer privatisierten Einrichtung, ZBR 1999, S. 150, 152 f.

wahr. Diese Elemente des Beamtenstatus gehen durch die Privatisierungsmaßnahme also verloren.

7. Rechtsschutz gegen Überleitungsmaßnahmen

a) Abordnung, Versetzung und Zuweisung

Die Personalüberleitungsinstrumente der Versetzung, der Abordnung und der Zuweisung sind Verwaltungsakte gem. § 35 VwVfG[114]. Die Deutsche Bahn AG handelt hierbei als Behörde im Sinne des § 1 Abs. 4 VwVfG. Über Widersprüche gegen beamtenrechtliche Entscheidungen der Deutschen Bahn AG entscheidet der Präsident des Bundeseisenbahnvermögens[115].

Wirksamer Rechtsschutz gegen diese Maßnahmen ist daher nach dem erforderlichen Vorverfahren gem. § 126 Abs. 3 BRRG i.V.m. § 68 VwGO mit der Anfechtungsklage gem. § 42 Abs. 1 VwGO zu erreichen. Örtlich zuständig ist gem. § 52 Nr. 4 S. 1 VwGO das Verwaltungsgericht, in dessen Bezirk der dienstliche Wohnsitz des Klägers vor der Versetzung, Abordnung etc. lag[116].

Nach der Neuregelung durch das Gesetz zur Reform des öffentlichen Dienstrechts haben eingelegte Rechtsbehelfe gegen eine Abordnung bzw. eine Versetzung keine aufschiebende Wirkung mehr, so daß die Verteidigungsmöglichkeiten des Betroffenen hierdurch eingeschränkt werden[117]. Der Beamte muß deshalb – will er sich nicht disziplinarrechtlichen Konsequenzen aussetzen – zunächst der Verfügung folgen bzw. die aufschiebende Wirkung im Wege des eiligen Rechtsschutzes gem. § 80 Abs. 5 VwGO wiederherstellen lassen. Aussicht auf Erfolg werden diese Maßnahmen allerdings nur haben, wenn die Abordnung bzw. Versetzung offensichtlich rechtswidrig ist oder wenn wegen schwerwiegenden Eingriffen in seine Rechtsstellung ihm das Abwarten des

---

[114] *Summer* in: *Fürst,* GKÖD, Bd. I, Beamtenrecht des Bundes und der Länder, K § 27 Rn. 22; *Kathke,* Versetzung, Umsetzung, Abordnung und Zuweisung, ZBR 1999, S. 325, 333 ff.; *Kotulla,* Rechtsfragen im Zusammenhang mit der vorübergehenden Zuweisung eines Beamten nach § 123a BRRG, ZBR 1995, S. 168, 172; *Steuck,* Zur Beschäftigung von Beamten in einer privatisierten Einrichtung, ZBR 1999, S. 150, 153; *Ziekow,* Veränderungen des Amtes im funktionellen Sinne – eine Betrachtung nach Inkrafttreten des Dienstrechtsreformgesetz, DÖD 1999, S. 7, 22 ff.

[115] *Kunz,* Kommentar zum Eisenbahnrecht, A 2.2 zu § 12 DBGrG, S. 30, 37 f., danach tritt die DB AG aufgrund ihrer Beleihung mit Dienstherrenbefugnissen als eine Behörde i.S.d. § 1 Abs. 4 VwVfG auf und erläßt Verwaltungsakte. Sie hat daher auch im Sinne des § 59 VwGO die Pflicht zur Rechtsbehelfsbelehrung, wie eine „Bundesbehörde“. Als zwingende Annexkompetenz zu ihren Befugnissen, ist die DB AG auch berechtigt in Widerspruchverfahren eine Abhilfenentscheidung zu treffen.

[116] *VGH München,* ZBR 1985, S. 210.

[117] *Kutscha,* Die Flexibilisierung des Beamtenrechts, NVwZ 2002, S. 942, 944; Bedenken dagegen *Steiner,* Besonderes Verwaltungsrecht, Rn. 161; *Lecheler,* Die Zukunft des Berufsbeamtentums, ZBR 1996, S. 1, 5.

Hauptsacheverfahrens nicht zuzumuten ist[118]. Maßgeblicher Zeitpunkt für die Beurteilung der Sach- und Rechtslage ist der Zeitpunkt der Widerspruchsentscheidung[119].

Statthafte Klageart um ein Abordnungs- oder Versetzungsbegehren geltend zu machen ist die Verpflichtungsklage gem. § 42 Abs. 1 VwGO, regelmäßig in Form der Bescheidungsklage[120].

Der Widerspruch bzw. die Anfechtungsklage gegen eine Zuweisungsverfügung entfaltet eine aufschiebende Wirkung. Der in § 126 Abs. 3 Nr. 3 BRRG geregelte Sonderfall bezieht sich nur auf Versetzung und Abordnung. Da es sich dabei um eine Ausnahmeregelung zu § 80 Abs. 1 VwGO handelt, die eng auszulegen ist, kommt eine entsprechende Anwendung auf dien Fall der Zuweisung nicht in Betracht[121].

Hinsichtlich der Versetzung eines Beamten der ehemaligen Bundesbahn zum Eisenbahnbundesamt, zu anderen (Bundes-)Behörden oder in den einstweiligen Ruhestand gelten die oben gemachten Ausführungen.

b) Beurlaubung

Fraglich ist, welcher Rechtsweg in den Fällen eröffnet ist, in denen der Beamte den Abschluß eines Arbeitsvertrages mit der Deutschen Bahn AG unter gleichzeitiger Beurlaubung von seinem Beamtenverhältnis gem. § 12 Abs. 1 DBGrG begehrt.

Nach Auffassung des Bundesarbeitsgerichts sind für Klagen eines Beamten auf Abschluß eines Arbeitsvertrages unter gleichzeitiger Beurlaubung nicht die Gerichte für Arbeitssachen zuständig, sondern die Verwaltungsgerichte[122].

Ob ein Rechtsstreit dem Zivilrecht oder dem öffentlichen Recht zuzuweisen ist, richtet sich, wenn eine ausdrückliche Rechtswegzuweisung fehlt, nach der Natur des Rechtsverhältnisses, aus dem der Klageanspruch hergeleitet wird. Entscheidend ist hierbei, ob die an der Streitigkeit Beteiligten zueinander in einem hoheitlichen Verhältnis der Über- und Unterordnung oder gleichberechtigt einander gegenüberstehen, d.h., ob der zur Klagebegründung vorgetragene

---

[118] *Battis,* Kommentar zum BBG, § 26 Rn. 27; *Schnellenbach,* Beamtenrecht in der Praxis Rn. 120.

[119] *OVG Bremen,* DÖD 1986, S. 134.

[120] *Ziekow,* Veränderungen des Amtes im funktionellen Sinne – eine Betrachtung nach Inkrafttreten des Dienstrechtsreformgesetz, DÖD 1999, S. 7, 22.

[121] *Schnellenbach,* Beamtenrecht in der Praxis, Rn. 139; *Steuck,* Zur Beschäftigung von Beamten in einer privatisierten Einrichtung, ZBR 1999, S. 150, 153.

[122] *BAG,* NZA 1999, S. 1008 zum Rechtsweg bei Klagen eines Beamten der Deutschen Post AG auf Abschluß eines Arbeitsvertrages unter gleichzeitiger Beurlaubung nach § 4 Abs. 3 Postpersonalrechtsgesetz.

Sachverhalt für die aus ihm hergeleiteten Rechtsfolgen vom zivil- bzw. arbeitsrechtlichen oder von öffentlich-rechtlichen Grundsätzen geprägt wird.

Das Begehren des Beamten ist allein aufgrund des bestehenden Beamtenverhältnisses begründet. Würde das Beamtenverhältnis hinweggedacht, so besteht für die Ansprüche kein rechtlicher Anknüpfungspunkt mehr. Maßgeblich ist somit das Bestehen eines Beamtenverhältnisses, das durch einen Verwaltungsakt zum Ruhen gebracht werden soll, um zugleich ein privatrechtliches Dienstverhältnis begründen zu können. Der Rechtsstreit betrifft somit eine Streitigkeit aus dem Beamtenverhältnis und ist daher öffentlich-rechtlicher Natur. Folglich ist nach § 172 BBG i.V.m. § 126 Abs. 1 BRRG i.V.m. § 40 VwGO der Verwaltungsrechtsweg eröffnet[123].

Die Beurlaubungsverfügung ist ein Verwaltungsakt gem. § 35 VwVfG[124]. Statthafte Klageart, um das Begehren des Beamten auf eine Beurlaubung durchzusetzen, ist daher die Verpflichtungsklage gem. § 42 Abs. 1 VwGO.

c) Vertragliche Dienstleistungsüberlassung

Anders gestaltet sich der Rechtsschutz bei einer rein vertraglichen Zuweisung an ein privatisiertes Unternehmen, wie z.B. im Rahmen der Privatisierung des regionalen Bahnbusverkehrs und des Postreisedienstes. Nach der Rechtsprechung des Bundesverwaltungsgerichts[125] ist in der an den Beamten adressierten Zuweisungsverfügung – aufgrund der vertraglichen Vereinbarung – kein Eingriff in rechtlich schützenswerte Positionen zu sehen, da sie lediglich die Art und Weise der Dienstausübung betrifft und den Beamten weder in seinem statusrechtlichen noch in seinem funktionellen Amt verletzt. Deshalb ist eine Anfechtungsklage mangels Verletzung der individuellen Rechtssphäre im Sinne des § 42 Abs. 2 VwGO nicht statthaft[126].

Die dienstliche Zuweisung kann jedoch mittels der Leistungsklage bzw. Feststellungsklage gem. § 43 VwGO überprüfbar sein, wenn der Beamte geltend macht, daß die Auswirkungen der Zuweisung ihn in seinem individuellen Rechtskreis treffen[127].

---

[123] *Fürst,* GKÖD, Bd. I, Beamtenrecht des Bundes und der Länder, K § 89 Rn. 60.

[124] *Summer* in: *Fürst,* GKÖD, Bd. I, Beamtenrecht des Bundes und der Länder, K § 27 Rn. 22; *Kathke,* Versetzung, Umsetzung, Abordnung und Zuweisung, ZBR 1999, S. 325, 333 ff.; *Kotulla,* Rechtsfragen im Zusammenhang mit der vorübergehenden Zuweisung eines Beamten nach § 123a BRRG, ZBR 1995, S. 168, 172; *Steuck,* Zur Beschäftigung von Beamten in einer privatisierten Einrichtung, ZBR 1999, S. 150, 153.

[125] *BVerwGE* 69, 303, 305 (Pilotentscheidung), an der sich die Verwaltungspraxis insbesondere bei Personalüberleitungsverträgen später orientiert hat.

[126] So auch die weitere Rsp. *BVerwG,* NVwZ 1982, S. 208.

d) *Gesetzliche Dienstleistungszuweisung*

Bei der Bahnreform erfolgte eine Zuweisung der ehemaligen Bundesbahnbeamten zur DB AG kraft Gesetzes gem. Art. 143a Abs. 1 S. 1 GG i.V.m. § 12 DBGrG.

Wirksamen Rechtsschutz gegen diese Überleitungsmaßnahme – die eben nicht mittels eines Verwaltungsaktes umgesetzt wurden – ist durch die Feststellungsklage gem. § 43 Abs. 1 VwGO, als statthafte Klageart mit dem Antrag auf Feststellung der Nichtigkeit der gesetzlichen Zuweisung, zu erreichen.

Grundsätzlich ist für die Überprüfung einer gesetzlichen Regelung allein das abstrakte oder konkrete Normenkontrollverfahren statthaft. Eine unmittelbar auf Feststellung der Ungültigkeit einer Rechtsnorm gerichtete Feststellungsklage erfüllt nicht die Zulässigkeitsvoraussetzungen des § 43 VwGO. Da der einzelne von der Überleitungsmaßnahme betroffene Beamte im Rahmen eines Normenkontrollverfahrens nicht antragsberechtigt ist, muß ihm gleichwohl im Sinne der Rechtsweggarantie gem. Art. 19 Abs. 4 GG ein effektiver Rechtsschutz gegen den Erlaß untergesetzlicher Normen eingeräumt werden.

Danach ist eine Inzidentprüfung im Rahmen der Feststellung des Bestehens oder Nichtbestehens eines Rechtsverhältnisses nicht ausgeschlossen, selbst wenn die Normprüfung der eigentliche Zweck der Feststellungsklage ist[128].

Für Klagen auf Erlaß, Ergänzung oder Überprüfung untergesetzlicher Normen ist nach überwiegender Ansicht in der Literatur[129] und Rechtsprechung[130] gem. Art. 19 Abs. 4 GG i.V.m. § 40 Abs. 1 S. 1 VwGO regelmäßig der Verwaltungsrechtsweg gegeben.

---

[127] Ständige Rsp. u.a. *BVerwGE* 41,253, 258, „... Beamter hat grundsätzlich die Möglichkeit der Leistungsklage, wenn Maßnahmen, die normalerweise unanfechtbar oder unüberprüfbare Behördeninterna sind, weil sie nicht bestimmt sind, Außenwirkung zu entfalten ... im Einzelfall sich doch als Verletzung der individuellen Rechtssphäre auswirken."

[128] *Ziekow* in: *Sodan/Ziekow,* Kommentar zur VwGO, § 47 Rn. 88 m.w.N.; vgl. auch *Sodan* in: *Sodan/Ziekow,* Kommentar zur VwGO, § 43 Rn. 57, 58; *Sodan,* Der Anspruch auf Rechtsetzung und seine prozessuale Durchsetzbarkeit, NVwZ 2000, S. 601, 608 f., wonach eine Leistungsklage als möglicher Rechtsschutz gegen untergesetzliche Normen nicht zulässig ist. Danach spricht gegen die allgemeine Leistungsklage als statthafte Klageart und für die allgemeine Feststellungsklage u.a., daß das Verfahren gem. § 47 VwGO als ein „besonders geartetes Feststellungsverfahren" ausgestaltet ist und es daher sachgerecht ist, für eine Klage auf Normerlaß als actus contrarius des Normenkontrollverfahrens die diesem von der Struktur am nächsten stehende Klageart zu wählen. Ferner ist im Falle eines auf Normerlaß gerichteten Leistungsurteils gegebene Vollstreckbarkeit des Urteils mit dem Gewaltenteilungsprinzip unvereinbar.

[129] *Sodan,* Der Anspruch auf Rechtsetzung und seine prozessuale Durchsetzbarkeit, NVwZ 2000, S. 601, 608 m.w.N.

[130] *BVerwGE* 80, 355, 361.

Nach § 126 Abs. 3 BRRG bedarf es auch bei Erhebung der Feststellungsklage eines Vorverfahrens. Da die Regelung des § 126 Abs. 3 Nr. 3 BRRG nur auf Widerspruch und Anfechtungsklage Anwendung findet, entfalten sowohl der Widerspruch wie auch die spätere Feststellungsklage eine aufschiebende Wirkung.

Für die Deutsche Bahn AG hat dies zur Konsequenz, daß sie die Maßnahmen der gesetzlichen Zuweisung nicht sofort umsetzen kann, sondern den Ausgang des Verfahrens abwarten muß.

Im Hinblick auf die Erstzuweisung im Rahmen der ersten Stufe der Bahnreform, sind in der Praxis jedoch keine Fälle bekannt, daß sich ein Beamter gegen seine Zuweisung zu dem privatisierten Eisenbahnunternehmen gewehrt hat. Im Vordergrund standen vielmehr das Interesse des Einzelnen an dem Erhalt seines Arbeitsplatzes sowie die Rahmenbedingungen für seine Weiterbeschäftigung.

Dagegen wurden bei weiteren gesellschaftlichen Ausgliederungen gem. §§ 2 Abs. 1, 3 Abs. 3 DBGrG gegen die „Weiterzuweisung" gem. §§ 23, 12 Abs. 2 DBGrG von einem Geschäftsbereich zu einem anderen Geschäftsbereich innerhalb des Bahnkonzerns zahlreiche Widersprüche von den betroffenen Beamten erhoben. Als statthafte Klageart gegen diese Personalweiterleitungsmaßnahme kommt die Feststellungsklage in Betracht. Folglich haben die Widersprüche bzw. die Klagen im Umkehrschluß aus § 126 Abs. 3 Nr. 3 BRRG zunächst eine aufschiebende Wirkung.

In der Praxis wird diese Rechtsfolge jedoch nicht berücksichtigt. Unbeachtlich der subjektiven Rechte des betroffenen Beamten auf einen effizienten Rechtsschutz, werden die Überleitungsmaßnahmen aufgrund wirtschaftlicher Interessen des Unternehmens mit sofortiger Wirkung umgesetzt. Hier bleibt abzuwarten, wie ein Gericht die Sach- und Rechtslage beurteilt. Ein geringeres Prozeßrisiko würde der privatrechtliche Arbeitgeber eingehen, wenn er die sofortige Vollziehung der Maßnahme in analoger Anwendung des § 80 Abs. 2 VwGO beantragen würde.

e) Passivlegitimation des Bundeseisenbahnvermögens

Auf Grund des bestehenden Dreiecksverhältnisses zwischen Bundesbeamten, der Deutschen Bahn AG und dem Bundeseisenbahnvermögen stellt sich die Frage, gegen wen der Beamte im Streitfall bzgl. beamtenrechtlicher Angelegenheiten seine Klage zu richten hat, wenn die Ausgangsentscheidung auf der Grundlage der DB AG-Zuständigkeitsverordnung von der Deutschen Bahn AG getroffen wurde.

Hierbei war insbesondere die Frage der Passivlegitimation – der passiven Prozeßführungsbefugnis – im Sinne des § 78 VwGO lange Zeit umstritten.

Grundsätzlich ist die Passivlegitimation ein Problem des materiellen Rechts. Sie richtet sich danach, ob der Beklagte oder ein anderer nach den Vorschriften des einschlägigen materiellen Rechts der Schuldner des geltend gemachten Anspruchs ist[131].

Nach der Bahnreform wurden zwischen der Deutschen Bahn AG und dem Bundeseisenbahnvermögen hierzu in § 9 Abs. 3 S. 2 der Rahmenvereinbarung BEV/DBAG[132] folgende Regelungen getroffen:

„Verwaltungsstreitverfahren aus dem Beamtenverhältnis führt das Bundeseisenbahnvermögen; dabei ist in Einzelfällen zu prüfen, ob die Deutsche Bahn AG gem. § 65 VwGO zu beteiligen ist."

Ursprünglich sollte mittels dieser Vereinbarung die Passivlegitimation in Streitverfahren, die das Beamtenrecht betreffen, generell dem Bundeseisenbahnvermögen zugewiesen werden[133].

In der Praxis stellte sich der Sachverhalt nach der Bahnreform jedoch anders dar. Die Deutsche Bahn AG gerierte sich in dienstrechtlichen Angelegenheiten keineswegs als der verlängerte Arm des Bundeseisenbahnvermögens und gab sich nicht mit der Rolle als Beteiligte zufrieden. Vielmehr beanspruchte sie die eigenständige Bearbeitung und Erledigung der dienstrechtlichen Angelegenheiten auch in Streitfällen.

Begründet wurde diese Handlungsweise damit, daß unbeachtlich der Vereinbarung auch tatsächlich mehr für eine Passivlegitimation der Deutschen Bahn AG spreche in den Fällen, die ihr als juristischer Person des Privatrechts gem. § 12 Abs. 6 DBGrG i. V. m. DB AGZustV zur Entscheidung in beamtenrechtlichen Angelegenheiten zugeordnet wurden[134].

---

[131] *Happ* in: *Eyerman/Fröhler,* Kommentar zur VwGO, § 78 Rn. 1 m. w. N.; *Burgi* in: *Erichsen/Ehlers,* Allgemeines Verwaltungsrecht, § 52, Rn. 51; Brenner in: Sodan/Ziekow, Kommentar zur VwGO, § 78 Rn. 3.

[132] Rahmenvereinbarung zwischen Bundeseisenbahnvermögen und Deutsche Bahn AG in dienstrechtlichen Angelegenheiten für die der Gesellschaft zugewiesenen und zu ihr beurlaubten Beamten des Bundeseisenbahnvermögens vom 1. August 1994 – abgedruckt in: *Kunz,* Kommentar zum Eisenbahnrecht, A 5.10.

[133] Die Rechtsprechung hat in dieser Hinsicht daher der Vereinbarung zunächst keine Bedeutung beigemessen (vgl. u. a. *VG Saarlouis,* Urteil v. 2.3.1998, Az: 12 K 119/95). Ebenso schied eine Auslegung der Vereinbarung als gewillkürte Prozeßstandschaft aus, da diese zumindest bei Anfechtungs- und Verpflichtungsklagen durch § 42 Abs. 2 VwGO ausgeschlossen ist, soweit nicht durch Gesetz Ausnahmen vorgesehen oder zugelassen sind (vgl. zur gewillkürten Prozeßstandschaft *Kopp/Schenke,* Kommentar zur VwGO, Vorb. § 40 Rn. 25; *Kuhla/Hüttenbrink,* Der Verwaltungsprozeß, D Rn. 18). Eine solche gesetzlich normierte Ausnahme lag hinsichtlich dieses Sachverhalts jedoch nicht vor.

[134] Maßgeblich für die Entscheidung, ob die Deutsche Bahn AG in den o. g. Streitigkeiten passiv legitimiert ist, ist die Tatsache, daß sie auf Grund gesetzlicher Regelungen öffentlich-rechtliche Handlungs- und Entscheidungsbefugnisse erhalten hat und in den ihr übertragenen Fällen eigenständig und ohne Einflußnahme des Bundeseisen-

Unter Berücksichtigung der bis dahin ergangenen Rechtsprechung wurde die Deutsche Bahn AG als „beliehene Unternehmerin" betrachtet, die im Rahmen dieser Beleihung an öffentliche Vorschriften gebunden ist[135]. Sofern solche beliehenen Unternehmer nicht lediglich unselbständige Verwaltungsmittler sind, ist die Klage gegen diese und nicht gegen den Verwaltungsträger, dessen Aufgaben wahrzunehmen sind, zu richten[136].

Im Jahre 1999 hat das Bundesverwaltungsgericht diesen Meinungsstreit beendet, in dem es entschieden hat, daß allein die Bundesrepublik Deutschland, vertreten durch den Präsidenten des Bundeseisenbahnvermögens, die richtige Beklagte gem. § 78 Abs. 1 Nr. 1 VwGO ist[137].

Der Senat verweist insoweit auf § 4 Art. 1 ENeuOG, wonach dem Bundeseisenbahnvermögen die Beteiligtenfähigkeit verliehen worden ist und es somit im Rechtsverkehr unter seinem Namen handeln, verklagen und verklagt werden kann.

In Übereinstimmung mit dem Prinzip der Verantwortung des Dienstherrn nach Art. 143a Abs. 1 S. 3 GG bleibt der Bund Verpflichtungssubjekt für die Ansprüche seiner bei der Deutschen Bahn AG tätigen Bediensteten aus dem

---

bahnvermögens entscheiden kann. Dies ist die logische Konsequenz aus der Feststellung, daß der Präsident des Bundeseisenbahnvermögens lediglich die Rechtsaufsicht über dienst- und öffentlich-rechtliche Maßnahmen der Deutschen Bahn AG ausübt. Die Rolle der Deutschen Bahn AG geht vergleichsweise somit weit über die eines unselbständigen Verwaltungsmittlers hinaus. Daher wäre es sachwidrig, wenn sich die Deutsche Bahn AG in dienstrechtlichen Rechtsstreitigkeiten ihrer Verantwortung und folglich auch einer Passivlegitimation entziehen könnte. Folglich ging die Rechtsprechung und Literatur zunächst davon aus, daß in beamtenrechtlichen Angelegenheiten, die der Deutschen Bahn AG übertragen worden sind, diese passiv legitimiert ist. In allen übrigen Angelegenheiten, insbesondere die den Status des Beamten betreffen, liegt die Passivlegitimation beim Bundeseisenbahnvermögen; damals so auch die überwiegende Rechtsprechung: *OVG Hamburg,* Beschluß vom 06.05.1994, Az.: OVG Bs I 9/94; *OVG Münster,* Beschluß vom 08.11.1996, Az.: 12 B 1961/96 und vom 14.09.1997, Az.: 12 B 308/97; *VG Frankfurt am Main,* Beschluß vom 23.12.1994, Az.: 9 G 2772/94; durch Schreiben vom 19.10.1995 – 12/40 BM 95 – hat sich der Bundesminister für Verkehr hinsichtlich der o.g. Problematik auch positioniert: „... Auch das Bundesministerium des Inneren hat nun seine Auffassung, das Bundeseisenbahnvermögen sei der richtige Klagegegner, insbesondere auch im Hinblick auf die mittlerweile gefestigte Rechtsprechung, fallengelassen. Richtiger Klagegegner in diesen Verfahren ist daher die Deutsche Bahn AG ..."

135 *VG Frankfurt am Main,* NVwZ 1995, S. 410; *VG Frankfurt am Main,* Beschluß vom 29.06.1994, Az: 9 E 1637/94; *OVG Hamburg,* Beschluß vom 06.05.1994, Az.: OVG Bs I 9/94, vgl. *Wernicke,* Bundesbahn – Wo sind deine Beamten geblieben?, ZBR 1998, S. 266, 274.

136 *Brenner* in: *Sodan/Ziekow,* Kommentar zur VwGO, § 78 Rn. 16; *Happ* in: *Eyermann/Fröhler,* Kommentar zur VwGO, § 78 Rn. 13; *Kopp/Schenke,* Kommentar zur VwGO, § 78 Rn. 3; *Redeker/v. Oertzen,* Kommentar zur VwGO, § 42 Rn. 64.

137 *BVerwG,* Urteil vom 11. Februar 1999, Az.: 2 C 28/98, in: *Schütz/Maiwald,* Beamtenrecht des Bundes und der Länder, ES/D I 2, Nr. 48 S. 146, 148 (entspricht *BVerwGE* 108, 274, 276).

Beamtenverhältnis. An diesem Grundsatz haben nach Auffassung des Gerichts auch die Regelungen zur Neustrukturierung des Eisenbahnwesens nichts geändert.

Die verfassungsrechtlich gewährleistete Verantwortung des Dienstherrn erfordert mehr als eine Rechts- oder Fachaufsicht des Bundeseisenbahnvermögens über die von der Deutschen Bahn AG in eigener Zuständigkeit zu treffenden Maßnahmen. Ihr materieller Gehalt gebietet es daher, die im Beamtenverhältnis getroffenen Maßnahmen dem Dienstherrn zuzurechnen.

Diesen Forderungen hat der Gesetzgeber auch Rechnung getragen. Er hat sich nicht damit begnügt durch Erlaß des § 13 DBGrG dem Dienstherrn die Rechtsaufsicht über die Deutsche Bahn AG zu übertragen, sondern die Beamten verbleiben trotz ihrer Eingliederung in die Betriebsorganisation der Deutschen Bahn AG in ihrer dienstrechtlichen Beziehung zum Bundeseisenbahnvermögen[138].

Dieser Rechtsprechung des Bundesverwaltungsgerichts ist auch zuzustimmen. Nach der Zielsetzung des Verfassungsgesetzgebers soll die Deutsche Bahn AG gerade nicht öffentlich-rechtlich als Beliehene handeln. Vielmehr wurde ihr lediglich die Ausübungsfunktion zu bestimmten dienstrechtlichen Maßnahmen gegenüber den ihr zugewiesenen Beamten übertragen. Letztlich verbleibt daher die Verantwortung für diese Maßnahmen beim Dienstherrn, so daß eine Passivlegitimation der Deutschen Bahn AG ausgeschlossen ist.

Diese wegweisende und klärende Senatsentscheidung zur Passivlegitimation des Bundeseisenbahnvermögens behandelte in der Sache eine dienstliche Beurteilung. Da eine dienstrechtliche Beurteilung jedoch ebenso eine beamtenrechtliche Entscheidung darstellt wie eine organisationsrechtliche Versetzung, sind die Grundsätze aus der vorzitierten Entscheidung des Bundesverwaltungsgerichts auch für andere beamtenrechtliche Maßnahmen zu übernehmen[139].

In der Praxis wurde die Passivlegitimation des Bundeseisenbahnvermögens seit der Entscheidung des Bundesverwaltungsgerichts nicht mehr in Frage gestellt. Als Folge dieser Entscheidung wurde in anhängigen Verfahren gegen die Deutsche Bahn AG das entsprechende Rubrum im Wege des gewillkürten Parteiwechsels[140] geändert und das Bundeseisenbahnvermögen als richtiger Be-

---

[138] *BVerwG,* Urteil vom 11. Februar 1999, Az.: 2 C 28/98, in: *Schütz/Maiwald,* Beamtenrecht des Bundes und der Länder, ES/D I 2, Nr. 48 S. 146, 149 148 (entspricht *BVerwGE* 108, 274, 277*).*

[139] So *Schlegelmilch,* Amtsunangemessene Beschäftigung am Beispiel der DB AG, ZBR 2002, S. 79, 82.

[140] Ein solcher gewillkürter Parteiwechsel ist nach den Regeln der Klageänderung gem. § 91 VwGO zu behandeln; vgl. *BVerwG,* NJW 1988, S. 1228; *Happ* in: *Eyermann/Fröhler,* Kommentar zur VwGO, § 78 Rn. 26; *Brenner* in: *Sodan/Ziekow,* Kommentar zur VwGO, § 78 Rn. 38.

klagter benannt[141]. Die Deutsche Bahn AG ist als Beigeladene gem. § 65 VWGO zu beteiligen.

II. Auswirkung der Privatisierung auf den Status der Beamten sowie Anwendung der hergebrachten Grundsätze des Berufsbeamtentums gem. Art. 33 Abs. 5 GG

Das öffentliche Dienstrecht und die Ausübung eines öffentlichen Amtes bedingen einander. Allein aus dem Ämterbegriff läßt sich der besondere Status des Beamten mit samt seinen Vor- und Nachteilen, Rechten und Pflichten rechtfertigen. Zu Recht ist daher in der Literatur[142] betont worden, das Sonderrecht des Beamten lasse sich nicht schon deshalb aufrechterhalten, weil sich die beamtenrechtsimmanenten Sonderlasten und Vorzüge gegenseitig kompensieren. Die Besonderheiten des Beamtenverhältnisses bedürfen vielmehr der funktionalen Rechtfertigung durch die Besonderheiten der hoheitlichen Aufgabenerfüllung.

Als Beschäftigte der privatisierten Eisenbahnunternehmen nehmen die Beamten kein öffentliches Amt mehr wahr. Ihr Dienstverhältnis zum Bund bleibt zwar bestehen, das Amtswalterverhältnis erlischt jedoch.

Mit der in § 143a Abs. 1 S. 3 GG kraft Verfassungsrecht angeordneten Zuweisung von Beamten zu den privaten Eisenbahnunternehmen verlieren diese ihr Amt im staatsorganisatorischen sowie im funktionellen Sinne.

Auch wenn sie am Tage nach der Umwandlung der beiden Sondervermögen der Deutschen Bundesbahn und Deutschen Reichsbahn in die Deutsche Bahn AG in der Sache noch dieselbe Tätigkeit ausüben, verwalten sie kein staatliches Amt mehr, sondern nehmen privatwirtschaftliche Aufgaben wahr. Sie erbringen also keinen Dienst im formellen Sinne mehr, sondern leisten Arbeit.

Dies ist auch der entscheidende Unterschied zur vertraglichen Dienstleistungsüberlassung[143]. Nach Auffassung des BVerwG ist damals aufgrund der konkreten Vertragsgestaltung der dem Beamten obliegende Aufgabenbereich – sein Amt im funktionellen Sinne – nicht auf das private Unternehmen übertra-

---

141 Zur Befugnis der gerichtlichen Vertretung der jeweiligen Behörden innerhalb der Geschäftsbereiche des Bundeseisenbahnvermögens vgl. „Allgemeine Anordnung über die Vertretung bei Klagen aus dem Beamtenverhältnis im Bereich des Bundeseisenbahnvermögens“ vom 13. Januar 2000, (BGBl. I S. 102) in Kraft getreten am 1. März 2000.

142 *Loschelder,* Strukturreform der Bundeseisenbahnen durch Privatisierung, S. 17.

143 *BVerwGE 69,* 303 ff. über die vertragliche Dienstleistungsüberlassung nach der Privatisierung des Bahnbusverkehrs und des regionalen Postreisedienstes in Schleswig-Holstein.

gen worden. Vielmehr übte der Beamte weiterhin Tätigkeiten aus, die seinem funktionellen Amt entsprachen[144].

Für die bei der Deutschen Bahn AG bzw. ihren Tochterunternehmen beschäftigten Beamten gibt es keine staatlichen Aufgaben mehr. Durch Art. 87e GG sind die Dienstleistungen der Deutschen Bahnen endgültig ihres staatlichen Charakters entkleidet und zu privaten Aufgaben geworden.

Diese Beamten sind daher Beamte ohne Amt[145]. Beamte die prinzipiell und dauerhaft ohne Amt sind, sind im traditionellen Wortsinn keine Beamten mehr[146]. Gleichwohl ändert dies nichts an der einmal verliehenen Rechtsstellung. Das einmal begründete Dienstverhältnis ist als Grundverhältnis von der Übertragung und Entziehung eines Amtes unabhängig. In diesem Zusammenhang ist auch der Erlaß des Art. 143a Abs. 1 S. 3 GG zu bewerten[147].

Aus Art. 143a Abs. 1 S. 3 GG folgt jedoch nicht, daß das für die bei der Deutschen Bahn AG beschäftigten Beamten zum Zeitpunkt der Überleitung geltende rechtliche Umfeld unverändert zu bleiben hat. Ansonsten würde Art. 143a Abs. 1 GG einer Ewigkeitsgarantie gleichkommen, wonach auch den bei den Nachfolgeunternehmen der Deutschen Bahn AG beschäftigten Beamten für alle Zeiten die Rechte zustehen würden, die sie zum Zeitpunkt der Überleitung innegehabt haben. Sie hätten damit eine wesentlich stärker gesichertere Position als alle – noch im öffentlichen Dienst – tätigen Beamten, da diese Änderungen der Rechtslage, die sich ebenso zu ihren Ungunsten auswirken können, grundsätzlich auch dann hinzunehmen haben, wenn sie nach ihrer Ernennung eintreten[148].

Der Gesetzgeber hat, solange er nicht gegen die hergebrachten Grundsätze des Berufsbeamtentums gem. Art. 33 Abs. 5 GG verstößt[149], daher die Mög-

---

[144] *BVerwGE 69,* 303, 307, dies beruhte auf dem Gedanken, daß die Deutsche Bundesbahn sich nicht ihrer Aufgabe entledigt hat, sondern lediglich die Art und Weise der Wahrnehmung dieser Aufgabe dadurch modifizierte, daß sie ein von ihr gemeinsam mit der Deutschen Bundespost gegründetes und beherrschtes privatrechtlich organisiertes Unternehmen mit der Aufgabenerfüllung betraute; vgl. *Ossenbühl/Ritgen,* Beamte in privaten Unternehmen, S. 43.

[145] *BAG,* PersR 1998, S. 206, 210; *Benz,* H., Die Beleihung einer Aktiengesellschaft mit Dienstherrenbefugnis, S. 111.

[146] *Ossenbühl/Ritgen,* Beamte in privaten Unternehmen, S. 44 m.w.N.

[147] Vgl. amtliche Begründung in *BT-Drs.* 12/4610, S. 8; *BR-Drs.* 130/93, S. 14.

[148] *BVerfGE* 8, 332, 342.

[149] Hierbei ist jedoch zu beachten, daß Art. 33 Abs. 5 GG nicht einer Weiterentwicklung des öffentlichen Dienstrechtes entgegensteht. Vielmehr können die „hergebrachten Grundsätze" im Wege einer verfassungskonformen Auslegung den veränderten Umständen und der Entwicklung in der beruflichen Praxis bzw. dem täglichen Leben angepasst werden; *Böhm/Schneider,* „Beamtenprivatisierung" bei der Deutschen Bahn AG, S. 94 f. sprechen insoweit von einer Modifizierung des Art. 33 Abs. 5 GG durch Art. 143a GG.

lichkeit, auch negativ, z.B. durch Reformen des Dienstrechts, auf die konkrete Rechtsstellung der Beamten einzuwirken[150].

Wenn diese Befugnis zur Umgestaltung der Beamtenverhältnisse des öffentlichen Dienstes besteht, so gilt sie auch für „Privatbeamte". Aus der amtlichen Begründung beim Erlaß des Art. 143a Abs. 1 S. 3 GG ist nicht ersichtlich, daß durch den Regelungsgehalt des Art. 143a GG den „privatisierten" Beamten mehr Schutz eingeräumt werden sollte, als ihnen unmittelbar aus Art. 33 Abs. 5 GG zusteht.

Vielmehr durfte der Gesetzgeber im Zuge der Bahnreform sich nicht nur einseitig an den Bedürfnissen der Beamten orientieren, sondern er mußte auch die Interessen der privatisierten Unternehmen berücksichtigen. Grundsätzlich führt die Überleitung der Beamten der ehemaligen Bundesbahn auf das privatisierte Eisenbahnunternehmen zu einer erheblichen Entlastung des Staates. Hätte diese Möglichkeit der Weiterbeschäftigung der Mitarbeiter nicht bestanden, so wäre der Dienstherr dafür verantwortlich gewesen sie innerhalb des Staatsapparates anderweitig unterzubringen.

Aus der Perspektive der Deutschen Bahn AG stellt sich die Beschäftigung von Beamten in vielen Bereichen jedoch als problematisch dar. Tatsächlich besteht die Gefahr, daß die Privatisierungsentscheidung auf diese Weise in einem für den Erfolg eines jeden Unternehmens zentralen Bereich – der Personalwirtschaft – relativiert wird. Daher wird teilweise vertreten, daß es möglicherweise sinnvoller gewesen wäre, die bestehenden Beamtenverhältnisse im Rahmen der Bahnreform aufzulösen und durch privatrechtliche Arbeitsverträge zu ersetzen[151].

Eine Reihe der das Beamtenrecht prägenden Grundprinzipien könnten ihre innere Legitimation verlieren, wenn sie auf Beamte angewendet werden, die keine Amtswalter mehr sind. Es besteht somit die Gefahr, daß die meisten der für den „klassischen" Beamten sinnvollen Prinzipien und Regelungen sich – übertragen auf die „privatisierten" Beamten – als unzweckmäßig und aus unternehmerischer Perspektive sogar als Wettbewerbsnachteil erweisen[152].

Die unterschiedliche rechtliche Gestaltung der Dienstverhältnisse der Beamten einerseits und der Arbeitsverhältnisse der Arbeitnehmer andererseits – wie

---

[150] *BVerfGE* 44, 249, 263, wonach u.a. die Regelungen über das 13. Monatsgehalt, über Leistungszulagen, Urlaubsgeld, Beihilfe oder die Ausübung von Nebentätigkeiten einer Veränderung zugänglich sind, da diese Tatbestände nicht zu den hergebrachten Grundsätzen im Sinne des Art. 33 Abs. 5 GG zählen.

[151] *Ossenbühl/Ritgen,* Beamte in privaten Unternehmen, S. 25, die auch den Gedanken aufwerfen, daß angesichts des epochalen Wandels, den die Privatisierung darstellt, jedenfalls nicht von vorneherein ausgeschlossen gewesen sein dürfte, die betroffenen Beamten unter Beachtung entsprechender Ausgleichsmaßnahmen ganz aus ihrem Dienst- und Treueverhältnis zu entlassen.

[152] Vgl. *Ossenbühl/Ritgen,* Beamte in privaten Unternehmen, S. 48 f.

z. B. die ungleiche Besoldungs- und Entgeltstruktur, die verschiedenen Arbeitszeitregelungen etc. – könnten für die Erreichung der auferlegten Privatisierungsziele hinderlich sein.

Im Zusammenhang mit der Privatisierungsdiskussion ist ebenfalls die Frage zu beantworten, ob tatsächlich eine Verpflichtung dahingehend besteht, alle Beamtenverhältnisse gleich zu behandeln. Oder dürfen für Beamte, die in privatisierten Unternehmen beschäftigt sind, andere Festlegungen getroffen werden, als für Beamte, die in klassischer Weise im öffentlichen Dienst tätig sind?

Sicherlich kann diese Frage nicht verallgemeinernd beantwortet werden. Vielmehr ist eine Einzelfallbetrachtung unter Berücksichtigung der Frage, inwiefern sich die Strukturen von öffentlichem Dienst und privatrechtlichem Unternehmen unterscheiden, vorzunehmen. Durch die verfassungsrechtliche Sicherung des Rechtsstatus in Art. 143a GG werden Beamte, die in privaten Unternehmen tätig sind, im Verhältnis zu Beamten der öffentlichen Verwaltung, zumindest statusrechtlich gleichgestellt. Demnach würde für eine Ungleichbehandlung kein Raum bestehen.

Dem könnte jedoch entgegen gehalten werden, daß durchaus unterschiedliche Regelungen für Beamte zulässig sind, wenn sachliche Gründe für eine solche Differenz vorliegen[153]. Als Beispiel sind die verschiedenen Bestimmungen bzgl. der Besoldungsgruppen A, B, C und R im BBesG zu nennen. Unter Umständen könnten sich aufgrund eines Nebeneinanders von Beamten und Tarifkräften in privatisierten Unternehmen zudem die Probleme im Vergleich zum öffentlichen Dienst potenzieren, z. B. in der Schicht- und Einsatzplangestaltung beim Transportpersonal der Eisenbahnverkehrsunternehmen.

Im Folgenden ist daher zu untersuchen, ob die traditionellen hergebrachten Grundsätze des Berufsbeamtentums bzw. sonstige beamtenrechtliche Prinzipien auch bei „privatisierten" Beamten ihre Gültigkeit entfalten und welche rechtlichen Konsequenzen sich hieraus für die „privatisierten" Beamten sowie für die Deutsche Bahn AG ergeben.

1. Das Lebenszeitprinzip

Das Lebenszeitprinzip, das nach überwiegender Auffassung[154] zu den hergebrachten Grundsätzen des Berufsbeamtentums gem. Art. 33 Abs. 5 GG zählt, besagt, daß die Anstellung der Beamten in der Regel auf Lebenszeit erfolgt und

---

[153] *Böhm/Schneider,* „Beamtenprivatisierung" bei der Deutschen Bahn AG, S. 19 m. w. N.

[154] *BVerfGE* 9, 268, 286; 44, 249, 262; 70, 251, 266; 71, 39, 59 f.; 71, 255, 268; *Battis* in: *Sachs,* Kommentar zum GG, Art. 33 Rn. 79 m. w. N.; *Schütz/Maiwald,* Beamtenrecht des Bundes und der Länder, Vor §§ 25a f, Rn. 37.

jede Durchbrechung dieses Grundsatzes eine rechtfertigungsbedürftige Ausnahme darstellt.

Hierbei wird die Gültigkeit dieser Maxime, die ihre einfachgesetzliche Ausgestaltung in § 5 Abs. 1 Nr. 1 BBG bzw. den entsprechenden Landesgesetzen findet, insbesondere aufgrund der folgenden Überlegungen gerechtfertigt. Die Anstellung auf Lebenszeit ist das entscheidende Mittel, um die Unabhängigkeit und Neutralität der staatlichen Verwaltung zu gewährleisten[155]. Verknüpft mit dem Schutz vor einer willkürlichen Entlassung, gibt es dem Beamten die materielle Sicherheit, seine Amtsgeschäfte mit der gebotenen kritischen Eigenverantwortlichkeit wahrzunehmen. Das Lebenszeitprinzip umfaßt auch den sog. Grundsatz der Ämterstabilität, auf Grund dessen dem Beamten ein einmal übertragenes Amt im statusrechtlichen Sinne nur unter wenigen engen gesetzlich vorgesehenen Maßgaben wieder entzogen werden kann[156]. Letztlich wird hierdurch auch die Kontinuität der Aufgabenerfüllung durch den Staat gewährleistet[157].

Die Kehrseite dieses Grundsatzes und seine ganze Tragweite zeigen sich jedoch, wenn die öffentliche Hand gezwungen wird, Personal abzubauen, z. B. aufgrund der Auflösung von Behörden und Organisationseinheiten infolge des Wegfalls staatlicher Aufgaben. Selbst in einer solchen Lage können Beamte nicht entlassen werden. Ihr auf Lebenszeit begründetes Beamtenverhältnis bleibt bestehen und ihnen „drohen“ allenfalls – ohne das Erfordernis ihrer Zustimmung – die Versetzung gem. § 26 Abs. 2 S. 2 BBG in ein anderes Amt derselben oder einer gleichwertigen Laufbahn mit geringerem Endgrundgehalt im Bereich desselben Dienstherren, der Übertritt und die Weiterbeschäftigung bei einer anderen Körperschaft gem. § 128 Abs. 1 BRRG oder die Versetzung in den einstweiligen Ruhestand gem. § 130 Abs. 2 BRRG. Der bei einem Reformvorhaben vorprogrammierte Konflikt zwischen einer Rationalisierung mit dem Ziel einer effizienten Personalwirtschaft bzw. Kostensenkung und den Interessen der Beamten an der Aufrechterhaltung ihrer dienstrechtlichen Position ist somit bereits gesetzlich zugunsten der Beamten entschieden[158]. Dies ist gleichsam der Preis für das Interesse der Allgemeinheit an der Sicherstellung einer neutralen und unabhängigen Verwaltung.

---

[155] *BVerwG,* NVwZ 1997, S. 588, 589; *Battis,* Kommentar zum BBG, § 5 Rn. 3; *ders.,* Kommentar zum BBG, § 52 Rn. 4 ff. mit ausführlichen Darstellungen der beamtenrechtlichen Pflichten.

[156] *Schütz/Maiwald,* Beamtenrecht des Bundes und der Länder, Vorbemerkungen §§ 25 f., Rn. 37.

[157] Vgl. *Günther,* Führungsamt auf Zeit: unendliche Geschichte?, ZBR 1996, S. 65, 71; *Leisner,* Leitungsämter auf Zeit, ZBR 1996, S. 289, 290; *Lecheler,* Leitungsfunktion auf Zeit – eine verfassungswidrige Institution?, ZBR 1998, S. 331, 332, 339 f.

[158] Vgl. *Battis,* Kommentar zum BBG, § 26 Rn. 24.

a) Realisierung von Personalabbaumaßnahmen bei der Deutschen Bahn AG unter Berücksichtigung des Lebenszeitprinzips

Die Situation verschärft sich, wenn Beamte infolge von Privatisierungen bei privaten Aktiengesellschaften beschäftigt werden.

Aufgrund der bereits realisierten und für die kommenden Jahre noch vorgesehenen Umstrukturierungsmaßnahmen bei der Deutschen Bahn AG entsteht in diesen Bereichen ein großer Personalüberhang. Aus der Natur der Sache ist das Interesse der privatisierten Unternehmen nicht auf das Allgemeinwohl im Sinne des § 54 BBG, sondern auf ihre Gewinnerzielung und Kapitalmarktfähigkeit gerichtet. Eine lebenslange unauflösliche Bindung an ca. 108.561 Mitarbeiter kann bei Sanierungs- und Umstrukturierungsmaßnahmen zu einer schweren Hypothek werden. Da die übrigen Wettbewerbsteilnehmer[159] keine Beamten beschäftigen, können diese Einbußen der Flexibilität in der Personalwirtschaft zu Wettbewerbsnachteilen führen. Sicherlich ist einzuräumen, daß das Thema des Personalabbaus nicht erst mit der Bahnstrukturreform aktuell wurde, sondern bereits bei der Deutschen Bundesbahn diskutiert wurde.

Fraglich ist somit, ob in einem privatisierten Unternehmen, dem Beamte zur Dienstleistung zugewiesen sind, ein effizienter Personalabbau durchführbar ist[160].

Infolge des Lebenszeitprinzips können Beamte nicht gekündigt werden, sondern sie sind „auslaufend" zu beschäftigen. Dies gilt sowohl für die der Deutschen Bahn AG zugewiesenen wie auch zu ihr beurlaubten Beamten. Daraus könnte gefolgert werden, daß eine wirksame Reduzierung eines Personalüberbestandes mit dem Ziel einer Senkung der Personalkosten und Steigerung der Produktivität nicht die Gruppe der Beamten trifft. Vielmehr wäre von Kündigungen bzw. sonstigen Personalabbaumaßnahmen im Zusammenhang mit Umstrukturierungen nur die Gruppe der Arbeitnehmer zu berücksichtigen.

Diese Maßnahmen könnten sogar als eine „Fürsorgepflicht des Staates" gegenüber dem Steuerzahler deklariert werden, weil für Beamte keine Sozialabgaben gezahlt werden, sie also nicht zur Arbeitslosenversicherung beitragen, andererseits aber Anspruch auf eine amtsangemessene Alimentation haben.

---

[159] Hierbei handelt es sich sowohl um in- wie auch ausländische Privatbahnen. Zur Zeit befinden sich insbesondere die DB Regio AG sowie die Railion Deutschland in dieser Wettbewerbssituation. Allerdings ist nach der Europäisierung der Verkehrsmärkte in den kommenden Jahren auch mit einem zunehmenden Wettbewerb für die DB Reise&Touristik AG, also dem Personenfernverkehr, zu rechnen, vgl. *Fehling,* Zur Bahnreform: Eine Zwischenbilanz im Spiegel erfolgreicher „Schwesterreformen", DÖV 2002, S. 793, 794 m. w. N.

[160] Personalabbau kann in diesem Zusammenhang als Freistellen personeller Kapazitäten zur Beseitigung einer personellen Überdeckung in quantitativer, qualitativer, örtlicher und zeitlicher Hinsicht definiert werden, s. *Harlander/Heidack/Köpfler/Müller,* Personalwirtschaft, S. 256.

Eine solche extreme und sozialunverträgliche Vorgehensweise würde jedoch die Kluft zwischen der Gruppe der Beamten und der Gruppe der Arbeitnehmer nur verbreitern und Spannungen erzeugen, die für einen geordneten und funktionierenden Betriebsablauf hinderlich sind.

Der Gesetzgeber hat diese Problematik erkannt und im Zuge der Bahnreform entsprechende Regelungen für einen sozialverträglichen Personalabbau geschaffen.

aa) Regelungen in Art. 9 ENeuOG – Gesetz zur Verbesserung der personellen Struktur beim Bundeseisenbahnvermögen und in den Unternehmen der Deutschen Post AG

Durch das Gesetz zur Verbesserung der personellen Struktur beim Bundeseisenbahnvermögen und in den Unternehmen der Deutschen Bundespost[161] werden die Förderung einer anderweitigen Verwendung sowie die vorzeitige Versetzung in den Ruhestand geregelt.

In den Geltungsbereich dieses Gesetzes fallen gem. § 1 Nr. 1 Gesetz zur Verbesserung der personellen Struktur die Beamten des Bundeseisenbahnvermögens, die von Umstrukturierungsmaßnahmen bei der Deutschen Bahn AG betroffen sind. Erfaßt werden hierdurch nur die betrieblichen, technischen oder organisatorischen Rationalisierungsmaßnahmen. Die Deutsche Bahn AG muß dabei im Einzelfall detailliert darlegen, welche Beamte aufgrund der im Einzelnen zu beschreibenden Rationalisierungsmaßnahme überzählig geworden sind und durch die Gesellschaft konzernweit unter Beachtung der beamtenrechtlichen Personalsteuerungsmittel, z. B. Umschulungsmaßnahmen, nicht mehr bei ihr verwendet werden können[162].

Die Vorschrift des § 2 Gesetz zur Verbesserung der personellen Struktur enthält Maßnahmen zur Förderung einer anderweitigen Verwendung der freizusetzenden Beamten. Danach zahlt das Bundeseisenbahnvermögen für jeden Beamten, von einer Umstrukturierungsmaßnahme bei der Deutschen Bahn AG betroffen ist und der vor dem 1. Januar 1999 in einen anderen Geschäftsbereich oder in den Bereich eines anderen Dienstherrn versetzt wird, an die aufnehmende Verwaltung oder den aufnehmenden Dienstherrn monatlich im voraus einen Betrag in Höhe der Hälfte der monatlichen Bezüge des Amtes, welches dem Beamten übertragen war. Durch diese Regelung soll die Bereitschaft anderer Ver-

[161] Verkündet als Art. 9 ENeuOG vom 27. Dezember 1993 (BGBl. I S. 2378, 2426), in Kraft getreten am 1. Januar 1994, befristet bis 31. Dezember 1998; Neuregelung vom 15. Mai 2002, in Kraft getreten am 23. Mai 2002 (BGBl. I S. 1579), befristet bis 31. Dezember 2006.

[162] *Kunz*, Kommentar zum Eisenbahnrecht, A 5.6 zu § 1 Gesetz zur Verbesserung der personellen Struktur, S. 3 f.

waltungen bzw. Dienstherren erhöht werden, das durch die Umstrukturierungen überzählige Personal zu übernehmen. Danach zahlt das Bundeseisenbahnvermögen für die Dauer von bis zu fünf Jahren an die aufnehmende Verwaltung monatlich im Voraus die Hälfte der vollen Bezüge der betroffenen Beamten. Darüber hinaus hat das Bundeseisenbahnvermögen die anteiligen Versorgungslasten gem. § 107b BeamtVG zu tragen.

Bislang wurden die Maßnahmen im Sinne des § 2 Gesetz zur Verbesserung der personellen Struktur nur in wenigen Praxisfällen umgesetzt, so daß die hieraus resultierende haushaltsrechtliche Belastung des Bundeseisenbahnvermögens nicht ins Gewicht fällt[163].

Durch die Vorschrift des § 3 Gesetz zur Verbesserung der personellen Struktur wird für die Beamten, die von einer Rationalisierungsmaßnahme betroffen sind, abweichend von den Regelungen des BBG die Möglichkeit eröffnet, eine vorzeitige Versetzung in den Ruhestand zu beantragen[164]. Die Neuregelung des Gesetzes zur Verbesserung der personellen Struktur erfaßt nicht nur die Beamte, die im Zuge der ersten Stufe der Bahnreform der Deutschen Bahn AG zugewiesen wurden, sondern auch die aufgrund von Ausgliederungen gem. §§ 2 Abs. 1, 3 Abs. 3 DBGrG diesen Gesellschaften weiter zugewiesene Beamte. Durch die Ausweitung des Anwendungsbereichs auf diese Unternehmen des Bahnkonzerns werden die Privatisierungsmaßnahmen im Zuge der zweiten Stufe der Strukturreform berücksichtigt.

Sind die Tatbestandsvoraussetzungen der §§ 1 Nr. 1, 3 Gesetz zur Verbesserung der personellen Struktur im konkreten Einzelfall gegeben, erfolgt die Versetzung in den Ruhestand unmittelbar aus der Tätigkeit bei der Deutschen Bahn AG bzw. den Beteiligungsgesellschaften heraus. Verantwortlich für die Durchführung des Verfahrens ist das Bundeseisenbahnvermögen, an das auch der Antrag des Beamten zu richten ist.

Unter Beachtung des Sinns und Zwecks des Gesetzes zur Verbesserung der personellen Struktur sind die Vorschriften nicht nur auf zugewiesene, sondern auch auf beurlaubte bzw. teilzeitbeschäftigte Beamte anwendbar[165]. Der Ar-

---

[163] So auch *Kunz,* Kommentar zum Eisenbahnrecht, A 5.6 zu § 2 Gesetz zur Verbesserung der personellen Struktur, S. 4.

[164] Die Maßnahme des § 3 Gesetz zur Verbesserung der personellen Struktur haben im ersten Gültigkeitszeitraum vom 01.01.1994 bis 31.12.1998 ca. 15.863 Beamte in Anspruch genommen, potentiell in Betracht kamen damals 32.140 Beamte, vgl. *Kunz,* Kommentar zum Eisenbahnrecht, A 5.6, S. 4 f.

[165] So *Kunz,* Kommentar zum Eisenbahnrecht, A 5.6 zu § 3 Gesetz zur Verbesserung der personellen Struktur, S. 5; *BVerwG,* Urteil vom 6. April 2000, ZBR 2000, S. 379 f., wonach Beamte gem. § 3 Abs. 4 des Gesetzes zur Verbesserung der personellen Struktur beim BEV und in den Unternehmen der Deutschen Bundespost i. V. m. § 4 Abs. 1 S. 1 BBesG, die vorzeitig in den Ruhestand getreten sind, auch dann für die ersten Monate ihres Ruhestandes noch Dienstbezüge erhalten, wenn sie bis unmittelbar vor der Ruhestandsversetzung unter Wegfall der Besoldung beurlaubt waren.

beitsvertrag zwischen der Deutschen Bahn AG bzw. der Tochtergesellschaft und dem betroffenen Beamten ist zu kündigen bzw. aufzuheben. Anschließend erfolgt die Aufhebung der Beurlaubung durch das Bundeseisenbahnvermögen.

Beamte, die bereits eine Altersteilzeit beantragt haben oder wegen Dienstunfähigkeit freigesetzt sind, haben dagegen keinen Anspruch auf eine vorzeitige Versetzung in den Vorruhestand.

Teilweise wird vertreten, daß die Zielsetzung des Gesetzes zur Verbesserung der personellen Struktur auch eine sog. „Durchschubregelung“ erlaubt[166]. Danach kann ein Beamter auch dann vorzeitig in den Ruhestand versetzt werden, wenn er nicht direkt von einer Umstrukturierungsmaßnahme betroffen ist, aber auf seinem Arbeitsplatz amtsgleich ein unmittelbar betroffener jüngerer Beamter eingesetzt werden kann.

Dieser Auffassung ist zuzustimmen. Eine solche „Durchschubregelung“ ist nur mit der Zustimmung des nicht unmittelbar betroffenen Beamten, der jedoch die Tatbestandvoraussetzungen für eine vorzeitige Versetzung in den Ruhestand erfüllt, umsetzbar. Infolgedessen liegt eine Verletzung seiner subjektiven Rechte sowie seines statusrechtlichen Amtes nicht vor. Vielmehr trägt diese Maßnahme zu einem sozialverträglichen, die natürliche Fluktuation ausnutzenden Personalabbau bei. Eine Ablehnung dieser „Durchschubregelung“ würde dazu führen, daß der betroffene Beamte voraussichtlich dem konzernweiten Arbeitsmarkt zur Verfügung gestellt wird und der nicht unmittelbar betroffene Beamte weiterhin auf seinem Arbeitsplatz beschäftigt werden kann. Unter Berücksichtigung des Lebenszeitprinzips und der daraus resultierenden Unkündbarkeit des betroffenen Beamten würde diese Handlungsweise nur zu einer konzerninternen Verschiebung der Problematik führen ohne zu einer personellen Lösung beizutragen.

bb) Reglungen des § 21 Abs. 6 i. V. m. Abs. 5 DBGrG

Nach § 21 Abs. 6 S. 1 i. V. m. Abs. 5 Nr. 2 DBGrG entfällt die Leistungspflicht der Deutschen Bahn AG bzw. der ausgegliederten Gesellschaft für die zugewiesenen Beamten, wenn für diese aufgrund von Rationalisierungsmaßnahmen keine weitere Verwendungsmöglichkeit besteht.

Der Begriff der Rationalisierungsmaßnahme ist eng auszulegen und umfaßt nur technische, betriebliche oder organisatorische Maßnahmen[167].

Die weitere rechtliche Konsequenz regelt § 21 Abs. 6 S. 2, 1. Hs. DBGrG. Danach ist die Zuweisung eines Beamten gem. § 12 Abs. 2 und 3 DBGrG vom Bundeseisenbahnvermögen aufzuheben, wenn die Leistungspflicht – in Form

[166] *Kunz,* Kommentar zum Eisenbahnrecht, A 5.6 zu § 3 Gesetz zur Verbesserung der personellen Struktur, S. 5.

[167] *BT-Drs.* 12/6269, S. 134.

einer „Als-ob-Kostenerstattung“ entfällt. Diese Rechtsfolge ist zwingend, weil dem Bundeseisenbahnvermögen durch den Ausschluß des § 12 Abs. 9 DBGrG in § 21 Abs. 6 S. 2, 2. Hs. DBGrG kein Ermessen zusteht.

Dem betroffenen Beamten ist unmittelbar eine anderweitige Beschäftigung, entweder in der öffentlichen Verwaltung oder beim Bundeseisenbahnvermögen anzubieten[168].

In der Praxis wurde bislang von dieser Regelung kein Gebrauch gemacht, weil zwischen dem Bundesministerium des Verkehrs, dem Bundesministerium der Finanzen und der Deutschen Bahn AG im Jahre 1995 eine Vereinbarung getroffen wurde, keine Kostenerstattung- bzw. Freistellungsansprüche aufgrund von Rationalisierungsmaßnahmen im Personalbereich gegen den Bund geltend zu machen[169]. Dieses Agreement wurde – stillschweigend – verlängert und gilt bis zum heutigen Zeitpunkt fort[170].

Zweifelhaft ist gleichwohl, ob diese Norm für eine Verzichtserklärung der Parteien offen ist.

Zielsetzung des § 21 Abs. 6 i.V.m. Abs. 5 Nr. 2 DBGrG ist der rasche Personalabbau des Personalüberhangs sowie die Wahrung der unternehmerischen Interessen der Deutschen Bahn AG. Einerseits soll das vorhandene Rationalisierungspotential voll ausgeschöpft werden, andererseits aber auch ein Mißbrauch der Regelung durch die privatisierten Unternehmen und eine Personalkostenabwälzung auf das Bundeseisenbahnvermögen vermieden werden[171]. Daher wurde kein Ermessen, sondern eine zwingende Rechtsfolge durch den Gesetzgeber konstituiert. Die Regelung steht daher nicht zur Disposition der Parteien. Grundsätzlich hat sich daher der Bund, als Dienstherr und Anteilseigner, mit den Schwierigkeiten eines Personalüberhangs von Beamten auseinanderzusetzen und darf sich nicht seiner Verantwortung entziehen.

---

[168] *BT-Drs.* 12/6269, S. 134.

[169] So auch *Kunz,* Kommentar zum Eisenbahnrecht, A 2.2 zu § 21 DBGrG, S. 75, A 5.6 zu § 2 Gesetz zur Verbesserung der personellen Struktur, S. 4; *Böhm/Schneider,* „Beamtenprivatisierung“ bei der Deutschen Bahn AG, S. 42, die von einem faktischen Anwendungsverbot sprechen.

[170] In der Gemeinsamen Erklärung vom 22.03.2001 zwischen dem Bundesministerium für Verkehr, Bau und Wirtschaft, dem Bundesministerium für Finanzen und dem Vorstand der Deutschen Bahn AG zum Umfang der Schieneninvestitionen in den Jahren 2001 bis 2003 ist wiederum vereinbart worden, die Regelung in § 21 Abs. 6 i.V.m. Abs. 5 DBGrG nicht geltend zu machen; *Quelle: DB AG,* Tarifpolitik, Mitbestimmung, Beamte (APB), Beamte des Bundeseisenbahnvermögens im DB Konzern, Antworten zu Fragen der Beschäftigung von Beamten in den Gesellschaften des DB Konzern, S. 8; Zwischenzeitlich wurde die Vereinbarung durch die Parteien bis zum Jahr 2008 verlängert.

[171] *BT-Drs.* 12/4609 (neu), S. 89.

b) Zusammenfassung

Bereits im Zusammenhang mit der Bahnreform hat der Gesetzgeber das Bedürfnis nach Regelungen für einen sozialverträglichen Abbau des Personalüberbestandes erkannt, die auch für die Gruppe der Beamten Gültigkeit entfalten. Durch den Erlaß des Art. 9 ENeuOG bzw. § 21 Abs. 6 DBGrG ist der Bund seiner Fürsorgepflicht und auch Verantwortung gerecht geworden. Infolge der Verlängerung des Gesetzes zur Verbesserung der personellen Struktur bis Ende des Jahres 2006 könnten ca. 7.100 Beamte ihre vorzeitige Versetzung in den Ruhestand beantragen. Aufgrund der Ausnutzung der natürlichen Fluktuation handelt es sich somit um ein wirksames Instrument im Hinblick auf einen effektiven, sozialverträglichen Personalabbau.

Ein weiteres Instrument, um einen Personalüberhang infolge von Rationalisierungsmaßnahmen abzubauen, ist in § 21 Abs. 6 i.V.m. Abs. 5 Nr. 2 DBGrG konstituiert. Unter Beachtung des Wortlautes des Norm handelt es sich um eine gebundene Entscheidung, die nicht zur Disposition der Parteien steht. Allerdings hat diese Regelung aufgrund einer Verzichtserklärung der zuständigen Ministerien und der Deutschen Bahn AG in der Praxis keinerlei Bedeutung.

Weitere sozialverträgliche Möglichkeiten für einen Personalabbau trotz des bestehenden Lebenszeitprinzips sind u.a. Regelungen über die Altersteilzeit, eine Erhöhung der Arbeitszeit oder eine Absenkung der Besoldung in Form von Streichungen der Zulagen.

Dessen ungeachtet, werden wohl die aufgezeigten Möglichkeiten dennoch nicht ausreichen, einen Personalabbau im angestrebten Umfang zu realisieren.

2. Das Laufbahnprinzip

Das Laufbahnprinzip[172] – ebenfalls ein hergebrachter Grundsatz des Berufsbeamtentums – bedeutet, daß alle statusrechtlichen Ämter in Laufbahnen zusammengefaßt sind, für die die Beamten vorgebildet und ausgebildet werden[173]. Hierdurch wird sichergestellt, daß sich die berufliche Entwicklung der Beamten nach objektiven, eignungs- und leistungsbezogenen Maßstäben vollzieht. Es stellt somit eine Konkretisierung des Leistungsprinzips[174] gem. Art. 33 Abs. 2 GG dar, wonach der Zugang zu jedem öffentlichen Amt ausschließlich von der Eignung, Befähigung und fachlichen Leistung abhängig ist[175]. Diese Grundsätze

[172] *BVerfGE* 9, 268, 286; 61, 43, 57; 62, 374, 383; 64, 323, 351; 71, 255, 268.

[173] *Wagner,* Beamtenrecht, Rn. 111; im Gegensatz hierzu das Ämterprinzip, wonach für jedes einzelne Amt die Befähigungsvoraussetzungen festgelegt werden.

[174] *BVerfGE* 39, 196, 201; 62, 374, 383; 64 323, 351; 70, 251, 266; 71, 255, 268; *BVerwGE* 36, 192, 209; nach überwiegender Auffassung ein hergebrachter Grundsatz des Berufsbeamtentums gem. Art. 33 Abs. 5 GG.

unterstützen somit die Pflicht des Staates, seine Bediensteten nicht willkürlich ungleich zu behandeln[176]. Seine rechtliche Ausgestaltung findet das Laufbahnprinzip in der Bundeslaufbahnverordnung[177], in den Laufbahnverordnungen der Länder sowie für den eisenbahnspezifischen Bereich in der Eisenbahnlaufbahnverordnung[178].

Infolge der gesetzlich vorgegebenen Laufbahnen, den Laufbahngruppen, den Voraussetzungen für eine Beförderung etc., beinhaltet das Laufbahnprinzip gleichzeitig eine Schematisierung und Starrheit[179]. Diese Nachteile treten deutlich hervor, wenn das Laufbahnprinzip in den Bereich der privaten Wirtschaft übertragen wird.

Entscheidend für die Zugehörigkeit zu einer bestimmten Laufbahn und Laufbahngruppe sind in erster Linie die Aus- und Vorbildung. Diese verlieren jedoch im Laufe der Zeit zunehmend an Bedeutung. Der Wert eines Mitarbeiters für ein Unternehmen wird vielmehr durch die aktuelle Qualifikation und Leistungsfähigkeit bestimmt[180]. Bei engagierten und motivierten Mitarbeitern können diese Faktoren höher zu bewerten sein als die frühere Ausbildung, so daß diese Mitarbeiter entsprechend ihrer Leistung höher eingruppierte Funktionen und Arbeitsplätze einnehmen könnten.

Ebenso ist der umgekehrte Fall denkbar, daß die Leistungsfähigkeit eines Beamten nicht mehr seiner Aus- und Vorbildung entspricht, also die Relation zwischen der Eingruppierung in eine Laufbahngruppe und den aktuellen Leistungen nicht mehr stimmig ist.

Das Laufbahnprinzip mit seiner starren Ämterstrukturierung, dem Verbot der Sprungbeförderung sowie der praktisch nicht vorhandenen Abstiegsmobilität läßt eine Berücksichtigung der individuellen Leistungsentwicklung nur in engen Grenzen zu. Auf eine effiziente Personalwirtschaft der privatisierten Unternehmen wirkt es zu statisch und somit gleichsam als Belastung.

---

[175] *Wagner,* Beamtenrecht, Rn. 27, wonach sich diese Faktoren nicht nur für die Begründung des Beamtenverhältnisses, sondern auch auf das konkrete Amt beziehen.

[176] *Wagner,* Beamtenrecht, Rn. 111; *Ossenbühl/Ritgen,* Beamte in privaten Unternehmen, S. 56.

[177] Verordnung über die Laufbahnen der Bundesbeamten (Bundeslaufbahnverordnung-BLV) in der Fassung vom 8. März 1990 (BGBl. I S. 449, ber. S. 863).

[178] Verordnung über die Laufbahnen der Beamten beim Bundeseisenbahnvermögen (Eisenbahn-Laufbahnverordnung-ELV) vom 2. Februar 1994 (BGBl. I S. 193).

[179] So auch *Scheerbarth/Höffken/Bauschke/Schmidt,* Beamtenrecht, S. 312.

[180] *Ossenbühl/Ritgen,* Beamte in privaten Unternehmen, S. 50 m.w.N.; vgl. *Hill,* Jetzt die Beschäftigten „modernisieren" in: *Fisch/Hill,* Personalmanagement der Zukunft, Person-Team-Organisation, S. 1, 2 f.

a) Bahnspezifische Regelungen durch die Eisenbahnlaufbahnverordnung

Auf Grund des § 7 Abs. 4 Nr. 1 BENeuglG haben das Bundesministerium für Verkehr im Einvernehmen mit dem Bundesministerium des Inneren und dem Bundesministerium der Finanzen nach Maßgabe des § 15 BBG die Eisenbahnlaufbahnverordnung erlassen, um die Laufbahnen beim Bundeseisenbahnvermögen selbständig zu gestalten und Ausnahmeregelungen zur Bundeslaufbahnverordnung zu schaffen.

Ziel der Verordnung ist es, der Deutschen Bahn AG im Hinblick auf die Verwendung der zugewiesenen Beamten einen größtmöglichen Entscheidungsspielraum einzuräumen, so daß ein reibungsloses Nebeneinander von zugewiesenen Beamten und Arbeitnehmern der Deutschen Bahn AG ermöglicht wird. Ferner soll durch sie eine flexiblere und leistungsbezogenere Handhabung des Laufbahnrechts eröffnet werden[181].

Nach § 1 Abs. 1 ELV finden für Beamte des Bundeseisenbahnvermögens, die gem. § 12 Abs. 2 und 3 DBGrG der Deutschen Bahn AG zugewiesen sind, grundsätzlich die Vorschriften der Bundeslaufbahnverordnung Anwendung, soweit nicht die Eisenbahnlaufbahnverordnung etwas anderes bestimmt. Die Eisenbahnlaufbahnverordnung ist somit für diesen besonderen Geltungsbereich als lex specialis vorrangig vor der Bundeslaufbahnverordnung.

Dagegen sind die Sonderregelungen für die zur Deutschen Bahn AG beurlaubten Beamten gem. § 1 Abs. 2 ELV abschließend durch diese Verordnung geregelt.

Die Bestimmungen der Eisenbahnlaufbahnverordnung sind nach § 1 Abs. 3 ELV ebenso für die zu einer ausgegliederten Gesellschaft gem. §§ 2 Abs. 1, 3 Abs. 3 DBGrG zugewiesenen und beurlaubten Beamten einschlägig.

Der grundlegende Leistungsgrundsatz in § 1 Abs. 4 BLV wird durch die Regelung in § 3 ELV insoweit modifiziert, daß die Eignung, Befähigung und fachliche Leistung an den Anforderungen der Deutschen Bahn AG gemessen werden. Infolgedessen sind die Besonderheiten der Tätigkeit in einem privatwirtschaftlichen Unternehmen, das auf die Gewinnerzielung und Kapitalmarktfähigkeit ausgerichtet ist, zu berücksichtigen.

Eine elementare Norm für die Tätigkeit der zugewiesenen Beamten ist § 4 ELV. Danach gestaltet der Präsident des Bundeseisenbahnvermögens im Benehmen mit dem Vorstand der Deutschen Bahn AG und im Einvernehmen mit dem Bundesministerium für Verkehr die Laufbahnen im Sinne des § 2 Abs. 4 bis 6

---

[181] *Kunz,* Kommentar zum Eisenbahnrecht, A 5.1 zu Einleitung, § 1 ELV, S. 7; danach orientiert sich die ELV im wesentlichen an der Postlaufbahnverordnung-PostLV (BGBl. I 1995, S. 868 ff.).

BLV nach den Inhalten der bei der Deutsche Bahn AG auszuübenden Funktionen.

Da § 7 Abs. 4 Nr. 2 BENeuglG den Bestimmungen nach § 98 Abs. 2 BBG i. V. m. § 2 Abs. 4 BVL als lex specialis vorgeht, ist diese abweichende Gestaltung der Laufbahnen zulässig. Die Neugestaltung oder Änderungen einer Laufbahn sind nach ihrem Rechtscharakter eine verwaltungsinterne Maßnahme des Dienstherrn zur Organisation seines Personalbestands. Folglich handelt es sich nicht um einen Verwaltungsakt im Sinne des § 35 VwVfG. Subjektive Rechte des Beamten werden demnach weder beeinträchtigt noch begründet. Infolgedessen können diese Maßnahmen des Dienstherrn von den Beamten nicht verwaltungsgerichtlich angefochten werden.

Dem Bundeseisenbahnvermögen und der Deutschen Bahn AG wird durch § 3 ELV der notwendige Freiraum eingeräumt, die wirtschaftlichen Notwendigkeiten der Deutschen Bahn AG bei der Erarbeitung der Laufbahn-, Ausbildungs- und Prüfungsordnungen zu beachten. Eine Gestaltung der Laufbahnen wie in den klassischen Verwaltungsbehörden wäre für das private Unternehmen wenig zweckdienlich und scheidet daher aus. Aus diesem Grunde hat das Bundeseisenbahnvermögen zur Konkretisierungen der Eisenbahnlaufbahnverordnung ergänzende Richtlinien erlassen[182].

Laufbahnrechtlich ist die gesetzliche Zuweisung gem. § 12 Abs. 2 DBGrG wie eine Abordnung zu behandeln. Die zugewiesenen Beamten bleiben Inhaber eines – fiktiven – Dienstpostens beim Bundeseisenbahnvermögen. Ebenso können ihnen andere Beförderungsdienstposten – fiktiv – übertragen werden. Die Zuweisung steht somit gem. § 11 Abs. 1 ELV einer Beförderung im Rahmen einer regelmäßigen Laufbahnentwicklung nicht entgegen. Weiterhin besteht die Möglichkeit, die Erprobungszeit auch während des Zuweisungszeitraums abzuleisten. Hierbei werden diese Zeiten beamtenrechtlich angerechnet[183].

Im Hinblick auf die zur Deutschen Bahn AG bzw. zu einer ausgegliederten Gesellschaft beurlaubten Beamten ist folgendes festzuhalten:

Die Bewährung innerhalb der Probezeit gem. § 8 ELV sowie die Ableistung der notwendigen Erprobungszeit für die Übertragung eines höherwertigen Dienstpostens können auch im Rahmen eines privatrechtlichen Arbeitsverhältnisses abgeleistet werden. Die Zeiten der Beurlaubung werden gem. §§ 11 Abs. 2, 12 Abs. 6 ELV als Dienstzeiten angerechnet. Folglich steht eine Beurlaubung einer Beförderung im Rahmen der regelmäßigen Laufbahnentwicklung sowie einem Aufstieg in die nächst höhere Laufbahn nicht entgegen[184]. Die

---

182 Vgl. *Kunz,* Kommentar zum Eisenbahnrecht, A 5.1 zu § 4 ELV, S. 9.

183 *Kunz,* Kommentar zum Eisenbahnrecht, A 2.2 zu § 12 DBGrG, S. 28; A 5.1 zu § 9 ELV, S. 12a.

184 *Kunz,* Kommentar zum Eisenbahnrecht, A 5.1 zu § 11 ELV, S. 14.

Versorgungsanwartschaft der beurlaubten Beamten gegenüber dem Dienstherrn bleibt gewahrt. Die Gesellschaften leisten gem. § 21 Abs. 3 DBGrG einen Beitrag zum teilweise Ausgleich der Belastung des Bundeseisenbahnvermögens mit den Kosten der fortbestehenden Versorgungsanwartschaft.

b) Zusammenfassung

Durch die Regelungen der Eisenbahnlaufbahnverordnung wird dem Bundeseisenbahnvermögen sowie der Deutschen Bahn AG zwar die Möglichkeit eröffnet, bei der Gestaltung der Laufbahnen, der Auslegung des Leistungsgrundsatzes, den Beförderungen sowie bei dem Erlaß von Beurteilungsrichtlinien, die wirtschaftlichen Notwendigkeiten des privatisierten Unternehmens zu berücksichtigen. Das statische Gebilde des Laufbahnrechts kann damit allenfalls jedoch aufgelockert, aber nicht in eine dynamische Struktur umgewandelt werden.

Allein im Hinblick auf die beurlaubten Beamten ist eine Beachtung des Leistungsprinzips tatsächlich und effektiv vorstellbar. Unbeachtlich der laufbahnrechtlichen Einordnung können durch eine entsprechende höherwertige Ausgestaltung des Arbeitsvertrags besondere Leistungen und Qualifikationen berücksichtigt werden. Absenkungen wegen mangelnder Leistungen sind dagegen nicht vorgesehen.

3. Das Alimentationsprinzip

Besoldungs- und versorgungsrechtliche Maßnahmen des Gesetzgebers berühren in erster Linie das Alimentationsprinzip, das ebenfalls als hergebrachter Grundsatz des Berufsbeamtentums gem. Art. 33 Abs. 5 GG einzuordnen ist[185].

Sein Inhalt und seine Reichweite sind – wie bei allen anderen hergebrachten Grundsätzen – nach übereinstimmender Auffassung in Rechtsprechung und Literatur gesondert zu ermitteln und unter gewandelten Bedingungen zu prüfen. Dabei sind nicht alle Grundsätze in gleicher Weise einer veränderten Beurteilung und Gewichtung zugänglich. Ebenso wie der Grundsatz der Vollzeitbeschäftigung hat auch das Alimentationsprinzip einen erheblichen Bedeutungswandel erfahren[186]. Dieses Gebot gehört wegen seiner engen Korrespondenz zum Treueverhältnis unstreitig zu den fundamentalen und traditionellen Grundsätzen. Im Kern enthält es die Pflicht des Dienstherrn, den Beamten, dessen Familie und Hinterbliebenen während und nach der aktiven Tätigkeit finanziell

---

[185] *BVerfGE* 3, 38, 160; 3, 288, 342 f.; 4, 115, 135; 8, 1, 16; 9, 268, 286; 11, 203, 210; 11, 283, 291; 44, 249, 263; 49, 260, 271; 53, 257, 306; 64, 323, 351; 70, 251, 266.

[186] *Kunig* in: *v. Münch/Kunig,* Kommentar zum GG, Art. 33 Rn. 38, 159 m.w.N.

zu unterstützen. Der Alimentationsanspruch des Beamten ist daher Ausdruck seiner rechtlichen und wirtschaftlichen Unabhängigkeit[187].

Im Hinblick auf die Besoldung der Beamten, die aufgrund eines Gesetzes erfolgen muß, und der Entlohnung der Angestellten und Arbeiter, die auf tarifvertraglichen Vereinbarungen beruhen, besteht somit ein grundlegender struktureller Unterschied.

a) Allgemeine Grundsätze zur Besoldungsstruktur

Die Angemessenheit der Beamtenbezüge beurteilt sich nach den allgemeinen wirtschaftlichen und finanziellen Verhältnissen und nach dem Lebensstandard[188]. Als Berechnungsgrundlage sind das Grundgehalt bzw. die Nettobezüge maßgeblich. Diese sind daher in Anpassung an die Verhältnisse und im Lichte des Gleichheitsgebots zu erhöhen oder können zulässigerweise gekürzt werden[189]. Im übrigen hat das Bundesverfassungsgericht dem Gesetzgeber für die Festlegung angemessener Beamtenbezüge einen weiten Beurteilungsspielraum eingeräumt[190]. Insbesondere schreibt Art. 33 Abs. 5 GG dem Gesetzgeber keine bestimmte Besoldungsstruktur vor, sondern gestattet ihm, die Struktur der Besoldung und die Art ihrer Zusammensetzung jederzeit für die Zukunft zu ändern und auch Gehaltsbeträge zu kürzen, solange sie nicht unter der Grenze einer amtsangemessenen Alimentierung liegen[191].

Ein verfassungsrechtlich verankerter Anspruch auf Erhaltung des Besitzstandes im Sinne ungekürzter Dienstbezüge existiert nicht[192].

Eine Neukonzeption der Besoldungsstruktur der Laufbahngruppe A die dazu führte, daß Beamte gegenüber der alten Besoldungsstruktur einen geringeren Besoldungszuwachs hinnehmen mußten, hat die Rechtsprechung[193] als zulässig angesehen. In der Entscheidung hat das Gericht darauf abgestellt, daß sachliche Gründe für eine Absenkung der Besoldung vorgebracht wurden. Im Hinblick auf die Absenkung der Eingangsbesoldung wurde darauf abgestellt, daß diese Regelung im Zusammenhang mit anderen kostendämpfenden Maßnahmen ge-

---

[187] *Merten,* Grundgesetz und Berufsbeamtentum, in: *Merten/Pitschas/Niedobitek,* Neue Tendenzen im öffentlichen Dienst, S. 18 ff.; *Lechler,* Die „hergebrachten Grundsätze des Berufsbeamtentums" in der Rechtsprechung des BVerfG und des BVerwG, AöR 103, 1978, S. 349, 366 ff.

[188] *Jarass/Pieroth*: Kommentar zum GG, Art. 33 Rn. 18.

[189] *BVerfGE* 56, 353, 361 f.; 71, 39, 50; *BVerfG,* DVBl. 1996, S. 503 ff.

[190] *BVerfGE* 8, 1, 22 f.; 49, 260, 271 f.; 53, 257, 307; 76, 256, 295 m.w.N.

[191] Die Beamtenbesoldung darf u.a. nicht nach einer Absenkung nicht auf Sozialhilfeniveau fallen.

[192] *BVerfGE* 18, 165 ff.; 49, 260, 271 f.; 44, 249, 263; *Pechstein,* Verfassungsmäßigkeit bestimmter „Öffnungsklauseln" im Beamtenrecht, S. 41 ff. m.w.N.

[193] *BVerfG,* DVBl. 1999, S. 1421 f.

troffen wurde und daher eine Ungleichbehandlung gegenüber früher ernannten Beamten nicht vorliegt. Die Neuordnung der Besoldungsstruktur wurde mit einer Förderung der Konkurrenzfähigkeit des öffentlichen Dienstes durch ein neues Gehaltsgefüge begründet.

Die Rechtsprechung hat die Erhöhung der Arbeitszeit ohne einen monetären Ausgleich als einen Fall der Absenkung der Bezüge ebenfalls als zulässig erachtet[194].

Einer Neuordnung der Besoldungsstruktur stehen auch nicht das Laufbahn- und Lebenszeitprinzip entgegen. Vielmehr besteht zwischen diesen Grundsätzen und dem Alimentationsprinzip ein Verhältnis „praktischer Konkordanz“, wonach die Grundsätze einander so verhältnismäßig zuzuordnen sind, daß alle zur Geltung kommen. Infolgedessen ist es dem Dienstherrn nicht verwehrt, unter der Voraussetzung einer angemessenen Grundsicherung, die Leistungsbereitschaft, die Qualifikation und die tatsächlich erbrachten Arbeitsergebnisse eines Beamten besoldungsmäßig zu berücksichtigen[195]. Weder aus dem statusrechtlichen Ämterbegriff noch aus dem Lebenszeitprinzip oder dem Laufbahnprinzip folgt, daß bei der Bemessung der Bezüge qualitative Leistungsunterschiede unbeachtet bleiben müssen, solange ein Ämtergefüge gewahrt ist, das auf der Basis bewerteter Tätigkeiten beruht und die festgelegte Vorbildung berücksichtigt.

Grundsätzlich haben Beamte keinen Anspruch auf Vergütung für geleistete Mehrarbeit. Vielmehr gelten diese Mehrleistungen durch das Alimentationsprinzip als abgegolten. Regelmäßig wird daher ein Anspruch auf Ausgleich im Wege der Dienstbefreiung gem. § 72 Abs. 2 BBG gewährt. Allerdings hat auch diese Gewohnheit eine Wandlung erfahren. Die Maßnahmen zur Abgeltung von Mehrarbeit wurden durch die Rechtsverordnung über die Gewährung von Mehrarbeitsvergütung für Beamte[196], die ihre Ermächtigungsgrundlage in § 72 Abs. 2 S. 3 BBG hat, konkretisiert.

Ausdrücklich nicht zu den hergebrachten Grundsätzen des Berufsbeamtentums gem. Art. 33 Abs. 5 GG und somit zu dem geschützten Bestand der Grundbesoldung gehören u.a. Sonderzuwendungen (wie z.B. 13. Monatsgehalt, Urlaubsgeld), das gegenwärtige System der Beihilfegewährung, Dienstzeitprämien und sonstige Zulagen.

---

[194] *BVerwG,* ZBR 1995, S. 146 ff.

[195] *BVerfGE* 8, 1, 10 f.; 8, 332, 342; 15, 167, 198; *Summer,* Leistungsanreize/Unleistungssanktionen, ZBR 1995, S. 125 ff., der auch Sanktionsmaßnahmen für „Unleistungen“ für zulässig hält; gesamthaft s. *Wenger,* Leistungsanreize für Beamte in Form von individuellen Zulagen; *Siedentopf,* Reformprozesse in der Verwaltung und Personalentwicklung, in: *Hill,* Modernisierung – Prozeß oder Entwicklungsstrategie?, S. 325, 335.

[196] Abgedruckt als Anhang 5a bei *Battis,* Kommentar zum BBG.

Teilweise hat der Gesetzgeber in bezug auf die Gewährung von Zulagen und Prämien bereits die aktuelle Entwicklung der Privatisierungen berücksichtigt. Beispielsweise dürfen Leistungszulagen und Leistungsprämien gem. § 2 Abs. 3 S. 2 Nr. 3 LPZV[197] i.V.m. § 42a Abs. 1 BBesG nicht in den Bereichen vergeben werden, in denen Zulagen der Deutschen Bahn AG bzw. der nach §§ 2 Abs. 1, 3 Abs. 2 DBGrG ausgegliederten Gesellschaft gewährt werden. Auf diese Weise soll eine doppelte Gewährung von Leistungszulagen und -prämien verhindert werden.

Der Gesetzgeber hat sich somit bereits für einige Sonderregelungen für Beamte in privatisierten Unternehmen entschieden.

Das Alimentationsprinzip ist somit in einem angemessen Umfang offen für eine Ausformung im Sinne aktueller gesellschaftlicher und wirtschaftlicher Entwicklungen und Veränderungen.

b) Modifizierung der Besoldungsstruktur aufgrund von Privatisierungen

In Betracht kommt daher eine eigene Besoldungsstruktur durch Gesetz oder Rechtsverordnung für Beamte in privatisierten Unternehmen, wenn hierfür sachliche Gründe vorliegen.

Auf Grund des § 12 Abs. 7 DBGrG ist die Deutsche Bahn AG befugt, den zugewiesenen Beamten anderweitige Bezüge zu gewähren. Unter Berücksichtigung des § 9 Abs. 2 BBesG erfolgt eine Anrechnung der anderweitigen Bezüge nach der „Richtlinie über die Anrechnung anderweitiger Bezüge von Beamten, die der Deutschen Bahn AG zugewiesen sind“[198].

Die Struktur und die Zielsetzung der Deutschen Bahn AG unterscheiden sich in wesentlichen Punkten von denen der früheren Bundeseisenbahnen und erst recht von denen einer klassischen Verwaltungsbehörde. Die Abkehr von dem starren öffentlichen Haushaltsrecht und der konservativen Verwaltungsstruktur ist einer der wichtigsten Gründe für Privatisierungsmaßnahmen in den letzten Jahren. Voraussetzung für eine wettbewerbsgerechte und wirtschaftliche Unternehmensstruktur mit dem Ziel der Kapitalmarktfähigkeit ist eine effiziente Personalpolitik. Ebenso wie eine neue Besoldungsstruktur mit einer Konkurrenzfähigkeit des öffentlichen Dienstes begründet und anerkannt wurde, ist eine solche neue Besoldungsstruktur aufgrund der vorhergehenden Ausführungen für die „privatisierten“ Beamten der Deutschen Bahn AG sachlich begründet.

---

[197] Leistungsprämien- und -zulagenverordnung vom 1. Juli 1997 (BGBl. I S. 1598).

[198] s. *Kunz*, Kommentar zum Eisenbahnrecht, A 2.2 zu § 12 DBGrG, S. 43 mit einer Auflistung unter welchen Voraussetzungen die Bezüge anrechnungsfrei bleiben.

Eine eigene besoldungsrechtliche Regelung für die bei der Deutschen Bahn AG bzw. ihren Tochtergesellschaften tätigen Beamten ist folglich durch Gesetz bzw. Rechtsverordnung zulässig.

Eine unmittelbare Anwendung der Tarifverträge zur erfolgs- und leistungsorientierten Vergütung[199] auf zugewiesene Beamte ist hingegen nicht zulässig, weil die beamtenrechtliche Alimentation aufgrund eines Gesetzes zu erfolgen hat.

Diese Darlegungen gelten ebenso für Sonderregelungen über Zulagen und Prämien für die in privatisierten Unternehmen tätigen Beamten. Falls sachliche Gründe für die Erforderlichkeit spezieller Regelungen bejaht werden, können diese durch Gesetz bzw. Rechtsverordnung erlassen werden[200]. Eine Gewährung von Zulagen oder Prämien aufgrund eines Tarifvertrages ist dagegen ausgeschlossen. In Betracht kommt lediglich eine Orientierung der gesetzlichen Regelung an den Inhalten des Tarifvertrages, um eine Harmonisierung der Besoldungs- und Entgeltstruktur für Beamte und Arbeitnehmer zu erreichen. Entsprechende Maßnahmen können sich insbesondere als erforderlich erweisen, um Spannungen infolge unterschiedlicher Zulagensysteme für Beamte einerseits und Angestellte sowie Arbeiter andererseits entgegenzuwirken, die sich negativ auf die Produktivität und das Betriebsklima auswirken könnten.

Bislang wurde ein gesondertes Besoldungsrecht für die der Deutschen Bahn AG zugewiesenen Beamten jedoch nicht erlassen. Allerdings findet das neue Besoldungsstrukturgesetz[201] auch auf die der Deutschen Bahn AG zugewiesenen Beamten Anwendung[202].

Die Einführung von Bandbreiten bei der Besoldung im Öffentlichen Dienst orientiert sich an der aktuellen Tendenz in der Privatwirtschaft die Vergütung der Führungskräfte zunehmend zu variabilisieren[203].

---

199 Vgl. *Quelle*: Personal- und Sozialbericht 2001 des DB Konzerns, S. 14: „Die Basis für das neue Anreizsystem der DB Reise&Touristik bilden zwei Tarifverträge. Der Tarifvertrag Leistungsanreizsystem im personenbedingten Verkauf bei der DB Reise&Touristik AG (LAS I TV) gilt für die im Bereich der Reiseberatung tätigten Mitarbeiter ... Der LAS II TV hingegen schafft Leistungsanreize im Bereich des Vertriebs von Geschäftsreisen ...“.

200 Im Ergebnis *Böhm/Schneider,* „Beamtenprivatisierung“ bei der Deutschen Bahn AG, S. 38 f.

201 Besoldungsstrukturgesetz vom 6. August 2002 (BGBl. I S. 3020), vgl. Ausführungen im *Bericht der Bundesregierung über die Fortentwicklung des öffentlichen Dienstrechts,* ZTR 1994, S. 417.

202 *Quelle*: Schreiben des Bundesministerium für Verkehr, Bau- und Wohnungswesen vom 20. Dezember 2002 an das BEV unter Bezugnahme auf das Rundschreiben des Bundesministeriums des Inneren vom 22. November 2002, Az: D II 1 – 221270/7 – D II 1 221425/1; konkretisiert wird das Besoldungsstrukturgesetz durch die Leistungsstufenverordnung sowie Leistungsprämien- und Zulagenverordnung.

203 *Lorse,* Das Gesetz zur Modernisierung der Besoldungsstruktur: Baustein für ein zukunftsorientiertes Personalmanagement?, ZBR 2001, S. 73, 76 f.; *Summer,* Moderni-

Insbesondere durch die Regelungen über eine mehr leistungsorientierte Besoldung gem. §§ 45, 46 BBesG schafft es neue Gestaltungsmöglichkeiten zur Flexibilisierung bei der Vergabe von Leistungsstufen, Leistungsprämien und Leistungszulagen und ermöglicht somit eine verbesserte leistungsorientierte Bezahlung[204].

4. Streik- und Koalitionsrecht von privatisierten Beamten

Leitbild für die besondere Ausgestaltung des Streik- und Koalitionsrechts der Beamten ist der klassische Beamte, der hoheitlich die Ausübung von Staatsaufgaben wahrnimmt. Infolge der Bahnreform werden die Beamten nun bei der Erbringung von privatwirtschaftlichen Tätigkeiten eingesetzt.

Es ist daher zu untersuchen, ob bei Beamten, die nicht länger Staatsaufgaben im Sinne des Art. 87 Abs. 1 GG n.F. ausüben, gleichsam im Gegenzug die Einschränkungen des Streik- und Koalitionsrechts aufgehoben werden müssen.

a) Allgemeine Grundsätze

Die Geltung des kollektiven Arbeitsrechts ist in mehreren Bereichen abhängiger Arbeit, beispielsweise in sog. Tendenzbetrieben, im öffentlichen Dienst hinsichtlich des Sonderrechtsverhältnisses der Beamten etc., umstritten und teilweise sogar vom Gesetzgeber eingeschränkt.

Nach überwiegender Ansicht in Literatur[205] und Rechtsprechung[206] besteht für den Beamten zwar das Grundrecht der Koalitionsfreiheit. Es stellt jedoch

---

sierung der Besoldungstechniken? Gedanken zum Entwurf eines Besoldungsstrukturgesetzes, ZBR 2000, S. 298 ff.

[204] s. *Janssen,* Die zunehmende Privatisierung des deutschen Beamtenrechts als Infragestellung seiner verfassungsrechtlichen Grundlage, ZBR 4/2003, S. 113, 115, u.a. mit Hinweis auf die Beratungen zu § 46 BBesG im Innenausschuss des Bundestages, in der herausgestellt wurde, daß man mit dieser Vorschrift „*eine Annäherung an das Tarifrecht*" beabsichtige; kritisch *Bönders,* Neue Leistungselemente in der Besoldung – ein Anreiz oder Flop, ZBR 1999, S. 11 ff. zu reinen monetären Leistungsanreizen.

[205] *Battis,* Kommentar zum BBG, § 2 Rn. 5; *Maunz/Dürig,* Kommentar zum GG, Art. 9 Rn. 377; *Scheerbarth/Höffken/Bauschke/Schmidt,* Beamtenrecht, § 3 III 2; *Wind/Schimana/Wichmann,* S. 153, 515; *Schnellenbach,* Beamtenrecht in der Praxis, Rn. 234; *Battis* in: *Sachs,* Kommentar zum GG, Art. 33 Rn. 53; *Isensee,* Beamtenstreik, S. 52 ff., 133 f.; *Lorenzen,* Die Postreform II – Dienst- und personalvertretungsrechtliche Regelungen, PersV 1995, S. 99, 102; *Hanau/Adomeit,* Arbeitsrecht, S. 95, Rn. 334; *Kissel,* Arbeitskampfrecht, § 34 Rn. 52; kritisch *Däubler,* Arbeitskampfrecht, Rn. 462, 466 ff.; *a.A.: Pfohl,* Koalitionsfreiheit und öffentlicher Dienst, ZBR 1997, S. 78, 86 m.w.N.; *Blanke,* Der Beamtenstreik im demokratischen Staat, KJ 1980, S. 273 ff.; kritisch: *Blanke/Sterzel,* Beamtenstreikrecht 1980; *dies.,* Privatisierungsrecht für Beamte, Rn. 170, wonach sich ein Streikverbot für Beamte nicht zwingend aus dem GG herleiten läßt. Vielmehr zeige ein Blick über die Staatsgrenzen, daß ein

einen hergebrachten Grundsatz des Berufsbeamtentums dar, daß der Beamte Mittel des Arbeitskampfes zur Durchsetzung seiner Rechte oder Verbesserung seiner Rechtsstellung nicht einsetzen darf (sog. Streikrecht). Unter das Streikverbot fallen auch die sog. Streiksurrogate wie „Dienst nach Vorschrift" oder der „Bummelstreik"[207]. Zur Begründung wird auf das charakteristische besondere Dienst- und Treueverhältnis der Beamten zu ihrem Dienstherrn und auf die gesetzliche Ausgestaltung ihrer dienstlichen Rechte und Pflichten gem. Art. 33 Abs. 4 GG verwiesen.

Darüber hinaus wird als politischer Ansatzpunkt für ein Streikverbot der Beamten angeführt, daß der Streik in Sonderbereichen von der Sache her nicht oder nur sehr begrenzt vertretbar ist, da die Funktion der Dienststellen wegen ihrer besonderen Bedeutung für die Allgemeinheit oder wegen der besonderen Eigenart der Beschäftigungsverhältnisse keine Unterbrechungen verträgt[208].

Die umstrittene Frage, ob der Streikeinsatz von Beamten bei einem tariflichen Arbeitskampf der Arbeitnehmer des öffentlichen Dienstes zulässig ist, hat bereits das Bundesverfassungsgericht höchstrichterlich entschieden. Nach seiner Entscheidung dürfen Beamte bei tarifrechtlichen Arbeitskämpfen nicht zur Leistung von Streikarbeit auf Arbeitsplätzen der streikenden Arbeitnehmer durch Anordnung ihres Dienstherrn verpflichtet werden[209].

b) Sachstand und Anwendung bei der Deutschen Bahn AG

Die zur Dienstleistung bei der Deutschen Bahn AG beurlaubten und gesetzlich zugewiesenen Beamten stellen eine Konstellation dar, die bei der Deklarierung des Arbeitskampfverbotes als hergebrachten Grundsatz des Berufsbeamtentums keine Berücksichtigung finden konnte. Leitbild war vielmehr der klassi-

---

alle Beamten umfassendes Streikverbot weder zum Wesen des Staatsdienstes gehöre noch den Grundprinzipien der Verfassung immanent sei.

206 *BVerfGE* 8, 1, 17; 8, 28, 35; 19, 303, 322; 44, 249, 264; *BVerwGE* 53, 330 ff.; 73, 97, 102; *BGHZ* 70, 277, 279.

207 *BVerfGE* 73, 97; *BGHZ* 69, 140; 70, 279; *Maunz/Dürig/Herzog,* Kommentar zum GG, Art. 33 Rn. 40; *Battis* in: *Sachs,* Kommentar zum GG, Art. 33 Rn. 53; *Isensee,* Beamtenstreikrecht, S. 144 ff.; *Schütz/Maiwald,* Beamtenrecht des Bundes und der Länder, C § 56 Rn. 7; *Benz,* H., Postreform II und Bahnreform – Ein Elastizitätstest für die Verfassung, DÖV 1995, S. 679, 683.

208 *Bieback,* Streik in Sonderbereichen, in: *Däubler,* Arbeitskampfrecht, Rn. 442.

209 *BVerfGE* 88, 103 ff.; aus der Literatur dazu mit zahlreichen Nachweisen: *Jachmann,* Der Einsatz von Beamten auf bestreiten Arbeitsplätzen, ZBR 1994, S. 1 ff.; *Isensee,* Streikeinsatz unter Gesetzesvorbehalt – Gesetzesvollzug unter Streikvorbehalt, Deutsche Zeitschrift für Wirtschaftsrecht 1994, S. 309 ff.; *Fuhrmann,* Beamteneinsatz bei Streiks von Arbeitnehmer im öffentlichen Dienst, S. 1 ff.; *Janssen,* Die zunehmende Privatisierung des deutschen Beamtenrechts als Infragestellung seiner verfassungsrechtlichen Grundlagen, ZBR 4/2003, S. 113, 116; *Kissel,* Arbeitskampfrecht, § 34 Rn. 52 ff.

sche Beamte, der hoheitliche Aufgaben wahrnimmt. Nunmehr wird der Beamte für Dienstleistungen eingesetzt, die gem. Art. 87e GG als privatwirtschaftliche Tätigkeiten erbracht werden. Folglich dient er nicht mehr länger den Interessen des Volkes im Sinne des § 35 BRRG, sondern einem Privatrechtssubjekt[210].

Teilweise wird daher in der Literatur[211] die Auffassung vertreten, daß eine unveränderte Aufrechterhaltung des Pflichtenstatus – hier des Arbeitskampfverbotes – des Beamten einen Verstoß gegen Art. 9 Abs. 3 GG darstellt. Danach verliert das Arbeitskampfverbot seinen Sinn, wenn der Beamte keine Staatsaufgaben mehr wahrnimmt. Rechtfertigung der Grundrechtseinschränkung ist allein die aus dem Funktionsvorbehalt des Art. 33 Abs. 4 GG abgeleitete besondere Loyalitätsbindung gegenüber dem Dienstherrn bei der Erfüllung hoheitlicher Aufgaben. Diesem Dienst- und Treueverhältnis wird durch den zwangsweisen Einsatz des Beamten bei einer privatrechtlich und -wirtschaftlich handelnden Aktiengesellschaft die Basis entzogen. Folglich würde hiernach den „privatisierten“ Beamten ein Streikrecht zustehen.

Demgegenüber ist nach anderer Ansicht auch zukünftig ein Streik der „privatisierten“ Beamten nicht zulässig[212]. Entscheidend hiernach ist, daß sich am Status der Bahnbeamten als unmittelbare Bundesbeamte keine Veränderung ergibt und somit auch weiterhin das einfachgesetzliche Beamtenrecht Anwendung findet. Sie bleiben weiterhin im öffentlichen Dienst eingegliedert, so daß sich ihre Loyalitätsbindung an den Dienstherrn durch die Privatisierungsmaßnahmen nicht gelöst hat. Hieraus folgt, daß sie auch als solche alimentiert werden, unbeachtlich der Tatsache, daß die Deutsche Bahn AG die Personalkosten zu tragen hat. Grundsätzlich muß mit dem Arbeitskampf ein tarifvertraglich regelbares Ziel verfolgt werden[213]. Die beamtenrechtliche Alimentation im Sinne des Art. 33 Abs. 5 GG wird jedoch gesetzlich festgelegt. Jeder Arbeitskampf, mit dem Einfluß auf den Gesetzgeber zur Verbesserung der Alimentationen ausge-

---

[210] *Benz,* H., Postreform II und Bahnreform – ein Elastizitätstest für die Verfassung, DÖV 1995, S. 679, 683.

[211] *Blanke/Sterzel,* Probleme der Personalüberleitung im Falle einer Privatisierung der Bundesverwaltung (Flugsicherung, Bahn und Post), ArbuR 1993, S. 269, 274; *dies.,* Die Auseinandersetzung um die Privatisierung der Deutschen Bundespost, KJ 1993, S. 300; *dies.,* Privatisierungsrecht für Beamte, Rn. 171 ff. m.w.N.; insbesondere die Gewerkschaften haben sich entschieden für ein Streikrecht der „AG-Beamten“ eingesetzt, vgl. Diskussion zur Postreform, Gewerkschaftliche Praxis, Nr. 6/1995, S. 3; *Battis in Sachs*: Kommentar zum GG, Art. 143a Rn. 9, der für ein Streikrecht für übergeleitete Bahnbeamte plädiert; *Kunz,* Kommentar zum Eisenbahnrecht, A 2.2 zu § 12 DBGrG, S. 27 einschränkend nur für beurlaubte Beamte.

[212] *Benz,* H., Postreform II und Bahnreform – ein Elastizitätstest für die Verfassung, DÖV 1995, S. 679, 684 m.w.N.; *Weiß,* Disziplinarrecht bei den privaten Bahn- und Postunternehmen, ZBR 1996, S. 225, 242.

[213] *Hanau/Adomeit,* Arbeitsrecht, S. 81, Rn. 286; kritisch *Däubler,* Arbeitskampfrecht, Rn. 147 ff.

übt werden soll, bedeutet somit eine Parlamentsnötigung und kann schon aus diesem Grunde nicht mit Art. 9 Abs. 3 GG vereinbar sein[214].

Bei den gesetzlichen Regelungen der bei der Deutschen Bahn AG beschäftigten Beamten besteht die Besonderheit, daß Beamte gem. § 12 Abs. 7 DBGrG neben ihrer Besoldung nach dem Bundesbesoldungsgesetz auch anderweitige Bezüge von der Deutschen Bahn AG erhalten können. So kann die Deutsche Bahn AG gem. § 2 Nr. 11 DBAGZustV Fragen der betrieblichen Lohngestaltung, insbesondere hinsichtlich der Festsetzung von Akkord- und Prämiensätzen sowie vergleichbarer leistungsbezogener Entgelte regeln, soweit es sich nicht um anderweitige Bezüge für zugewiesene Beamte handelt. Ist der Deutschen Bahn AG aber erlaubt, zusätzlich zur Besoldung der Beamten nach dem Bundesbesoldungsgesetz für die Beamten wie für die anderen bei ihr beschäftigten Arbeitnehmer Leistungszuschläge zu vereinbaren, stellt sich die Frage, ob den Beamten nicht wenigstens insoweit ein auf diese Tatbestände begrenztes Streikrecht zustehen könnte.

Eine eindeutige Antwort, ob sich die übergeleiteten Bundesbahnbeamten an Streiks des Tarifpersonals beteiligen dürfen, ist auch nach den vorgenannten Ausführungen nicht möglich. Letztlich könnte dies davon abhängen, ob es sich um beurlaubte oder kraft Gesetzes zugewiesene Beamte handelt.

Daher ist im Folgenden die Rechtslage in bezug auf die Weitergeltung des Arbeitskampfverbotes getrennt für zugewiesene und beurlaubte Beamte zu untersuchen.

aa) Arbeitskampfverbot für zugewiesene Beamte

Die Rechtslage im Sinne der oben dargelegten Grundsätze ist eindeutig, wenn die Beamten entsprechend ihres Rechtsstatus bei dem Unternehmen eingesetzt werden. Dies trifft unzweifelhaft auf die kraft Gesetzes zur Deutschen Bahn AG bzw. einer Beteiligungsgesellschaft zugewiesenen Beamten zu. An ihrem Status als Bundesbeamte ändert sich nichts. Folglich bleibt auch die Loyalitätsbindung zu ihrem Dienstherrn weiterhin bestehen. Verantwortlich für die Maßnahmen, die im Arbeitsrecht mit Mitteln des Arbeitskampfes durchgesetzt werden könnten, ist somit weiterhin der Dienstherr und nicht die Deutsche Bahn AG. Die Beschäftigungsbedingungen der Beamten werden einseitig durch Gesetz oder aufgrund eines Gesetzes geregelt. Dieser Grundsatz behält auch für die zugewiesenen Beamten seine Gültigkeit. Sie werden weiterhin alimentiert. Maßgeblich ist hierbei, daß die Beamten einen Anspruch auf Alimentation aus Art. 33 Abs. 5 GG geltend machen können und nicht, daß die Kosten von dem privatisierten Unternehmen getragen werden.

---

[214] *BVerfGE* 44, 249, 264.

Ein Streikrecht der zugewiesenen Beamten würde somit ins Leere gehen und das Unternehmen wirtschaftlich schädigen[215]. Es würde sich gegen den Gesetzgeber richten, falls die Verwirklichung der Streikziele Auswirkungen auf spätere Besoldungs- und Versorgungsanpassungen hat. Damit würde ein zugewiesener Beamter, der an einem solchen Streik teilnähme, die sich aus seinem fortbestehenden beamtenrechtlichen Status ergebende Pflicht aus § 54 Abs. 1 BBG verletzen.

Ferner ist zu berücksichtigen, daß die zugewiesenen Beamten weder ein Arbeitsplatz-, Lohnfortzahlungs- oder Aussperrungsrisiko kennen und daher ihre Teilnahme an tarifpolitischen Arbeitskämpfen systemwidrig ist.

Da die zugewiesenen Beamten den Vorteil der verfassungsrechtlichen Gewährleistung ihres Rechtsstatus genießen, haben sie als Äquivalent hierzu den unveränderten Pflichtenkatalog, resultierend aus ihrem Rechtsstatus, hinzunehmen.

Bedenkenswert könnte die Zulässigkeit des Streikrechts jedoch unter dem Aspekt sein, daß der Deutschen Bahn AG aufgrund der Beschäftigung von Beamten ein ungerechtfertigter Wettbewerbsvorteil zukommt. Dieser könnte darin bestehen, daß die Deutsche Bahn AG trotz eines Streiks der Tarifkräfte (ggf. auch bei den Konkurrenzunternehmen), die Sicherheit der Aufgabenerfüllung durch die Beamten hat, so daß mit deren Leistung immer noch – wenn auch im eingeschränkten Umfang – Gewinne zu erzielen sind.

Auch vor dem Hintergrund dieser möglichen wettbewerbsrechtlichen Einwände, scheitert ein Streikrecht der Beamten an der notwendigen Waffengleichheit im Arbeitskampf[216]. Infolge der gefestigten Rechtsstellung der ehemaligen Staatsdiener wäre der Deutschen Bahn AG im Falle eines Beamtenstreiks die Aussperrung der streikenden Beamten versagt und sie könnte auf das pflichtwidrige Arbeitskampfverhalten nur mit disziplinarischen Maßnahmen reagieren. Diese würden jedoch nur dann eingreifen, z.B. mit einem Besoldungsverlust gem. § 9 BBesG, wenn der streikende Beamte dem Unternehmen fernbleibt. Ist er jedoch ordnungsgemäß im Unternehmen präsent, allerdings ohne zu arbeiten, so greift diese Sanktionsmöglichkeit nicht, weil eine Verletzung der Diensterfüllungspflicht nicht den Tatbestand der Verletzung der Dienstleistungspflicht gem. § 73 Abs. 1 BBG erfüllt.

Insgesamt ist daher ein Streikrecht für zugewiesene Beamte abzulehnen.

---

[215] *Pfohl,* Koalitionsfreiheit und öffentlicher Dienst, ZBR 1997, S. 78, 86; *Blanke* in: *Blanke/Trümner,* Handbuch Privatisierung, S. 703 f., Rn. 995, wonach sich wegen der mittelbaren Auswirkung des Streiks auf das Bundeseisenbahnvermögen, also dem Dienstherrn, die Teilnahme/Maßnahme als unzulässiger politischer Streik der Beamten darstellt.

[216] Vgl. *Weiß,* Disziplinarrecht bei den privaten Bahn- und Postunternehmen, ZBR 1996, S. 225, 242.

bb) Modifizierung des Arbeitskampfverbotes für beurlaubte Beamte?

Die Beurlaubung von Beamten der ehemaligen Deutschen Bundesbahn zur Deutschen Bahn AG führt zu einem Doppelrechtsverhältnis. Einerseits werden gem. Art. 143a Abs. 1 S. 3 GG ihr Beamtenstatus und die beamtenrechtliche Beziehung zu ihrem Dienstherrn weitergeführt; andererseits sind sie voll in die betriebliche Arbeitsorganisation der Unternehmen der Deutschen Bahn integriert.

Aufgrund des Abschlusses eines Arbeitsvertrages mit der Deutschen Bahn AG bzw. einer ihrer Tochtergesellschaften sind sie grundsätzlich in genau der gleichen Weise den Vorgaben des Arbeitsgebers hinsichtlich Ort, Zeit, Inhalt, Art und Umfang des betrieblichen Arbeitsprozesses unterworfen wie die sonstigen Arbeitnehmer. Folglich sind sie insoweit aus ihrem öffentlich-rechtlichen Dienst- und Treueverhältnis herausgelöst. Die besondere Loyalitätsbindung zu ihrem Dienstherrn besteht somit nur noch hinsichtlich ihres beamtenrechtlichen Status, nicht jedoch hinsichtlich ihrer Aufgabenerfüllung. Ihre Besoldung und Beschäftigung stehen infolge des Arbeitsvertrages in einer direkten synallagmatischen Beziehung, ebenso wie bei einem sonstigen privatrechtlichen Arbeitsverhältnis, d.h., die beurlaubten Beamten werden entsprechend ihrer Leistung bezahlt und nicht allein aufgrund ihres Amts im abstrakten, bzw. konkret-funktionellen Sinne alimentiert.

Die Durchsetzung bzw. Verbesserung typisch kollektivrechtlicher Forderungen wie z.B. die Erhöhung von Leistungsentgelten (Zulagen, Vergütungsbestandteile), die Änderung des Arbeitszeitmodells, die Modelle der Beschäftigungssicherung etc. liegen auch im Interesse der beurlaubten Beamten.

Sie werden aufgrund ihres Arbeitsverhältnisses von diesen Maßnahmen betroffen, so daß ihnen für den Zeitraum ihrer Beurlaubung die Koalitions- und Streikrechte aus Art. 9 GG zustehen könnten[217]. Auf der einen Seite ist hierbei zu bedenken, daß durch Art. 143a Abs. 1 S. 3 GG auch die Rechtsstellung der beurlaubten Beamten gesichert wird. So werden beispielsweise Zeiten der Beurlaubung als Dienstzeiten angerechnet, um laufbahn- oder besoldungsrechtliche Nachteile infolge der Beurlaubung zu vermeiden. Infolgedessen ist ein uneingeschränktes Streikrecht der beurlaubten Beamten abzulehnen.

Auf der anderen Seite könnte jedoch ein eingeschränktes Arbeitskampfrecht der beurlaubten Beamten in Betracht kommen.

---

[217] Vgl. Amtliche Begründung zu § 13 Abs. 1–5 DBGrG, *BR-Drs.* 131/93, S. 84, linke Spalte, *BT-Drs.* 12/4609 (neu), S. 82; vgl. *Benz,* H., Postreform II und Bahnreform – Ein Elastizitätstest für die Verfassung, DÖV 1995, S. 679, 684; *Günther,* Jahrhundertwerk auf die Schiene, Bundesarbeitsblatt 1994, S. 9, 11; *Weiß,* Disziplinarrecht bei den privaten Bahn- und Postunternehmen, ZBR 1996, S. 225, 243; *Wurm,* Der Begriff des öffentlichen Dienstes, S. 195 f.

Rechtsgrundlage für ein derartiges Arbeitskampfrecht der beurlaubten Beamten ist § 12 DBGrG i.V.m. Art. 9 GG. Bereits in der Gesetzesbegründung zu § 12 DBGrG wurde zum Ausdruck gebracht, daß „während der Zeit der Beurlaubung der beurlaubte Beamte die gleichen Koalitionsrechte aus Art. 9 GG wie andere Arbeitnehmer habe“[218].

Voraussetzung für die Ausübung des Streikrechts ist gleichwohl, daß durch die Arbeitskampfmaßnahmen der beamtenrechtliche Status nicht tangiert wird[219].

Die Entscheidung, ob dem beurlaubten Beamten ein Streikrecht zusteht, ist daher im konkreten Einzelfall vom Streikziel abhängig. Das Arbeitskampfrecht findet dort seine Grenze, wo es einem Beamten verwehrt wäre, sich durch derartige Kampfmaßnahmen für die Verbesserung seines Status (z.B. künftige Versorgung etc.) einzusetzen. Dies gilt auch für sog. „vermischte“ Streikziele, d.h., ist es absehbar, daß die tariflichen Streikziele durch ein entsprechende Anwendung für den dienstrechtlichen Bereich auch Beamten zugute kommen, so ist dem beurlaubten Beamten infolge der statusrechtlichen Betrachtungsweise die Teilnahme an diesem Streik verboten.

Infolgedessen besteht für beurlaubte Beamte ein Arbeitskampfrecht im Sinne des Art. 9 GG lediglich im Hinblick auf dienstrechtsneutrale Ziele.

c) Zusammenfassung

Entscheidende Faktoren für eine Ausnahme vom Arbeitskampfverbot als hergebrachten Grundsatz des Berufsbeamtentums sind die Art der Personalüberleitung und das Streikziel. Danach besteht für die zugewiesenen Beamten ein striktes Arbeitskampfverbot, für die beurlaubten Beamten dagegen ein eingeschränktes Streikrecht hinsichtlich dienstrechtsneutraler Ziele.

Nach der Bahnreform hat es in der Praxis – bis auf vereinzelte Warnstreiks im Zusammenhang mit den jüngsten Verhandlungen zum Entgelttarifvertrag – keine Arbeitskampfmaßnahmen gegeben. Folglich ist die dargelegte Problemstellung bislang noch nicht praxisrelevant geworden bzw. sogar richterlich entschieden worden.

5. Flexibilität des Personaleinsatzes

Ein möglichst flexibler Personaleinsatz liegt im Interesse jedes Arbeitgebers, unabhängig davon, ob er öffentlich-rechtlich oder privatrechtlich organisiert ist.

---

[218] *BT-Drs.* 12/4609 (neu), S. 82, zu § 13 des Entwurfs; vgl. *BVerwG,* ZBR 2000, S. 387, 388.

[219] So auch *Blanke/Sterzel,* Privatisierungsrecht für Beamte, Rn. 171 m.w.N.

Das Maß an personalwirtschaftlicher Flexibilität ist einerseits vom Umfang des Weisungs- und Direktionsrechts des Arbeitgebers, andererseits von den individuellen Rechten des Mitarbeiters abhängig. Hierbei ist das Weisungs- und Direktionsrecht des öffentlich-rechtlichen Dienstherrn durch das Beamtenrecht stärker reglementiert als durch das Arbeitsrecht[220]. Trotzdem ist durch die personalwirtschaftlichen Instrumente der Umsetzung, Versetzung, Abordnung und Zuweisung ein weitgehend flexibler Personaleinsatz in räumlicher sowie funktioneller Hinsicht möglich[221].

Schwierigkeiten ergeben sich indes, wenn aufgrund von Rationalisierungs- bzw. Privatisierungsmaßnahmen – also in der Situation nach der Bahnreform – ein Personalüberhang besteht. Aus der unternehmerischen Perspektive der Deutschen Bahn AG muß in einer solchen Situation die Möglichkeit des Personalabbaus bestehen. Da dies wegen des Lebenszeitprinzips nur bedingt mit den Instrumenten, u. a. der vorzeitigen Versetzung in den Ruhestand, der Altersteilszeit oder der anderweitigen Verwendung, in Betracht kommt, könnte es zumindest notwendig sein, das Laufbahnprinzip zu durchbrechen, also die Betroffenen auch mit Funktionen betrauen zu können, die nicht ihrer bisherigen Tätigkeit entsprechen, für die sie nicht ausgebildet wurden und die sich vom Standpunkt der Betroffenen als unterwertig darstellen.

In diesem Zusammenhang könnte jedoch das Recht des Dienstherrn bzw. der Nachfolgeunternehmen der Deutschen Bundesbahn, als privatrechtlich organisierte Arbeitgeber, an die Grenze des beamtenrechtlichen Anspruchs auf amtsangemessene Beschäftigung stoßen.

Es ist daher zu erörtern, welche Bedeutung der vom Gesetzgeber gewählten Formulierung „unter Wahrung ihrer Rechtsstellung“ in Art. 143a Abs. 1 S. 3 GG beizumessen ist.

a) Der Anspruch auf amtsangemessene Beschäftigung

Jeder Beamte hat grundsätzlich einen Anspruch, entsprechend seinem Amt im statusrechtlichen Sinne, „amtsangemessen“ beschäftigt zu werden. Mit dem statusrechtlichen Amt und dessen Zuordnung zu einer bestimmten Besoldungsgruppe in Verbindung mit der strukturellen Relation zu anderen Ämtern sowie der laufbahnrechtlichen Einordnung wird abstrakt Inhalt, Umfang, Bedeutung

---

[220] *Battis,* Beleihung anlässlich der Privatisierung der Postunternehmen, in: FS für Raisch, S. 355, 364.

[221] *Barlage,* Flexibilität im Personaleinsatz – Zum Recht am Amt unter besonderen Berücksichtigung des § 21 BBahnG, ZBR 1978, S. 349, 351; weitergehend *Battis,* Das Dienstrechtsreformgesetz, NJW 1997, S. 1033, 1034, wonach das Beamtenrecht – unter der Berücksichtigung der jüngsten Reformen – sogar eine größere Mobilität des Personals möglich machen dürfte als das Tarifrecht.

und Verantwortung und damit die Wertigkeit des Amts zum Ausdruck gebracht[222]. Der Beamte hat aber weder einen Anspruch auf Übertragung eines bestimmten konkret-funktionellen Amtes noch einen Anspruch auf unveränderte und ungeschmälerte Ausübung des ihm einmal übertragenen Dienstpostens[223]. Er muß vielmehr Änderungen seines dienstlichen Aufgabenbereichs durch Umsetzung oder andere organisatorische Maßnahmen hinnehmen, allerdings nur insoweit, wie diese noch mit seinem Amt im statusrechtlichen Sinn konform sind[224].

Das Amt im statusrechtlichen Sinne kann, sobald es einmal verliehen ist, praktisch nur durch ein förmliches Disziplinarverfahren entzogen werden.

Im Zuge der Dienstrechtsreform im Jahre 1997 wurden die Vorschriften über die Versetzung und Abordnung entscheidend erweitert und erlauben jetzt unter engen Voraussetzungen auch Maßnahmen, die nicht mehr dem Amt im funktionellen Sinne bzw. sogar im statusrechtlichen Sinne entsprechen[225], z. B. Maßnahmen gem. § 26 Abs. 2 S. 2 bei einer Auflösung oder einer wesentlichen Änderung des Aufbaus, bei der Aufgaben der Behörden oder der Verschmelzung von Behörden oder gem. § 27 Abs. 2 S. 2 BBG aus dienstlichen Gründen.

Von dem Anspruch auf amtsangemessene Beschäftigung sind hierdurch zwar Ausnahmen eröffnet worden. Gleichwohl setzt dieser Anspruch weiterhin als beamtenrechtliches Grundprinzip und Ausdruck des statusrechtlichen Amtes den personalwirtschaftlichen Instrumenten Grenzen.

b) Auswirkungen des Anspruchs auf die Deutsche Bahn AG und ihre Beteiligungsgesellschaften

Fraglich ist nunmehr, wie dieser Anspruch nach der Privatisierung der Deutschen Bundesbahn ausgefüllt wird, da die Beamten zwar gem. § 143a GG ihre Rechtsstellung in Form des Amtes im statusrechtlichen Sinne behalten, jedoch kein Amt im abstrakt-funktionellen oder konkret-funktionellen Sinne[226] mehr innehaben.

---

[222] *BVerwG,* NVwZ 1997, S. 72 m. w. N.; *BVerwGE* 49, 64, 67.

[223] *BVerfGE* 52, 303, 354.

[224] *BVerwGE* 60, 144, 150; *BVerwG,* NVwZ 1992, S. 1096; *Schütz/Maiwald,* Beamtenrecht des Bundes und der Länder, C § 3 Rn. 14 (S. 14c).

[225] *BVerwGE* 87, 310, 317, insoweit können sich aus einer Organisationsänderung negative Folgen für den Status des Beamten ergeben.

[226] Nach *BVerfGE* 52, 303, 354; 60, 144, 150; *BVerfG,* NVwZ 1992, S. 574 ist das Recht am Amt im konkret-funktionellen Sinne kein hergebrachter Grundsatz des Berufsbeamtentums.

aa) Exkurs: Vergleich mit dem arbeitsrechtlichen Anspruch auf vertragsgerechte Beschäftigung

Infolge der Bahnstrukturreform und der weiteren Tätigkeit der Beamten in einem privatwirtschaftlichen Unternehmen könnte eine Änderung bzw. sogar Einschränkung des beamtenrechtlichen Anspruchs auf amtsangemessene Beschäftigung in Betracht kommen.

In diesem Zusammenhang ist daher zu erörtern, ob der Anspruch auf eine amtsangemessene Beschäftigung des Beamten mit dem arbeitsrechtlichen Anspruch auf eine vertragsgerechte Beschäftigung korrespondiert und in diesem Sinne ausgelegt werden kann.

Grundsätzlich muß ein Arbeitnehmer entsprechend der mit ihm im Arbeitsvertrag vereinbarten Funktionen beschäftigt werden[227].

Anhaltspunkte dafür, was als vereinbarte Arbeit gilt, ergeben sich unmittelbar aus dem Arbeitsvertrag sowie aus der Eingruppierung des Arbeitnehmers in die Vergütungsgruppe eines Tarifvertrages[228]. Auf den ersten Blick scheint sich die Situation für einen sonstigen privaten Arbeitgeber, der nur Arbeitnehmer beschäftigt, nicht anders darzustellen als für die Deutsche Bahn AG. Insoweit könnte eine Annäherung des Anspruchs auf amtsangemessene Beschäftigung an den zivilrechtlichen Anspruch auf vertragsgerechte Beschäftigung vorstellbar sein.

Der maßgebliche Unterschied liegt jedoch nicht in der Ausfüllung der vertraglichen Vereinbarung, sondern in der Möglichkeit, diese Vereinbarungen zu lösen. Der private Arbeitgeber kann bei Organisations- und Aufgabenänderungen bestehende Arbeitsverhältnisse beenden, z.B. durch eine betriebsbedingte Kündigung, oder sie im Wege der Änderungskündigung den neuen, veränderten Bedingungen anpassen.

In diesem Zusammenhang ist sicherlich einzuräumen, daß aufgrund des Beschäftigungsbündnisses Bahn dann betriebsbedingte Kündigungen ausgeschlos-

---

[227] *BAG,* NJW 1985, S. 2968; *Preis* in: *Dieterich/Hanau/Schaub,* Erfurter Kommentar zum Arbeitsrecht, 230, § 611 Rn. 702 und 703, wonach der Anspruch auf vertragsgemäße Beschäftigung sogar als rechtsfortbildende Konkretisierung der Hauptpflicht des Arbeitgebers eingeordnet werden kann, weil sie die Kehrseite der Arbeitspflicht ist. Zumindest ist sie aber als eine wesentliche Nebenpflicht des Arbeitgebers aus dem Arbeitsvertrag anzusehen, die eng mit den Hauptleistungspflichten zusammenhängt; *Putzo* in: *Palandt,* Kommentar zum BGB, 62. Auflage, § 611 Rn. 118, wonach der Beschäftigungsanspruch aus §§ 611, 613, 242 BGB i.V.m. Art. 1, 2 GG abzuleiten ist; *Gitter,* Arbeitsrecht, S. 71 f.; *Schlechtriem* in: *Jauernig,* Kommentar zum BGB, § 611 Rn. 44; *Schaub/Koch/Linck,* Arbeitsrechts-Handbuch, § 110 Rn. 4 ff.; *Löwisch,* Arbeitsrechts, Rn. 871; *Ruhl/Kassebohm,* Der Beschäftigungsanspruch des Arbeitnehmers, NZA 1995, S. 497 ff.; *Hanau/Adomeit,* Arbeitsrecht, S. 204, Rn. 706.

[228] *Schaub/Koch/Linck,* Arbeitsrechts-Handbuch, § 110 Rn. 8.

sen sind, wenn sie auf Rationalisierungsmaßnahmen beruhen. Dieses Beschäftigungsbündnis wurde inzwischen bis zum 31.12.2006 verlängert[229]. Insoweit steht unter den o. g. Voraussetzungen der Deutschen Bahn AG zwar nicht mehr das Instrument der betriebsbedingten Kündigung zur Verfügung. Das Arbeitsrecht bietet mangels einer starren Ämterordnung gleichwohl einen größeren Spielraum hinsichtlich der weiteren Verwendung der Mitarbeiter als das öffentliche Dienstrecht[230].

Der Anspruch auf vertragsgerechte Beschäftigung ist daher letzlich mit dem Anspruch des Beamten auf amtsangemessene Beschäftigung nicht vergleichbar. Folglich können hiernach keine Rechtsfolgen für die Handhabung des Anspruchs auf amtsangemessene Beschäftigung durch die Deutsche Bahn AG hergeleitet werden.

bb) Vorübergehende unterwertige Beschäftigung von Beamten gem. § 11 BENeuglG

Infolge von Verkehrsschwankungen, organisatorischen Veränderungen und technischen Neuerungen[231] wurden vielfach Beamte der Deutschen Bundesbahn auf bestimmten Dienstposten überzählig. Bereits im Jahre 1951 hat die Deutsche Bundesbahn erkannt, daß sie nur dann im Wettbewerb mit anderen Verkehrsträgern eine Chance hat, wenn sie Beamte vorübergehend auch unterwertig beschäftigt, um für die jeweils offenen Dienstposten keine weiteren kostenträchtigen Einstellungen vornehmen zu müssen. So wurde sie durch § 21 BBahnG ermächtigt, Bundesbahnbeamte vorübergehend auf anderen Dienstposten von geringerer Bewertung unter Belassung ihrer Amtsbezeichnung und ihrer Dienstbezüge zu verwenden, wenn betriebliche Gründe es erfordern[232]. Diese Befugnis stimmt auch mit der Pflicht überein, die Deutsche Bundesbahn gem. § 28 BBahnG[233] wie ein Wirtschaftsunternehmen nach kaufmännischen

---

[229] Information des Hauptvorstandsbereiches der Gewerkschaft Transnet vom 18. September 2002 „Vermittlungserfolg des Kanzlers: Bündnis Bahn verlängert!"; aktuell wird eine Verlängerung des Beschäftigungsbündnis Bahn bis 2010 verhandelt.

[230] Z. B. die Möglichkeit des Abschlusses eines Aufhebungsvertrages, der betriebsbedingten Kündigung aufgrund eines Betriebsübergangs, sonstigen Kündigungsmöglichkeiten im Sinne des KSchG.

[231] Einige Beispiele: Elektrifizierung, Verdieselung, Streckenstillegungen, Automation und Rationalisierung in Dienstzweigen etc.

[232] Aufgrund dieser normativen Ermächtigung konnte die Deutsche Bundesbahn damals überzählige Reservelokführer befristet in dem zum Arbeitsdienst zählenden Sicherungspostendienst einteilen. Nachdem sich die Betriebs- und Personallage wieder verbessert hatte, wurden die Lokführer wieder auf ihre ursprünglichen Dienstposten zurückversetzt; *OVG Hamburg,* Beschluß vom 3. Oktober 1977, Az.: Bs I 84/77; *VGH Baden-Württemberg,* Beschluß vom 4. Februar 1977, Az.: IV 2128/76; dieser Personalmaßnahme ablehnend gegenüberstehend, *VG Arnsberg,* Urteil vom 25. April 1977, Az.: 2 K 771/77.

Grundsätzen zu führen. Danach war die Bundesbahn auf eine wirtschaftliche Personalpolitik angewiesen[234]. Die Vorschrift des § 21 BBahnG wurde als verfassungskonform anerkannt, da sie ihre sachlich übereinstimmenden Vorläufer in den §§ 19, 24 Reichsbahngesetz[235] hat.

Die aufgezeigte Situationsbeschreibung trifft aktuell auch auf die privatisierten Eisenbahnunternehmen zu, so daß eine vergleichbare Regelung in Betracht kommen könnte.

Im Rahmen der Privatisierungsdebatte zur Bahnreform hat der Gesetzgeber daher eine dem § 21 BBahnG entsprechende Ausnahmeregelung in § 11 BENeuglG geschaffen. Danach können der Präsident oder die von ihm bestimmten Dienststellen des Bundeseisenbahnvermögens einen Beamten vorübergehend auf einen anderen Dienstposten von geringerer Bewertung unter Belassung seiner Amtsbezeichnung und seiner Dienstbezüge verwenden, wenn dienstliche Gründe beim Bundeseisenbahnvermögen oder dienstliche oder betriebliche Gründe bei einer Gesellschaft, der der Beamte gem. § 12 Abs. 2 und 3 DBGrG zugewiesen ist, dies erfordern. Aus dem Wortlaut des § 11 BENeuglG ist ersichtlich, daß das statusrechtliche Amt durch die andere Verwendung nicht berührt werden darf[236]. Folglich bleiben die ursprüngliche Amtsbezeichnung und die Dienstbezüge unverändert bestehen. Obgleich durch § 11 BENeuglG ein Instrument für eine Flexibilisierung der Personaldisposition geschaffen wurde, muß die Auslegung der Vorschrift mit dem Sinn und Zweck des ENeuOG sowie den besonderen Verhältnissen beim Bundeseisenbahnvermögen und der Deutschen Bahn konform sein.

Der Begriff der „Verwendung" ist weder im ENeuOG, noch im früheren BBahnG oder im Beamten- und Personalvertretungsrecht legal definiert. Eine Interpretation im Sinne einer Versetzung, Abordnung oder Umsetzung kommt nicht in Betracht, da diese andere Tatbestände regeln. Die Verwendung im Sinne des § 11 BENeuglG ist somit eine Methode der Personaldisposition sui generis.

---

233 Bundesbahngesetz – BBahnG vom 13. Dezember 1951 (BGBl. I 1951, S. 955).

234 *Finger,* Kommentar zum Allgemeinen Eisenbahngesetz und zum Bundesbahngesetz, Erl. 1 c) zu § 21 BBahnG; *Barlage,* Flexibilität im Personaleinsatz – Zum Recht am Amt unter besonderer Berücksichtigung des § 21 BBahnG, ZBR 1978, S. 349 ff.; *Schütz/Maiwald,* Beamtenrecht des Bundes und der Länder, C § 3 Rn. 14.

235 § 24 Reichsbahngesetz vom 30. August 1924 (RGBl. I S. 272); § 19 Reichsbahngesetz vom 4. Juli 1939 (RGBl. I S. 1205).

236 Vgl. *BR-Drs.* 130/93, S. 15 sowie die Gegenäußerung der Bundesregierung zu Nr. 11 vom 19.05.1993: „… die Prüfbitte des Bundesrates in deren Beantwortung die Bundesregierung darauf hingewiesen hat, daß die geschützte Rechtsstellung des Beamten, zu der insbesondere das Recht am Amt im statusrechtlichen Sinne gehört, durch die gesetzliche Zuweisung zu einem Privatunternehmen nicht beeinträchtigt werden soll. Insbesondere sei mit der Zuweisung keine unterwertige Beschäftigung im Sinne des § 19 BRRG oder § 26 Abs. 3 BBG beabsichtigt."

Bei den Termini der „dienstlichen und betrieblichen Gründe“ handelt es sich um unbestimmte Rechtsbegriffe, die der Auslegung bedürfen.

Dienstliche Gründe im vorgenannten Sinne sind nur solche, die sich aus Änderungen der Organisation des Bundeseisenbahnvermögens oder der Gesellschaft ergeben[237]. Hinsichtlich der Auslegung der „betrieblichen Gründe“ bestand nach langer Diskussion insoweit Einigkeit, daß der Begriff sämtliche objektiven, d.h., in der Sphäre der Deutschen Bahn AG liegenden betriebstechnischen, verkehrlichen und wirtschaftlichen Gründe umschließt[238]. Dabei ist nicht nur der Eisenbahnbetriebsdienst im engeren Sinne zu verstehen, sondern die Bezeichnung „Betrieb“ umfaßt die Tätigkeiten im gesamten Konzern der Deutschen Bahn AG[239]. Unter Berücksichtigung der Rechtsprechung des Bundesverwaltungsgerichts werden hiervon auch Personalüberhänge erfaßt[240]. Allerdings kann eine vorübergehende unterwertige Beschäftigung nur als Ultima-ratio-Maßnahme in Betracht kommen, also wenn eine anderweitige Beschäftigung auf Arbeitsplätzen mit gleichwertigen Aufgaben oder Anforderungen innerhalb der Deutschen Bahn AG nicht realisierbar ist.

Fraglich ist, wann eine unterwertige Verwendung im Sinne des § 11 BENeuglG vorliegt.

Grundsätzlich sind die Strukturen des Bundesbesoldungsgesetzes und des Entgelttarifvertrages der Deutschen Bahn AG nicht vergleichbar. Aus diesem Grunde wurden vom Bundeseisenbahnvermögen und der Deutschen Bahn AG eine Übersicht zur Herstellung einer funktionellen Vergleichbarkeit der beamtenrechtlichen Bewertungen/Funktionen einerseits und der Aufgaben/Bewertungen der Tarifgruppen andererseits erstellt[241].

Anhaltspunkt für eine Bewertung der Arbeitsplätze nach dem Entgelttarifvertrag und einen Vergleich mit der beamtenrechtlichen Besoldungssystematik bieten die Aufgaben und Funktionen des dem Beamten verliehenen Amtes im sta-

---

[237] *Kunz,* Kommentar zum Eisenbahnrecht, A 2.1 zu § 11 BENeuglG, S. 37, danach sind dienstliche Gründen u.a. Zusammenlegung von Betriebsteilen, Neuorganisation des Bundeseisenbahnvermögens.

[238] *Barlage,* Flexibilität im Personaleinsatz – Zum Recht am Amt unter besonderer Berücksichtigung des § 21 BBahnG, ZBR 1978, S. 349, 353 schon zu § 21 BBahnG; *Kunz,* Kommentar zum Eisenbahnrecht, A 2.1 zu § 11 BENeuglG, S. 37, wonach hierunter z.B. Streckenstillegungen, Rationalisierungen, fallen.

[239] *Finger,* Kommentar zum Allgemeinen Eisenbahngesetz und zum Bundesbahngesetz, § 21 BBahnG, Rn. 1 b).

[240] *BVerwGE* vom 12. Juni 1979, Az: 2 C 14/78, zum gleichlautenden § 21 BBahnG; personelle Fehlplanungen werden hiervon jedoch nicht erfaßt, so auch *VGH München,* Beschluß vom 27. Januar 1977, Az: H 8 XII 77.

[241] Übersicht über die Mindesteingruppierung, abgedruckt in: *Kunz,* Kommentar zum Eisenbahnrecht, A 2.1 zu § 12 BENeuglG, S. 43, A 2.2 zu § 12 DBGrG, S. 40; eine Besoldungsgruppe der Laufbahn des mittleren Dienstes umfaßt danach ca. 2 Entgeltgruppen des ETV.

tusrechtlichen Sinne[242]. Zugewiesene Beamte sind danach nur auf Arbeitsplätzen einzusetzen, deren Funktionswertigkeit dem jeweiligen statusrechtlichen Amt des Beamten entsprechen.

Eine unterwertige Verwendung liegt jedoch nicht vor, wenn die neue tarifliche Zuordnung nach dem Entgelttarifvertrag keine wesentliche Änderung der bisherigen Funktionen und der damit verbundenen Anforderungen beinhaltet, sondern nach der Mindesteingruppierungstabelle noch von der gleichen beamtenrechtlichen Besoldungsgruppe umfaßt wird.

Nach § 11 BENeuglG ist eine Beschäftigung des Beamten auf einem Dienstposten mit einer geringeren Bewertung nur vorübergehend vorgesehen.

Schon aufgrund des gesetzlichen Wortlautes ist daher auf Dauer oder eine zeitlich nicht absehbare unterwertige Verwendung nicht zulässig. Allein diese Feststellung vermag nicht zu befriedigen und führt in der Anwendungspraxis des § 11 BENeuglG zu Unsicherheiten bei den betroffenen Beamten bzw. bei der Deutschen Bahn AG, und es besteht die Gefahr von Ungleichbehandlungen.

Es ist daher zu erörtern, welche Bedeutung der Bezeichnung „vorübergehend" zukommt, also für welchen Zeitraum eine unterwertige Verwendung maximal zulässig ist.

Bereits in der Diskussion um die Auslegung des § 21 BBahnG war der Umfang des zeitlichen Moments „vorübergehend" strittig und konnte nicht einheitlich geklärt werden. Aktuell besteht weder eine Richtlinie oder Verwaltungsverordnung zwischen dem Bundeseisenbahnvermögen und der Deutschen Bahn AG im Hinblick auf die Auslegung des § 11 BENeuglG. Insoweit ist daher von den Parteien noch kein befristeter Zeitraum für die Maßnahme festgelegt worden.

In Betracht kommt jedoch eine Selbstbindung aufgrund der tatsächlichen vorgenommenen Praxis. Falls eine unterwertige Verwendung eines Beamten nie für länger als z.B. sechs Monate verfügt wurde, könnte hieraus eine Regel abgeleitet werden. Allerdings führt auch diese Betrachtungsweise nicht zu einem schlüssigen Ergebnis, da im Hinblick auf die zeitliche Dauer der geringerwertigen Verwendung keine einheitliche betriebliche Gepflogenheit besteht. In den Jahren nach der Bahnreform wurden Beamte in einem Zeitraum von einem Monat bis zu mehreren Jahren auf einem Dienstposten mit einer geringeren Bewertung beschäftigt.

Eine Auslegung des Begriffes im systematischen und teleologischen Sinne ist für eine Ergebnisfindung daher geboten.

In den privatisierten Postunternehmen können Beamte gem. § 6 PostPersG vorübergehend auf einem Dienstposten mit einer geringeren Bewertung beschäftigt werden. Hierbei wird der Begriff „vorübergehend" dahingehend ausgelegt,

---

[242] *Kunz,* Kommentar zum Eisenbahnrecht, A 2.1 zu § 11 BENeuglG, S. 38.

daß eine unterwertige Verwendung allenfalls für einen Zeitraum von weniger als einem Monat zulässig ist[243].

Nach den Regelungen in den §§ 26 Abs. 2 S. 2, 27 Abs. 2 BBG sind unterwertige Tätigkeiten für einen Zeitraum bis 2 Jahre ohne Zustimmung des Beamten und mit seiner Zustimmung sogar über 2 Jahre hinaus möglich. Einschränkend ist hier jedoch einzuräumen, daß § 27 BBG andere Kriterien zugrunde legt und andere Tatbestände regelt. Gem. § 26 Abs. 2 BBG ist eine Versetzung nur in ein um eine Stufe niedrigeres Amt mit mindestens dem Endgrundgehalt, daß der Beamte bisher innehatte, möglich. Die §§ 26 Abs. 2, 27 Abs. 2 BBG legen somit den Ämterbegriff zugrunde. Nach dem Wortlaut des § 11 BENeuglG ist dagegen eine unterwertige Verwendung auf anderen Dienstposten zulässig. Eine Einschränkung der Personaldisposition in bezug auf vergleichbare Ämter entsprechend den §§ 26, 27 BBG besteht somit nicht.

Die formale Beschränkung der unterwertigen Verwendung dient dem Schutz der betroffenen Beamten. Da § 11 BENeuglG insoweit einen größeren Handlungsspielraum einräumt, ist zum Schutz der betroffenen Beamten eine strengere zeitliche Begrenzung als in den §§ 26, 27 BBG anzunehmen[244]. Nach ihrem Sinn und Zweck soll die Vorschrift ein wirksames Instrument für eine flexible, ausgleichende und sozialverträgliche Personalpolitik sein. Ein Zeitraum von einem Monat, entsprechend der Auslegung zu § 6 PostPersG, könnte jedoch zu kurz sein, um durch die Personalmaßnahme betriebliche und wirtschaftliche Gründe abzufangen bzw. auszugleichen. Daher erscheint es im Sinne der systematischen und teleologischen Auslegung sinnvoll, dem Begriff „vorübergehend" einen Zeitraum bis zu einem Jahr zuzuordnen.

Auf Grund des Wortlauts in § 11 BENeuglG als „Kann-Bestimmung" hat das Bundeseisenbahnvermögen seine Entscheidung nach pflichtgemäßen Ermessen zu treffen, also die Verhältnismäßigkeit und die Zumutbarkeit der Maßnahme zu beachten.

Verhältnismäßig ist eine Maßnahme dann, wenn sie die bisherige Rechtsstellung des Beamten innerhalb seiner Laufbahn und seine konkret wahrgenommene Tätigkeit angemessen berücksichtigt[245]. Daher ist eine erheblich unterwertige Verwendung nicht zulässig. Vielmehr ist im Sinne der Verhältnismäßigkeit im engeren Sinne die den Beamten am wenigsten belastende Maßnahme zu wählen.

---

[243] *Ossenbühl/Ritgen,* Beamte in privaten Unternehmen, S. 64.

[244] Im Ergebnis ebenso *Schlegelmilch,* Amtsunangemessene Beschäftigung am Beispiel der DB AG: Das Ende einer beamtenrechtlichen Statusgarantie?, ZBR 2002, 79 ff., allerdings mit der Begründung, daß § 11 BENeuglG keinen Verweis auf § 27 BBG enthält und daher die dort genannten zeitlichen Maßgaben nicht anwendbar sind.

[245] *Kunz,* Kommentar zum Eisenbahnrecht, A 2.1 zu § 11 BENeuglG, S. 39.

Zumutbar sind dagegen Maßnahmen, die auch die Vorbildung des Beamten, seine konkreten und bisherigen Aufgaben und seine Kenntnisse und Erfahrungen berücksichtigen. Eine diskriminierend unterwertige Beschäftigung ist dabei unzulässig[246].

Die Anordnung zu einer vorübergehenden unterwertigen Verwendung erfüllt die Kriterien eines Verwaltungsaktes gem. § 35 VwVfG[247] und ist daher mit den Mitteln des Widerspruchs und der Anfechtungsklage gem. §§ 126 BRRG, 42 Abs.1, 68 VwGO angreifbar. Infolge der unterwertigen Verwendung ist der Beamte in seiner persönlichen Rechtsstellung getroffen, so daß er vor dem Erlaß der Verfügung gem. § 28 VwVfG anzuhören ist.

cc) Rechtmäßigkeit der Durchbrechung des Grundsatzes auf amtsangemessene Beschäftigung

Zu prüfen ist jedoch, ob diese Durchbrechung des Grundsatzes auf amtsangemessene Beschäftigung tatsächlich zulässig, also rechtmäßig ist.

In einem Verfahren vor dem OVG Koblenz[248], in dem es um die amtsangemessene Beschäftigung eines Leitenden Bundesbahndirektors nach der Bahnreform ging, hat die Rechtsprechung folgendes eingeräumt: Die Deutsche Bahn AG hat bei der Frage, ob nach der Bahnreform zugewiesene Beamte amtsangemessen beschäftigt werden, zur Verwirklichung ihrer unternehmerischen wirtschaftlichen Ziele eine weitergehende organisatorische Gestaltungsfreiheit als üblich inne.

---

[246] Die Beschäftigung eines Reservelokführers als Sicherungsposten bei Streckenarbeiten ist nach der Rechtsprechung nicht diskriminierend – *BVerwG,* Urteil vom 12. Juni 1979, Az: 2 C 14/78; ebenso muß der Aufgabenkreis eines Beamten der Besoldungsgruppe A 16 nicht zwingend Führungsaufgaben enthalten, um als amtsangemessene Beschäftigung zu gelten – *OVG Koblenz,* Beschluß vom 14. März 1997, Az: 10 B 13183/96; *VG Frankfurt am Main,* Urteil vom Oktober 2002, Az: 9 E 444/02. In diesem Verfahren ging es um die Frage, welche Tätigkeiten für einen Lokführer noch amtsangemessen sind. Aufgrund vieler Kundenbeschwerden und zur Einsparung von Reinigungskosten wurde im Dezember 2001 ein Pilotprojekt im Rahmen des Qualitätsmanagements der DB Regio AG gestartet. Danach wurde S-Bahn-Lokführern (Beamte des mittleren Dienstes) auferlegt, während der Wendezeiten die S-Bahnen von Abfall (Dosen, weggeworfenen Zeitungen, Fäkalien, gebrauchten Spritzen sowie sonstigem Unrat) zu säubern. Diese Tätigkeit ist nach Auffassung der Rechtsprechung amtsangemessen und es ist nicht unzumutbar unterwertig beschäftigt zu werden. „... Bereits kurz nach Verhandlungsbeginn machte der Vorsitzende Richter keinen Hehl aus der Ansicht des Gremiums, daß Lokführer nicht zu Schmuddelkindern degradiert werden, wenn sie beim Saubermachen mit anpacken müssen ... Da ein Beamter immer im Dienst ist, wäre für ihn ja auch die Hausarbeit unzumutbar ...“ (Frankfurter Rundschau vom 29.10.2002, S. 27).

[247] *Maurer,* Allgemeines Verwaltungsrecht, § 9 Rn. 4 f.; zu den einzelnen Begriffsmerkmalen s. § 9 Rn. 6 ff.

[248] *OVG Rheinland-Pfalz,* Beschluß vom 14. März 1997 – 10 B 13183/96, RiA 1998, S. 206 ff. (entspricht *OVG Koblenz,* NVwZ 1998, S. 538 (Leitsatz), 539).

Diesem Leitsatz liegen insbesondere Überlegungen des Gerichts zugrunde, daß es angesichts eines derartigen Strukturumbruchs für die neu zu schaffenden Dienstposten häufig an einem traditionellen Leitbild des jeweiligen Amtes fehlt. Da bei einer 1:1 Umsetzung der öffentlich-rechtlichen bzw. beamtenrechtlichen Grundprinzipien die vom Gesetzgeber intendierten Reformen nicht oder nur schwer hätten verwirklicht werden können, ist der Deutschen Bahn AG für die Umbruchsphase wie auch für die anschließende Verwirklichung der unternehmerischen Ziele ein weitergehender Gestaltungsspielraum zuzubilligen.

Folglich kann durch die Bahnreform nicht alles beim Alten belassen und gleichsam überkommene Strukturen zementiert werden. Vielmehr sind ihre Ziele die Erreichung der Kapitalmarktfähigkeit und der Börsengang im Mittelfristzeitraum. Um diese Ziele zu erreichen, sind Umstrukturierungs- und Rationalisierungsmaßnahmen unausweichlich. Hierzu gehört nach der Unternehmensphilosophie der Deutschen Bahn AG eine „Verschlankung" der Strukturen, z. B. durch die Einführung flacherer Hierarchien.

Ferner führt das Gericht aus, daß zur Erreichung dieser Ziele ggf. auch Modifikationen des Amtes im abstrakt-funktionellen und mehr noch im konkret-funktionellen Sinne möglich und für den Betroffenen aufgrund der ihm seinem Dienstherrn gegenüber obliegenden Treuepflicht hinnehmbar sein müssen. Dabei sei es gängige Rechtsauffassung, daß Modifikationen bei einer wesentlichen Änderung der tatsächlichen und/oder rechtlichen Verhältnisse geboten sein könnten. Da dieser Grundsatz sogar für den Fall der ausdrücklichen Zusicherung eines bestimmten Amtsinhaltes seine gesetzliche Ausprägung in § 38 Abs. 3 VwVfG findet, sind nach der Bahnreform insoweit auch vorübergehende Modifikationen des Amtes zulässig.

Trotz der Einräumung eines solch weiten Gestaltungsspielraums für die Deutsche Bahn AG, weist das OVG Koblenz einschränkend darauf hin, daß ungeachtet der Möglichkeit solcher Modifikationen im Kern das Gepräge und die Wertigkeit des Amtes im abstrakt-funktionellen Sinne erhalten bleiben müssen.

Durch die historische Sonderregelung in § 21 BBahnG wurde bereits eine Ausnahme zu dem Anspruch auf amtsangemessene Beschäftigung geschaffen, die als verfassungskonform anerkannt wurde[249]. Ferner hat durch das Dienstrechtsreformgesetz das klassische Beamtenrecht einschneidende Einschränkungen erfahren. Folglich kann ein Anspruch auf eine amtsangemessene Beschäfti-

---

[249] Vgl. *Ossenbühl/Ritgen*, Beamte in privaten Unternehmen, S. 63, wonach der Anspruch auf amtsangemessene Beschäftigung keinesfalls zu den hergebrachten Grundsätzen des Berufsbeamtentums gem. Art. 33 Abs. 5 GG zählt, hierzu auch *BVerfGE* 43, 242, 283; 47, 327, 411 f.; *Schütz/Maiwald*, Beamtenrecht des Bundes und der Länder, C § 3 Rn. 14 (S. 14c); kritisch *Schlegelmilch*, Amtsunangemessene Beschäftigung am Beispiel der DB AG: Das Ende einer beamtenrechtlichen Statusgarantie?, ZBR 2002, S. 79, 80.

gung nur als subjektives Recht des einzelnen Beamten zum Schutz seiner Persönlichkeit hergeleitet werden. Die Abwägung beschränkt sich daher auf das individuelle Interesse des betroffenen Beamten am Schutz seiner Persönlichkeit und das Interesse der öffentlichen Hand an einem möglichst flexiblen Personaleinsatz.

Die „privatisierten" Beamten befinden sich in einer noch markanteren Situation. Infolge der Privatisierung haben sie weder ein Amt im abstrakt-funktionellen noch im konkret-funktionellen Sinne, sind also Beamte ohne Amt. Unter Berücksichtigung der heutigen Arbeitsmarktlage sowie der Tatsache, daß die privatisierten Beamten der Deutschen Bahn AG eine gesicherte Lebensstellung innehaben, erscheint es gerechtfertigt, daß sie vorübergehend auf einem anderen Dienstposten von geringerer Bewertung verwendet werden können. Die Betroffenen behalten ihre Amtsbezeichnung sowie ihre Dienstbezüge, so daß sie insoweit keinen materiellen Nachteil erleiden.

Im Sinne eines Erst-Recht-Schlusses ist daher auch bei „privatisierten" Beamten eine Ausnahmeregelung vom Anspruch auf amtsangemessene Beschäftigung zulässig.

c) Zusammenfassung

Zusammenfassend ist festzustellen, daß der Anspruch auf amtsangemessene Beschäftigung bei Beamten, die in privatisierten Unternehmen tätig sind, nicht mehr die gleiche Bedeutung hat wie im Allgemeinen Öffentlichem Dienstrecht.

Dennoch muß gem. Art. 143a Abs. 1 S. 3 GG die ihnen übertragene Tätigkeit ihrem Amt im statusrechtlichen Sinne entsprechen. Eine Durchbrechung des o.g. Grundsatzes durch § 11 BENeuglG ist daher nur unter engen Voraussetzungen zulässig. Beamte, die auf einem Dienstposten mit einer geringeren Bewertung eingesetzt werden, behalten ihre Amtsbezeichnung sowie ihre Dienstbezüge. Hierdurch wird die Sicherstellung des statusrechtlichen Amtes gewährleistet.

Das Bundeseisenbahnvermögen hat seine Entscheidung nach pflichtgemäßem Ermessen zu treffen. Unter diesen Aspekten sowie zum Schutz der Beamten erscheint die Dauer einer unterwertigen Verwendung bis maximal einem Jahr vertretbar.

Allerdings kommt eine unterwertige Beschäftigung gem. § 11 BENeuglG nur als Ultima-ratio-Maßnahme in Betracht, wenn eine anderweitige Beschäftigung auf Arbeitsplätzen mit gleichwertigen Aufgaben oder Anforderungen innerhalb der Deutschen Bahn AG nicht realisierbar ist.

Ein Bescheid des Dienstherrn, vor dessen Erlaß eine anderweitige Beschäftigungsmöglichkeit des betroffenen Beamten nicht geprüft wurde oder durch den eine unterwertige Verwendung von länger als einem Jahr verfügt wird, ist ermessensfehlerhaft und somit rechtswidrig[250]. Ein dagegen gerichteter Widerspruch bzw. eine Anfechtungsklage gem. § 42 Abs. 1 VwGO dürfte daher Aussicht auf Erfolg haben.

6. Dienstposten und Stellenplan

Die Dienstpostenbewertung ist von entscheidender Bedeutung für die Ausweisung der Höhe der Personalkosten. Das Bewertungsverfahren sowie die Erstellung des Stellenplans sind daher nicht nur für den Dienstherrn, sondern auch für den privatrechtlich organisierten Arbeitgeber, der Beamte beschäftigt, von großem Interesse.

a) Dienstposten- und Stellenbewertung im öffentlichen Dienst

Im Regelfall ist der Beamte Inhaber eines Amtes im statusrechtlichen Sinne wie auch im abstrakt-funktionellen und konkret-funktionellen Sinne. Diese Ämter existieren unabhängig von ihren konkreten Inhabern. Die Ämter im statusrechtlichen Sinne werden als abstrakte Größe – überwiegend durch den Gesetzgeber in Form von Besoldungsverordnungen – zur Verfügung gestellt. Durch die Genehmigung von Planstellen entscheidet der Haushaltsgesetzgeber über ihre tatsächliche Verfügbarkeit. Die Ämter im abstrakt-funktionellen und konkret-funktionellen Sinne werden dagegen von den einzelnen Dienstherren kraft der ihnen eigenen Organisationsgewalt geschaffen. Die berufliche Entwicklung des Beamten vollzieht sich innerhalb dieses Ämtergefüges. Eine Beförderung bzw. ein Aufstieg kommt nur in Betracht, wenn die entsprechenden Beförderungsämter im Sinne des § 25 BBesG seiner Laufbahngruppe zur Verfügung stehen[251]. Folglich besteht eine enge Verknüpfung zwischen dem Laufbahnprinzip, dem Anspruch auf amtsangemessene Beschäftigung sowie den Ämtern im konkret-funktionellen und statusrechtlichen Sinne.

Der Beamte ist entsprechend seinem Amt im statusrechtlichen Sinn zu besolden. Da die Beamtenbesoldung aufgrund des Alimentationsprinzips amtsangemessen zu erfolgen hat, ist zunächst die Wertigkeit des konkret-funktionellen Amtes, also des einzelnen Dienstpostens, zu ermitteln und festzulegen. An-

---

[250] *Kopp/Ramsauer,* Kommentar zum VwVfG, § 40 Rn. 67; *Sachs* in: *Stelkens/Bonk/Sachs,* Kommentar zum VwVfG, § 40 Rn. 62 ff., grundsätzlich zu Rechtsfolgen von Ermessensfehlern. Falls der Verwaltungsakt nicht mit einem so schweren Fehler behaftet ist, der zu Nichtigkeit führt, ist er rechtswidrig, aber wirksam.

[251] *Ossenbühl/Ritgen,* Beamte in privaten Unternehmen, S. 64 f.; zum Begriff des Beförderungsamtes, s. *Schinkel/Seifer* in: GKÖD, Bd. III, Besoldungsrecht des Bundes und der Länder, K § 25 Rn. 4; vgl. auch Ausführungen zum Laufbahnprinzip, Kapitel D., Teil II, Nr. 2.

schließend ist gem. § 18 BBesG diese Wertigkeit mit einem entsprechenden Amt im statusrechtlichen Sinne zu verknüpfen[252]. Die Verklammerung des Besoldungsrechts mit dem Laufbahnrecht erfolgt durch die Festlegung der Einstiegs- und Beförderungsebenen gem. §§ 23 bis 25 BBesG. Der Dienstherr ist bei der Bewertung der Dienstposten allerdings nicht nur an die Vorgaben des beamtenrechtlichen Besoldungsrechts gebunden, sondern auch auf die Zustimmung des Haushaltsgesetzgebers zu seiner Bewertung angewiesen. Diesem obliegt letztlich die Stellenbewertung, die als Grundlage für die Festlegung der Planstellen notwendig ist. Ohne die Einweisung in eine Planstelle kann eine Verleihung eines statusrechtlichen Amtes nicht erfolgen.

Das Bewertungsverfahren ist somit ausschlaggebend für das Stellen- und Dienstpostengefüge und damit für den Stellenplan.

b) Arbeitsplatzbewertung und Stellenplan bei der Deutschen Bahn AG

Zweifelhaft ist, ob das vorher dargestellte Bewertungsverfahren auch bei privatisierten Unternehmen umzusetzen ist, da die privatisierten Beamten keine Ämter im funktionellen Sinne mehr wahrnehmen. Es ist daher zu erörtern, wie bei der Deutschen Bahn AG eine „Dienstpostenbewertung" erfolgt und inwiefern das traditionelle Verhältnis zwischen Dienstposten, Beförderungsämtern und Stellenplan aufrechterhalten oder modifiziert wird.

Infolge der gesetzlichen Zuweisung gem. Art. 143a GG erbringen die Beamten ihre Dienste zwar bei der Deutschen Bahn AG, stellenplanmäßig sind sie jedoch bei dem Bundeseisenbahnvermögen geführt[253]. Demnach besteht insoweit noch das Verfahren, wie es auch im öffentlichen Dienst zu finden ist. Die besoldungsrechtliche Bewertung der mit zugewiesenen Beamten besetzten Arbeitsplätze der Deutschen Bahn AG bestimmt sich danach auf der Grundlage des Bundesbesoldungsgesetzes und nach den „Allgemeinen Richtlinien für die Bewertung von Beamtendienstposten des Bundeseisenbahnvermögens sowie für von Beamten wahrgenommene Tätigkeiten bei der DB AG"[254].

---

[252] *VGH Kassel,* NVwZ-RR 1998, S. 446, 447; *Schwegmann/Summer,* Kommentar zum BBesG, § 18 Rn. 9 ff., Rn. 12 f.; *Schinkel/Seifert* in: GKÖD, Bd. III, Besoldungsrecht des Bundes und der Länder, K § 18 Rn. 2 ff.

[253] Grundlegender Unterschied zur Reform der Deutschen Bundespost gem. Art. 143b GG, hierzu ausführlich *Ossenbühl/Ritgen,* Beamte in privaten Unternehmen, S. 73 ff.

[254] Bekanntgabe der Neufassung der „Allgemeinen Richtlinien für die Bewertung von Beamtendienstposten des Bundeseisenbahnvermögens sowie für von Beamten wahrgenommene Tätigkeiten bei der DB AG" durch den Präsidenten des Bundeseisenbahnvermögens mit Schreiben vom 03.04.2003.

Dem Bundeseisenbahnvermögen obliegt eine Stellenbewertung gem. §§ 18 ff. BBesG unter Berücksichtigung der Stellenplanobergrenzen gem. § 26 BBesG (sog. Stellenkegel). Für die Geschäftsbereiche bestehen jeweils separate Stellenkontingente, in die auch die jeweiligen ausgegliederten Gesellschaften gem. §§ 2 Abs. 1, 3 Abs. 3 DBGrG mit einbezogen werden.

Nach § 12 Abs. 2 BENeuglG findet § 18 BBesG mit der Maßgabe Anwendung, daß gleichwertige Tätigkeiten bei der Deutschen Bahn AG als amtsgemäße Funktionen gelten. Danach sind Beamtendienstposten des Bundeseisenbahnvermögens – als solche gelten auch die mit zugewiesenen und beurlaubten Beamten besetzten Arbeitsplätzen der DB AG – nach den Anforderungen zu bewerten, die sie hinsichtlich Vorbildung, Ausbildung, fachliches Können, Initiative oder Verantwortung an den Dienstposteninhaber stellen. Die Anzahl der Beförderungsposten ist durch den Planstellenhaushalt in bestimmte Grenzen zu halten.

Für einzelne Beförderungsämter sind Höchstzahlen festzulegen, um den aus haushaltsrechtlichen Gründen zwingenden Stellenkegel zu berücksichtigen.

Übergangsweise hat zunächst das statusrechtliche Amt der zugewiesenen Beamten Anhaltspunkte für die Bewertung ihrer Arbeitsplätze (frühere Dienstposten) gegeben. Bei einer Umsetzung des Beamten innerhalb der Deutschen Bahn AG bleibt die Bewertung grundsätzlich an den Beamten gebunden und geht mit diesem auf die neue Position bzw. Organisationseinheit über[255].

Seit Abschluß des Konzernentgelttarifvertrages[256] kann das Bundeseisenbahnvermögen hieraus im Wege einer Parallelwertung wesentliche Merkmale für die Einstufung der Arbeitsplätze herleiten. Eine allgemeine Zuordnung der Ämter im beamtenrechtlichen Sinne nach einer besoldungsrechtlichen Bewertung mit den Entgeltgruppen nach dem Entgelttarifvertrag der Deutschen Bahn AG ist nicht möglich, weil das System an sich, die Bewertungsmaßstäbe und die Struktur beider Systeme zu unterschiedlich sind. Um jedoch eine Vergleichbarkeit der Personalkosten sowie der Arbeitsplatzbewertung zu erreichen, wurden die beamtenrechtlichen Ämter in ihrer Wertigkeit pauschal bestimmten Entgeltgruppen des Entgelttarifvertrags für die Arbeitnehmer der der Deutschen Bahn AG zugeordnet. In diesem Zusammenhang wurden für die Wertigkeiten der Ämter Mindesteingruppierungen festgelegt. Die Arbeitsplätze werden entsprechend der Vorgaben des Entgelttarifvertrags einer Entgeltgruppe zugeordnet[257]. Für die zu-

---

[255] *Wernicke,* Bundesbahn – Wo sind deine Beamten geblieben?, ZBR 1998, S. 266, 271.

[256] Entgelttarifvertrag für die Arbeitnehmer verschiedener Unternehmen des DB Konzerns (KonzernETV) i.d.F. des 50. ÄnderungsTV (Stand: 01.03.2003), in Kraft getreten am 1. August 2002, der den KonzernETV vom 26. Mai 1999 ersetzt.

[257] Dabei dient die tarifliche Einstufung von Arbeitsplätzen bei der DB AG bzw. den Tochtergesellschaften nur der Personalkostenabrechnung mit dem BEV.

gewiesenen und beurlaubten Beamten wurden daher Bewertungsverfahren entwickelt, die unter Berücksichtigung gesetzlicher, besoldungs- und haushaltsrechtlicher Bestimmungen sich am Entgelttarifvertrag der DB AG orientierten.

Ist durch das Bundeseisenbahnvermögen die Wertigkeit des Arbeitsplatzes im beamten- und laufbahnrechtlichen Sinne neu festgelegt worden, so entscheidet die Deutsche Bahn AG eigenständig über die Auslese für die Übertragung des Arbeitsplatzes an einen der Bewerber nach den Grundsätzen des Beamtenrechts gem. § 9 Abs. 4 ELV i.V.m. § 11 BLV, also nach Eignung, Befähigung und fachlicher Leistung. Als Maßstab für die fachliche Leistung gelten gem. § 3 ELV die Anforderungen des Unternehmens.

Soll einem Beamten bei der Deutschen Bahn AG eine höher zu bewertende Tätigkeit mit dem Ziel der Begründung einer Anwartschaft auf Beförderung übertragen werden, so ist zuerst die beamtenrechtliche Bewertung des zu besetzenden Arbeitsplatzes festzustellen, also ob es sich hierbei um einen höher bewerteten Dienstposten im Sinne des § 11 BLV[258] handelt. Im Vorfeld einer beamtenrechtlichen Bewertungsfreigabe prüft der Präsident das Bundeseisenbahnvermögen gem. § 9 Abs. 3 ELV[259] i.V.m. § 11 BLV, ob die in der Stellenbeschreibung ausgewiesene tarifvertragliche Entgeltbewertung der Mindesteingruppierung entspricht. Aufgrund fehlender Planstellen gibt es allerdings weniger Beförderungsmöglichkeiten für Beamte als Tarifeingruppierungen, die eine Beförderung zulassen. Daher kommt oft nur eine amtsgleiche Umsetzung gem. § 12 Abs. 2 BENeuglG in Betracht.

aa) Beurteilungsrichtlinien

Aufschluß über Eignung und Leistung ergibt nach ständiger Rechtsprechung hauptsächlich die dienstliche Beurteilung, die als Grundlage für eine verfassungskonforme weitere Verwendung des Beamten dient. Hierbei besteht die Zweckbestimmung der dienstlichen Beurteilung insbesondere in der Versachlichung der Personalauslese. Mit Hilfe eines rationalen Beurteilungssystems wird letztlich eine brauchbare Grundlage für Personalentscheidungen angestrebt.

Das Beurteilungswesen stellt sich als ein typisches Instrument einer auf strengen formalen Prinzipien fußenden, von einer Über- und Unterordnung geprägten Verwaltung dar. Es ist somit eine Ausprägung der hierarchischen Verwaltungskultur, deren Änderung eines der wichtigsten Anliegen der Verwaltungsreformansätze ist[260].

---

[258] Bundeslaufbahnverordnung – BLV (BGBl. 1990 I S. 1763) i.d.F. seit 17.03. 1990.

[259] Eisenbahnlaufbahnverordnung – ELV (BGBl. 1994 I S. 193) mit späteren Änderungen.

Eine Vorgabe über die Aufstellungen von dienstlichen Beurteilungen enthalten weder das Beamtenrechtsrahmengesetz noch das Bundesbeamtengesetz. In § 41 Abs. 1 BLV werden indes die Inhalte genannt, auf die sich die dienstliche Beurteilung „besonders" erstrecken soll, also auf die allgemeine geistige Veranlassung, den Charakter, den Bildungsstand, die Arbeitsleistung, das soziale Verhalten sowie die Belastbarkeit. Hinzukommend können Kriterien, die für den Dienstherrn von spezieller Bedeutung sind, in die dienstliche Beurteilung mit einfließen[261].

Die Befugnisse des Bundeseisenbahnvermögens zur Erstellung einer dienstlichen Beurteilung, sind gem. § 12 Abs. 4 und 6 DBGrG der Deutschen Bahn AG zur Ausübung übertragen worden. Rechtliches Zuordnungsobjekt der aufgrund der Ausübungsermächtigung getroffenen Maßnahmen ist jedoch das Bundeseisenbahnvermögen. Es trägt die Verantwortung dafür, daß die dienstliche Beurteilung fehlerfrei ist[262]. Von dieser Verantwortung ist der Dienstherr nicht deshalb entbunden, weil der Beamte der Deutschen Bahn AG zur Dienstleistung zugewiesen und von den dortigen Vorgesetzten beurteilt worden ist. Auch die Regelungen zur Neustrukturierung des Eisenbahnwesens haben nichts daran geändert, daß der Bund Verpflichtungssubjekt für die Ansprüche seiner bei der Deutschen Bahn AG tätigen Bediensteten aus dem Beamtenverhältnis ist. Der materielle Gehalt der Dienstherreneigenschaft gebietet es daher, die im Beamtenverhältnis getroffenen Maßnahmen dem Dienstherrn zuzurechnen[263].

Dies gilt auch dann, wenn der Beurteiler ein Vorgesetzter war, der nicht ebenfalls in einem Dienstverhältnis zum Dienstherrn steht. Verfassungsrechtlich ist es nicht vorgesehen, daß der Vorgesetzte des Beamten selbst in einem Beamtenverhältnis stehen muß. Vielmehr können auch die Personen, die nicht in beamtenrechtlichen oder arbeitsrechtlichen Rechtsbeziehungen zum Dienstherrn stehen, Vorgesetzte sein[264].

---

260 In diesem Zusammenhang ist beispielhaft nur auf das von der KGSt entwickelte „Neuere Steuerungsmodell" zu verweisen, *KGSt,* Das Neuere Steuerungsmodell, Begründung – Konturen – Umsetzung, Bericht 5/1993; *dies.,* Das Neue Steuerungsmodell: Erster Zwischenbericht, Bericht 10/1995; International sind die Reformbestreben unter dem Begriff „New Public Management" zusammengefaßt, vgl. *Mehde,* Das dienstliche Beurteilungswesen vor der Herausforderung des administrativen Modernisierungsprozesses, ZBR 1998, S. 229, 231.

261 *BVerwG,* DVBl. 1981, S. 1062.

262 *BVerwG,* Urteil vom 11.02.1999, Az: 2 C 28/98 in: *Schütz/Maiwald,* Beamtenrecht des Bundes und der Länder, ES D I 2, S. 148 f. (entspricht *BVerwG,* DÖD 2000, S. 25, 26).

263 *BVerwG,* Urteil vom 11.02.1999, Az: 2 C 28/98 in: *Schütz/Maiwald,* Beamtenrecht des Bundes und der Länder, ES D I 2, S. 149 (entspricht *BVerwG,* DÖD 2000, S. 25, 26).

264 *BVerwG,* Urteil vom 11.02.1999, Az: 2 C 28/98 in: *Schütz/Maiwald,* Beamtenrecht des Bundes und der Länder, ES D I 2, S. 150; *Mehde,* Das dienstliche Beurtei-

Die Deutsche Bahn AG hat nach Beendigung der Bahnreform 1. Stufe am 19.10.1995 – in bewußter Abkehr vom Beurteilungssystem der Deutschen Bundesbahn – neue Beurteilungsrichtlinien in Form der Konzernrichtlinie „Mitarbeiter beurteilen“[265] erlassen, die für Arbeitnehmer und Beamte gleichermaßen Anwendung finden. Die Ermächtigungsgrundlage für den Erlaß dieser Konzernrichtlinie findet sich in § 16 Abs. 2 ELV, wonach der Vorstand und der Gesamtbetriebsrat der Deutschen Bahn AG eine Rahmenbetriebsvereinbarung über die Grundsätze der dienstlichen Beurteilung abschließen können.

Die Konzernrichtlinie „Mitarbeiter beurteilen“ wurde durch die Gesamtbetriebsvereinbarungen „Führungsgespräch einschließlich Zielvereinbarungen“ und „Mitarbeitergespräche“ abgelöst, die auch gegenwärtig noch Gültigkeit entfalten[266].

Als Argument für ein eigenständiges Beurteilungsverfahren der Deutschen Bahn AG kann angeführt werden, daß nur mittels eines solchen Systems das privatisierte Eisenbahnunternehmen seine Entscheidungskompetenzen gem. §§ 9 Abs. 2 und 3, 10, 13 ELV wahrnehmen kann.

Gleichwohl stößt das neue Bewertungsverfahren in Form der Gesamtbetriebsvereinbarungen „Führungsgespräch einschließlich Zielvereinbarungen“ und „Mitarbeitergespräche“ auf rechtliche Bedenken in bezug auf die Berücksichtigung der „Statusamtsbezogenheit“ der dienstlichen Beurteilung sowie im Hinblick auf den Abschluß der Beurteilung durch ein Gesamturteil[267].

Grundsätzlich hat der Dienstherr, wenn er Verwaltungsvorschriften über die Erstellung dienstlicher Beurteilungen erläßt und diese auch praktiziert, sicherzu-

---

lungswesen vor der Herausforderung des administrativen Modernisierungsprozesses, ZBR 1998, S. 229, 230.

[265] Gesamtbetriebsvereinbarung der DB AG über das Beurteilungsverfahren vom 18.10.1995 – Konzernrichtlinie „Mitarbeiter beurteilen“.

[266] Erlaß der Gesamtbetriebsvereinbarung „Führungsgespräch einschließlich Zielvereinbarung“ vom 01.01.1998 (s. Anlage 2) sowie der Gesamtbetriebsvereinbarung „Mitarbeitergespräch“ vom 27.08.1998 (s. Anlage 3), die das Beurteilungsverfahren für Beamte nach der Konzernrichtlinie 010.0201 „Mitarbeiter beurteilen“ ersetzen. Die GBV „ Führungsgespräch einschließlich Zielvereinbarung“ gilt die für die Mitarbeiter der Entgeltgruppen AT 1–AT 4, für Beamte des Bundeseisenbahnvermögens, die nach § 12 Abs. 2 und 3 DBGrG zugewiesen und auf Arbeitsplätzen der Entgeltgruppen AT 1–AT 4 beschäftigt sind sowie für den Führungskräftenachwuchs. Dagegen fallen unter den Geltungsbereich der GBV „Mitarbeitergespräch“ die Mitarbeiter der Entgeltgruppen E 1–E 11 und die Beamten des Bundeseisenbahnvermögens, die nach § 12 Abs. 2 und 3 DBGrG zugewiesen und auf Arbeitsplätzen der Entgeltgruppen E 1–E 11 beschäftigt sind.

[267] *BVerwG,* ZBR 1981, S. 315; gegen das Beurteilungssystem der DB AG haben u. a. Bedenken erhoben: *OVG Koblenz,* Beschluß vom 20. März 1997, Az: 10 B 13102/96; *VG Trier,* Beschluß vom 26. März 1997, Az: 1 L 43/97; *VG Saarlouis,* Beschluß vom 19. Dezember 1997, Az: 12 F 127/97; vgl. auch *VGH Kassel,* ZBR 1994, S. 344 zur Problematik eingeschränkter Differenzierung von Gesamturteilen.

stellen, daß diese mit den Regelungen der §§ 40, 41 BLV im Einklang stehen[268]. Nach § 41 Abs. 2 BLV muß die dienstliche Beurteilung mit einem Gesamturteil abschließen, in dem die die Bewertung nach „Eignung, Befähigung und fachlicher Leistung des Beamten" einheitlich zum Ausdruck kommt. Durch die am Ende vergebene Note kommt somit zum Ausdruck, in welchem Maße der beurteilte Beamte den Anforderungen seines statusrechtlichen Amtes gerecht wird oder sie sogar übertrifft. Nur wenn dieses gewährleistet ist, genügt die Beurteilung ihrer Zweckbestimmung als Auswahlgrundlage für künftige Personalentscheidungen[269]. Danach bildet das Gesamturteil sowohl für die Dienstbehörde wie für den Beamten eine wichtige und zuverlässige Erkenntnisquelle über den Standort des Einzelnen im Leistungswettbewerb. Es ermöglicht den Vergleich unter den Bewerbern, auf den bei der sachgerechten Auslese zur Vorbereitung personalrechtlicher Maßnahmen abzustellen ist. Das Gesamturteil ist deshalb die rechtserhebliche Zusammenfassung der Bewertung der Einzelmerkmale und kann nicht durch Teilnoten ersetzt oder auf Teilgebiete beschränkt werden[270]. Die Bildung dieses Gesamturteils ist ein ausschließlich dem Dienstherrn anvertrauter Akt der Gesamtwürdigung.

Abweichend von der höchstrichterlichen Rechtsprechung[271] enthält das Beurteilungssystem der Deutschen Bahn AG kein echtes abgestuftes Gesamturteil, sondern lediglich einen rechnerischen Wert in Form einer Gesamtpunktzahl. Diese ergibt sich aus einzeln bewerteten Beurteilungsmerkmalen. Der arithmetische Wert läßt sich aber weder bestimmten Notenstufen, noch einem klar umrissenen Werturteil zuordnen. Zwar wird es von der Rechtsprechung[272] für zulässig gehalten, Richtsätze bzw. Quoten für bestimmte Noten festzusetzen, gleichwohl ist ein die einzelnen Quoten am Ende zusammenfassendes, abschließendes Gesamturteil erforderlich. In einer neueren Entscheidung ist das Bundesverwaltungsgericht von seiner früheren Rechtsprechung abgewichen[273]. Danach ist die errechnete Gesamtpunktzahl innerhalb des Bewertungssystems der Konzernrichtlinie, das allein auf der Vergabe von Punktwerten beruht, als ein genügend aussagekräftiges, der Funktion einer dienstlichen Beurteilung gerecht werdendes Gesamturteil anzusehen. Eine eingehende Begründung für diese Auffassung gibt das Bundesverwaltungsgericht jedoch nicht ab.

Trotz dieser höchstrichterlichen Rechtsprechung bleiben die Zweifel an der Rechtmäßigkeit eines Verzichts auf ein Gesamturteil bestehen. Das Beurtei-

---

[268] *BVerwG,* NVwZ-RR 1995, S. 340.

[269] *Schütz/Maiwald,* Beamtenrecht des Bundes und der Länder, C § 104 Rn. 2; *OVG Koblenz,* Beschluß vom 25. Februar 1997 – 2 B 10392/97, ZBR 1998, S. 59.

[270] *Schröder/Lemhöfer/Krafft,* Kommentar zur BLV, § 41 Rn. 9.

[271] *BVerwGE* 21, 127; *BVerwG,* NVwZ-RR 1995, S. 340.

[272] *BVerwG,* ZBR 1981, S. 197, 198.

[273] *BVerwG,* Urteil des 2. Senats vom 11. Februar 1999 – 2 C 28/98, DÖD 2000, S. 25, 27.

lungswesen der Deutschen Bahn AG bedarf daher insoweit einer Konkretisierung.

Darüber hinaus knüpft das Beurteilungssystem im Sinne der Gesamtbetriebsvereinbarungen „Führungsgespräch einschließlich Zielvereinbarungen" und „Mitarbeitergespräche" nicht an das statusrechtliche Amt an, obwohl im Sinne der Rechtsprechung die dienstliche Beurteilung statusbezogen zu erfolgen hat[274]. Nach den Beurteilungsrichtlinien der Deutschen Bahn AG erfolgt die dienstliche Beurteilung losgelöst davon, ob es sich um einen Arbeitnehmer oder Beamten handelt und welches statusrechtliche Amt der Beamte bekleidet. Der anzulegende Maßstab orientiert sich vielmehr an den Anforderungen des wahrgenommenen Arbeitsplatzes. Dies kommt in der unterschiedlichen tariflichen Entgelteingruppierung des wahrgenommenen Arbeitsplatzes zum Ausdruck. Da Beamte desselben statusrechtlichen Amtes bei der Deutschen Bahn AG durchaus nicht selten Aufgaben wahrnehmen, die nach dem Entgelttarifvertrag zu einer unterschiedlichen Eingruppierung des jeweiligen Arbeitsplatzes führen, aber auch umgekehrt, Beamte unterschiedlicher statusrechtlicher Ämter Inhaber gleich tarifierter Arbeitsplätze sein können, erschwert eine solche arbeitsplatzbezogene Beurteilung erheblich die nach bisheriger Rechtsprechung gebotene Vergleichbarkeit der Beamten derselben Laufbahn und Besoldungsgruppe[275].

Beurteilungen, die nach § 40 BLV Eignung und Leistung des Beamten zu erfassen haben, erschöpfen sich nicht darin, wie der Beamte die Aufgaben des konkreten Dienstpostens erfüllt. Vielmehr ist die konkrete Aufgabenerfüllung zu den Anforderungen des statusrechtlichen Amtes und zu den Leistungen aller Beamten derselben Laufbahn- und Besoldungsgruppe in Bezug zu setzen.

Grundsätzlich gelten gem. § 1 Abs. 1 ELV für die der Deutschen Bahn AG zugewiesenen Beamten die Vorschriften der Bundeslaufbahnverordnung, soweit nicht die Eisenbahnlaufbahnverordnung als spezielleres Regelwerk der Bundeslaufbahnverordnung vorgeht. Solche, die Bundeslaufbahnverordnung modifizierende Regelungen sind u. a. die §§ 3, 16 Abs. 2 ELV.

Nach § 3 ELV gilt der Leistungsgrundsatz im Sinne des § 1 BLV für die zugewiesenen Beamten mit der Maßgabe, daß die fachlichen Leistungen an den Anforderungen der Deutschen Bahn AG gemessen werden. Diese Aufgabe erfordert daher eine Einheitsbeurteilung von Arbeitnehmern und Beamten, die um dieselben Dienstposten konkurrieren. Folglich ist diese Abweichung von der Bundeslaufbahnverordnung durch die Eigenart des Eisenbahnbetriebes der Deutschen Bahn AG begründet. Dies könnte insoweit für eine zulässige Abweichung von einer statusrechtlichen Beurteilung des Beamten sprechen.

---

[274] *BVerwG,* ZBR 1981, S. 197, 198; *OVG Koblenz,* ZBR 1998, S. 59 m.w.N.

[275] Zur Vergleichbarkeit eines Beamten mit anderen Beschäftigten des gleichen statusrechtlichen Amtes und den Leistungen von Beamten in derselben Besoldungsgruppe und Laufbahn: *BVerwG,* ZBR 1981, S. 197 f.; *das.,* ZBR 1981, S. 1062.

Durch § 16 Abs. 2 ELV und § 1 Nr. 18 DBAGZustV wird die Deutsche Bahn AG ermächtigt, von §§ 40, 41 BLV abweichende Bestimmungen zu treffen[276]. Durch die Vorschriften wird jedoch der konkrete Inhalt der Beurteilung nicht geregelt. Der Normgehalt des § 16 Abs. 2 ELV geht daher nicht als lex specialis der Regelung des § 40 BLV vor, so daß die Gesamtbetriebsvereinbarungen „Führungsgespräch einschließlich Zielvereinbarungen" und „Mitarbeitergespräche" keine die Inhalte der §§ 40, 41 BLV konkretisierende Beurteilungsrichtlinien darstellen. Folglich sind Eignung, fachliche Leistung und Befähigung weiterhin die Grundlagen für die Beurteilung der zugewiesenen Beamten.

Allein die Vergabe von Funktionspunkten und Quoten gewährleistet nicht, daß die Wahrnehmung besonders schwieriger oder bedeutsamer oder sonstig hochwertiger Aufgaben in demselben Maße berücksichtigt wird, wie dies bei einer statusamtbezogenen Beurteilung des betroffenen Beamten im Quervergleich mit Inhabern desselben Statusamtes, aber geringwertigeren Dienstposten, der Fall ist[277]. Folglich sind dienstliche Beurteilungen, die einen Quervergleich zwischen Bewerbern um ein Beförderungsamt nicht ermöglichen, als Grundlage für eine Personalauswahl ungeeignet.

Ein modernes Instrument der Personalführung, das bereits in dem Kontraktmanagement vieler Verwaltungen und ebenso bei der Deutschen Bahn AG Anwendung findet, ist das Führen der Mitarbeiter durch Zielvereinbarungen. Diese Methode dient der Rechtskonkretisierung und – verwirklichung, der Harmonisierung gesetzlicher Leistungsgebote mit den zur Verfügung gestellten finanziellen Mitteln, der Priorisierung von Arbeitsaufgaben, der Steuerung des Arbeitshandelns, der Durchsetzung der jährlichen Geschäftsplanung sowie einem produktiven Ressourceneinsatz[278]. Zielvereinbarungen sind somit notwendiger Bestandteil einer Steuerung des Unternehmens, die modernen Managementgrundsätzen folgt. Mit diesem Instrument institutionalisieren sich ein rationales und zielgerichtetes Handeln sowie eine stetige Selbstkontrolle des Erreichten.

Die Leistungen des jeweiligen Mitarbeiters werden danach konsequenterweise nach dem Maß der Zielerreichung bemessen, so daß sich die Zielvereinbarung auch als ein Instrument der Leistungsintensivierung darstellt.

---

[276] *BVerwG,* Urteil vom 11.02.1999, Az: 2 C 28/98 in: *Schütz/Maiwald,* Beamtenrecht des Bundes und der Länder, ES D I 2, S. 151; im Ergebnis ebenso *Kunz,* Kommentar zum Eisenbahnrecht, A 5.1 zu § 16 ELV, S. 19.

[277] *OVG Koblenz,* Beschluß vom 25. Februar 1997 – 2 B 10392/97, ZBR 1998, S. 59.

[278] *Tondorf/Bahnmüller/Klages,* Steuerung durch Zielvereinbarungen, S. 111 f.; *Albrecht,* Zielvereinbarungen im öffentlichen Dienst, PersR 2001, S. 406, insbesondere zur Mitbestimmung des Personalrats bei der Einführung von Zielvereinbarungen; *Hill,* Zur Rechtsdogmatik von Zielvereinbarungen in der Verwaltung, NVwZ 2002, S. 1059, 1061.

Eine Folge der Bahnreform ist das Interesse des Unternehmens an einer Gewinnmaximierung. Diese Unternehmensziele setzen ein neues Verständnis der Mitarbeiter hinsichtlich ihrer Aufgabenwahrnehmung und eine Bereitschaft zum Veränderungsmanagement voraus.

Aus dem Abschluß von Zielvereinbarungen erwächst für die Mitarbeiter eine neue Selbständigkeit und Eigenverantwortung im Hinblick auf die eigene Entscheidungskompetenz und Wettbewerbsorientierung[279]. Sie fördern eine Selbstreflexion des Mitarbeiters über seine veränderten Handlungsfelder infolge der Privatisierungsmaßnahme und eine Entwicklung von Managementkompetenzen.

Untersuchungen in der Praxis haben gleichwohl gezeigt, daß das Instrument der Zielvereinbarung keine geeignete Alternative zur traditionellen Personalbeurteilung ist[280]. Begründet wird dieses Ergebnis mit der Schwierigkeit konkrete Arbeitsziele zu definieren und ihre Einhaltung zu kontrollieren sowie mit der Angst der Mitarbeiter vor Zielerreichungskontrollen und folglich der Gefahr einer Einbuße der Akzeptanz dieses Steuerungsinstruments.

Danach stellen Zielvereinbarungen keinen Ersatz für Regelbeurteilungen dar. Vielmehr sind sie so einzusetzen, daß durch dieses Instrument eine weitere Beurteilungsebene in das Beurteilungssystem eingebracht wird[281].

Unter Berücksichtigung dieser Ausführungen sind durch die Gesamtbetriebsvereinbarung zur Beurteilung von Mitarbeitern die Erfordernisse eines abschließenden wertenden Gesamturteils sowie einer statusbezogenen Beurteilung zu erfüllen.

Da für die Arbeitnehmer kein festes Beurteilungssystem vorgeschrieben ist, um eine Vergleichbarkeit der Gruppe der Tarifkräfte mit der Gruppe der Beamten zu erreichen sowie die Eigenarten des Eisenbahnbetriebes zur berücksichtigen, könnte zur Lösung des Streitgegenstandes eine geänderte Beurteilungsrichtlinie beitragen, die die beamtenrechtlichen Erfordernisse berücksichtigt.

Obwohl die dienstliche Beurteilung kein Verwaltungsakt im Sinne des § 35 VwVfG ist, weil eine unmittelbare Rechtswirkung nach außen fehlt, ist sie dennoch geeignet, den Beamten in seinen subjektiven Rechten zu verletzen. Daher

---

[279] *Hill,* Neue Anforderungen an die Mitarbeiter/innen, in: *Fisch/Hill,* Personalmanagement der Zukunft, Person-Team-Organisation, S. 23 ff.; vgl. zur Entwicklung im öffentlich-rechtlichen Sektor, *ders.,* Die Neue Selbständigkeit fördern: „Modernisierte" Mitarbeiter in der öffentlichen Verwaltung, in: *Fisch/Hill,* Personalmanagement der Zukunft, Person-Team-Organisation, S. 31 ff.

[280] Vgl. *Tondorf/Bahnmüller/Klages,* Steuerung durch Zielvereinbarungen, S. 136 f. mit Hinweisen auf Praxisbeispiele.

[281] Vgl. *Klages,* Neue Herausforderungen und Möglichkeiten der Leistungsbemessung und -beurteilung, in: *Reinermann/Unland* (Hrsg.), Die Beurteilung: vom Ritual zum Personalmanagement, S. 21, 32, äußert sich im Hinblick auf Zielvereinbarungen dahingehend, daß „... mit diesem Pogramm ein neuartiges Konzept für die Leistungsbemessung und -beurteilung mitdefiniert ist ...".

besteht für den zugewiesenen Beamten die Möglichkeit, seine Rechte im Verwaltungsrechtsweg durch die allgemeine Leistungsklage gem. §§ 40 Abs. 1 und 2, 68 VwGO i.V.m. § 126 Abs. 1 BRRG geltend zu machen[282]. Richtiger Klagegegner ist gem. § 78 Abs. 1 Nr. 1 VwGO i.V.m. § 126 Abs. 3 S. 1 BRRG i.V.m. § 4 Abs. 1 BENeuglG das Bundeseisenbahnvermögen[283].

Die beamtenrechtlichen Beurteilungsrichtlinien sind der verwaltungsgerichtlichen Kontrolle im gleichen Umfang zugänglich, wie dies auf Prüfungsentscheidungen zutrifft[284].

bb) Herstellung des Einvernehmens mit dem Bundeseisenbahnvermögen

Vor der Übertragung einer höher bewerteten Tätigkeit an einen Beamten hat die Deutsche Bahn AG das Einvernehmen mit dem Bundeseisenbahnvermögen herzustellen. Das Bundeseisenbahnvermögen übt die Funktion der Dienstherrenfähigkeit gegenüber den zugewiesenen und beurlaubten Beamten aus, so daß ihm insoweit auch die Aufgabe zusteht, die Beförderung von Beamten vorzunehmen.

Unmittelbar nach der Bahnreform 1. Stufe bestanden noch unterschiedliche Auffassungen darüber, welche Aufgaben das Bundeseisenbahnvermögen bei der Herstellung des Einvernehmens wahrzunehmen hat. Zum Teil wurde angenommen, das Bundeseisenbahnvermögen habe sich weitgehend auf die rein formale Prüfung der Laufbahnvoraussetzungen zu beschränken.

Zwischenzeitlich ist es jedoch unstreitig, daß das Bundeseisenbahnvermögen keine eigene Entscheidungskompetenz innehat, sondern sich der Konsens allein auf die Rechtmäßigkeitskontrolle der Auswahlentscheidung zu beziehen hat[285].

Die Auswahlentscheidung, welcher Bewerber für den angebotenen Arbeitsplatz in Betracht kommt, steht somit der Deutschen Bahn AG gem. § 9 Abs. 4 ELV zu und ist nach der Maßgabe des § 1 BLV vorzunehmen.

---

[282] *BVerwGE* 21, 127; *BVerwG,* ZBR 1981, S. 195 ff.; *BVerwG,* ZBR 1981, S. 351 ff., wonach allerdings die dienstlichen Beurteilungen nur beschränkt überprüfbar sind; *OVG Magdeburg,* Beschluß vom 19. Dezember 1996 – B 3 S 193/96, ZBR 1997, S. 296 (LS); *Schnellenbach,* Die dienstliche Beurteilung der Beamten und Richter, Rn. 413.

[283] *BVerwG,* Urteil vom 11. Februar 1999 – 2 C 28/98, DÖD 2000, S. 25, 26.

[284] *Ossenbühl* in: *Erichsen/Ehlers,* Allgemeines Verwaltungsrecht, § 10 Rn. 36; *BVerwGE* 80, 224, 226 zur Überprüfbarkeit durch das Verwaltungsgericht hinsichtlich der Einhaltung der Beurteilungsrichtlinien durch die Verwaltung.

[285] *OVG Koblenz,* Beschluß vom 20. März 1997, Az: 10 B 13102/96; *VG Saarlouis,* Beschluß vom 19. Dezember 1997, Az: 12 F 127/97; *Wernicke,* Bundesbahn – Wo sind deine Beamten geblieben?, ZBR 1998, S. 266, 272.

Grundsätzlich hat das Bundeseisenbahnvermögen sein Einverständnis nur dann zu erteilen, wenn die Deutsche Bahn AG dem Leistungsprinzip bzw. dem Gebot der Bestenauslese, Beförderungen nach Eignung, Befähigung und fachlicher Leistung vorzunehmen, Rechnung getragen hat. Gleichwohl wird der Deutschen Bahn AG hierbei ein weiter Beurteilungsspielraum zuzusprechen sein. Daher hat sich die vom Bundeseisenbahnvermögen vorzunehmende Prüfung auf Ermessensfehler zu beschränken, d.h., ob bei der Auswahl des Bewerbers die Kriterien der Leistungsauswahl verkannt wurden, von einem unrichtigen Sachverhalt ausgegangen worden ist, allgemein verbindliche Bewertungsgrundsätze außer acht gelassen worden sind, wesentliche Umstände nicht in die Bewertung miteinbezogen wurden, sachfremde Erwägungen Einfluß auf die Entscheidung genommen haben oder der Gleichbehandlungsgrundsatz verletzt worden ist[286].

Diese Aufgabe kann das Bundeseisenbahnvermögen allerdings nur dann erfüllen, wenn die Deutsche Bahn AG unter Vorlage des Bewerbungsvorgangs ihre Auswahlentscheidung gegenüber dem Bundeseisenbahnvermögen nachvollziehbar begründet. Dem Anforderungsprofil des zu besetzenden Arbeitsplatzes sind daher Eignung, Befähigung und fachliche Leistung des Bewerbers gegenüber zu stellen, und es hat eine Abwägung stattzufinden. Die wesentlichen Auswahlkriterien für die Entscheidung sind schriftlich niederzulegen. Soweit erforderlich, hat das Bundeseisenbahnvermögen die Pflicht, den Sachverhalt von Amts wegen aufzuklären[287].

Erschwert wird die Herstellung eines Konsenses, wenn – wie häufig in der Praxis – der Arbeitsplatz ohne eine vorhergehende Ausschreibung besetzt werden soll[288]. Der Kreis, der in die Auswahlentscheidung einzubeziehenden potentiellen Mitbewerber ist dann kaum abschätzbar. Zur Herstellung der erforderlichen Einvernahme ist das Bundeseisenbahnvermögen daher umso mehr auf eine sachgerechte und rechtmäßige Leistungsbeurteilung der Deutschen Bahn AG angewiesenen, weil nur diese die in Betracht kommenden Bewerber kennt.

Aus rein beamtenrechtlicher Sicht stellt eine Ausschreibung folglich die gerechtere Vorgehensweise im rechtsstaatlichen Sinne dar[289].

---

286 *Schröder/Lemhöfer/Krafft,* Kommentar zur BLV, § 12 Rn. 25.

287 Gegenüber der DB AG findet § 24 VwVfG Anwendung, vgl. *Kopp,* Kommentar zum VwVfG, § 9 Rn. 18.

288 Dem Wortlaut des § 5 Abs. 1 ELV läßt sich nicht zweifelsfrei entnehmen, ob und in welchen Fällen eine Ausschreibungspflicht besteht. Allerdings soll gem. § 2 der Konzernrichtlinie „Konzernweiter Arbeitsmarkt" die Ausschreibung von Arbeitsplätzen die Regel darstellen; für eine grundsätzliche Ausschreibungspflicht auch § 75 Abs. 3 Nr. 14 BPersVG.

289 *Wernicke,* Bundesbahn – Wo sind deine Beamten geblieben?, ZBR 1998, S. 266, 274; *Günther*, Konkurrentenstreit und keine Ende? Bestandsaufnahme zur Personalmaßnahme Beförderung, ZBR 1990, S. 284, 286; *Schnellenbach,* Konkurrenz um Beförderungsämter – geklärte und ungeklärte Fragen, ZBR 1997, S. 169, 170.

Nach § 2 Abs. 2 der Vereinbarung über die Ausschreibung und Besetzen von Arbeitsplätzen der Deutschen Bahn AG[290] sind freie Arbeitsplätze grundsätzlich auch für zugewiesene Beamte auszuschreiben. Bei einem Verzicht auf eine Ausschreibung, z. B. weil Arbeitsplätze mit Mitarbeitern besetzt werden, die ihren Arbeitsplatz verloren haben, sind die zugewiesenen Beamten in die Besetzungsauswahl mit einzubeziehen. Die Besetzungsauswahl richtet sich hierbei im Rahmen der Bestenauslese ausschließlich nach der fachlichen und persönlichen Qualifikation.

Ebenso können durch die Höherbewertung eines Arbeitsplatzes (Dienstpostens) Folgen für die zugewiesenen Beamten entstehen.

Infolge der Höherbewertung ist der angehobene Dienstposten im beamtenrechtlichen Sinne frei. Folglich hat für eine Neubesetzung ein Auswahlverfahren stattzufinden. Hierbei hat der bisherige Inhaber weder einen Anspruch noch eine Option, daß er den angehobenen Arbeitsplatz behält, bzw. dieser an ihn übertragen wird. Die Besetzung eines angehobenen Postens mit einem Bewerber einer anderen Organisationseinheit des DB-Konzerns oder einem externen Bewerbers führt dazu, daß der bisherige Arbeitsplatzinhaber seinen tatsächlichen Arbeitsplatz verliert und ggf. in einen anderen Bereich des DB-Konzerns versetzt werden muß. Dies könnte sich in der Praxis als problematisch gestalten, weil zu beobachten ist, daß infolge der zweiten Stufe der Bahnreform sich die Tendenz der gegenseitigen Abschottung der einzelnen Organisationseinheiten verstärkt. Ohne ein Auswahlverfahren wäre die Übertragung des höherbewerteten Arbeitsplatzes an den bisherigen Stelleninhaber jedoch rechtswidrig, da hierdurch andere Bewerber in unzulässiger Weise benachteiligt würden und der Leistungsgrundsatz verletzt würde.

Zugleich besteht eine rechtliche Unsicherheit besteht insoweit, ob das Bundeseisenbahnvermögen auch dann zu beteiligen ist, wenn der höher bewertete Arbeitsplatz (Dienstposten) trotz Bewerbungen von Beamten nicht einem Beamten, sondern einem Arbeitnehmer übertragen werden soll. In der Praxis unterbleibt eine Beteiligung des Bundeseisenbahnvermögens. Dies entspricht zwar dem Wortlaut des § 12 Abs. 6 DBGrG bzw. § 9 Abs. 2 ELV, ist allerdings mit dem Sinn und Zweck der Bestimmung nicht ohne weiteres vereinbar[291]. Danach hat das Bundeseisenbahnvermögen die Kontrollaufgabe, ob die Auswahlentscheidung für oder gegen beamtete Bewerber rechtmäßig getroffen wird.

---

[290] Vereinbarung des Präsidenten des Bundeseisenbahnvermögens und des Vorstandes der Deutschen Bahn AG über das Ausschreiben und das Besetzen von Arbeitsplätzen der Deutschen Bahn AG vom 25. Juni 1998, eingeführt mit Schreiben des BEV vom 15. Juli 1998.

[291] Vgl. *Wernicke,* Bundesbahn – Wo sind deine Beamten geblieben?, ZBR 1998, S. 272, Fn. 46.

Erforderliche Verfahrensschritte bei der Besetzung eines angehobenen Arbeitsplatzes/Dienstpostens mit einem Beamten innerhalb der DB AG

1.	2.	3.	4.	5.	6.	7.
Feststellung des BEV, daß höher bewerteter Dienstposten gem. § 11 BLV vorliegt	Ausschreibung des Arbeits-platzes/ Dienstpostens im Intranet „Stellenmarkt aktuell"	Beteiligung des Betriebs-rates gem. § 99 BetrVG	Zustimmung des BR	Weiter-leitung an das BEV	Prüfung des Verfahrens durch BEV insbesondere auf Ermessens-fehler	Erklärung des Einver-nehmens durch das BEV

8.	9.	10.	11.	12.	13.	14.
Beteiligung des besonderen HPR beim BEV durch die DB AG	Zustimmung des besonderen HPR	Übertragung des Arbeitsplatzes/ Dienstpostens an ausge-wählten Bewerber durch DB AG	Mitteilung der Übertragung an das BEV	Festsetzung des Anwärter-dienstalters durch das BEV	Ernennung/ -Beförderung des ausgewählten Beamten durch das BEV in Planstelle	Aushändi-gung der Ernennungs-urkunde an den Beamten durch die DB AG

Abbildung 8: Erforderliche Verfahrensschritte bei der Besetzung eines Arbeitsplatzes innerhalb des Konzerns der DB AG mit einem Beamten

Gegen diese teleologische Auslegung des Regelungsgehalts der § 12 Abs. 6 DBGrG bzw. § 9 Abs. 2 ELV vermag auch das Argument, daß eine solche Beteiligung des Bundeseisenbahnvermögens nicht „praktikabel" sei, nicht zu überzeugen.

Auch wenn die ständige Beteiligung des Bundeseisenbahnvermögens bei der Besetzung von höher eingruppierten Arbeitsplätzen einen enormen Verwaltungsaufwand sowohl bei der Deutschen Bahn AG als auch bei dem Bundeseisenbahnvermögen verursacht und somit die Gefahr einer langwierigen Besetzungspraxis besteht, die wiederum einer funktionalen Personalentwicklung widerspricht, kann eine Beteiligung des Bundeseisenbahnvermögens auch im Einzelfall nicht unterbleiben.

In der Abbildung 8 sind noch einmal die notwendigen Maßnahmen und Beteiligungen der Mitbestimmungsgremien dargestellt, die bei der Besetzung eines Arbeitsplatzes mit einem Beamten vorzunehmen sind.

c) Auswirkungen auf die Personalkosten

Die zugewiesenen Beamten werden vom Dienstherrn grundsätzlich weiterhin besoldet. Da sie jedoch tatsächlich bei der Deutschen Bahn AG tätig werden, hat diese dem Bundeseisenbahnvermögen die Personalkosten zu erstatten. Gem. § 21 Abs. 1 DBGrG leistet die Deutsche Bahn AG an das Bundeseisenbahnvermögen für die ihr zugewiesenen Beamten Zahlungen in Höhe der Aufwendungen, die sie für die Arbeitsleistungen vergleichbarer, neu einzustellender Arbeitnehmer unter Einbeziehung der Arbeitgeberanteile zur gesetzlichen Sozialversicherung sowie der betrieblichen Altersversorgung erbringt oder erbringen müsste (sog. Als-ob-Kosten-Regelung)[292].

In diesem Sinne wirkt sich auch die vorübergehende Verwendung eines Beamten auf einem Dienstposten mit geringerer Bewertung auf die Personalkostenerstattung gem. § 21 DBGrG aus, da für die Berechnung die tarifvertraglich vereinbarte Entgeltgruppe für die auszuführende Tätigkeit zugrunde zu legen ist[293].

7. Schutz beruflicher Exspektanzen

Entscheidend für die Personalwirtschaft der Deutschen Bahn AG ist, ob zur Wahrung des Rechtsstatus der zugewiesenen Beamten gem. Art. 143a Abs. 1 S. 3 GG auch ihre beruflichen Expektanzen gehören. Hierbei geht es um die Frage, ob der Beamte erwarten kann, daß sich sein beruflicher Werdegang grundsätzlich in bestimmten Bahnen bewegen wird, insbesondere ob dies auch nach einer Privatisierungsmaßnahme zutrifft, und ob diese Erwartung rechtlich geschützt ist.

Infolge des starren Ämtergefüges und der Beförderungsvoraussetzungen im öffentlichen Dienst könnte es in Betracht kommen, daß sich hinsichtlich der Beförderungsaussichten gewisse Regelmäßigkeiten feststellen lassen, die durchaus in dem betroffenen Beamten die Hoffnung wecken, im Zuge seines beruflichen Werdegangs ein bestimmtes Amt zu erreichen.

Grundsätzlich richtet sich die Karriere des Einzelnen jedoch nach seiner individuellen Begabung und Leistungsfähigkeit. Nach Auffassung des Bundesverwaltungsgerichts existiert kein beamtenrechtlicher Grundsatz, wonach bestimmte Beförderungsaussichten unangetastet bleiben müssen[294]. Das Urteil bezieht sich auf die §§ 128 ff. BRRG, die die personellen Folgen der organisatorischen Umbildung eines Dienstherrn regeln. Sie dienen dem Zweck, die von dem Beamten bis zur Umbildung erlangte Rechtsstellung zu wahren und Verän-

---

[292] Nach *Ossenbühl/Ritgen,* Beamte in privaten Unternehmen, S. 75 ist dieser Regelung zu entnehmen, daß das unter staatlicher Obhut gewachsene Besoldungsgefüge überhöht ist und einem auf Wirtschaftlichkeit und Gewinnerzielung angewiesenen Unternehmen nicht angemessen ist. Indiz hierfür sei die amtliche Begründung, wonach es Ziel dieser Vorschrift sei, die Gesellschaft von Personalaufwendungen, die sich aus Struktur und Höhe der Beamtenbesoldung ergeben, zu entlasten; vgl. *BT-Drs.* 12/4609 (neu), S. 88.

[293] *Kunz,* Kommentar zum Eisenbahnrecht, A 2.1 zu § 12 BENeuglG, S. 42.

[294] *BVerwGE* 49, 64, 66.

derungen nur insoweit zuzulassen, wie dies wegen der Umbildung und deren Folgen unumgänglich ist. Ausgangspunkt für die Regelung der Rechtsstandswahrung in den §§ 128 ff. BRRG kann daher nur die beamtenrechtliche Rechtsstellung sein, die der Beamte im Zeitpunkt der Umbildung tatsächlich bereits innehatte. Infolgedessen ist es dagegen ohne rechtliche Bedeutung, ob und welche Verbesserungen/Beförderungen seiner Rechtsstellung der Beamte bei Unterbleiben der Umbildung bei seinem bisherigen Dienstherrn zu erwarten gehabt hätte.

Die Situation der von der Bahnreform betroffenen Beamten ist mit derjenigen im Sinne der §§ 128 ff. BRRG vergleichbar.

Damit ist festzustellen, daß sich aus der verfassungsrechtlichen Vorgabe gem. § 143a Abs. 1 S. 3 GG, wonach die Rechtsstellung der Beamten zu wahren ist, ein verfassungsrechtlicher Schutz denkbarer beruflicher Expektanzen nicht ergibt. Folglich kann es auch keinen Anspruch auf eine bestimmte Karriereentwicklung geben.

Eine mögliche Verschlechterung der Beförderungsaussichten im Zuge der von der Deutschen Bahn AG geplanten Neubewertungen der Arbeitsplätze ist daher unter diesem Gesichtspunkt verfassungsrechtlich unbedenklich.

8. Ausgestaltung der Arbeitszeit

Im Zusammenhang mit Umstrukturierungs-, Sanierungs- und Rationalisierungsmaßnahmen, die als Konsequenz einen Personalabbau nach sich ziehen, kann aufgrund einer sozialverträglichen Sozialpolitik das Bedürfnis nach anderen Arbeitszeitmodellen bestehen. Dies gilt ebenso für den Fall, daß die wirtschaftliche Konjunktur zu einer nur teilweisen Auslastung der Unternehmenskapazität führt.

Eine Absenkung der Jahresarbeitszeit stellt im Hinblick auf die zugewiesenen Beamten folglich eine Möglichkeit dar, im Rahmen des Beschäftigungsbündnisses Bahn Entlassungen von Angestellten und Arbeitern zu vermeiden und somit eine sozialverträgliche Personalpolitik zu betreiben.

Neben einer freiwilligen Reduzierung der Arbeitszeit ist jedoch die Frage zu untersuchen, ob eine obligatorische kollektive Absenkung der Arbeitszeit auch im Beamtenrecht, insbesondere bei privatisierten Beamten, zulässig ist.

a) Vollzeitbeschäftigung als hergebrachter Grundsatz des Berufsbeamtentums

Ein wesentlicher Strukturinhalt und damit Leitbild des Beamtenverhältnisses ist die Vollzeitbeschäftigung auf Lebenszeit[295]. Heute ist es in der Rechtsprechung[296] und Lehre[297] nahezu unbestritten, daß jedenfalls die Hauptberuflichkeit zusammen mit der lebenslänglichen Anstellung, dem Treue- und Gehorsamsprinzip, dem Leistungs- und Alimentationsprinzip zu den hergebrachten Grundsätzen des Berufsbeamtentums zählen, die der Gesetzgeber zu berücksichtigen hat.

In der älteren Literatur wurde daher die Zulässigkeit von Teilzeitarbeit im Beamtenverhältnis als zweifelhaft angesehen[298]. Allerdings sind die Strukturprinzipien des Beamtenrechts nicht fest zementiert, sondern müssen für eine Dynamisierung, die sich aus einem Wandel der Gesellschaft sowie einer wirtschaftlichen Entwicklung ergibt, offen sein. Im Hinblick auf verbesserte Zugangschancen auch für weibliche Beamtenbewerberinnen war daher der Grundsatz auf Vollzeitbeschäftigung unter dem Aspekt des Art. 3 Abs. 2 GG zu modifizieren[299]. Daher ist auch eine Teilzeittätigkeit von Beamten mit dem Art. 33 Abs. 5 GG vereinbar.

b) Zulässigkeit der Absenkung der Arbeitszeit

Durch die Einfügung des § 44a BRRG[300] im Rahmen der Dienstrechtsreform im Jahre 1997 ist die Bereitstellung von Teilzeitarbeitsplätzen uneingeschränkt möglich, solange sie nur durch Gesetz geregelt ist[301]. Aufgrund des neu formulierten § 72a BBG kann nunmehr Beamten auf Antrag eine Teilzeitbeschäftigung bis zur Hälfte der regelmäßigen Arbeitszeit und bis zur jeweils beantragten Dauer bewilligt werden, soweit dienstliche Bedürfnisse nicht entgegenste-

---

[295] *BVerfGE 9,* 268, 286; 71, 39, 59 ff.; *BVerfG,* NJW 1986, S. 735, 737 m.w.N.

[296] *BVerfGE* 9, 268, 286; 52, 303, 343; 71, 39, 59 ff.; 91, 200, 203; *BVerwGE* 82, 196, 203.

[297] *Battis* in: *Sachs,* Kommentar zum GG, Art. 33 Rn. 73; *Kunig* in: *v. Münch/Kunig,* Kommentar zum GG, Art. 33 Rn. 63; *Schuppert* in: AK, Kommentar zum GG, Art. 33 Rn. 65.

[298] *Maunz* in: *Maunz/Dürig/Herzog,* Kommentar zum GG, Art. 33 Rn. 66.

[299] *Denninger/Frankenberg,* Grundsätze zur Reform des öffentlichen Dienstrechts, S. 32; *Summer,* Die hergebrachten Grundsätze des Berufsbeamtentums – Ein Torso, ZBR 1992, S. 1 ff., wonach es nicht Aufgabe des Art. 33 Abs. 5 GG sein könne, die Rollen von Mann und Frau im Erwerbleben fest zuschreiben; Nach dem *Bericht der Bundesregierung über die Fortentwicklung des öffentlichen Dienstrechts,* ZTR 1994, S. 417 soll „... Durch die Offensive der Bundesregierung für mehr Teilzeitarbeit die Teilzeitbeschäftigung im öffentlichen Dienst, der schon jetzt eine Vorbildfunktion zukommt, weiter gefördert werden. Es geht um einen Beitrag zur Entlastung des Arbeitsmarktes und die Verbesserung der Bedingungen, Familie und Beruf miteinander zu verbinden."; kritisch hierzu *Merten,* Grundgesetz und Berufsbeamtentum, in: *Merten/Pitschas/Niedobitek,* Neue Tendenzen im öffentlichen Dienst, S. 13 ff., 15 m.w.N.

[300] Gesetz zur Reform des öffentlichen Dienstes vom 24. Februar 1997 (BGBl. I S. 322).

[301] Ausführlich hierzu *Battis/Grigoleit,* Zur Öffnungsklausel des § 44a BRRG – Bedeutung, Zulässigkeit, Rechtsfolgen, ZBR 1997, S. 237 ff.

hen. Ein besonderer familien- oder arbeitsmarktpolitischer Rechtfertigungsgrund für eine freiwillige Absenkung der Arbeitszeit, wie er vor der Dienstrechtsreform verlangt wurde, ist nicht mehr erforderlich.

Demgegenüber wird in der Rechtsprechung[302] und Literatur[303] die antragslose – also obligatorische – Einstellungsteilzeit überwiegend als unvereinbar mit Art. 33 Abs. 5 GG angesehen.

Diese Streitfrage kann jedoch hier dahinstehen. Da die Deutsche Bahn AG keine Dienstherrenbefugnisse besitzt, kann sie keine Beamten einstellen. Die Frage nach der Verfassungs- und Rechtmäßigkeit einer antragslosen Einstellungsteilzeit stellt sich hier also gar nicht.

Vielmehr ist im Sinne einer effizienten Personalpolitik für die Deutsche Bahn AG von Interesse, ob eine nachträgliche kollektive Absenkung der Arbeitszeit ohne einen entsprechenden Antrag und mit Auswirkung auf die Besoldung zulässig ist.

Ein diesbezüglicher Vergleich mit dem öffentlichen Dienst zeigt, daß hier grundsätzlich eine gegenläufige Entwicklung festzustellen ist. Es fand keine Absenkung, sondern eine Heraufsetzung der Arbeitszeit auf 40 Stunden pro Woche statt. Auf diese Weise sollten Nachbesetzungen verzögert oder Neueinstellungen sogar vermieden werden[304]. Durch die Heraufsetzung der Arbeitszeit von Beamten wurde folglich indirekt ein Beitrag zum Stellenabbau im öffentlichen Dienst geleistet. Die damit verbundene Ungleichbehandlung von Beamten auf der einen und Arbeitnehmern auf der anderen Seite, die auch weiterhin nur 38,5 Stunden pro Woche arbeiten müssen, hat die Rechtsprechung[305] wegen der verschiedenartigen Ausgestaltung der jeweiligen Rechtsverhältnisse als gerechtfertigt anerkannt. Es gibt keinen hergebrachten Grundsatz des Berufsbeamtentums, wonach eine Verlängerung der Arbeitszeit nur bei einer entsprechenden Erhöhung der Bezüge zulässig wäre. Vielmehr liegt es im Ermessen des Beamtengesetzgebers, aus sozialen und fürsorgerechtlichen Erwägungen die Arbeitszeit für Beamte in Angleichung an die Verhältnisse der Arbeitnehmer festzusetzen.

---

302 s. hierzu *VG Frankfurt a.M.*, Urteil vom 9. November 1998, Az: 9 E 1570/98 (Leitsatz: Teilzeitbeschäftigung beruht auf dem Grundsatz der Freiwilligkeit, Einstellungen, die generell nur in Teilzeitform erfolgen, verkürzen unzulässig die allgemeine Chancengleichheit im Arbeitsmarkt), ZBR 1999 S. 96 ff. mit Anmerkungen von *Gundel,* ZBR 1999, S. 103 ff.

303 *Denninger/Frankenberg,* Grundsätze zur Reform des öffentlichen Dienstrechts, S. 74; *Battis/Grigoleit,* Zulässigkeit und Grenzen von Teilzeitbeamtenverhältnissen, S. 10 ff. m.w.N.; *a.A.: Böhm/Schneider,* „Beamtenprivatisierung" bei der Deutschen Bahn AG, S. 26 m.w.N.; *Siedentopf,* Reformprozesse in der Verwaltung und Personalentwicklung in: *Hill,* Modernisierung – Prozeß oder Entwicklungsstrategie?, S. 325, 339 ff.

304 *Böhm/Schneider,* „Beamtenprivatisierung" bei der Deutschen Bahn AG, S. 27.

305 *BVerwG,* ZBR 1995, S. 146, 147 m.w.N.

Hieraus könnte gefolgert werden, daß im Gegenzug auch eine kollektive Absenkung der Arbeitszeit von Beamten und Arbeitnehmern ggf. mit negativen Auswirkungen auf die Besoldung zulässig wäre, um bestehende Personalüberhänge sozialverträglich abzubauen.

Eine solche Vorgehensweise ist jedoch im Hinblick auf ihre Vereinbarkeit mit Art. 33 Abs. 5 GG sowie mit der subjektiven Rechtsstellung des Beamten zweifelhaft.

Ein wesentliches Kriterium der Garantiefunktion des Art. 33 Abs. 5 GG ist das Verbot struktureller Veränderungen des Beamtenverhältnisses. Nach einem Regel-Ausnahme-Prinzip soll hiervon aber eine Abweichung möglich sein, wenn diese sachlich gerechtfertigt und zeitlich begrenzt ist und tatsächlich einen Ausnahmecharakter aufweist[306]. Einschränkend zu dieser Auffassung in Rechtsprechung und Literatur in bezug auf eine Öffnungsklausel ist jedoch anzumerken, daß diese nur die Einstellungsteilzeit betrifft. Eine nachträgliche obligatorische Teilzeitbeschäftigung führt jedoch zu einem wesentlichen Einschnitt in elementare Grundprinzipien des Beamtenverhältnisses und ist daher mit Art. 33 Abs. 5 GG nicht vereinbar[307].

Eine weitere Grenze könnte sich aus der individuellen Rechtsstellung des Beamten ergeben. Die Ernennung als „Vollzeitbeamter" begründet ein subjektives Recht, das später nicht mehr nachträglich entzogen werden kann.

Für die Deutsche Bahn AG hat dies zur Konsequenz, daß eine nachträgliche kollektive Absenkung der Arbeitszeit mit negativen Auswirkungen auf die Bezüge nicht zulässig ist.

Eine nachträgliche Teilzeitbeschäftigung ist folglich nur freiwillig möglich[308].

c) Sonderregelungen durch die Eisenbahnarbeitszeitverordnung

Grundsätzlich ist die Arbeitszeit der Beamten in § 72 Abs. 2 bis 4 BBG i. V. m. Arbeitszeitverordnung[309] geregelt. Allerdings ist bei der Ausgestaltung

---

[306] Als Beispiel für eine solche Ausnahme ist die Teilzeitbeschäftigung von Lehrern in den neuen Bundesländern bzw. in Niedersachsen aufzuführen; s. hierzu *OVG Lüneburg,* DVBl. 1988, S. 261 ff.; *Battis/Schlenga,* Die Verbeamtung der Lehrer, ZBR 1995, S. 253 ff.

[307] Einschränkend *Böhm/Schneider,* „Beamtenprivatisierung" bei der Deutschen Bahn AG, S. 29, wonach eine nachträglich, kollektive Absenkung der Arbeitszeit bei gleich bleibenden Bezügen möglich sei, hinsichtlich negativer Auswirkungen auf die Besoldung vgl. S. 31 ff.

[308] *Pechstein,* Verfassungsmäßigkeit bestimmter „Öffnungsklauseln" im Beamtenrecht, S. 59 ff.

[309] Verordnung über die Arbeitszeit der Bundesbeamten (Arbeitszeitverordnung – AZV) i. d. F. vom 24. September 1974 (BGBl. I S. 2356).

der Arbeitszeitordnung den jeweiligen Sacherfordernissen im Tätigkeitsbereich der Beamten Rechnung zu tragen. Aufgrund eines Gestaltungsspielraums des Gesetzgebers sind daher bei der Festlegung der Gesamtarbeitszeit sowie hinsichtlich der zeitlichen Anordnung der Arbeitszeit Modifikationen vorstellbar. Die organisatorischen Besonderheiten für das verbeamtete Transportpersonal im Gegensatz zu Beamten, die in einer Verwaltungsbehörde tätig sind, waren bereits bei der Deutschen Bundesbahn zu berücksichtigen. An diesen Rahmenbedingungen hat sich auch nach der Privatisierung nichts geändert.

Auf Grund der §§ 7 Abs. 4 Nr. 2, 27 Abs. 1 S. 1 BENeuglG findet daher in dem Unternehmen der Deutschen Bahn AG die Eisenbahnzeitverordnung[310] i. V. m. der Arbeitszeitverordnung Anwendung.

Der Geltungsbereich des § 1 EAZV umfaßt die der Deutschen Bahn AG zugewiesenen Beamten sowie gem. § 23 DBGrG diejenigen Beamte, die bei einer ausgegliederten Gesellschaft gem. §§ 2 Abs. 1, 3 Abs. 3 DBGrG tätig sind. Sie gilt jedoch nicht für beurlaubte Beamte sowie für Beamte, die im Rahmen eines Dienstleistungsüberlassungsvertrages in einer Gesellschaft ihre Dienstleistung erbringen[311].

Die Dauer der regelmäßigen Arbeitszeit bestimmt sich ausschließlich nach den Bestimmungen der Arbeitszeitverordnung i. V. m. mit der Eisenbahnarbeitszeitverordnung. Danach beträgt die regelmäßige Arbeitszeit der zugewiesenen Beamten im Durchschnitt 38,5 Stunden in der Woche. Unter Berücksichtigung der besonderen Belange eines Eisenbahnverkehrsbetriebes ist von der regelmäßigen Arbeitszeit gem. §§ 1, 3 AZV eine Abweichung im Sinne des § 3 Abs. 2 AZV zulässig, wonach die Arbeitszeit bei dringenden dienstlichen Belangen bis zu einer Dauer von insgesamt 12 Stunden am Tag verlängert werden darf. Ebenso ist gem. § 8 Abs. 3 AZV eine Ausnahme von den gem. § 8 Abs. 1 AZV einzuhaltenden Ruhepausen zulässig[312].

Die Intention der Eisenbahnarbeitszeitverordnung richtet sich zum einen auf eine Gleichstellung der zugewiesenen Beamten innerhalb der verschiedenen Gesellschaften des Bahnkonzerns, zum anderen soll durch die Regelungen der Eisenbahnarbeitszeitverordnung eine Harmonisierung der Arbeitsbedingungen für Arbeitnehmer und Beamte erreicht werden.

---

[310] Verordnung zur Regelung der Arbeitszeit der der Deutsche Bahn AG zugewiesenen Beamten des Bundeseisenbahnvermögens (Eisenbahnarbeitszeitverordnung – EAZV) vom 29. Januar 1997 (BGBl. I S. 178).

[311] *Kunz,* Kommentar zum Eisenbahnrecht, A 5.4 zu § 1 EAZV, S. 2 f.; *OVG Rheinland-Pfalz,* Beschluß vom 2. September 2002, DÖD 8–9/2003, S. 220, 221.

[312] Bescheid des Präsidenten des BEV vom 30.03.2002 – Pr.1201 Pwz 45 – zur Arbeitszeit für die der DB AG zugewiesenen Beamten, zur Ablösung der Dienstdauervorschrift DB AG (DDV-DS 052) sowie zur sinngemäßen Anwendung des JazTV i.d. Fassung des 39. Änderungstarifvertrages.

Am 1. Juli 1997 trat der Jahresarbeitszeittarifvertrag[313] in Kraft, der für bestimmte Tätigkeitsbereiche[314] eine Flexibilisierung der Arbeitszeitgestaltung erlaubt. Die von den Arbeitnehmern zu erbringenden Leistungen sollen entsprechend den Anforderungen des Eisenbahnbetriebs ungleichmäßig über den Zeitraum eines Jahres verteilt werden können, um Zusatzleistungen z.B. aufgrund saisonalen Sonder- und Zusatzverkehrs, auszugleichen. Eine unmittelbare Anwendung des Jahresarbeitszeittarifvertrages auf die Beamten ist nicht zulässig[315].

Im Wege der Auslegung der beamtenrechtlichen Vorschriften sollen jedoch konkrete Bestimmungen des Jahresarbeitszeittarifvertrages sinngemäß Anwendung finden, um eine Annäherung der Arbeitsbedingungen der Beamten mit denen der Tarifkräfte zu erreichen[316]. Die entsprechend für anwendbar erklärten tarifvertraglichen Bestimmungen stehen nicht im Widerspruch mit den Vorschriften der Arbeitszeitverordnung bzw. der Eisenbahnarbeitszeitverordnung, sondern konkretisieren diese vielmehr.

Ausnahmen zu den beamtenrechtlichen Bestimmungen der Arbeitszeitverordnung werden auf der gesetzlichen Grundlage der Eisenbahnarbeitszeitverordnung konstituiert.

In Abweichung zu den §§ 1, 3 AZV wird durch § 2 EAZV der Zeitraum für eine regelmäßige Arbeitszeit sowie für einen Ausgleich von Mehr- oder Min-

---

[313] Tarifvertrag zur Regelung einer Jahresarbeitszeit für die Arbeitnehmer der DB AG (JazTV) vom 1. Juli 1997, i.d.F. des 39. Änderungstarifvertrages vom August 2002.

[314] Hierunter fällt insbesondere das Transportpersonal, z.B. Zugbegleiter, Triebfahrzeugführer, Kundenbetreuer im Nahverkehr.

[315] *Kunz,* Kommentar zum Eisenbahnrecht, A.5.4 zu § 1 EAZV, S. 2; aufgrund des JazTV haben die Arbeitnehmer daher eine regelmäßige Arbeitszeit von 38 Stunden/Woche bzw. 1.984 Stunden/Jahr, die zugewiesenen Beamten haben aufgrund der EAZV i.V.m. AZV eine regelmäßige wöchentliche Arbeitszeit von 38,5 Stunden.

[316] Aufgrund des Bescheides des Präsidenten des BEV vom 30.03.2002 – Pr.1201 Pwz 45 – zur Arbeitszeit für die der DB AG zugewiesenen Beamten, zur Ablösung der Dienstdauervorschrift DB AG (DDV-DS 052) sowie zur sinngemäßen Anwendung des JazTV i.d. Fassung des 39. Änderungstarifvertrages, sollen die folgenden Vorschriften des JazTV sinngemäß Anwendung finden: § 2 Abs. 2 – Verbrauch der Arbeitszeit, § 2a – Individuelle Arbeitszeit, § 4 Abs. 1 bis 8 – Zeitkonten, § 5 – Freistellung von Arbeitspflicht, § 6 Abs. 1 bis 6 – Verteilung der Arbeitszeit, Ruhepausen, § 8 – Beginn und Ende der Arbeitszeit, § 9 Abs. 1 bis 10 – Arbeitszeit des Transportpersonals. Dagegen finden die nachfolgenden Bestimmungen des JazTV wegen des zwingend zu beachtenden Vorrangs beamtenrechtlicher Vorschriften keine Anwendung: § 1 – Geltungsbereich, § 2 Abs. 1 – regelmäßige wöchentliche Arbeitszeit der Beamten, § 3 – Überzeitarbeit für Arbeitnehmer, § 4 Abs. 9 – Arbeitszeitabrechnung, § 6 Abs. 7, 8 – Entgeltzahlung bei Arbeitsausfall und Arbeitsversäumnis, § 7 – Tariflicher Regelungsvorbehalt, § 9 Abs. 1 – Bildung eines Tarifausschusses, § 10 – Verblockung, § 11 – Gültigkeit und Dauer. In den Gesellschaften, in denen der JazTV nicht eingeführt wurde, gelten weiterhin die Bestimmungen der Dienstdauervorschrift (DDV).

derleistungen auf 12 Monate ausgedehnt (sog. Jahresarbeitszeitraum)[317]. Im Unterschied zu § 3 AZV, der den Ausgleich von einer unregelmäßigen Arbeitszeit regelt, erfaßt § 7 AZV nur die über die gesetzlich vorgeschriebene Arbeitszeit hinaus geleistete, angeordnete oder genehmigte Mehrarbeit. Da § 2 EAZV nicht auf § 7 AZV Bezug nimmt, gelten die Regelungen der § 44 BRRG i. V. m. § 72 Abs. 2 BBG i. V. m. § 7 AZV uneingeschränkt für die „echte" Mehrarbeit fort.

Abweichende Einteilungen der Arbeitszeit gem. § 2 EAZV, also Schwankungen hinsichtlich der regelmäßigen Tages- bzw. Wochenarbeitszeit, sind vom Dienstvorgesetzten vorzunehmen. Durch § 3 Abs. 1 S. 2 AZV werden diesen Befugnissen allerdings Grenzen gesetzt. Danach darf zum Schutz der Mitarbeiter die Arbeitszeit 10 Stunden täglich bzw. 55 Stunden pro Woche nicht überschreiten. Da § 2 EAZV nur auf eine Änderung des Ausgleichszeitraums zielt, gelten die übrigen Regelungen des § 3 AZV uneingeschränkt weiter.

Die Modifikation im Sinne des § 2 EAZV finden nur insofern Anwendung, wie dies durch die Eigenart des Eisenbahnbetriebes begründet ist. Infolgedessen ist § 2 EAZV nicht auf die im Verwaltungsdienst tätigen zugewiesenen Beamten anwendbar, wenn der Eisenbahnbetrieb keine mittel- oder unmittelbaren Auswirkungen auf ihre Arbeitszeit hat[318].

Konkretisierende Regelungen zur Arbeitszeit aufgrund von Betriebsvereinbarungen im Bereich der privatrechtlich organisierten Eisenbahnunternehmen binden die dort beschäftigten Beamten ebenfalls nur insoweit, wie sie nicht gegen höherrangiges Recht, insbesondere nicht gegen geltendes Beamtenrecht, verstoßen.

Danach ist für die abstrakte Festlegung der regelmäßigen Jahresarbeitszeit auf 261 Werktage des Jahres aufgrund § 3 der Betriebsvereinbarung über die gleitende Arbeitszeit[319] mit der daraus resultierenden Verpflichtung für zugewiesene Beamte an exakten 261 Tagen Dienst zu verrichten, keine rechtliche Grundlage zu finden[320]. Zwar gelten die zugewiesenen Beamten gem. § 19 Abs. 1 S. 1 DBGrG in bezug auf die Anwendung des Betriebsverfassungsgeset-

[317] *Quelle:* Bescheid des Präsidenten des BEV vom 30.03.2002 – Pr.1201 Pwz 45 – zur Arbeitszeit für die der DB AG zugewiesenen Beamten, zur Ablösung der Dienstdauervorschrift DB AG (DDV-DS 052) sowie zur sinngemäßen Anwendung des JazTV i.d. Fassung des 39. Änderungstarifvertrages.

[318] *Kunz,* Kommentar zum Eisenbahnrecht, A 5.4 zu § 2 EAZV, S. 5.

[319] Betriebsvereinbarung über gleitende Arbeitszeit vom 22. März 1995; Auszug aus § 3 der Betriebsvereinbarung über gleitende Arbeitszeit: „... Die tägliche Sollarbeitszeit für regelmäßig an 5 Arbeitstagen im Durchschnitt der Kalenderwoche beschäftigte Arbeitnehmer beträgt 1/261 der Jahresarbeitszeit; die Jahresarbeitszeit bestimmt sich aus dem Produkt 52,2 mit der tariflich vereinbarten regelmäßigen Wochenarbeitszeit (Art. 2 § 14 Abs. 3 und 5 ENeuOG i. V. m. AZTV). Die monatliche Sollarbeitszeit ist für diese Arbeitnehmer nach folgender Formel zu berechnen: Arbeitszeitmonate = 1/261 Jahresarbeitszeit x (Tag/Monat – (Samstage/Monat + Sonntage/Monat) ...".

zes als Arbeitnehmer, so daß auf der Grundlage des § 77 BetrVG eine sie bindende Betriebsvereinbarung geschlossen werden kann. Allerdings können nur diejenigen Rechtsmaterien Gegenstand einer betriebsverfassungsrechtlichen Regelung sein, die nicht durch höherrangiges Recht, vor allem Beamtenrecht, verbindlich abweichend geregelt worden sind. So verhält es sich aber hier, weil der Gesetz- und Verordnungsgeber die Festlegung einer abstrakt zu bestimmenden Jahresarbeitszeit ausgeschlossen hat.

In § 1 Abs. 1 S. 1 AZV wird lediglich eine auf den Zeitraum einer Woche und damit gerade nicht auf den Zeitraum eines Jahres bezogene Arbeitszeit festgelegt. Wie bereits dargelegt, spielt der Jahresarbeitszeitraum im Rahmen der Arbeitszeitverordnung nur insofern eine Rolle, als durch § 3 AZV den Beamten ein Ausgleich der Minder- oder Mehrleistung innerhalb von 12 Monaten ermöglicht wird. Der § 3 AZV beinhaltet jedoch nicht die Festlegung einer bestimmten Jahresarbeitszeit. Die aus der Rechtsprechung des OVG[321] folgende partielle Ungleichbehandlung der zugewiesenen Beamten im Verhältnis zu der bei der Deutschen Bahn AG beschäftigten Arbeitnehmern steht nicht im Widerspruch zu höherrangigem Recht. Sie ist vielmehr Folge der Regelung des Art. 143a Abs. 1 S. 3 GG, die die Zuweisung der Beamten der früheren Bundeseisenbahnen ausdrücklich vorgesehen und die die damit zwangsläufig verbundenen, statusmäßig bedingten Ungleichbehandlungen bewußt in Kauf genommen hat.

Fraglich ist, ob die Regelungen der Eisenbahnarbeitszeitverordnung durch den Ermächtigungsrahmen des § 7 Abs. 4 Nr. 2 BENeuglG gedeckt sind. Danach sind nur abweichende Regelungen über die Verpflichtung der Beamten, über die regelmäßige wöchentliche Arbeitszeit hinaus Dienst zu tun, sowie über den Ausgleich von Mehrarbeit, möglich. Durch diese Ermächtigungsnorm werden nach *Kunz* nur die Regelungen über den Ausgleich „echter Mehrarbeit" erfaßt[322].

Dagegen wird der Ausgleichzeitraum für Mehrarbeit aufgrund von Schwankungen der Tages- oder Wochenarbeitszeit durch § 2 EAZV auf den Jahresarbeitszeitraum ausdehnt. Von dieser Vorschrift werden aber keine Maßnahmen zum Ausgleich einer Mehrarbeit im Sinne des § 7 AZV, wie Freizeitausgleich oder Zahlung einer Mehrarbeitsvergütung, geregelt. Der Kompetenzrahmen

---

[320] *OVG Rheinland-Pfalz,* Beschluß vom 2. September 2002, DÖD 8–9/2003, S. 220, 221, im konkreten Fall, sind daher die der DB AG zur Dienstleistung zugewiesenen Beamten nur an den tatsächlich vorhandenen Werktagen zur Arbeitsleistung verpflichtet. Hieraus folgt gleichwohl, daß ein zugewiesener Beamter in einem Jahr mit 262 Werktagen auch nicht, gestützt auf § 3 der Betriebsvereinbarung über die gleitende Arbeitszeit eine entsprechende Gutschrift auf seinem Arbeitszeitkonto beanspruchen kann.

[321] *OVG Rheinland-Pfalz,* Beschluß vom 2. September 2002, DÖD 8–9/2003, S. 220 ff.

[322] *Kunz,* Kommentar zum Eisenbahnrecht, A 5.4 zu § 2 EAZV, S. 4.

nach § 7 Abs. 4 Nr. 2 BENeuglG geht somit über den Regelungsgehalt des § 2 EAZV hinaus. Im Wege eines Erst-Recht-Schlusses kann somit auf die Zulässigkeit der weniger einschneidenden Maßnahme im Sinne des § 2 EAZV geschlossen werden.

d) Regelungen zur Altersteilzeit

Durch die neue Regelung des § 72b BBG[323] wird Beamten die Möglichkeit einer Altersteilzeitbeschäftigung mit der Hälfte der regelmäßigen Arbeitszeit ermöglicht, die sich bis zum Beginn des Ruhestandes erstrecken muß und Beamten unter bestimmten Voraussetzungen ab dem 55. Lebensjahr bewilligt werden kann und ab dem 60. Lebensjahr bewilligt werden muß (Altersteilzeit)[324].

Die Altersteilzeit soll entweder als durchgehende Teilzeitbeschäftigung mit der Hälfte der regelmäßigen Arbeitszeit geleistet werden können („Teilzeitmodell") oder aber als „Blockmodell", bei dem einer Arbeitsphase mit mehr als die Hälfte der regelmäßigen Arbeitszeit eine dadurch angesparte „Freistellungsphase" folgt.

Bei der Blockbildung muß die Freistellungsphase immer am Ende der Altersteilzeit, d.h., unmittelbar vor Beginn des Ruhestandes liegen.

Das „Teilzeitmodell" wird bereits durch den Wortlaut des § 72b Abs. 1 S. 1 BBG impliziert. Demgegenüber ist das „Blockmodell" nicht explizit im § 72b BBG genannt und ergibt sich nur durch Auslegung im Zusammenhang mit anderen Rechtsnormen[325].

Das Modell der beamtenrechtlichen Altersteilzeit wurde im Hinblick auf seine finanziellen Vergünstigungen in Anlehnung an die arbeitsrechtliche Altersteilzeit konzipiert. Im Unterschied zur der Teilzeitbeschäftigung gem. § 72a

---

[323] Einfügung des § 72b BBG durch Art. 6 Nr. 2 des Bundesbesoldungs- und -versorgungsanpassungsgesetzes 1998 – BBVAnpG 98 – vom 6. August 1998 (BGBl. I S. 2026), in Kraft getreten am 14. August 1998.

[324] Nach der Auffassung von *Lemhöfer,* Altersteilzeit-Blockmodell für Bundesbeamte ohne Gesetz, ZBR 1999, S. 109, 113 „... sollte erwogen werden, die aus guten Gründen politisch gewollte Förderung vorzeitigen Ausscheidens aus der Dienstleistung als Beamter wieder systemgerecht unter der Rechtskategorie der Versetzung in den Ruhestand einzuordnen, anstatt unter der missverständlichen, ja irreführenden, sachlich schlecht passenden rechtlichen Einkleidung als Teilzeitbeschäftigung."

[325] Auf die Diskussion hinsichtlich der Rechmäßigkeit des beamtenrechtlichen Blockmodells wird hier nicht weiter eingegangen. Vgl. zur Erforderlichkeit gesetzlicher Grundlagen für das Blockmodell sowie zur Auslegung des § 72b BBG: *Lemhöfer* in: *Plog/Wiedow/Beck,* Kommentar zum BBG, § 72a, Rn. 14; *Battis,* Kommentar zum BBG, § 72a Rn. 22; *Lemhöfer,* Altersteilzeit-Blockmodell für Bundesbeamte ohne Gesetz?, ZBR 1999, S. 109, 110 ff.; Rundschreiben des BMI vom 19.10.1998 – D I 1 – 210 172/20 –, GMBl. S. 870, mit Hinweisen zur Altersteilzeitbeschäftigung für Bundesbeamte.

BBG, die nur zu einer anteiligen Besoldung und Versorgung führt, zeichnen die beamtenrechtliche Altersteilzeit außerordentlichen Vergünstigungen im Besoldungs-, Einkommenssteuer- und Versorgungsrecht aus[326].

Der Gesetzgeber verfolgte mit dem Erlaß des § 72b BBG, wie schon mit der arbeitsrechtlichen Altersteilzeit, das Ziel, den Arbeitsmarkt zugunsten jüngerer Beschäftigter bzw. Berufsanfängern zu entlasten und den freiwilligen Ausstieg älterer Beschäftigter aus dem Berufsleben zu fördern. Die Altersteilzeit mit ihren finanziellen Anreizen berücksichtigt daher das starke Bedürfnis vieler älterer Beschäftigter nach flexiblen Übergangsmöglichkeiten in den Ruhestand ohne eine übermäßige Einschränkung des Lebensstandards.

Infolgedessen entwickelt sich die Altersteilzeit im Sinne des Blockmodells immer mehr zu einer Alternative für die Versetzung in den vorzeitigen Ruhestand.

Dies gilt auch für die der Deutschen Bahn AG zugewiesenen Beamten. Die Regelung über die Versetzung in den vorzeitigen Ruhestand war bis zum 31.12.1998 zeitlich befristet. Erst am 22. März 2002 hat der Bundesrat der Wiederinkraftsetzung der Vorruhestandsregel nach Art. 9 ENeuOG bis zum 31.12. 2006 zugestimmt[327]. In dem Zeitraum von 1999 bis 2002 stellte somit das Blockmodell für die Beamten eine geeignete Möglichkeit dar, um die Übergangszeit vom vollen Erwerbsleben hin zum Ruhestand zu gestalten.

Gleichwohl haben Beamte in diesem Zeitraum nur vereinzelt dieses Modell in Anspruch genommen. Aufgrund der Weitergeltung der Vorruhestandsregelungen, die für die Beamten unter finanziellen Aspekten weitaus günstiger sind, ist tendenziell mit einem Rückgang der Inanspruchnahme von Altersteilzeit durch die Beamten zu rechnen.

Infolgedessen ist das Modell der Altersteilzeit als Personalsteuerungsinstrument nicht geeignet und kann somit letztlich nicht auf eine effiziente Personalwirtschaft einwirken.

e) *Zusammenfassung*

Zusammenfassend kann festgestellt werden, daß eine nachträgliche kollektive Absenkung der Arbeitszeit durch die Deutsche Bahn AG mit negativen Auswir-

---

[326] *Lemhöfer,* Altersteilzeit-Blockmodell für Bundesbeamte ohne Gesetz?, ZBR 1999, S. 109, 113; kritisch *Carl,* Die Altersteilzeit und das Steuerrecht, ZBR 2002, S. 127, wonach sich in der Praxis immer wieder Probleme bei der Bezügezahlung in der Altersteilzeit ergeben. Im wesentlichen resultieren diese Schwierigkeiten aus der Wechselwirkung des bei der Altersteilzeit gezahlten Altersteilzeitzuschlages mit den Steuervorschriften.

[327] s. Information der Gewerkschaft Transnet in ihrer Zeitschrift „Inform“, Heft 04/ 2002, S. 7.

kungen auf die Bezüge nicht zulässig ist. Dies ist nur aufgrund eines freiwilligen Antrags des Beamten möglich.

Eine direkte Anwendung des Jahresarbeitszeittarifvertrages auf die zugewiesenen Beamten ist nicht zulässig. Grundsätzlich gilt die Arbeitszeitverordnung für Bundesbeamte auch für die zugewiesenen Beamten weiter. Eine Ausnahme zu den §§ 1, 3 AZV wird durch § 2 EAZV dann eröffnet, wenn der Eisenbahnbetrieb mittel- oder unmittelbare Auswirkungen auf die Arbeitszeit der zugewiesenen Beamten hat. Daher ist die Verordnung in erster Linie auf das Stations-, Transport- und Werkpersonal und nicht auf die Mitarbeiter, die Verwaltungsaufgaben wahrnehmen, anzuwenden. Eine effiziente Flexibilisierung der Arbeitszeitgestaltung wird somit nur in geringem Maße erreicht. Im Sinne einer sozialverträglichen Personalpolitik sind daher nur Harmonisierungen der Regelungen für Beamte einerseits und für Angestellte und Arbeiter andererseits statthaft. Das Risiko von Ungleichbehandlungen von Beamten und Arbeitnehmern in der praktischen Arbeit, z.B. bei der Dienstplangestaltung, wird auch durch die Eisenbahnarbeitszeitverordnung nicht beseitigt.

Das Modell der Altersteilzeit gem. § 72b BBG, insbesondere in Form der Verblockung, findet zwar auch bei der Deutschen Bahn AG bzw. ihren Beteiligungsgesellschaften Anwendung und soll als ein weiteres Instrument für einen sozialverträglichen Personalabbau genutzt werden. Dies trifft aber aufgrund der konkurrierenden Vorruhestandsregelung nur auf Einzelfälle zu, so daß das Modell der Altersteilzeit für eine Personalsteuerung im Sinne eines Personalabbaus nicht durchgreifend ist.

9. Fazit zur Wirkung der Bahnreform auf den Status der Beamten sowie auf die beamtenrechtlichen Grundsätze

Zusammenfassend ist festzustellen, daß sich nach der Bahnreform die Bedeutung und Gültigkeit der hergebrachten Grundsätze des Berufsbeamtentums im Gegensatz zu sonstigen beamtenrechtlichen Prinzipien für „privatisierte" Beamte unterscheiden.

Infolge der Statussicherung der Beamten gem. Art. 143a Abs. 1 S. 3 GG sind die hergebrachten Grundsätze des Berufsbeamtentums gem. Art. 33 Abs. 5 GG grundsätzlich uneingeschränkt auf die „privatisierten" Beamten anwendbar und entfalten somit auch gegenüber dem privatrechtlichen Arbeitgeber ihre Wirksamkeit.

Die Maßnahmen zum Abbau von einem Personalüberbestand bei der Deutschen Bahn AG müssen daher mit dem beamtenrechtlichen Lebenszeitprinzip vereinbar sein. Diese Bedingung wird durch die Regelungen im Art. 9 ENeuOG sowie in den §§ 21 Abs. 6 i.V.m. Abs. 5 Nr. 2 DBGrG zw. § 21 Abs. 6 DBGrG erfüllt. Weiterhin sind auch bei den privatisierten Eisenbahnunternehmen die sozialverträglichen Personalabbaumaßnahmen möglich, wie sie auch in einer klassischen Verwaltungsbehörde durchführbar sind, also u.a. Regelungen über die Altersteilzeit, eine Erhöhung der Arbeitszeit, Absenkung von Besoldung in Form von Streichung von Zulagen.

Durch die Regelungen der Eisenbahnlaufbahnverordnung werden dem Bundeseisenbahnvermögen sowie der Deutschen Bahn AG die Möglichkeit eröffnet, bei der Gestaltung der Laufbahnen etc., die wirtschaftlichen Notwendigkeiten des privatisierten Unternehmens zu berücksichtigen. Das statische Laufbahnprinzip kann damit allenfalls aufgelockert, aber nicht in eine dynamische Struktur umgewandelt werden.

Das Alimentationsprinzip ist in einem angemessen Umfang offen für eine Ausformung im Sinne aktueller gesellschaftlicher und wirtschaftlicher Entwicklungen und Veränderungen. Dies ist jedoch keine Besonderheit aufgrund von Privatisierungsmaßnahmen, sondern gilt auch für Veränderungsmöglichkeiten im öffentlichen Dienst. Eine eigene besoldungsrechtliche Regelung für die bei der Deutschen Bahn AG bzw. ihren Tochtergesellschaften tätigen Beamten ist folglich durch Gesetz bzw. Rechtsverordnung zulässig, um z.B. eine Harmonisierung der Besoldungs- und Entgeltstruktur für Beamte und Arbeitnehmer zu erreichen. Bislang wurde ein gesondertes Besoldungsrecht für die zur Deutschen Bahn AG zugewiesenen Beamten jedoch nicht erlassen.

Allein der hergebrachte Grundsatz des Arbeitkampfverbotes für Beamte erfährt durch die Bahnstrukturreform eine Modifizierung. Beurlaubten Beamten ist ein eingeschränktes Streikrecht zuzusprechen, unter der engen Voraussetzung, daß sich der Streik auf dienstrechtsneutrale Ziele bezieht. Ansonsten besteht für beurlaubte Beamte ebenso wie für die zugewiesenen Beamten ein striktes Arbeitskampfverbot.

Im Gegensatz zu den hergebrachten Grundsätzen des Berufsbeamtentums gem. Art. 33 Abs. 5 GG werden die folgenden beamtenrechtlichen Prinzipien durch die Bahnreform beeinflußt und sogar verändert.

Demnach hat der Anspruch auf amtsangemessene Beschäftigung bei Beamten, die in privatisierten Unternehmen tätig sind, nicht mehr die gleiche Bedeutung wie im allgemeinen öffentlichem Dienstrecht. Eine Durchbrechung des o.g. Grundsatzes durch § 11 BENeuglG ist daher unter engen Voraussetzungen, als Ultima-ratio-Maßnahme, zulässig. Beamte, die auf einem Dienstposten mit einer geringeren Bewertung eingesetzt werden, behalten ihre Amtsbezeichnung sowie ihre Dienstbezüge, so daß die Sicherstellung des statusrechtlichen Amtes gem. Art. 143a Abs. 1 S. 3 GG gewährleistet wird. Die Dauer der unterwertigen Verwendung kann bis zu einem Jahr umfassen.

Infolge der Eigenart des Eisenbahnbetriebes wird die Deutsche Bahn AG durch § 16 Abs. 2 ELV und § 1 Nr. 18 DBAGZustV ermächtigt, von §§ 40, 41

BLV abweichende Bestimmungen über die Beurteilungen von Beamten zu treffen. Diese Abweichung resultiert aus der Bahnreform, um eine Einheitsbeurteilung von Arbeitern und Beamten, die um denselben Arbeitsplatz konkurrieren, zu erreichen. Da das jetzige Beurteilungssystem nicht mit einem wertenden Gesamturteil, sondern auf einem arithmetischen Wert, beruht, ist es unter beamtenrechtlichen Prinzipien nicht geeignet.

Durch die Regelungen der Eisenbahnarbeitszeitverordnung wird die Arbeitszeitverordnung für Bundesbeamte ebenfalls teilweise abgeändert. Gleichwohl ist hier zweifelhaft, ob diese Regelungen allein aus der Bahnreform resultieren. Zwar sollte durch die Sonderregelung des § 2 EAZV eine Annäherung der beamtenrechtlichen Bestimmungen an die tarifvertraglichen Regelungen im Sinne des Jahresarbeitszeittarifvertrages und somit eine Harmonisierung der Regelwerke erreicht werden. Begründet wird die Ausweitung des Ausgleichszeitraums auf ein Jahr mit den Besonderheiten des Eisenbahnbetriebes unter Berücksichtigung seiner saisonalen Schwankungen. Zusatz- und Sonderleistungen im Bahnverkehr werden jedoch nicht erst seit der Bahnreform gefahren, sondern fielen schon zu Zeiten der Deutschen Bundesbahnen an. Das Risiko von Ungleichbehandlungen von Beamten und Arbeitnehmern in der praktischen Arbeit die schon vor der Umstrukturierung bestanden, z. B. bei der Dienstplangestaltung, wird auch durch die Eisenbahnarbeitszeitverordnung nicht beseitigt. Da die Eisenbahnarbeitszeitverordnung in erster Linie auf das Transportpersonal und nicht auf die Mitarbeiter, die Verwaltungsaufgaben wahrnehmen, anzuwenden ist, wird eine effiziente Flexibilisierung der Arbeitszeitgestaltung voraussichtlich nur in geringem Maße erreicht.

Einen Anspruch auf eine bestimmte berufliche Karriereentwicklung können Beamte aus der verfassungsrechtlichen Vorgabe gem. § 143a Abs. 1 S. 3 GG, wonach die Rechtsstellung der Beamten zu wahren ist, – wie schon nicht im klassischen Verwaltungsdienst – auch nach der Privatisierung nicht geltend machen.

III. Anwendung des Disziplinarrechts auf „privatisierte“ Beamte

Ein traditioneller und wesentlicher Bestandteil des Berufsbeamtentums ist das pflichtgemäße Verhalten innerhalb und außerhalb des Dienstes. Verstöße gegen diesen Grundsatz können disziplinarrechtliche Sanktionen im Sinne des Bundesbeamtengesetzes[328] i. V. m. dem Bundesdisziplinargesetz[329] nach sich ziehen.

---

[328] BBG i. d. F. der Bekanntmachung vom 27. Februar 1985 (BGBl. I S. 479).

[329] BDG i. d. F. der Bekanntmachung vom 9. Juli 2001 (BGBl. I S. 1510), in Kraft getreten am 1. Januar 2002.

Mit Blick auf die anstehende Privatisierung wurde bereits im Jahre 1993 das umfangreiche dienst- und personalrechtliche Regelwerk der Deutschen Bundesbahn wie auch der Deutschen Reichsbahn auf seine weitere Verwendbarkeit bei der Deutschen Bahn AG überprüft[330].

Die wesentlich Regelungen wurden in den § 12 Abs. 4 S. 2, Abs. 6 DBGrG i. V. m. DBAGZustV übernommen und gelten daher auch nach der Bahnreform weiter[331]

Schon in den ersten Monaten nach der Privatisierung der Deutschen Bundesbahn[332] wurden in der Praxis die ersten Fragen hinsichtlich der Anwendung disziplinarrechtlicher Maßnahmen bei den weiterbeschäftigten Beamten aufgeworfen, z. B., ob ein Verstoß gegen die Regelungen im Sinne des § 12 Abs. 4 und 6 DBGrG eine Pflichtwidrigkeit im Sinne des § 55 S. 2 BBG darstellt.

Zuständig für disziplinarrechtliche Fragen und Maßnahmen ist das Bundeseisenbahnvermögen, da es gem. § 3 Abs. 2 Nr. 3 BENeuglG das Personals, das gem. § 12 Abs. 2 und 3 DBGrG der Deutschen Bahn AG zugewiesen ist, verwaltet. Oberster Dienstvorgesetzter der übergeleiteten Bundesbahnbeamten ist gem. § 10 Abs. 1 BENeuglG der Präsident des Bundeseisenbahnvermögens[333]. Nach § 10 Abs. 2 BENeuglG ist er auch gleichzeitig die oberste Dienstbehörde und somit Einleitungsbehörde gem. § 17 Abs. 1 BDG für disziplinarrechtliche Maßnahmen gegen „privatisierte" Beamte sowie Ruhestandsbeamte[334].

---

[330] Vgl. DR/DB Sonderamtsblatt der „Bekanntgaben der Deutschen Bahnen" betreffend der „Überführung der Druckschriften und Dienstvorschriften in die DB AG" vom 17. Dezember 1993, Nr. 14; im Hinblick auf die Weitergeltung beamtenrechtlicher Vorschriften erfolgte dies jedoch nur bei der Deutschen Bundesbahn, da die Deutsche Reichsbahn – auch nach der Wende, als es nach dem Einigungsvertrag von 1990 möglich war – keine eigenen Beamten hatte.

[331] Insbesondere gilt die in Bahnkreisen bekannte „Allgemeine Dienstanweisung für die der Deutschen Bahn AG zugewiesene Beamten des Bundeseisenbahnvermögens – ADAzB" vom 1. September 1997, wonach gerade in den Fällen von alkoholbedingten Fehlverhalten der Tatbestand des Dienstvergehens im Sinne des § 15 ADAzB i. V. m. BDG begründet ist. Dieses Regelwerk bildet damit für den Bahnbereich eine spezielle Pflichtengrundlage. Ihre Kenntnis besitzt daher für die disziplinare Bahnpraxis eine ganz besondere Bedeutung; ADAzB abgedruckt in *Kunz,* Kommentar zum Eisenbahnrecht, A 5.13.

[332] Dies gilt ebenso für die Privatisierung der Deutschen Bundespost; Hierzu erging auch das Urteil des *BVerwG* v. 24. Januar 1996, ZBR 1997, S. 50 ff.

[333] *Schütz/Maiwald,* Beamtenrecht des Bundes und der Länder, M § 1 Rn. 61.

[334] Dies wurde redaktionell durch die Einfügung der Nr. 4 in § 35 Abs. 1 BDO klargestellt; vgl. *BT-Drs.* 12/4609 (neu), S. 106; dies entspricht nunmehr §§ 2 Abs. 1 Nr. 2 i. V. m. 84 BDG; Delegation der disziplinarrechtlichen Befugnisse durch den Präsidenten des Bundeseisenbahnvermögens auf die Leiter der Dienststellen des Bundeseisenbahnvermögens durch die „Allgemeine Anordnung über die Übertragung von Zuständigkeiten auf dem Gebiet des Disziplinarrechts im Bereich des Bundeseisenbahnvermögens", abgedruckt in *Kunz,* Kommentar zum Eisenbahnrecht, A 5.9 a.

Mitteilungen nach § 15 MiStra gegen bei der Deutschen Bahn AG tätigen Beamte sind aus diesem Grund

- für Beamte, Ruhestandsbeamte und Anwärter des höheren Dienstes an den Präsidenten des Bundeseisenbahnvermögens und
- für Beamte, Ruhestandsbeamte und Anwärter des einfachen, mittleren und gehobenen Dienstes an die Leiter der regionalen Dienststellen des Bundeseisenbahnvermögens

zu richten.

Dagegen sind Mitteilungen in Strafverfahren gegen „privatisierte" Beamte gem. § 15 MiStra an die Deutsche Bahn AG nicht zulässig[335]. Zur Gestaltung des Zusammenwirkens von Bundeseisenbahnvermögen und Deutscher Bahn AG bei der Ausübung der Disziplinargewalt wurde die „Rahmenvereinbarung zwischen BEV und DB AG in dienstrechtlichen Angelegenheiten für die der Gesellschaft zugewiesenen und zu ihr beurlaubten Beamten des BEV"[336] abgeschlossen[337].

Nach § 7 BENeuglG stehen die der Deutschen Bahn AG zugewiesenen Beamten im Dienst des Bundes und sind somit unmittelbare Bundesbeamte. Folglich fallen sie unter den Geltungsbereich der §§ 1 und 2 Abs. 1 Nr. 1 BDG.

Fraglich ist jedoch, ob das Disziplinarrecht im Sinne der §§ 52 ff., 77 BBG i. V. m. BDG seine Gültigkeit gegenüber den übergeleiteten Beamten auch nach der Privatisierung behält, ob es infolge der Privatisierung zu modifizieren ist oder sogar vollständig seine Bedeutung verliert.

Nach Auffassung in Rechtsprechung[338] und Literatur[339] gelten das Bundesdisziplinargesetz[340] und die disziplinarrechtlichen Maßstäbe für die Beamten der privatrechtlich organisierten Nachfolgeunternehmen uneingeschränkt weiter.

---

[335] Schreiben des Bundesministerium der Justiz vom 11. September 1995, Az: RB1-1431/1 A – R1 0632/95.

[336] Rahmenvereinbarung zwischen BEV und DB AG in dienstrechtlichen Angelegenheiten für die der Gesellschaft zugewiesenen und zu ihr beurlaubten Beamten des BEV vom 29. Juli 1994; abgedruckt in GKÖD, Bd. II, Disziplinarrecht des Bundes und der Länder, D 900 Nr. 7.

[337] Der vorgenannten Rahmenvereinbarung sowie der „Anleitung zur Durchführung von disziplinaren Vorermittlungen gegen zugewiesene Beamte durch die DB AG" kommt nach Weiß, ZBR 1996, S. 225, 227, eine Vorbildfunktion für die Zusammenarbeit einer staatlichen Stelle und einem Privatunternehmen zu und ihr rechtssichernder Wert kann nicht hoch genug eingeschätzt werden. Teilweise wird in der Übertragung bestimmter dienstrechtlicher Zuständigkeiten ein Akt der Beleihung gesehen, so daß die DB AG bezüglich der Beamten wie eine Behörde gem. § 1 Abs. 4 VwVfG anzusehen ist und sich die Rahmenvereinbarung als Verwaltungsvereinbarung im Sinne des § 54 VwVfG darstellt, so *Weiß* in: *GKÖD,* Bd. II, Disziplinarrecht des Bundes und der Länder, M Rn. 63.

[338] *BVerwGE* 103, 375 (BVerwG, PersR 1997, S. 231, entspricht BVerwG ZBR 1997, S. 50); *BVerfG,* Beschluß vom 5. Juni 2002, DÖD 1-2/2003, S. 37 f.

Maßgeblich ist hierbei der unveränderte Status der übergeleiteten Beamten. Nach Art. 143a Abs. 1 S. 3 GG behalten sie ihren Rechtsstatus und bleiben unmittelbare Bundesbeamte. Danach gelten für sie weiterhin die Pflichtenregelungen der §§ 52 ff. BBG sowie der Dienstvergehensvorschrift gem. § 77 BBG[341]. Infolgedessen fallen sie unter den Geltungsbereich der §§ 1 und 2 BDG. Bei der Wahl einer Disziplinarmaßnahme kann für den betroffenen Beamten auch nicht entlastend berücksichtigt werden, daß dieser inzwischen bei einem privatisierten Unternehmen tätig ist. Die Privatisierung und die daraus resultierende strukturellen Änderungen sind für die Bedeutung eines Dienstvergehens unbeachtlich.

Dagegen soll nach anderer Ansicht das Disziplinarrecht auf die privatisierten Beamten keine Anwendung mehr finden[342]. Als Begründung wird hierbei angeführt, daß diese Beamten kein öffentlich-rechtliches Amt mehr wahrnehmen. Da keine Amtspflichten mehr bestehen, kann ihre Nichterfüllung auch nicht als Dienstvergehen geahndet werden. Folglich besteht keine Rechtsgrundlage mehr für die Anwendung des Disziplinarrechts auf privatisierte Beamte. Da der privatisierte Beamte keine Dienstpflichten im Sinne des Beamtengesetzes mehr innehat, die er verletzen könnte, kann er auch das Ansehen des Berufsbeamtentums nicht mehr beeinträchtigen. Daher sind die „privatisierten" Beamten bei Verstößen gegen ihre dienstliche Pflicht ebenso wie Tarifkräfte zu behandeln.

Vermittelnd wird teilweise die Auffassung vertreten, daß zumindest für die beurlaubten Beamten unter Berücksichtigung ihrer beamten- und arbeitsrechtlichen Doppelstellung eine Modifikation des Disziplinarrechts notwendig ist[343]. Danach ist es verfehlt, die beurlaubten Beamten nach wie vor wie ihre Kollegen, die tatsächlich staatliche Aufgaben erfüllen, zu behandeln. Vielmehr soll eine Gleichbehandlung mit den bei der Aktiengesellschaft beschäftigten Arbeitnehmern erfolgen. Anderenfalls tritt die unerwünschte Rechtsfolge ein, daß die

---

339 *Schütz/Maiwald,* Beamtenrecht des Bundes und der Länder, M § 1 Rn. 63; *Wendt/Elicker,* Die Prüfung disziplinarrechtlicher Maßnahmen durch die Bundesanstalt für Post- und Telekommunikation, ZBR 2002, S. 74; *Weiß,* Disziplinarrecht bei den privaten Bahn- und Postunternehmen, ZBR 1996, S. 225, 226; *Kunz,* Kommentar zum Eisenbahnrecht, A 2.2 zu § 12 DBGrG, S. 27, 29 f.

340 Zum Zeitpunkt der Bahnreform galt noch die BDO i.d.F. vom 20. Juli 1967 (BGBl. I S. 761); seit dem 1. Januar 2002 wurde die BDO durch das Bundesdisziplinargesetz – BDG – ersetzt, verkündet als Art. 1 des Gesetzes zur Neuordnung des Bundesdisziplinarrechts vom 9. Juli 2001 (BGBl. I S. 1510).

341 Vgl. *Schönrock,* Beamtenüberleitung anlässlich der Privatisierung von öffentlichen Unternehmen, S. 67 ff.

342 *Köhler/Ratz,* Kommentar zur BDO, Einführung I Rn. 100; *Hummel,* Disziplinarrechtliche Probleme bei „privatisierten" Beamten, PersR 1996, S. 18, 19 f.

343 *Spoo,* Anwendung des Disziplinarrechts auf „privatisierte" Beamte, PersR 1997, S. 399 f.; *Blanke/Sterzel,* Privatisierungsrecht für Beamte, Rn. 176 f., die das Disziplinarrecht auf Privatbeamte nur noch sehr eingeschränkt für anwendbar halten.

beurlaubten Beamten für ein Verhalten sanktioniert werden können, das bei Arbeitnehmern folgenlos ist.

An der zwar logisch-konsequenten, aber doch sehr engen Rechtsprechung des Bundesverwaltungsgerichts zur Weitergeltung des Disziplinarrechts für „privatisierte“ Beamte wurde vielfältige Kritik geübt.

Zu untersuchen ist daher, ob eine modifizierte Anwendung des Disziplinarrechts unter Berücksichtigung des Überleitungstatbestandes der Beamten sowie nach inner- und außerdienstlichen Vergehen in Betracht kommen könnte.

Logische Voraussetzung für die Anwendung des materiellen Disziplinarrechts und somit zentrale Fragen sind daher

1. Welche Güter sind bei einer Beschäftigung von Beamten bei einem privatrechtlich organisierten Unternehmen disziplinarrechtlich zu schützen?
2. Wären arbeitsrechtlichen Sanktionen, wie sie bei Verletzungen des Beschäftigungsverhältnisses eingesetzt werden könnten, ausreichend?
3. Wie wirkt sich bei einem „privatisierten“ Beamten ein außerdienstliches Fehlverhalten aus? Könnte hier ein Verstoß gegen den Gleichheitsgrundsatz gem. Art. 3 Abs. 1 GG vorliegen?

1. Disziplinarrechtliche Schutzgüter

In der Literatur wird teilweise vertreten, daß als Schutzgut die Integritätswahrung gilt, die das Gesetz mit der Pflichtenformel berufserforderlicher Achtungs- und Vertrauenswürdigkeit gem. § 54 Abs. 3 BBG sowie mit dem Ansehen des Berufsbeamtentums im Sinne des § 77 Abs. 2 BBG zum Ausdruck bringt[344]. Nach dieser Theorie ist für den Geltungsbereich des Disziplinarrechts ausschlaggebend, ob der Mitarbeiter statusmäßig Beamter ist und sich damit als Repräsentant des Berufsbeamtentums als Institution darstellt. Ein Integritätsverlust durch ein Fehlverhalten tritt nicht bei dem privatisierten Unternehmen ein, sondern beim Dienstherrn, der sich in seiner dienstrechtlichen Erwartung enttäuscht sieht. Hierbei kommt es bei der Beurteilung des Verhaltens als Dienstvergehen nicht auf einen konkreten Ansehensschaden an, sondern es reicht bereits die objektive Möglichkeit einer Schädigung[345].

In diese Richtung weist auch die Entscheidung des Bundesdisziplinargerichtes vom Dezember 1994[346], wonach die Deutsche Bahn AG sich darauf verlas-

---

[344] *Weiß,* Disziplinarrecht bei den privaten Bahn- und Postunternehmen, ZBR 1996, S. 225, 232 ff.

[345] *Weiß,* Disziplinarrecht bei den privaten Bahn- und Postunternehmen, ZBR 1996, S. 225, 233.

[346] *BDiG XI,* Disziplinargerichtsbescheid vom 21. Dezember 1994, Az.: VL 28/94.

sen muß, daß sie vom Bundeseisenbahnvermögen nur tadelfreie Beamte zugewiesen bekommt. Die von ihr wahrzunehmenden Aufgaben kann sie nicht mit Beamten, die ihre Dienstpflichten verletzten, erfüllen.

Konsequenz dieser Auffassung ist daher, daß infolge der statusbezogenen Sichtweise nicht nur die der Deutschen Bahn AG zugewiesenen Beamten, sondern auch die beurlaubten Beamten weiterhin unter das Disziplinarrecht fallen.

Im Falle eines Dienstvergehens muß sich somit auch der beurlaubte Beamte disziplinarrechtlich verantworten.

Die von *Weiß* als Schutzgut benannte Integritätswahrung wird von *Blanke/Sterzel* als nicht überzeugend abgelehnt[347]. Danach bleibt es auch nach der zitierten Entscheidung des Bundesverwaltungsgerichts[348] offen, welches Rechtsgut durch eine außerdienstliche Verfehlung eines „privatisierten" Beamten beeinträchtigt und deshalb durch eine Disziplinarmaßnahme wiederhergestellt werden muß. Da es nach einhelliger Auffassung nicht das Amt im funktionellen Sinne ist, bleibt hier nur der Rückgriff auf das Amt im statusrechtlichen Sinne, d.h., das Ansehen und die Achtung des Berufsbeamtentums als solchen.

Nach der Auffassung von *Blanke/Sterzel* wird die Deutsche Bahn AG in der Öffentlichkeit zunehmend als Wirtschaftsunternehmen betrachtet und nicht mehr als Bundesbehörde. Mangels Wahrnehmung von hoheitlichen und staatlichen Aufgaben ist es nach der oben zitierten Auffassung daher nicht mehr erkennbar, ob ein Beamter oder Arbeitnehmer des Unternehmens gehandelt hat. Infolge der Privatisierung hat sich somit der Bezug des Unternehmens zum Berufsbeamtentum minimiert, d.h., Fehlverhalten der Beschäftigten schädigen unmittelbar das Ansehen des Unternehmens, nicht jedoch das Ansehen der Institution des Berufsbeamtentums.

Letztlich vermag aber auch diese Auffassung nicht zu überzeugen.

Maßgeblich für die Feststellung der disziplinarrechtlichen Schutzgüter ist die Rechtsstellung des „privatisierten" Beamten. Unstrittig ist mit der Weiterbeschäftigung der Beamten bei der Aktiengesellschaft kein Dienstherrenwechsel verbunden, sondern der Bund bleibt weiterhin in dieser Funktion verantwortlich. Folglich besteht auch die Loyalitätsbindung der Beamten zu ihrem Dienstherrn ebenso wie der daraus resultierende Rechte- und Pflichtenkatalog fort. Aus dieser Verbindung begründet sich abstrakt auch das weiter zu gewährleistende Schutzgut in Form des Ansehens des Berufsbeamtentums und das Weiterleben seiner Tradition. Ausreichend ist damit die objektive Möglichkeit einer Schädigung des Ansehens des Dienstherrn. Auf den konkreten Einzelfall, d.h.,

---

[347] *Blanke/Sterzel,* „Privatbeamte" der Postnachfolgeunternehmen und Disziplinarrecht, PersR 1998, S. 265, 279, die diese Einordnung als Schutzgut als „eigentümliche Metaphysik der Sitten" bezeichnen.

[348] *BVerwGE* 103, 375 ff.

die Möglichkeit der Differenzierung für die Öffentlichkeit, ob nun ein Beamter oder ein Arbeitnehmer handelt, kommt es hierbei nicht mehr an.

Bereits in anderen disziplinarrechtlichen Verfahren hat die Rechtsprechung das Dienstvergehen unabhängig davon gesehen, ob durch die Pflichtverletzung der tatsächliche Wirkungsbereich des Beamten, d.h., sein konkretes Amt im funktionellen Sinne, tangiert wurde oder nicht. Abzustellen ist allein auf die mögliche Beeinträchtigung des Prestiges des Berufsbeamtentums[349]. Ein weiteres Indiz für diese Auslegung ist auch die Handlungsweise des historischen Gesetzgebers. Der Bundesgesetzgeber hat bei dem von der Privatisierung betroffenen Beamten keinen Verzicht auf die Verfolgung begangener Dienstvergehen ausgesprochen.

Dies wäre – im Gegensatz zum Verbot rückwirkender Maßnahmebegründung oder -verschärfung gem. Art. 103 Abs. 2 GG – verfassungsrechtlich zulässig gewesen. Durch die Unterlassung dieser Maßnahme sollte daher die Fortgeltung des formellen und materiellen Disziplinarrechts sichergestellt werden, mit dem Ziel, die Funktionsfähigkeit und Integrität des Berufsbeamtentums zu schützen.

Als Resümee ist somit festzuhalten, daß infolge der Statussicherung der Beamten das Schutzgut des Ansehens des Berufsbeamtentums und das Weiterleben seiner Tradition auch in den privatisierten Eisenbahnunternehmen abstrakt durch das Disziplinarrecht abzusichern ist.

2. Sind arbeitsrechtliche Sanktionsmaßnahmen ausreichend?

Einerseits ist festzustellen, daß in den privatisierten Unternehmen disziplinarrechtlich schützenswerte Güter existieren. Andererseits wird nunmehr die Frage aufgeworfen, ob ein Konkurrenzverhältnis zwischen der Anwendung des förmlichen Disziplinarrechts und der Möglichkeit von arbeitsrechtlichen Sanktionsmaßnahmen in bezug auf „privatisierte" Beamte besteht.

Im Folgenden ist daher zu erörtern, ob allein das Disziplinarrecht für die „privatisierten" Beamten gültig ist, ob disziplinarrechtliche Maßnahmen ggf. durch arbeitsrechtliche Sanktionsmaßnahmen insbesondere bei beurlaubten Beamten zu ersetzen sind, oder ob beide Rechtsgebiete nebeneinander Anwendung finden.

Die Antwort ist anhand des folgenden hypothetischen Falls unschwer zu ermitteln: Ein verbeamteter Triebfahrzeugführer nimmt unter dem Einfluß von Alkohol bzw. Betäubungsmitteln außerhalb des Dienstes am Straßenverkehr teil.

Das außerdienstliche alkohol- oder drogenbedingte Fehlverhalten im Straßenverkehr ist pflichtwidrig und erfüllt – neben möglichen Straftatbeständen – den

---

[349] Vgl. *BVerwGE*, 103, 375, 380.

Tatbestand des außerdienstlichen Dienstvergehens gem. §§ 54 S. 3, 77 Abs. 1 S. 2 BBG. Es weist einen konkreten Bezug zum Dienst auf und wirkt sich damit nachteilig auf den Dienst aus, weil die dienstliche Zuverlässigkeit in Frage gestellt wird[350].

Fraglich ist jedoch, wie ein solches Verhalten geahndet wird unter der Prämisse, daß das Disziplinarrecht nicht auf beurlaubte bzw. zugewiesene Beamte anwendbar ist.

Hinsichtlich des zugewiesenen Beamten hat die Deutsche Bahn AG keine Sanktionsmöglichkeit, da zwischen ihr und dem betreffenden Mitarbeiter kein vertragliches Verhältnis besteht. Das Fehlverhalten bleibt – unbeachtlich des strafrechtlichen Verfahrens – somit folgenlos. Im Hinblick auf diese Gruppe der bei der Deutschen Bahn AG tätigen Beamten ist daher festzustellen, daß eine Sanktionsmöglichkeit nur mittels des Disziplinarrechts besteht.

Anders könnte sich die Fallkonstellation bei einem beurlaubten Beamten, der aufgrund eines Arbeitsvertrages bei der Deutschen Bahn AG oder einer ihrer Beteiligungsgesellschaften tätig ist, gestalten. Infolge des arbeitsrechtlichen Verhältnisses hat die Arbeitgeberin hier die Möglichkeit, das Verhalten zu ahnden, z. B. durch eine Abmahnung oder eine Kündigung. Im letztgenannten Fall ist das Arbeitsverhältnis somit beendet, gleichzeitig allerdings auch der Grund für die Beurlaubung. Nach Beendigung der Beurlaubung wird dieser Beamte der Deutschen Bahn AG jedoch kraft Gesetzes gem. § 12 Abs. 2 oder 3 DBGrG wieder zugewiesen – möglicherweise sogar auf den gleichen Arbeitsplatz. Mangels anderer Sanktionsmöglichkeiten müsste die Deutsche Bahn AG diesen Mitarbeiter, der auch ihre Integritätserwartung enttäuscht hat, wieder beschäftigen. Insbesondere nach den Unfällen in Eschede, Brühl und Nancy reagiert die Öffentlichkeit und Presse sehr sensibel auf alle Sicherheitsfragen, seien sie nun technischer oder personeller Natur. Zur Vermeidung einer Schädigung des Images ist es somit auch im Interesse der Deutschen Bahn AG, eine Dienstpflichtverletzung nicht folgenlos hinzunehmen, sondern auch disziplinarrechtlich gegen den Mitarbeiter vorzugehen.

Andernfalls hätte sie infolge der Beschäftigung von Beamten einen Wettbewerbsnachteil gegenüber anderen privatrechtlichen Verkehrsunternehmen, die sich mit Hilfe der arbeitsrechtlichen Instrumente ohne Schwierigkeiten von ihren Mitarbeitern trennen können.

---

[350] *Weiß* in: *GKÖD,* Bd. II, Disziplinarrecht des Bundes und der Länder, J 515 Rn. 50 mit zahlreichen Beispielen, wann eine alkoholbeeinflußte Teilnahme am Straßenverkehr konkrete dienstliche Auswirkungen zeigt. Die besondere dienstliche Zuverlässigkeit wird bei einem Pflichtenverstoß u. a. hinsichtlich der Verwendbarkeit als Zugführer, der Pflichterfüllung bzw. Einsatzmöglichkeit als Lokomotivführer, in Frage gestellt; grundsätzlich zu der Problematik des alkoholbedingten Fehlverhaltens im öffentlichen Dienst, *Strehle,* Alkoholbedingtes Fehlverhalten im öffentlichen Dienst, RiA 1995, S. 168, 170 f.

Auch an diesem Beispiel zeigt sich, daß allein die arbeitsrechtlichen Sanktionsmöglichkeiten nicht befriedigen. Das Arbeitsrecht kennt einen vom Disziplinarrecht abweichenden Sanktionsmechanismus, u. a. das Institut der Abmahnung oder Kündigung mit konkret definierten Tatbestandsmerkmalen, die dem Disziplinarrecht völlig fremd ist. Bei einer Beendigung des Beamtenverhältnisses durch eine Entlassung werden völlig andere Tatbestandsmerkmale vorausgesetzt.

Disziplinare Maßnahmen sind daher ohne Einschränkung auch auf „privatisierte“ Beamte der Deutschen Bahn AG anzuwenden. Für die Gruppe der beurlaubten Beamten besteht somit die Möglichkeit einer arbeitsrechtlichen wie auch disziplinarrechtlichen Ahndung. Da das private Beschäftigungsverhältnis und das Beamtenverhältnis jedoch zwei eigene Rechtskreise bilden, ist hierdurch das Prinzips „*ne bis in idem*“ gem. Art. 103 Abs. 1 GG nicht verletzt[351].

3. Auswirkungen eines Dienstvergehens bei „privatisierten“ Beamten – Verstoß gegen den Gleichheitsgrundsatz gem. Art. 3 Abs. 1 GG?

Das in den vorausgegangenen Untersuchungen gefundene Ergebnis der Anwendung des förmlichen Disziplinarrechts auf „privatisierte“ Beamte ist im Hinblick auf die Gewährleistung der beamtenrechtlichen Schutzgüter in privatisierten Unternehmen nachvollziehbar.

Dessenungeachtet ist nachfolgend zu analysieren, ob die disziplinarrechtlichen Konsequenzen für „privatisierte“ Beamte nach einem Dienstvergehen im Verhältnis zu arbeitsrechtlichen Nachwirkungen, die Arbeitnehmern aufgrund eines Fehlverhaltens drohen, einen Verstoß gegen den Gleichbehandlungsgrundsatz gem. Art. 3 Abs. 1 GG darstellen.

Zur Beurteilung, welche Auswirkungen ein Dienstvergehen bei den zugewiesenen und beurlaubten Beamten der Deutschen Bahn AG haben könnte, sind zunächst eine Definition des Begriffes sowie seine Abgrenzung in inner- und außerdienstliches Verhalten notwendig.

Ein echtes Dienstvergehen ist die objektive und schuldhafte Verletzung einer oder mehrerer zur Zeit der jeweiligen Begehung bestehenden innerdienstlichen und/oder außerdienstlichen Pflichten eines Beamten durch sein Handeln oder sein Unterlassen einer pflichtmäßig gebotenen Handlung ohne Rücksicht auf die Art des Beamtenverhältnisses[352]. Private, nichtdienstliche Verhaltensweisen

[351] Der verfassungsrechtliche Grundsatz „ne bis in idem“ besagt, daß eine Doppelbestrafung nur innerhalb desselben Rechtskreises ausgeschlossen ist; Definition vgl. *Weiß* in: *GKÖD* Bd. II, Disziplinarrecht des Bundes und der Länder, K § 14 Rn. 3; *Schütz/Maiwald,* Beamtenrecht des Bundes und der Länder, C § 83 Rn. 4.

[352] *Schütz/Maiwald,* Beamtenrecht des Bundes und der Länder, C § 83 Rn. 2.

werden zur außerdienstlichen Handlung, wenn sie nach dem Verhaltensmaßstab in § 77 Abs. 1 S. 2 BBG tatbestandsmäßig sind, weil das nichtdienstlich offenbarte Verhalten den Rückschluß auf dienstlich relevante mangelnde Integrität zuläßt[353]. Ob ein Verhalten schon den Tatbestand des außerdienstlichen Dienstvergehens erfüllt, ist nur jeweils nach den Umständen des Einzelfalls entscheidbar. Privates Verhalten wird dann dienstrechtlich relevant, sofern das Ansehen des Beamtentums, die Achtungs- und Vertrauenswürdigkeit des Beamten aus dienstlicher Sicht, der Betriebsfrieden, die Funktionsfähigkeit des Dienstes usw. beeinträchtigt oder gefährdet werden[354].

Im Hinblick auf die innerdienstlichen Pflichten der „privatisierten" Beamten herrscht insoweit Einigkeit, daß zum Kernbereich die uneigennützige Amtsführung sowie das achtungs- und vertrauenswürdige Verhalten im Dienst gem. § 54 S. 2, 3 BBG gehören[355]. Ein innerdienstliches Fehlverhalten, das den Status der Beamten berührt, zieht sonach unstreitig disziplinare Konsequenzen nach sich.

Zu diesem Ergebnis kommen auch Vertreter der Auffassung, die eine Reduzierung der Pflichten der „privatisierten" Beamten auf einen grundrechtskonformen Gehalt infolge der veränderten rechtlichen Situation für erforderlich halten[356]. Demnach dürfen die Beamten sich keine auf ihren reduzierten Beamtenstatus bezogene beamtenspezifische Pflichtverletzung zu schulden kommen lassen, die ein solches Gewicht hat, daß sie zum Statusverlust führen könnte.

Insbesondere unter Berücksichtigung des verfassungsrechtlichen Gleichheitsgrundsatzes gem. Art. 3 Abs. 1 GG besteht gleichwohl Uneinigkeit im Hinblick auf die disziplinarrechtliche Ahndung außerdienstlichen Fehlverhaltens.

In einem Grundsatzurteil hat das Bundesverwaltungsgericht[357] festgelegt, daß die Voraussetzungen des Dienstvergehens nach § 77 Abs. 1 S. 2 BBG durch ein Verhalten außerhalb des Dienstes stets unabhängig davon zu sehen sind, ob durch die Pflichtverletzung der tatsächliche Wirkungsbereich des Beamten, sein konkretes Amt im funktionellen Sinn, tangiert wird oder nicht. Maßgebend ist danach nur eine mögliche Beeinträchtigung des Ansehens des Beamtentums. Eine von einem Beamten verursachte erhebliche Ansehensschädigung kann somit nicht „privatisierungsbedingt" ihre disziplinare Bedeutung verlieren. Die

---

[353] *Weiß* in: *GKÖD,* Bd. II, Disziplinarrecht des Bundes und der Länder, J 089, Rn. 3.

[354] *Weiß* in: *GKÖD,* Bd. II, Disziplinarrecht des Bundes und der Länder, J 089, Rn. 4.

[355] *BVerwG*E 103, 375 ff.

[356] *Blanke/Sterzel,* „Privatbeamte" der Postnachfolgeunternehmen und Disziplinarrecht, PersR 1998, S. 265, 276; *Spoo,* Anwendung des Disziplinarrechts auf „privatisierte" Beamte, PersR 1997, S. 399, 400.

[357] *BVerwGE* 103, 375, 379; vgl. *Ziekow,* Veränderungen des Amtes im funktionellen Sinne – eine Betrachtung nach Inkrafttreten des Dienstrechtsreformgesetz, DÖD 1999, S. 7, 26.

Gesetzestreue ist ein wesentliches Funktionsmerkmal des Berufsbeamtentums. Der Verstoß eines Beamten gegen Rechtsnormen, die wichtige Gemeinschaftsinteressen schützten, schädigt daher das Vertrauen der Bevölkerung in eine ordnungsgemäße Dienstausübung der Beamten unabhängig von der Organisationsform seiner Beschäftigungsstelle und der rechtlichen Qualifizierung seiner konkreten Tätigkeit[358].

In dieser Entscheidung des Bundesverwaltungsgerichts wird nach Auffassung von *Blanke/Sterzel*[359] eine Ungleichbehandlung der übergeleiteten Beamten gegenüber den bei einem privatisierten Unternehmer beschäftigten Arbeitnehmern, die der Disziplinargewalt nicht unterliegen, konstituiert. Der gleiche Sachverhalt hätte bei Arbeitnehmern, die bei der Aktiengesellschaft die gleiche Tätigkeit wie der disziplinarrechtlich verfolgte Beamte ausüben, eine derartige oder vergleichbare Sanktion aus rechtlichen Gründen nicht zur Folge haben können, denn Delikte, die außerhalb der Arbeitszeit begangen werden, sind arbeitsrechtlich jedenfalls dann ohne Belang, wenn zwischen ihnen und den arbeitsvertraglichen Pflichten kein unmittelbarer Zusammenhang besteht.

Sicherlich ist einzuräumen, daß die bei einem privatisierten Unternehmen tätigen Beamten und Arbeitnehmer hinsichtlich der Verletzung ihrer dienst- und arbeitsvertraglichen Pflichten insoweit unterschiedlich behandelt werden, da nur die Beamten Normadressaten des Disziplinarrechts sind. *Blanke/Sterzel* verkennen bei ihrer Kritik jedoch, daß zwischen den „privatisierten" Beamten und den sonstigen Tarifkräften der Aktiengesellschaft ein relevanter Unterschied besteht.

Die ungleichartige Behandlung beider Gruppen ist sachlich gerechtfertigt durch ihren unterschiedlichen Status. Bereits vor den einschlägigen Privatisierungsmaßnahmen wurden die Beamten hinsichtlich der Konsequenzen von Dienstpflichtverletzungen anders behandelt als sonstige Arbeitnehmer innerhalb und außerhalb des öffentlichen Dienstes. Diese gewollte Ungleichbehandlung war statusbedingt und kennzeichnend für die Institution des Berufsbeamtentums gem. Art. 33 Abs. 5 GG.

Infolge einer Änderung der Aufgabenerfüllung nehmen Beamte nicht mehr nur hoheitliche Aufgaben wahr, sondern sind auch im Bereich der Leistungsverwaltung tätig. Diese Beamten werden jedoch im Hinblick auf ihre Rechte und Pflichten nicht anders behandelt als ihre Kollegen, die bei derselben Behörde klassische Verwaltungsaufgaben ausüben. Der tatsächliche Aufgabenkreis der Beamten ist sonach für die Frage nach dem Anwendungsbereich des Disziplinarrechts ohne Bedeutung.

---

[358] Die zitierte Entscheidung, die zwar ein disziplinarrechtliches Verfahren bei der Deutschen Telekom AG betraf, ist hinsichtlich ihrer grundsätzlichen Aussagen aber auch auf Verfahren bei der Deutschen Bahn AG anwendbar.

[359] *Blanke/Sterzel,* „Privatbeamte" der Postnachfolgeunternehmen und Disziplinarrecht, PersR 1998, S. 265, 281.

An dieser Rechtslage hat sich durch die Privatisierungsmaßnahme und die Überleitung der Beamten auf die Aktiengesellschaften nichts geändert. Die Fortgeltung des Disziplinarrechts für diesen Normadressatenkreis beruht auf dem unverändert fortbestehenden Beamtenstatus und damit der fortbestehenden Gleichstellung mit den Bundesbeamten, die nicht von einer Privatisierungsmaßnahme betroffen sind. Die Ungleichbehandlung von Arbeitnehmern und Beamten, die im gleichen Unternehmen tätig sind und eine außerdienstliche Pflichtverletzung begangen haben, ist somit nicht verfassungsrechtlich gem. Art. 3 Abs. 1 GG zu beanstanden[360].

Die Frage des „Ob" der Anwendung des Disziplinarrechts ist damit zu bejahen.

Bis zur letzten Konsequenz vermag dieses Ergebnis jedoch nicht ganz zu befriedigen. Die Tatsache, daß diese Beamten faktisch wie Arbeitnehmer im Unternehmen tätig sind und die Öffentlichkeit auch nicht mehr unterscheidet, ob nun ein Beamter oder ein Arbeitnehmer diese Aufgaben erfüllt, bleibt vollkommen unberücksichtigt. Ein Ausgleich zur schlüssigen Anwendung des Disziplinarrechts könnte in der Ermessensentscheidung über die Maßnahmebemessung hergestellt werden, also im Hinblick auf das „Wie" der Anwendung des Disziplinarrechts. Hierbei ist mildernd zu berücksichtigen, daß der Beamte bei einem privatisierten Unternehmen eingesetzt ist. Der eingetretene Ansehensschaden infolge des Dienstvergehens stellt sich somit anders dar, als wenn für dieses Unternehmen die hohen gesetzlichen und moralischen Ansprüche, wie sie an eine Staatsbehörde gestellt würden, fort gelten.

Die neuere Rechtsprechung in Disziplinarsachen trägt diesen Überlegungen bereits teilweise Rechnung[361].

---

[360] So BVerfG, Beschluß vom 5. Juni 2002, DÖD 1-2/2003, S. 37, 38.

[361] So *BDiG XVI, Urteil v. 16. Februar 1995, Az.: VL 42/94* – wonach bei der Maßnahmebemessung mildernd der Umstand berücksichtigt werden muß, daß der Beamte bei einem privaten Unternehmen tätig sei; *BDiG XII, Urteil vom 29. Juni 1995, Az.: VL 7/95; Urteil vom 15. November 1995, Az.: VL 15/95* – hier war über ein bahnspezifisches Fehlverhalten aus dem Verhaltenskomplex des pflichtwidrigen Schuldenmachens als Abwicklungsvergehen zu entscheiden. Die betroffenen Beamten haben es unterlassen mit den empfangenen KVB-Erstattungsbeiträgen die Arztrechnungen zu bezahlen und sie somit zweckentfremdet. Die Bahnreform bedeute für die disziplinarrechtliche Beurteilung, daß der außerdienstliche Pflichtenkreis der Beamten sich nur in seinem Aufgabengebiet bei der privaten juristischen Person ausrichte. Deshalb besäßen Ärzte für die Bezahlung ihrer Rechnungen solchen Patienten gegenüber keine besonderen disziplinarrechtlich schützenswerte Position; *BDiG II, Urteil vom 18. Mai 1995, Az.: VR 58/93* – Hier befaßte sich das BDiG mit einer außerdienstlichen Trunkenheitsfahrt eines Bahnbeamten. Danach lasse sich zu seinen Gunsten anführen, daß wegen der Privatisierung der Bundesbahn zumindest außerdienstlich begangene Dienstpflichtverletzungen, sofern sie überhaupt noch disziplinar zu ahnden sein sollen, nicht mehr dieselbe Bedeutung beigemessen zu werden braucht wie bisher, weil ein der Deutschen Bahn AG zugewiesener Beamter eben bei einer juristischen Person des Privatrechts Dienst versehe und für den dort wahrgenommenen Aufgabenbereich

4. Verfahrensrechtliche Problemstellungen

Die der Deutschen Bahn AG zugewiesenen oder zu ihr beurlaubten Beamten werden disziplinarrechtlich vom Bundeseisenbahnvermögen geführt. Allerdings ist die Behörde zur Ausübung ihrer Disziplinargewalt auf die Zusammenarbeit mit der Deutschen Bahn AG bzw. ihren Beteiligungsgesellschaften angewiesen. Dies könnte insbesondere bei der Einleitung des Verfahrens zu Problemen führen, da das Bundeseisenbahnvermögen die zwingenden Amtsermittlungen nur dann aufnehmen kann, wenn sie Kenntnis von einem tatbestandlichen Fehlverhalten erlangt. Zu diesem Zweck wurde § 12 Abs. 5 DBGrG i. V. m. „Rahmenvereinbarung zwischen dem BEV und der DB AG" erlassen, wonach die Deutsche Bahn AG verpflichtet ist, dem Bundeseisenbahnvermögen die zur Wahrnehmung der Dienstherrenaufgaben erforderliche Unterstützung zu leisten und alle hierzu erforderlichen Auskünfte zu erteilen.

Soweit das Bundeseisenbahnvermögen also nicht anderweitig vom Verdacht eines Dienstvergehens erfährt und von Amts wegen ermittelt, ist es auf die Auskünfte der privatisierten Unternehmen angewiesen.

Gegen die Durchführung eines formalen Disziplinarverfahrens[362] bringen privatrechtliche Unternehmen, die Beamte beschäftigen, vor, daß diese Verfahren

---

außerdienstliche Trunkenheitsfahrten kaum noch zu einer relevanten Ansehensbeeinträchtigung im Sinne der §§ 54 Abs. 3 , 77 Abs. 1 S. 2 BBG bei Öffentlichkeit führen könne; *BDiG XVI, Disziplinargerichtsbescheid vom 9. März 1995, Az.: 15/94* – hier hat ein zu einer Bahntochter beurlaubter Beamter dadurch gegen den geschlossenen Geschäftsführervertrag verstoßen, daß er das ihm auch für Privatfahrten zur Verfügung stehende Kfz auf Firmenkosten betankte. Nach der Rechtsprechung ist ein solches Verhalten als außerdienstliche Verfehlung zu bewerten. Verbunden mit seinem Status als Beamter bleiben nur die innerdienstlichen Pflichten, die dem Beamtenstatus permanent innewohnen, wie z. B. die Treuepflicht gem. § 52 Abs.2 BG oder die Verschwiegenheitspflicht gem. § 61 BBG. Deren Verletzungen können auch in einem privaten Arbeitsverhältnis als statusimmanente Verfehlungen im innerdienstlichen Bereich gewertet werden; *allerdings a. A.: BDiG III, Urteil vom 18. Juli 1995, Az.: VL 5/95 (Vorinstanz zu BVerwG I D 80/95)* – hier war über eine außerdienstliche Trunkenheitsfahrt eines Telekombeamten zu entscheiden. Auch das außerdienstliche Fehlverhalten eines bei den privaten Postunternehmen beschäftigten Beamten sei nach wie vor geeignet, Achtung und Vertrauen in einer für das Ansehen des Beamtentums bedeutsamen Weise zu beeinträchtigen. Zwar mag das funktionelle Amt nicht mehr wie früher betroffen sein, das statusrechtliche Amt und das Ansehen des Beamtentums allgemein erleiden jedoch durch außerdienstliche Verstöße gegen Strafvorschriften erheblichen Schaden; *in der Literatur: Weiß* in: GKÖD Bd. II, Disziplinarrecht des Bundes und der Länder, J 975 Rn. 159 – wonach eine Kernpflichtverletzung als Zugriffsvergehen nicht milder zu beurteilen ist, auch wenn es sich um einen Privatisierungsbeamten handelt.

[362] Zu den Einzelheiten des disziplinarrechtlichen Verfahrens vgl. *Weiß,* Disziplinarrecht bei den privaten Bahn- und Postunternehmen, ZBR 1996, S. 225 ff.; *ders.,* Das neue Disziplinargesetz, ZBR 2002, S. 17; *Wendt/Elicker,* Die Prüfung disziplinarrechtlicher Maßnahmen durch die Bundesanstalt für Post- und Telekommunikation, ZBR 2002, S. 74 ff.

unverhältnismäßig hohe Kosten verursachen, was mit der Gewinnorientierung eines Unternehmens kaufmännisch unvereinbar ist[363]. Infolgedessen könnte das Risiko eines „Verdrängens" von Fehlverhalten und somit der Verletzung der Effektivität des gesetzlichen Verfolgungsgebotes bestehen.

Grundsätzlich muß die Deutsche Bahn AG bzw. ihre Beteiligungsgesellschaften ein gesteigertes Interesse an der disziplinarrechtlichen Verfolgung von außerdienstlichen Fehlverhaltensweisen haben, da erfahrungsgemäß bestimmte außerdienstliche Pflichtverletzungen auch zu einem innerdienstlichen Versagen führen können[364].

Mittels der nachfolgenden Statistik über die Disziplinarfälle von 1993 bis 2002 im Verhältnis zur Gesamtzahl der dem Bundeseisenbahnvermögen unterstellten Beamten, kann die dargelegte Befürchtung ausgeräumt werden.

Jahr	**Beamte**	**Disziplinarfälle**	**Verhältnis in %**
1993	129.685	931	7,2
1994	115.502	531	4,6
1995	113.206	601	5,3
1996	104.390	542	5,2
1997	95.237	586	6,2
1998	85.988	539	6,3
1999	77.394	511	6,6
2000	70.223	471	6,7
2001	66.157	361	5,5
2002	63.111	316	5,0

Abbildung 9: Disziplinarfälle 1993 bis 2002 im Verhältnis zur Anzahl der Beamten beim Bundeseisenbahnvermögen[365]

[363] *Weiß,* Disziplinarrecht bei den privaten Bahn- und Postunternehmen, ZBR 1996, S. 225, 235.

[364] Beispielsweise kann eine außerdienstliche Trunkenheit zu einem mangelnden Einsatz der Arbeitskraft führen oder ein privat hoch verschuldeter Beamter könnte „in die Betriebskasse" greifen, vgl. *Weiß,* Disziplinarrecht bei den privaten Bahn- und Postunternehmen, ZBR 1996, S. 225, 235.

[365] *Weiß* in: *GKÖD,* Bd. II, Disziplinarrecht des Bundes und der Länder, M § 1 Rn. 64, für die Jahre 1993 bis 1999; Schreiben des BEV vom 17.06.2003, Az: 11.02 Pos, mit der Information über die aktuellen Zahlen der Disziplinarfälle im Verhältnis zur Anzahl der BEV-Beamten; die Differenzen in den Personalbestandszahlen in den Abbildungen 3 und 9 resultieren daraus, daß die in der Abbildung 9 angegeben Personalbestandszahlen alle BEV-Beamten beinhalten, während die Personalzahlen in Abbildung 3 auf der Grundlage des Personal- und Sozialberichtes 1999-2001 lediglich die im Konzern der DB AG tätigen Beamten umfassen.

Anhand dieser Statistik ist ersichtlich, daß die Verfolgung der disziplinarrechtlichen Fälle im Jahr 1994 drastisch zurückgegangen ist. Diese Entwicklung kann mit der Umsetzung der Bahnstrukturreform begründet werden.

In den Folgejahren, insbesondere ab 1997, steigt die Zahl der Disziplinarfälle im Verhältnis zum gesamten Personalbestand der Beamten des Bundeseisenbahnvermögens stetig an.

In den Jahren 2001 und 2002 ist die Anzahl der disziplinarrechtlichen Fälle leicht rückläufig. Gleichwohl beträgt die durchschnittliche Anzahl der Disziplinarfälle ca. 5,86%. Hieraus kann gefolgert werden, daß auch die privatisierten Eisenbahnunternehmen ein Verfolgungsinteresse haben und somit die Gesetzeslage nicht verletzt wird.

Die oben dargelegten disziplinarrechtlichen Ausführungen sind durch die nachfolgenden Ergänzungen zu vervollständigen:

Infolge der Bahnreform üben die Beamten der Deutschen Bahn AG nicht mehr die Aufgaben der Bahnpolizei aus. Diese Tätigkeit hat früher dazu geführt, daß manches Dienstvergehen – z. B. sittliches Versagen gegenüber Fahrgästen – als Kernpflichtverletzung und somit als schwerwiegende Pflichtverletzung eingestuft wurde. Nach der Bahnreform sind diese Aufgaben auf den Bundesgrenzschutz übergegangen[366].

Die Anwendung des Disziplinarrechts besteht für die Beamten, die weiterhin beim Bundeseisenbahnvermögen tätig sind und nicht der Deutschen Bahn AG zugewiesen werden, aufgrund des Behördencharakters des Bundeseisenbahnvermögens unverändert fort[367].

Das Eisenbahnbundesamt und das Bundeseisenbahnvermögen gewannen zu demselben Zeitpunkt Rechtsgestalt. Demnach stehen alle Beamten, die dem Eisenbahnbundesamt kraft Gesetzes gem. § 3 Art. 3 ENeuOG zugewiesen wurden, in einer üblichen Disziplinarstruktur mit dem Bundesminister für Verkehr und Wirtschaft als oberster Dienstbehörde. Das Bundeseisenbahnvermögen besitzt somit für diese Beamten keinerlei disziplinarrechtliche Kompetenzen[368].

---

366 § 3 BGSG 1994 (BGBl. I S. 2978); *Ronellenfitsch,* Privatisierung und Regulierung des Eisenbahnwesens, DÖV 1996, S. 1028, 1034 ff.

367 *Weiß* in: *GKÖD,* Bd. II, Disziplinarrecht des Bundes und der Länder, M § 1 Rn. 63.

368 *Weiß* in: *GKÖD,* Bd. II, Disziplinarrecht des Bundes und der Länder, M § 1 Rn. 61.

5. Fazit zur Anwendbarkeit des Disziplinarrechts auf die Beamten bei der Deutschen Bahn AG

Das Disziplinarrecht muß auch weiterhin auf die der Deutschen Bahn AG zugewiesenen wie auch auf die zu ihr beurlaubten Beamten anwendbar sein. Dies verdeutlicht insbesondere eine hypothetische Fallgestaltung unter der Prämisse, daß allein arbeitsrechtliche Sanktionen möglich sind. Bei einem zugewiesenen Beamten führt eine arbeitsrechtliche Parallelwertung zu keiner Ahndung der Pflichtverletzung. Bei einem beurlaubten Beamten sind zwar aufgrund seines Arbeitsverhältnisses zur Deutschen Bahn AG die arbeitsrechtlichen Sanktionsinstrumente möglich. Allerdings haben diese gegenüber dem Beamten keinen warnenden bzw. folgenschweren Charakter, weil er dank seines Status im Falle der Beendigung des Arbeitsverhältnisses wieder dem Bundeseisenbahnvermögen zugeordnet bzw. sogar kraft Gesetzes der Deutschen Bahn AG (zurück-) zugewiesen wird.

Entscheidend für die Anwendung des Disziplinarrechts ist die weitere Gewährleistung der Rechtsstellung der Beamten gem. § 143a Abs. 1 S. 3 GG. Der Gesetzgeber hat durch den Erlaß des Art. 143a GG die Weitergeltung des Disziplinarrechts für die „privatisierten" Beamten gewollt. Ein Indiz hierfür ist, daß im Bundesdisziplinargesetz die Anwendung des Disziplinarrechts auf AG-Beamte nicht eingeschränkt oder ausgeschlossen wird.

Eine konsequente Anwendung des Disziplinarrechts ist verfassungskonform und verstößt nicht gegen den Gleichheitsgrundsatz gem. Art. 3 Abs. 1 GG. Der Status der „privatisierten" Beamten ist nicht so konzipiert, daß darin lediglich die Vorzüge zweier im Wesensgehalt verschiedener Systeme miteinander kombiniert werden können.

Allein bei der disziplinarrechtlichen Maßnahmebemessung kann die Tatsache, daß die Beamten bei einem privatrechtlich organisierten Unternehmen eingesetzt sind, Berücksichtigung finden.

IV. Kollektivrechtliche Vertretung der „privatisierten" Beamten nach der Bahnreform

Der Wechsel der Deutschen Bahnen aus dem öffentlichen Recht in das Privatrecht, die Herauslösung der operativen Einheiten aus der Behördenstruktur sowie die Überleitung der Beamten auf die Deutsche Bahn AG haben sich auch nachhaltig auf die betriebliche bzw. personalrechtliche Interessenvertretung der dort beschäftigten Mitarbeiter ausgewirkt. Zur kollektivrechtlichen Flankierung dieses Umbruchs sind betriebsverfassungsrechtliche Sonderreglungen erforderlich gewesen, die juristisches Neuland eröffnen.

1. Übergangsmandat der örtlichen Personalräte gem. § 15 DBGrG

Seit der Neufassung des Betriebsverfassungsgesetzes[369] im Jahre 2001 ist der Meinungsstreit über die Zulässigkeit eines Übergangsmandates für den bestehenden Betriebsrat im Rahmen von Organisationsänderungen entschieden. Im neu eingefügten § 21a BetrVG wird ein solches Übergangsmandat manifestiert. Der tragende Leitgedanke für diese neue Regelung ist die Erkenntnis, daß gerade bei Unternehmensumstrukturierungen die Beschäftigten in besonderem Maße auf den kollektiven Schutz durch den Betriebsrat angewiesen sind[370].

Vor Erlaß dieser Norm hat die ganz h. M.[371] ein Übergangsmandat des bestehenden Betriebsrates abgelehnt, da das Betriebsverfassungsgesetz 1972 keine entsprechende gesetzliche Regelung enthielt.

Eine Regelungslücke besteht jedoch immer noch für den Fall eines Wechsels von einer öffentlich-rechtlichen in eine privatrechtliche Organisationsform, d.h., es gibt keine gesetzliche Regelung über ein Übergangsmandat des bestehenden Personalrats[372].

Die Vorschriften des § 130 BetrVG und des § 1 BPersVG grenzen die Geltungsbereiche von Betriebsverfassung und Personalvertretung formal nach privatrechtlicher und öffentlich-rechtlicher Organisationsform ab[373]. Folglich entfällt an sich mit dem Stichtag der Privatisierung die Personalvertretung im Sinne des Bundespersonalvertretungsgesetzes. Ein Betriebsrat kann wegen der

---

[369] BetrVG vom 15. Januar 1972 (BGBl. I S. 13) in der Fassung der Bekanntmachung vom 25. September 2001 (BGBl. I S. 2518), geändert durch Gesetz vom 10. Dezember 2001 (BGBl. I S. 3443).

[370] *Eisemann* in: *Dieterich/Hanau/Schaub,* Erfurter Kommentar, 210, § 21a Rn. 3.

[371] *BAG* 23.11.1988 AP Nr. 77 zu § 613a BGB; *Fitting/Kaiser/Heither/Engels/Schmidt,* Kommentar zum BetrVG, 18. Auflage, § 21 Rn. 42; *Fitting/Kaiser/Heither/Engels/Schmidt,* Kommentar zum BetrVG, 21. Auflage, § 21a Rn. 2; *Besgen/Langner,* Zum Übergangsmandat des Personalrats bei der privatisierenden Umwandlung, NZA 22/2003, S. 1239; *a.A.: Blanke/Buschmann* in: *Däubler/Kittner/Klebe/Schneider,* Kommentar zum BetrVG, § 21 Rn. 45 ff.

[372] *Engels/Mauß-Trebinger,* Aktuelle Fragen der Betriebsverfassung in den privatisierten Unternehmen der Bahn und der Post, RiA 1997, S. 217, 220; *Fitting/Kaiser/Heither/Engels/Schmidt,* Kommentar zum BetrVG, 21. Auflage, § 130 Rn. 4; *Frohner,* Das Übergangsmandat des Personalrats und die Weitergeltung von Dienstvereinbarungen bei Privatisierungen öffentlicher Einrichtungen, PersR 1995, S. 99, 102; *Engels,* Fortentwicklung des Betriebsverfassungsrechts außerhalb des BetrVG, in: FS für Wlotzke, S. 279, 288; allgemein zu den Handlungsmöglichkeiten des Personalrats bei der Privatisierung öffentlicher Dienstleistungen vgl. Zusammenfassung bei *Zander,* Die Handlungsmöglichkeiten des Personalrats bei der Privatisierung öffentlicher Dienstleistungen, PersR 1991, S. 322 ff.; *Trümner,* Probleme beim Wechsel von öffentlich-rechtlichen zum privatrechtlichen Arbeitgeber infolge von Privatisierungen öffentlicher Dienstleistungen, PersR 1993, S. 473 ff.; *Besgen/Langner,* Zum Übergangsmandat des Personalrats bei der privatisierenden Umwandlung, NZA 22/2003, S. 1239, 1240.

erforderlichen Vorlaufzeit für die Neuwahlen gem. §§ 13 ff. BetrVG jedoch frühestens in sechs bis acht Wochen sein Amt antreten.

Zum Zeitpunkt der Bahn- und Postreform wurde in der Literatur[374] überwiegend die Auffassung vertreten, daß das privatrechtlich organisierte Betriebsverfassungsgesetz und das öffentlich-rechtlich ausgerichtete Personalvertretungsgesetz zwei so verschiedenartige Rechtsmaterien regeln, daß ein Ineinandergreifen von Mandatsträgern, also ein Übergang öffentlich-rechtlicher Aufgaben der Personalvertretungen auf Funktionen des Betriebsverfassungsgesetzes, ausgeschlossen ist.

Unter Berücksichtigung des Prinzips, daß es im Interesse und zum Schutz der Belegschaft keine betriebsratslose Zeit infolge eines Betriebsübergangs geben sollte, war der Gesetzgeber daher gefordert, diese Regelungslücke zu schließen[375]. Durch den Erlaß des § 15 Art. 2 ENeuOG[376] hat er für die Personalvertretung der ehemaligen Deutschen Bundesbahn ein Übergangsmandat legalisiert. Danach wurde bestimmten Personalvertretungen ein umfassendes Übergangsmandat mit der Folge zuerkannt, daß sie über den Zeitpunkt der Privatisierung hinaus für drei Monate fortbestehen und die Rechtsstellung von Betriebsräten einnehmen[377].

---

[373] *BAG* vom 30.07.1987, AP Nr. 3 zu § 130 BetrVG 1972; *Fitting/Kaiser/Heither/Engels/Schmidt,* Kommentar zum BetrVG, 21. Auflage, § 130 Rn. 15; *Hanau/Kania* in: *Dieterich/Hanau/Schaub,* Erfurter Kommentar zum Arbeitsrecht, 210, § 130 Rn. 2.

[374] *Dietz* in: *Richardi,* Kommentar zum BPersVG, § 27 Rn. 55, 61; *Hanau/Becker,* Arbeitsrechtliche Probleme bei der Privatisierung öffentlicher Dienstleistungen, S. 112 f.; *a. A.: Fitting/Kaiser/Heither/Engels/Schmidt,* Kommentar zum BetrVG, 21. Auflage, § 130 Rn. 17, wonach der Personalrat automatisch ein Übergangsmandat zur weiteren Interessenvertretung der Arbeitnehmer/Beamten erhält.

[375] *Fitting/Kaiser/Heither/Engels/Schmidt,* Kommentar zum BetrVG, 18. Auflage, 21 Rn. 52; *Engels/Müller/Mauß,* DB 1994, S. 473, 477; *Engels,* Weiterentwicklung des Betriebsverfassungsrecht außerhalb des BetrVG, in: FS für Wlotzke, S. 279, 284; *Engels/Mauß-Trebinger,* Aktuelle Fragen der Betriebsverfassung in den privatisierten Unternehmen der Bahn und der Post, RiA 1997, S. 217, 220 mit zahlreichen weiteren Nachweisen; *Schipp/Schipp,* Arbeitsrecht und Privatisierung, Rn. 416 ff.

[376] Entsprechend § 15 DBGrG.

[377] *Altvater/Bacher/Hörter u. a.,* Kommentar zum BetrVG, Anhang C III § 15 Rn. 1; *Frohner,* Das Übergangsmandat des Personalrats und die Weitergeltung von Dienstvereinbarungen bei Privatisierungen öffentlicher Einrichtungen, PersR 1995, S. 99 f., 103; *Hammer,* Privatisierung – Chancen und Risiken für die Mitbestimmung, PersR 1997, S. 54, 61; *Engels/Müller/Mauß,* Ausgewählte arbeitsrechtliche Probleme der Privatisierung – aufgezeichnet am Beispiel der Bahnstrukturreform, DB 1994, S. 473, 475 ff.; *Lorenzen,* Die Bahnreform – Neuland für Dienst- und Personalvertretungsrecht, PersV 1994, S. 145, 152; *Fitting/Kaiser/Heither/Engels/Schmidt,* Kommentar zum BetrVG, 21. Auflage, § 130 Rn. 11; *Pfohl,* Der Unterschied zwischen Personalvertretungsrecht und betrieblicher Mitbestimmung und seine Konsequenzen, S. 229 bezeichnet die Regelung in § 15 DBGrG als „präzedenzlos"; *Engels/Mauß-Trebinger,* Aktuelle Fragen der Betriebsverfassung in den privatisierten Unternehmen der Bahn und der Post, RiA 1997, S. 217, 220, wonach der Gesetzgeber mit dieser Lösung weit über die Lösungsansätze in der Literatur hinausgegangen ist; *Besgen/Langner,* Zum

In der Praxis gab es infolge dieser Grundsatzentscheidung erhebliche Auseinandersetzungen, welche der Personalvertretungen das Übergangsmandat nach der Bahnreform wahrnehmen sollte. Die Ursache für diese Diskussionen war die beabsichtige Umstrukturierung des dreistufigen Behördenaufbaus im Rahmen der Privatisierung, sowie die Verfolgung der eigenen Ziele durch die betroffenen Gewerkschaften.

Entsprechend der dreistufigen Behördenorganisation, sind die Personalvertretungen gem. § 53 BPersVG dreistufig gegliedert in

- die Personalräte, die die Beschäftigten einer Dienststelle vertreten,
- die Bezirkspersonalräte, die bei den Mittelbehörden gebildet werden und
- den Hauptpersonalrat, der bei der obersten Dienstbehörde besteht.

Das nächst höhere Gremium (sog. Stufenvertretung) nimmt hierbei die Beteiligungsrechte gem. § 82 Abs. 1 BPersVG wahr, wenn die übergeordnete Dienststelle zur Entscheidung zuständig ist. Ferner ist es im Rahmen des Mitwirkungs- und Mitbestimmungsverfahrens zu beteiligen, wenn auf der Ebene der Dienststelle zwischen dem Dienststellenleiter und dem dortigen Personalrat keine Einigung erzielt wurde und deshalb die Angelegenheit der übergeordneten Dienststelle gem. §§ 69 Abs. 3, 72 Abs. 4 BPersVG zur weiteren Behandlung vorzulegen ist. Diese beiden Beispiele zeigen exemplarisch, daß das Verhältnis und die Verteilung der Zuständigkeit zwischen Personalrat, Bezirks- und besonderem Hauptpersonalrat im Bundespersonalvertretungsgesetz anders geregelt sind, als das Verhältnis zwischen Betriebsrat, Gesamtbetriebsrat und Konzernbetriebsrat im Sinne des Betriebsverfassungsgesetzes. Nach §§ 50, 58 BetrVG sind der Gesamt- und Konzernbetriebsrat nur in unternehmens- bzw. konzernweiten Angelegenheiten oder im Rahmen einer Beauftragung zuständig. Grundsätzlich ist daher von einer originären Zuständigkeit des Betriebsrats auszugehen.

Ein bis zu drei Monaten dauerndes Übergangsmandat wird gem. § 15 Abs. 1 DBGrG den örtlichen Personalräten derjenigen Dienstellen des Bundeseisenbahnvermögens verliehen, die unter Beibehaltung ihrer organisatorischen Einheit als Betriebe, selbständige Betriebsteile im Sinne des § 4 S. 1 BetrVG oder Nebenbetriebe mit der in § 1 BetrVG genannten Mindestgröße auf die Deutsche Bahn AG übergegangen sind[378]. Für den Fall, daß organisatorische Einheiten durch Abspalten, Aufspalten oder Zusammenlegen verändert werden und es da-

Übergangsmandat des Personalrats bei der privatisierenden Umwandlung, NZA 22/2003, S. 1239 ff., die ein Übergangsmandat des Personalrates nur aufgrund der spezialgesetzlichen Regelungen gem. § 15 DBGrG bejahen; nach *Hanau/Becker,* Arbeitsrechtliche Probleme bei der Privatisierung öffentlicher Dienstleistungen, S. 113, sind die Personalräte bei Privatisierungsmaßnahmen befugt, die für das Wahlverfahren nach dem BetrVG notwendigen Einleitungshandlungen vorzunehmen, ohne daß der Zeitpunkt der Übernahme durch den privaten Rechtsträger abgewartet werden muß.

durch zu mehreren neuen Betrieben oder zu einem größeren Betrieb kommt, kann gem. § 15 Abs. 2 DBGrG durch Tarifvertrag bestimmt werden, welche der von der Umstrukturierung der Dienststellen betroffenen örtlichen Personalräte mit dem Übergangsmandat betraut werden sollen[379]. Für die in der zweiten Stufe der Bahnreform geplante Ausgliederung der Bereiche Personennahverkehr, Personenfernverkehr, Güterverkehr und Fahrweg aus der Deutschen Bahn AG in selbständige Aktiengesellschaften sieht § 20 DBGrG ein Übergangsmandat des Betriebsrates vor.

2. Gültigkeit des Betriebsverfassungsgesetzes für die „privatisierten" Beamten

Infolge der Privatisierung trat an die Stelle des bislang geltenden Personalvertretungsgesetzes des Bundes das für die Privatwirtschaft geltende Betriebsverfassungsgesetz. Dies gilt jedoch grundsätzlich nur für Arbeitnehmer. Fraglich war somit, wie die Beamten in das System der Betriebsverfassung nach der Bahnreform einbezogen werden konnten.

Für die gem. § 12 Abs. 2 und 3 DBGrG der Deutschen Bahn AG zugewiesenen Beamten fingiert daher § 19 Abs. 1 DBGrG ihre Arbeitnehmereigenschaft im Sinne des Betriebsverfassungsgesetzes im Verhältnis zur Deutschen Bahn AG[380].

---

[378] In der Privatisierungsdiskussion forderten die Gewerkschaften, vor allem den Bezirkspersonalräten ein Übergangsmandat zu verleihen und auch nach der Bahnreform Bezirksbetriebsräte bzw. Regionalbetriebsräte einzuführen. Als Begründung wurde angeführt, daß die Bezirkspersonalräte sehr erfahren seien und zudem auch nach der Bahnreform eine dreistufige Führungsstruktur geplant sei. Die Einschaltung einer weiteren Interessenvertretung zwischen Betriebs- und Gesamtbetriebsrat hätte jedoch einen Systembruch dargestellt und die Gefahr ineffektiver Kompetenzstreitigkeiten zwischen den einzelnen Gremien zu Lasten der Beschäftigten heraufbeschworen. Da somit der Zweck einer Interessenvertretung gefährdet worden wäre, wurde dieser Forderung der Gewerkschaft GdED nicht gefolgt.

[379] Tarifvertrag zum Übergang der innerbetrieblichen Interessenvertretung in die DBAG (Übergangs-TV) vom 10.12.1993; Kritik hinsichtlich dem § 15 Abs. 2 DBGrG widersprechender Regelungen in diesem Tarifvertrag, vgl. *Engels/Mauß-Trebinger,* Aktuelle Fragen der Betriebsverfassung in den privatisierten Unternehmen der Bahn und der Post, RiA 1997, S. 217, 221.

[380] *BAG,* Beschluß vom 12. Dezember 1995, PersR 1996, S. 208, 209; *BAG* 28.04.1964, AP Nr. 3 zu § 4 BetrVG; *Fitting/Kaiser/Heither/Engels/Schmidt,* Kommentar zum BetrVG, 21. Auflage, § 5 Rn. 279; *a.A.: BAG,* 25.02.1998 AP Nr. 8 zu § 8 BetrVG, hat seine jahrzehnte alte Rechtsprechung durch diese Entscheidung nunmehr aufgegeben. Danach stellt das *BAG* rein formal darauf ab, daß die zugewiesenen, abgeordneten oder überlassenen Beamten keinen Arbeitsvertrag mit dem Unternehmen abgeschlossen haben und sie somit keine Arbeitnehmer im Sinne des BetrVG sind. Diese Haltung wird durch den Beschluß des *BAG,* 28.03.2001 AP Nr. 5 zu § 7 BetrVG bestärkt, wonach die vertretungsrechtlichen Lücken nur in den Personalvertretungsgesetzen geschlossen werden können; kritisch zu dieser neuen Rechtsprechung

Diese Fiktion gilt gem. § 23 DBGrG auch für Beamte, die den ausgegliederten Gesellschaft gem. §§ 2 Abs. 1, 3 Abs. 3 DBGrG „weiterzugewiesen“ werden.

Nach der früheren betriebsverfassungsrechtlichen Systematik[381] waren sie gem. § 19 Abs. 2 bis 4 DBGrG entsprechend ihrer auszuübenden Tätigkeit und Funktionen den Gruppen der Arbeiter und Angestellten zugeordnet. Die Notwendigkeit einer solch klärenden Regelung bestand nur hinsichtlich der zugewiesenen Beamten. Die beurlaubten Beamten sind aufgrund eines Arbeitsvertrages bei der Deutschen Bahn AG tätig. Folglich sind sie nicht nur faktisch, sondern kraft eines Rechtsverhältnisses Arbeitnehmer der Deutschen Bahn AG und unterliegen insofern unmittelbar dem Betriebsverfassungsgesetz[382].

Es entbrannte allerdings eine Diskussion um die Ausgestaltung des in Art. 33 Abs. 5 GG verankerten Gruppenprinzips im Zusammenhang mit der Fortgeltung des Rechtsstatus der Beamten gem. Art. 143a Abs. 1 S. 3 GG. Im Kern geht es dabei um die Frage, ob es unter verfassungsrechtlichen Gesichtspunkten erforderlich ist, Beamten einen Sonderstatus in speziellen personellen Angelegenheiten zu gewähren, obwohl sie in privatisierten Unternehmen des Bundes beschäftigt sind und keine hoheitlichen Aufgaben mehr wahrnehmen.

Grundsätzlich findet im Personalrat eine gemeinsame Beratung über Angelegenheiten der Gruppen statt. Das Gruppenprinzip gem. § 38 Abs. 1, 2 BPersVG besagt jedoch, daß in Angelegenheiten nur einer Gruppe – nach gemeinsamer Beratung im Personalrat – nur die Vertreter dieser Gruppe zur Beschlußfassung berufen sind.

---

des BAG, *Fitting/Kaiser/Heither/Engels/Schmidt,* Kommentar zum BetrVG, 21. Auflage, § 5 Rn. 280 ff., die aus der Neuregelung in § 7 S. 2 BetrVG ein Argument für die Anerkennung des Arbeitnehmerstatus der zugewiesenen Beamten herleiten. Bei einer Eingliederung in den Einsatzbetrieb von länger als 3 Monaten haben Arbeitnehmer eines anderen Arbeitgebers ein Wahlrecht zum Betriebsrat des Einsatzbetriebes, ohne daß sie einen Arbeitsvertrag mit dem Inhaber des Einsatzbetriebes abgeschlossen haben. Wenn schon eine derart kurze Eingliederungszeit ohne Arbeitsvertrag die Betriebszugehörigkeit zum Einsatzbetrieb begründet, so muß dies nach *Fitting/Kaiser/Heither/Engels/Schmidt* erst recht für Beamte mit einer erheblichen längeren Eingliederung in Privatbetrieben gelten.

[381] Geändert BetrVG vom 15. Januar 1972 (BGBl. I S. 13) in der Fassung der Bekanntmachung vom 25. September 2001 (BGBl. I S. 2518), geändert durch Gesetz vom 10. Dezember 2001 (BGBl. I S. 3443); das Gruppenprinzip, nach dem eine Einteilung in Arbeiter und Angestellte zu erfolgen hat, wurde nicht in die Neufassung des BetrVG übernommen; *Schipp/Schipp,* Arbeitsrecht und Privatisierung, Rn. 430, wonach sich die Zuordnungskriterien an den rentenversicherungsrechtlichen Zuordnungsmerkmalen aus § 133 Abs. 2 SGB VI orientieren.

[382] *Lorenzen,* Die Postreform II – Dienst- und personalvertretungsrechtliche Regelungen, PersV 1995, S. 99, 103 zum vergleichbaren Fall der beurlaubten Postbeamten und der Fiktion in § 24 Abs. 2 S. 1 PostPersRG.

Einerseits wurde die Forderung gestellt, das stark ausgeprägte personalvertretungsrechtliche Gruppenprinzip in der Ausgestaltung des Bundespersonalvertretungsgesetzes vollständig auf die Betriebsverfassung der privatisierten Unternehmen zu übertragen. Andererseits sollte auf jeglichen Gruppenschutz der Beamten wegen der Unvereinbarkeit mit dem betriebsverfassungsrechtlichen Grundsatz einer einheitlichen Interessenvertretung aller Beschäftigten verzichtet werden[383].

Unbeachtlich der Tatsache, daß die „privatisierten" Beamten keine hoheitlichen Aufgaben im klassischen Sinne mehr wahrnehmen, wird ihr Rechtsstatus durch Art. 143a Abs. 1 S. 3 GG verfassungsrechtlich weiter gewährleistet. Infolgedessen haben sie Anspruch auf den Schutz einer eigenen Interessenvertretung soweit es ihr beamtenrechtliches Grundverhältnis betrifft.

Durch die Regelung, daß die Beamten in beamtenspezifischen Angelegenheiten ausschließlich durch den von ihnen gewählten besonderen Hauptpersonalrat vertreten werden, wird der Anspruch auf einen Sonderstatus in speziellen personellen Angelegenheiten erfüllt. Sie stellt zudem einen Kompromiss zwischen den beiden Meinungspolen dar.

Zur Wahrnehmung dieser beamtenspezifischen Interessen wurden bei dem Bundeseisenbahnvermögen besondere Personalvertretungen gebildet, die ausschließlich für die Belange dieser Beamten zuständig sind und auch nur von diesen gewählt werden[384]. Durch das Bundeseisenbahnvermögen wurde die „Verwaltungsanordnung über besondere Personalvertretungen beim Bundeseisenbahnvermögen"[385] erlassen, die den Kreis der Beamten bestimmt, für den jeweils eine besondere Personalvertretung zu bilden ist. Ferner wurden acht Dienststellen und drei Außenstellen des Bundeseisenbahnvermögens festgelegt, bei denen die besonderen Personalvertretungen für die bei der Deutschen Bahn AG tätigen Beamten eingerichtet werden[386].

---

[383] *Engels/Mauß-Trebinger,* Aktuelle Fragen der Betriebsverfassung in den privatisierten Unternehmen der Bahn und der Post, RiA 1997, S. 217, 219 m.w.N.

[384] *Engels/Mauß-Trebinger,* Aktuelle Fragen der Betriebsverfassung in den privatisierten Unternehmen der Bahn und der Post, RiA 1997, S. 217, 219 m.w.N. (Fn. 30); *Lorenzen,* Die Postreform II – Dienst- und personalvertretungsrechtliche Regelungen, PersV 1995, S. 99, 103.

[385] Verwaltungsanordnung über besondere Personalvertretungen bei Bundeseisenbahnvermögen vom 5. Januar 1994, abgedruckt in: *Kunz,* Kommentar zum Eisenbahnrecht, F 2.1.

[386] Regionale Dienststellen: Berlin, Essen, Frankfurt am Main, Hannover, Karlsruhe, Köln, München, Nürnberg; Außenstellen: Hamburg, Stuttgart, Saarbrücken; vgl. *Altvater/Bacher/Hörter u. a.,* Kommentar zum BPersVG, Anhang III C § 17 Rn. 4.

3. Berücksichtigung der Beamten bei den Wahlen zum Betriebsrat

Infolge der Fiktion des § 19 Abs. 1 DBGrG und der doppelten Interessenvertretung durch den Betriebsrat und die besonderen Personalvertretungen verfügen die der Deutschen Bahn AG zugewiesenen Beamten über das aktive und passive Wahlrecht sowohl zum Betriebsrat als auch zur besonderen Personalvertretung[387].

Ein zugewiesener Beamter kann daher Mitglied im Betriebsrat und in der besonderen Personalvertretung sein (sog. Doppelrepräsentanz)[388].

Zur Absicherung des Gruppenschutzes und des Wahlrechtes zur besonderen Personalvertretung ist die Deutsche Bahn AG gem. § 17 Abs. 7 DBGrG verpflichtet, den ihr gem. § 12 Abs. 2 und 3 DBGrG zugewiesenen Beamten die Teilnahme an den Wahlen zu den besonderen Personalvertretungen zu ermöglichen sowie im Umkehrschluß aus § 19 Abs. 5 DBGrG dem Bundeseisenbahnvermögen die erforderlichen Auskünfte im Rahmen der Betriebsratswahlen zu erteilen.

4. Konkurrenz der Beteiligungsrechte des Betriebsrats und der besonderen Personalvertretung in Angelegenheiten der Beamten

Aufgrund ihres besonderen doppelten Status – Gewährleistung ihres beamtenrechtlichen Status sowie Fiktion der Arbeitnehmereigenschaft – ist zu erörtern, welche Mitbestimmungsrechte im Sinne des Betriebsverfassungsgesetzes durch den Betriebsrat zugunsten der Beamten ausgeübt werden können.

Unter Berücksichtigung des Wortlautes von § 19 Abs. 1 DBGrG gibt es keine Einschränkungen, nach denen die Anwendung bestimmter Vorschriften des Betriebsverfassungsgesetzes auf Beamte ausgeschlossen ist. Demnach ist zunächst von dem Grundsatz auszugehen, daß die zugewiesenen Beamten in vollem Um-

---

[387] Vgl. *BAG,* Beschluß vom 28. März 2001, Az: 7 ABR 21/00 in: ZBVR 2001, S. 216 ff., wonach das aktive und passive Wahlrecht den Beamten nur aufgrund der speziellen gesetzlichen Ermächtigung in § 19 Abs. 1 DBGrG zusteht. Ohne eine solche ausdrückliche gesetzliche Ermächtigung ist ein Wahlrecht von Beamten bei Betriebsratswahlen unzulässig. Eine analoge Anwendung der speziellen Regelungen in § 19 Abs. 1 DBGrG bzw. § 24 Abs. 2 S. 1 PostPersRG kommt nicht in Betracht.

[388] *Fitting/Kaiser/Heither/Engels/Schmidt,* Kommentar zum BetrVG, 21. Auflage, § 8 Rn. 28; *Engels/Mauß-Trebinger,* Aktuelle Fragen der Betriebsverfassung in den privatisierten Unternehmen der Bahn und der Post, RiA 1997, S. 217, 219 m.w.N. (Fn. 34); *Engels/Müller/Mauß,* Ausgewählte arbeitsrechtliche Probleme der Privatisierung – aufgezeichnet am Beispiel der Bahnstrukturreform, DB 1994, S. 473, 478; *Kunz,* Kommentar zum Eisenbahnrecht, A 2.2 zu § 17 DBGrG, S. 55, wobei hinsichtlich der Kostenzuscheidung eine eindeutige Feststellung nötig sei, in welcher Funktion das Mitglied im Einzelfall tätig wird.

fang wie Arbeitnehmer in die betriebliche Arbeitnehmervertretung im Sinne des Betriebsverfassungsgesetzes einbezogen sind[389]. Insoweit läßt die Vorschrift eine schlüssige Konzeption erkennen, denn sie bestimmt weiter, daß die Beamten auch hinsichtlich der übrigen auf die Deutsche Bahn AG anwendbaren Gesetze über kollektive Interessenvertretungen der Arbeitnehmer in Betrieb und Unternehmen – z. B. dem Sprecherausschußgesetz und den Vorschriften über die Arbeitnehmervertretung im Aufsichtsrat – als Arbeitnehmer zu gelten haben.

Ist demnach das Betriebsverfassungsgesetz auf die zugewiesenen Beamten anwendbar, so kommt nach § 99 BetrVG ein Mitbestimmungsrecht des Betriebsrates bei Personalmaßnahmen, die solche Beamte betreffen, in Betracht.

Ein Vergleich der Mitbestimmungstatbestände im Betriebsverfassungsgesetz mit denen des Bundespersonalvertretungsgesetzes zeigt gleichwohl, daß die Beteiligungsrechte des Personalrates gem. §§ 75 ff. BPersVG umfassender sind als diejenigen des Betriebrates.

a) Ausschließliche Mitbestimmung der besonderen Personalvertretung

Bei statusbezogenen beamtenrechtlichen Maßnahmen, die lediglich von einem der Tatbestände der §§ 76 Abs. 1, 78 Abs. 1 BPersVG, nicht aber von Mitbestimmungsregeln nach dem Betriebsverfassungsgesetz erfaßt werden, ist allein die besondere Personalvertretung zuständig[390]. Ihr ausschließliches Mitbestimmungsrecht besteht daher in folgenden Fällen:

- Beförderungen gem. § 76 Abs. 1 Nr. 2 BPersVG,
- Vorzeitige Versetzung in den Ruhestand gem. § 78 Abs. 1 Nr. 5 BPersVG,
- Verwaltungsanordnungen gem. § 78 Abs. 1 Nr. 1 BPersVG,
- Einleitung eines förmlichen Disziplinarverfahrens gem. § 78 Abs. 1 Nr. 3 BPersVG,
- Übertragung einer höher zu bewertenden Tätigkeit gem. § 12 Abs. 6 DBGrG, § 76 Abs. 1 Nr. 3 BPersVG,
- Anordnungen, die die Freiheit der Wohnungswahl beschränken gem. § 76 Abs. 1 Nr. 4 BPersVG,
- Versagung oder Widerruf der Genehmigung einer Nebentätigkeit gem. § 1 Nr. 23 DBAGZustV, § 76 Abs. 1 Nr. 7 BPersVG,

---

[389] *BAG,* Urteil vom 12. Dezember 1995, PersR 1996, S. 208, 209.

[390] *Hummel,* Die Mitbestimmung des Betriebsrates bei „privatisierten" Postbeamten, PersR 1996, S. 228, 229 zum vergleichbaren Fall der AG-Beamten bei der Deutschen Post AG.

- Ablehnung eines Antrags nach § 72a oder § 79a BBG auf Teilzeitbeschäftigung oder Ermäßigung der regelmäßigen Arbeitszeit gem. § 1 Nr. 24 DBAGZustV, § 76 Abs. 1 Nr. 8 BPersVG,
- Entlassung eines Beamten auf Probe oder auf Widerruf gem. § 78 Abs. 1 Nr. 4 BPersVG,
- Aufhebung der Zuweisung nach § 12 Abs. 9 DBGrG.

Da die zugewiesenen Beamten infolge der Fiktion gem. § 19 Abs. 1 S. 1 DBGrG als Arbeitnehmer des Unternehmens gelten, ist der Betriebsrat in diesen beamtenrechtlichen Angelegenheiten, die Auswirkungen auf die übrigen Arbeitnehmer der Deutschen Bahn AG haben könnten, zu unterrichten. Nur dadurch ist der Betriebsrat in der Lage, seinen Mitwirkungsrechten und -pflichten gem. §§ 92 ff. BetrVG hinsichtlich einer einheitlichen Personalpolitik für alle Beschäftigungsgruppen nachzukommen[391].

Grundsätzlich ist die Personalvertretung zuständig, zu deren Wählerkreis der von der Maßnahme betroffene Beamte gehört[392]. Das Mitbestimmungsrecht wird derjenigen Stelle der Deutschen Bahn AG gegenüber ausgeübt, die die mitbestimmungspflichtige Maßnahme zu treffen beabsichtigt.

Die Unterrichtung der besonderen Personalvertretung über die geplante Maßnahme muß seitens des Arbeitgebers oder des Bundeseisenbahnvermögens rechtzeitig und umfassend unter Vorlage der erforderlichen Unterlagen und Darstellung der Auswirkungen erfolgen. Ebenso ist dem Betriebsrat Gelegenheit zur Stellungnahme gegenüber der besonderen Personalvertretung zu der beabsichtigten Maßnahme zu geben, damit diese die Auffassung des Betriebsrates bei der Ausübung ihres Mitbestimmungsrechts berücksichtigen kann[393].

b) Ausschließliche Mitbestimmung des Betriebsrates

Dagegen stehen dem Betriebsrat in den Fällen der §§ 75 Abs. 3, 76 Abs. 2 BPersVG uneingeschränkt die dort benannten Beteiligungsrechte zu.

Nach dem Wortlaut dieser Normen können die besonderen Personalvertretungen nur dann ein Mitwirkungs- und Mitbestimmungsrecht geltend machen, soweit eine gesetzliche oder tarifliche Regelung für diese Tatbestände nicht besteht.

Eine Überprüfung der einzelnen Regelungen in §§ 75 Abs. 3, 76 Abs. 2 BPersVG zeigt, daß diese Beteiligungstatbestände auch vom Betriebsverfassungsgesetz erfaßt werden[394].

---

[391] *Blanke/Sterzel,* Privatisierungsrecht für Beamte, Rn. 281 m.w.N.

[392] *Altvater/Backer/Hörter u.a.,* Kommentar zum BPersVG, Anhang III C § 17 DBGrG Rn. 10.

[393] Vgl. *Kunz,* Kommentar zum Eisenbahnrecht, A 5.3 zu § 1 DBAGZustV, S. 9.

Die Rechte der besonderen Personalvertretungen sind also insoweit subsidiär. In diesen Fällen werden die Interessen der zugewiesenen Beamten ausschließlich vom zuständigen Betriebsrat gegenüber der Deutschen Bahn AG wahrgenommen[395].

Dagegen hat nach der Rechtsprechung des Bundesarbeitsgerichts der Betriebsrat im Hinblick auf die Mindesteingruppierung der zugewiesenen Beamten entsprechend dem Entgelttarifvertrag keinen Anspruch auf Beteiligung gem. § 99 BetrVG[396]. Die Ersteingruppierung hat keinerlei Auswirkungen auf die zugewiesenen Beamten, weil diese ihre Bezüge entsprechend ihrer Besoldungsgruppe unabhängig von der Eingruppierung durch die Deutsche Bahn AG erhalten.

In den Angelegenheiten der beurlaubten Beamten besteht für den Betriebsrat ein ausschließliches Mitbestimmungsrecht, mit Ausnahme bei den Maßnahmen, die den Status der Beamten betreffen.

c) Konkurrenz der Mitbestimmungsrechte aus § 76 Abs. 1 BPersVG und § 99 BetrVG? – Strittige Auslegung des § 17 Abs. 2 S. 1 DBGrG

Ein Vergleich der auf die Deutsche Bahn AG übertragenen beamtenrechtlichen Beteiligungstatbestände gem. § 76 Abs. 1 BPersVG i. V. m. DBAGZustV zeigt, daß einige dieser Tatbestände auch von § 99 BetrVG erfaßt werden[397].

---

[394] Die einzelnen Tatbestände: Die Beteiligung in den sozialen Angelegenheiten gem. § 75 Abs. 3 Nr. 1–5, 12, 15 BPersVG, § 76 Abs. 2 Nr. 10 BPersVG, § 1 Nr. 5–12, 28 DBAGZustV wird durch §§ 87 ff. BetrVG erfaßt; bei Maßnahmen der § 75 Abs. 3 Nr. 11, 16, 17 BPersVG, § 76 Abs. 2 Nr. 5, 7 BPersVG, § 1 Nr. 14, 15, 22 DBAGZustV die den Arbeitsplatz sowie grundlegende Änderungen des Arbeitsverfahrens oder der Organisation betreffen, gelten die §§ 90, 91 BetrVG; in personellen Angelegenheiten gem. § 75 Abs. 3 Nr. 8, 9, 14 BPersVG, § 76 Abs. 2 Nr. 2, 8 BPersVG, § 1 Nr. 17–19, 26 DBAGZustV sind die §§ 92–95 BetrVG einschlägig; Fragen der Berufsausbildung im Sinne von § 75 Abs. 3 Nr. 6, 7 BPersVG, § 76 Abs. 2 Nr. 1, 6 BPersVG, § 1 Nr. 20, 21 DBAGZustV werden gem. §§ 96–98 BetrVG erfaßt; bei der Einführung grundlegend neuer Arbeitsmethoden bzw. bei der Aufstellung von Sozialplänen nach § 75 Abs. 3 Nr. 13 BPersVG, § 1 Nr. 14, 22 DBAGZustV ist der Betriebsrat gem. §§ 111 ff. BetrVG zu beteiligen.

[395] *Allgemeine Auffassung: Kunz,* Kommentar zum Eisenbahnrecht, A 5.3 zu § 1 DBAGZustV, S. 8; *Altvater/Backer/Hörter u. a.,* Kommentar zum BPersVG, Anhang III C § 17 DBGrG Rn. 11; *Lorenzen,* Die Bahnreform – Neuland für Dienst- und Personalvertretungsrecht, PersV 1994, S. 145 ff., 155; *Blanke/Sterzel,* Privatisierungsrecht für Beamte, Rn. 284.

[396] *BAG,* Beschluß vom 12. Dezember 1995, Az: 1 ABR 31/95; *a. A.: Altvater/Backer/Hörter u. a.,* Kommentar zum BPersVG, Anhang III C § 19 Rn. 3.

[397] Umsetzung innerhalb eines Betriebes der DB AG, wenn sie mit einem Wechsel des Dienstortes verbunden ist gem. § 1 Nr. 1 DBAGZustV, § 76 Abs. 1 Nr. 4; Zuweisung einer Tätigkeit auf Dauer zu einem anderen Betrieb der DB AG, Versetzung gem. § 1 Nr. 2 DBAGZustV, § 76 Abs. 2 Nr. 4; vorübergehende Zuweisung einer Tätigkeit auf Dauer zu einem anderen Betrieb der DB AG, Abordnung gem. § 1 Nr. 3

Demnach regeln zwei unterschiedliche Gesetze nunmehr die Angelegenheiten einer bestimmten Beschäftigungsgruppe. In Betracht kommen könnte entweder eine ausschließliche Regelung für das Mitbestimmungsrecht nur einer Interessenvertretung oder gleichgeordnete Mitbestimmungsrechte sowohl des Betriebsrates als auch der besonderen Personalvertretungen.

In Rechtsprechung und Literatur bestehen daher Unstimmigkeiten hinsichtlich der Auslegung des § 17 Abs. 2 DBGrG.

Unstreitig hat die besondere Personalvertretung in den statusbezogenen personellen Angelegenheiten gem. § 76 Abs. 1 BPersVG i. V. m. § 17 Abs. 2 S. 1 DBGrG ein Mitbestimmungsrecht. Fraglich ist jedoch, ob und ggf. inwieweit daneben auch Beteiligungsrechte des Betriebsrates zu berücksichtigen sind.

Überwiegend wird in der Literatur[398] die Auffassung vertreten, daß die Anwendung des § 99 BetrVG dann ausgeschlossen ist, wenn in einer Personalangelegenheit der besondere Personalrat nach § 17 Abs. 2 DBGrG i. V. m. § 76 Abs. 1 BPersVG mitzubestimmen hat.

Dagegen erklären die Rechtsprechung[399] sowie ein Teil der Literatur[400] eine uneingeschränkte Doppelbeteiligung der besonderen Personalvertretungen und des Betriebsrates für zulässig.

Der letztgenannten Auffassung ist unter Berücksichtigung der klassischen Auslegungsprinzipien zuzustimmen:

DBAGZustV, § 76 Abs. 1 Nr. 5, 5a BPersVG; Übertragung einer höherwertigen Tätigkeit gem. § 12 Abs. 6 Nr. 1 DBGrG, § 76 Abs. 1 Nr. 3 BPersVG.

398 *Grabendorff/Windscheid/Ilbertz u. a.*, Kommentar zum BPersVG, Einleitung Rn. 53; *Lorenzen/Schmitt/Etzel/Gerhold/Schlattmann/Rehak,* Kommentar zum BPersVG, § 1 Rn. 33g, § 69 Rn. 54 ff.; *Fitting/Kaiser/Heither/Engels/Schmidt,* Kommentar zum BetrVG, 21. Auflage, § 33 Rn. 29 ff., § 99 Rn. 248; *Lorenzen,* Die Bahnreform – Neuland für Dienst- und Personalvertretungsrecht PersV 1994, S. 145, 154 f.; *Engels/Müller/Mauß,* Ausgewählte arbeitsrechtliche Probleme der Privatisierung – aufgezeichnet am Beispiel der Bahnstrukturreform, DB 1994, S. 473, 478; *Engels/Mauß-Trebinger,* Aktuelle Fragen der Betriebsverfassung in den privatisierten Unternehmen der Bahn und der Post, RiA 1997, S. 217, 232.

399 *BAG,* Beschluß vom 12. Dezember 1995, PersR 1996, S. 208 ff.; *LAG Niedersachsen,* PersR 1996, S. 36.

400 *Richardi,* Mitbestimmung beim Personaleinsatz von Beamten in den privatisierten Postunternehmen, NZA 1996, S. 953, 955; *Altvater/Backer/Hörter/u. a.,* Kommentar zum BPersVG, Anhang III C, § 17 DBGrG Rn. 12; § 19 DBGrG Rn. 2; *Blanke/Sterzel,* Privatisierungsrecht für Beamte, Rn. 279; *Kunz,* Kommentar zum Eisenbahnrecht, A. 2.2 zu § 17 DBGrG, S. 62 ff.; zum Verhältnis von §§ 28, 29 PostPersRG zu § 99 BetrVG, *s. Hummel,* Die Mitbestimmung des Betriebsrates bei „privatisierten" Postbeamten, PersR 1996, S. 228 f.; *Hummel/Spoo,* Zur Mitbestimmung des Betriebsrats bei der Versetzung von Beamten, AiB 1997, S. 21, 23; *Schneider, W.,* Mitbestimmungsaspekte bei Personalangelegenheiten von Beamten in den privatisierten Postunternehmen, PersR 1998, S. 175, 176 f.

Aus dem Wortlaut des § 17 Abs. 2 S. 1 DBGrG läßt sich ein Ausschluß der Beteiligungsrechte des Betriebsrats nicht herleiten. Die Vorschrift bestimmt lediglich, daß für die zugewiesenen Beamten besondere Personalvertretungen zu bilden sind und regelt ferner deren Mitbestimmungsrecht bei bestimmten personellen Maßnahmen. Zum Mitbestimmungsrecht des Betriebsrates werden keine Aussagen gemacht.

Ein Ausschluß des Mitbestimmungsrechts nach § 99 BetrVG ergibt sich auch nicht aus dem systematischen Zusammenhang zwischen den §§ 17 und 19 DBGrG.

Durch § 19 DBGrG werden die Beamten den Arbeitnehmern gleichgestellt. Da sie bei der Deutschen Bahn AG weisungsgebunden beschäftigt sind, trägt diese Gleichstellung nur zu ihrem Schutz und zu einer Erweiterung ihrer Rechte, wie z.B. Teilnahme an Betriebsratswahlen etc., bei. Ohne eine derartige Fiktion wäre die Gruppe der Beamten nicht durch das kollektive Arbeitsrecht geschützt. Folglich ist § 17 Abs. 2 DBGrG nicht lex specialis zu § 19 DBGrG. Ferner werden die Rechte der besonderen Personalvertretung nach § 17 Abs. 2 DBGrG nicht von der Aufteilung der Beamten auf die Gruppen der Angestellten und Arbeiter gem. § 19 Abs. 3 DBGrG berührt. Diese Regelung bestätigt vielmehr, daß die Rechte der besonderen Personalvertretungen und der Betriebsräte völlig getrennt voneinander bestehen[401].

Das Mitbestimmungsrecht des Betriebsrates wird auch nicht deshalb ausgeschlossen, weil ansonsten die besondere Personalvertretung nicht mehr ihr Mitbestimmungsrecht ausüben könnte. Grundsätzlich sind die Entscheidungen zweier Arbeitnehmervertretungen, die auf dieselbe Maßnahme des Arbeitgebers bezogen sind, dann unvereinbar, wenn die Gremien ein Initiativrecht geltend machen können. Dann könnte der Fall eintreten, daß ein Gremium mit Hilfe seines Mitbestimmungsrechtes eine Maßnahme durchsetzen will, die eine andere Interessenvertretung durch ihre Mitbestimmung gerade verhindern will. Die Mitbestimmungsrechte des Betriebsrates gem. § 99 BetrVG wie auch die Beteiligungsrechte der besonderen Personalvertretung gem. § 17 Abs. 2 DBGrG i.V.m. §§ 76 Abs. 1, 77 Abs. 2 BPersVG sind jedoch nur Zustimmungsverweigerungsrechte. Demnach können sowohl der Betriebsrat als auch die besondere Personalvertretung zwar eine Maßnahme verhindern, sie jedoch nicht im Sinne eines Initiativrechts erzwingen. Die Rechtsprechung verweist zutreffend darauf, daß es eine Reihe arbeitsrechtlicher Vorschriften gibt, die eine Maßnahme des Arbeitgebers an die Zustimmung von mehr als einer Stelle binden, so u.a. der besondere Kündigungsschutz von Schwerbehinderten gem. § 15 KSchG und Schwangeren gem. § 9 Abs. 3 MuSchG oder bei betriebsübergreifenden Verset-

---

[401] *Altvater/Backer/Hörter u.a.,* Kommentar zum BPersVG, Anhang C III §§ 15 Rn. 1, 17; Rn. 1, 3.

zungen, bei denen sowohl der Betriebsrat des abgebenden wie auch des aufnehmenden Betriebs mitzubestimmen hat[402].

Zweck des Beteiligungsrechts der besonderen Personalvertretung gem. § 17 Abs. 2 DBGrG ist die Wahrung der Interessen der Beamten, die dem Unternehmen zugewiesen sind. Wie bereits dargelegt, steht ihr insoweit nur ein Zustimmungsverweigerungsrecht zu, d.h., sie kann der Maßnahme widersprechen, ihre Unterlassung aber nicht erzwingen. Der Zweck der Mitbestimmung nach § 17 DBGrG kann demnach nicht dadurch vereitelt werden, daß auch der Betriebsrat die Möglichkeit erhält, eine personelle Einzelmaßnahme zu verhindern, gegen die die Personalvertretung nichts einzuwenden hat. Würde hingegen das Mitbestimmungsrecht des Betriebsrats durch dasjenige der besonderen Personalvertretung verdrängt, so würde damit zugleich für einen Teil derjenigen Arbeitnehmerbelange, die von § 99 BetrVG geschützt werden sollen, die hierzu legitimierte Interessenvertretung ausgeschlossen.

§ 99 BetrVG hat nicht nur ein individuellen, sondern auch einen kollektiven Wesensgehalt. Sinn und Zweck der Norm ist es daher, nicht nur die Belange des Einzelnen, sondern auch diejenigen der übrigen Belegschaft zu schützen[403]. Demnach kann der Betriebsrat nach § 99 Abs. 2 Nr. 3, 5 und 6 BetrVG einer Einstellung oder Versetzung widersprechen, wenn Nachteile für andere Arbeitnehmer des Betriebs oder eine Störung des Betriebsfriedens zu befürchten sind, oder wenn eine betriebliche Stellenausschreibung unterblieben ist[404].

Die Interessen der übrigen Belegschaft können jedoch nur dann gewahrt werden, wenn § 99 BetrVG unabhängig von einem Mitbestimmungsrecht der besonderen Personalvertretung anwendbar bleibt. In diesem Zusammenhang vermag die Kritik an dieser Auslegung auch nicht zu überzeugen mit dem Hinweis, daß eine uneingeschränkte Doppelbeteiligung sowohl der besonderen Personalvertretung als auch des Betriebsrates, dem Sinn und Zweck des § 17 Abs. 2 DBGrG widerspricht[405].

Zuzustimmen ist dieser Interpretation insoweit, als die Sonderstellung der Beamten durch § 17 Abs. 2 DBGrG auch in kollektivrechtlicher Hinsicht in den

---

402 *BAG,* PersR 1996, S. 208, 209; zu § 99 BetrVG: *BAG,* Urteil vom 26. Januar 1993 – AP Nr. 102 zu § 99 BetrVG.

403 *Fitting/Kaiser/Heither/Engels/Schmidt,* Kommentar zum BetrVG, 21. Auflage, § 99 Rn. 3.

404 *BAG,* Urteil vom 26. Januar 1993, AP Nr. 102 zu § 99 BetrVG; aus demselben Grund erkennt das BAG in ständiger Rechtsprechung ein Mitbestimmungsrecht nach § 99 BetrVG auch bei der Eingliederung von Personen in den Betrieb an, die nicht in einem Arbeitsverhältnis zum Arbeitgeber dieses Betriebes stehen, vgl. *BAG,* Beschluß vom 18. Oktober 1994, AP Nr. 5 zu § 99 BetrVG.

405 *Fitting/Kaiser/Heither/Engels/Schmidt,* Kommentar zum BetrVG, 21. Auflage, § 99 Rn. 249; *Engels/Mauß-Trebinger,* Aktuelle Fragen der Betriebsverfassung in den privatisierten Unternehmen der Bahn und der Post, RiA 1997, S. 217, 234.

Betrieben der privatisierten Deutschen Bahn AG im Kern beibehalten werden soll. Anderenfalls wäre eine Mitbestimmungslücke in beamtenrechtlichen Entscheidungen, z.B. bei Beförderungen, entstanden, weil das Betriebsverfassungsgesetz in diesen Fällen keine Beteiligungsrechte vorsieht[406].

Um dieses Ziel zu erreichen, wurden die besonderen Personalvertretungen geschaffen. Allerdings wurden sie nicht gegründet, um die Rechte einer Gruppe stärker zu wahren als die einer anderen. Dies wäre jedoch die Konsequenz, wenn aufgrund des § 17 Abs. 2 DBGrG i.V.m. § 76 Abs. 1 BPersVG eine Beteiligung des Betriebsrats in den Angelegenheiten des § 99 BetrVG ausgeschlossen würde. Hierbei ist zu berücksichtigen, daß allein der Betriebsrat von allen Beschäftigten, also Arbeitnehmern und Beamten, des Unternehmens gewählt und legitimiert wird. Auf diese Weise fällt ihm auch die Aufgabe zu, die Interessen aller Beschäftigten, also auch die der Beamten zu sichern. Die besondere Personalvertretung wird dagegen ausschließlich von Beamten gewählt.

Der oben dargelegte Schutzzweck des § 99 BetrVG wird durch einen Ausschluß der Beteiligung des Betriebsrates unterlaufen, wenn die Interessen der Beamten einseitig möglicherweise zu Lasten einer anderen Beschäftigungsgruppe durchgesetzt werden können. Um dieses Ergebnis zu vermeiden, wird teilweise vorgeschlagen, dem Betriebsrat die Möglichkeit einer Stellungnahme zu der angestrebten Personalmaßnahme zu bieten[407]. Eine Stellungnahme hat jedoch nicht die Qualität zur Sicherung der übrigen Arbeitnehmer wie ein tatsächliches Beteiligungs- und Zustimmungsverweigerungsrecht. Über eine Stellungnahme könnte sich die besondere Personalvertretung folgenlos hinwegsetzen und somit allein die Interessen ihrer Gruppe durchsetzen. Dies führt faktisch jedoch zu einer Umgestaltung ihres Mitbestimmungsrechts von einer bloßen Zustimmungsverweigerung hin zu einem Initiativrecht. Dies verstößt gleichwohl gegen die Regelung in § 77 Abs. 2 BPersVG. Auch unter Berücksichtigung des Schutzes der besonderen statusrechtlichen Interessen der Beamten kann ein solcher Normenverstoß schließlich nicht vom Gesetzgeber gewollt worden sein.

Ein Vergleich der organisatorischen Struktur der besonderen Personalvertretungen und der Betriebsräte spricht ebenfalls für eine uneingeschränkte Doppelbeteiligung beider Gremien.

An elf Standorten wurden besondere Personalvertretungen durch das Bundeseisenbahnvermögen gegründet. Regelmäßig ist hierbei eine Personalvertretung

---

[406] So auch *BAG,* PersR 1996, S. 208, 210; *Blanke/Sterzel,* Privatisierungsrecht für Beamte, Rn. 279.

[407] *Engels/Mauß-Trebinger,* Aktuelle Fragen der Betriebsverfassung in den privatisierten Unternehmen der Bahn und der Post, RiA 1997, S. 217, 234; *Engels/Müller/Mauß,* Ausgewählte arbeitsrechtliche Probleme der Privatisierung – aufgezeichnet am Beispiel der Bahnstrukturreform, DB 1994, S. 473, 478.

für mehrere Einsatzstellen bzw. Betriebe zuständig, in denen jeweils ein Betriebsrat vorhanden ist. Folglich kann der Betriebsrat im Gegensatz zur Personalvertretung eine größere Sachnähe geltend machen, um die Interessen der betroffenen Mitarbeiter sinnvoll wahrzunehmen[408]. Die Gründe für eine Zustimmungsverweigerung zu einer personellen Maßnahme können nur aus einer besonderen Sachnähe dargelegt werden, so daß diesem Argument eine schwerwiegende praktische Bedeutung zukommt.

Letztlich spricht auch eine historische Auslegung nicht gegen die unbeschränkte Doppelbeteiligung von besonderer Personalvertretung und Betriebsrat. In der Begründung zum Erlaß des § 19 DBGrG kommt lediglich der Grundsatz zum Ausdruck, daß die zugewiesenen Beamten wie Arbeitnehmer in die Betriebsverfassung einbezogen werden sollen[409].

Die Begründung des Mitbestimmungsrechts der besondern Personalvertretung gem. § 17 Abs. 2 DBGrG hebt lediglich auf die beamtenrechtlichen Angelegenheiten ab, für die das Betriebsverfassungsgesetz keine Beteiligungsvorschriften enthält. Ein Hinweis darauf, daß das Mitbestimmungsrecht des Betriebsrates in den Fällen, in denen die in § 17 Abs. 2 DBGrG genannten Angelegenheiten auch von § 99 BetrVG erfaßt werden, ausgeschlossen ist, fehlt. Vielmehr ging es dem Gesetzgeber durch die Konstituierung eines Mitbestimmungsrechts des Personalrats um die Schließung einer Regelungslücke in beamtenrechtlichen Entscheidungen.

In den Erklärungen zum Erlaß der §§ 17, 19 DBGrG sind auch keine Anhaltspunkte erkennbar, daß das personalvertretungsrechtliche Gruppenprinzip gem. § 38 Abs. 1 BPersVG weiterhin gelten soll. Danach wird bei Personalmaßnahmen der Beamten ein Mitbestimmungsrecht nur durch die Beamtenvertreter im Personalrat ausgeübt. Infolge der Fiktion des § 19 Abs. 1 DBGrG gelten die Beamten als Arbeitnehmer, so daß für sie das Betriebsverfassungsgesetz und nicht mehr das Bundespersonalvertretungsgesetz maßgeblich ist. Sie bilden daher auch keine eigene Gruppe mehr, sondern sind gem. § 19 Abs. 2 und 3 DBGrG der Gruppe der Angestellten oder der Gruppe der Arbeiter zugeordnet. Eine Verfahrensweise, daß nur die Vertreter der Angestellten oder Arbeiter für ihre Gruppe im Betriebsrat beteiligungsberechtigt sind, ist dem Betriebsverfassungsgesetz aber unbekannt. Für eine weitere Gültigkeit des vertretungsrechtlichen Gruppenprinzips hätte es einer expliziten Verweisung auf § 38 Abs. 2 BPersVG bedurft. Diese ist jedoch gerade nicht im DBGrG enthalten.

Bislang hat auch das Bundesverfassungsgericht die Frage, ob das personalvertretungsrechtliche Gruppenprinzip vom Grundgesetz gefordert wird, aus-

---

408 Verneinend *BAG*, Urteil vom 26. Januar 1993 – AP Nr. 102 zu § 99 BetrVG bei der insoweit vergleichbaren Frage, ob das Mitbestimmungsrecht nach § 99 BetrVG bei betriebsübergreifenden Versetzungen vom Gesamtbetriebsrat auszuüben ist.

409 *BT-Drs.* 12/4609 (neu), S. 87 f.

drücklich offen gelassen[410]. Folglich ist das Gruppenprinzip auch nicht im Wege einer verfassungskonformen Auslegung in den Geltungsbereich der §§ 17, 19 DBGrG hinein zu interpretieren[411].

Es ist somit festzustellen, daß das Bundespersonalvertretungsgesetz und das Betriebsverfassungsgesetz zwei unterschiedliche Gruppen und auch Rechtskreise betreffen und daher nebeneinander Gültigkeit haben[412]. Infolgedessen besteht eine uneingeschränkte Doppelbeteiligung der besonderen Personalvertretung und des Betriebsrats. In der Praxis kann dies zwar dazu führen, daß es bei Uneinigkeiten zu langwierigen Verfahren auf unterschiedlichen Rechtswegen kommen kann. Im Sinne eines ausgewogenen Schutzes der Interessen aller Beschäftigten ist dieser verfahrensrechtliche Nachteil ausnahmsweise hinzunehmen.

Die Interessen der Beamten von der Besoldungsgruppe A 16 an aufwärts werden gem. § 17 Abs. 2 DBGrG i.V.m. § 77 Abs. 1 S. 2 BPersVG durch den Betriebsrat gem. § 99 BetrVG vertreten, es sei denn, es handelt sich um leitende Angestellte oder um ausschließlich nach dem Beamtenrecht zu beurteilenden Maßnahmen[413].

In der nachfolgenden Abbildung ist die Verteilung der doppelten Zuständigkeiten aufgrund des Zuweisungsmodells zur Veranschaulichung dargestellt.

d) Beteiligungsrechte der Personalvertretungen in den Fällen unterwertiger Verwendung von zugewiesenen Beamten

In den Mitbestimmungstatbeständen gem. § 76 BPersVG ist ein Beteiligungsrecht des Personalrats in den Fällen einer unterwertigen Verwendung von Beamten – vergleichbar gem. § 11 BENeuglG – nicht aufgeführt. Dies könnte zu dem Schluß führen, daß eine Beteiligung der besonderen Personalvertretung ausgeschlossen ist. Diese Konsequenz widerspricht jedoch dem Aspekt des Schutzes der Mitarbeiter durch die jeweilige Interessenvertretung.

Es ist daher zu untersuchen, ob eine Beschäftigung eines zugewiesenen Beamten auf einem geringer bewerteten Arbeitsplatz im Sinne des § 11 BENeuglG ein Mitbestimmungsrecht der besonderen Personalvertretung auslöst.

---

[410] *BVerfGE* 91, 367, 382 (entspricht BVerfG, PersR 1995, S. 165, 168).

[411] Das *BAG* bezweifelt, daß das Gruppenprinzip von den hergebrachten Grundsätzen des Berufsbeamtentums gem. Art. 33 Abs. 5 GG gefordert wird, vgl. *BAG,* PersR 1998, S. 206, 210.

[412] So auch *Richardi,* Mitbestimmung beim Personaleinsatz von Beamten in den privatisierten Postunternehmen, NZA 1996, S. 953, 955.

[413] *Blanke/Sterzel,* Privatisierungsrecht für Beamte, Rn. 285, 275.

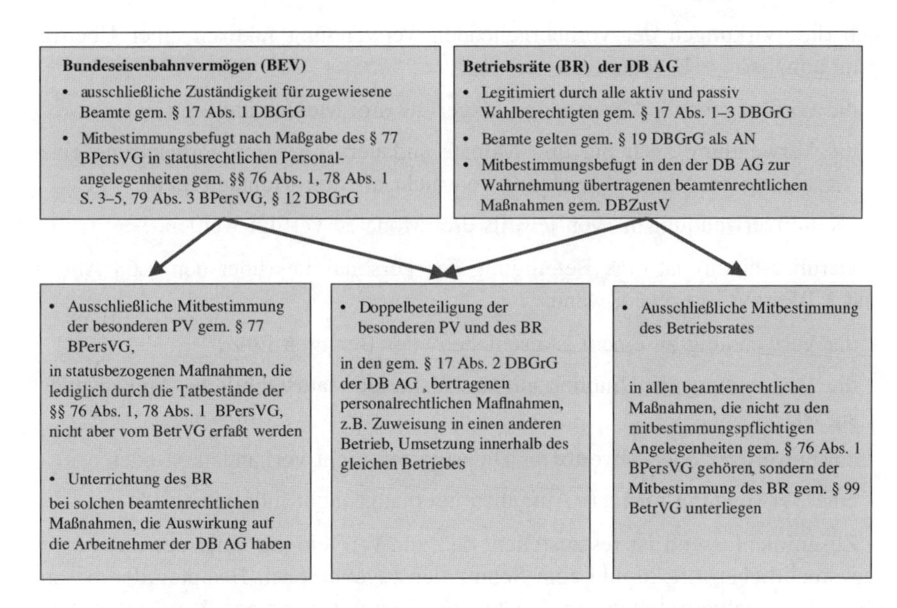

Abbildung 10: Zuständigkeitsverteilung der doppelten betrieblichen Interessenvertretung beim Zuweisungsmodell der Deutschen Bahn AG

Nach einer Auffassung in der Literatur[414] ist die Übertragung einer niedriger zu bewertenden Tätigkeit trotz ihrer zeitlichen Befristung mitbestimmungspflichtig, weil damit ein Eingriff in das Grundverhältnis verbunden ist. Die vorübergehende Verwendung auf einem geringer bewerteten Arbeitsplatz nach § 11 BENeuglG ist von ihrem Inhalt und ihrer Rechtsnatur her, somit anders zu beurteilen, als die bereits bisher zulässigen Notfalleinsätze.

Durch § 11 BENeuglG besteht eine gesetzliche Ermächtigung zu einer unterwertigen, befristeten Beschäftigung. Folglich kann es in diesem Rahmen zu einschneiderenden Maßnahmen kommen, als dies sonst in der übrigen öffentlichen Verwaltung möglich wäre. Es besteht die Gefahr, daß in diesen Fällen über das beamtenrechtliche Betriebsverhältnis hinaus das Grundverhältnis berührt wird. Infolgedessen ist eine Beteiligung der Personalvertretung erforderlich, um bei einem Missbrauch des § 11 BENeuglG keine personalvertretungsrechtliche Lücke entstehen zu lassen. Dies kommt insbesondere dann in Betracht, wenn

[414] *Fischer/Gores* in: GKÖD, Bd. V, Personalvertretungsrecht des Bundes und der Länder, § 76 Rn. 17; *Lorenzen/Schmitt/Etzel/Gerhold/Schlatmann/Rehak,* Kommentar zum *BPersVG,* § 76 Rn. 47; *Kunz,* Kommentar zum Eisenbahnrecht, A 2.1 zu § 11 BENeuglG, S. 40.

sich die Wirkungen der vorübergehenden Verwendung faktisch einer Übertragung annähern, z. B. wenn,

- die vorübergehende Verwendung länger als drei Monate andauert,
- die Verwendung zwar nur drei Monate andauert, aber der Vorbereitung einer Versetzung oder einer Abordnung von mehr als drei Monaten dient,
- „Kettenverwendungen" von jeweils drei Monaten verfügt werden.

Darüber hinaus ist eine Beteiligung des Personalrates über den § 68 Abs. 1 und 2 BPersVG gegeben, wenn

- die Verwendung zu einem „Abschieben" des Beamten führt,
- die Verwendung im Hinblick auf das bisherige statusrechtliche Amt unzulässig ist,
- ein bewerteter oder bewertbarer Dienstposten nicht vorhanden ist oder
- eine Verwendung mangels Aufgaben überhaupt nicht möglich ist[415].

Zusammenfassend ist festzustellen, daß zur Vermeidung einer personalvertretungsrechtlichen Lücke und zum Schutz der zugewiesenen Beamten den besonderen Personalvertretungen in den Fällen einer unterwertigen Verwendung von Beamten ein Beteiligungsrecht zusteht.

5. Besondere Verfahren

a) Mögliche Einflußnahme im Rahmen der Rechtsaufsicht auf den Betriebsrat

Die Einbeziehung der Beamten in die Betriebsverfassung der privatisierten Deutschen Bahnen sowie die partielle Beibehaltung ihres beamtenrechtlichen Status werfen eine Reihe verfahrensrechtlicher Fragen auf, die sich insbesondere aus der weiterhin bestehenden Rechtsaufsicht des Dienstherrn über die Beamten gem. § 13 DBGrG und aus der Zweigleisigkeit des Rechtsweges ergeben.

Zu erörtern ist daher, inwieweit die Beteiligungsrechte des Betriebsrates der Rechtsaufsicht durch den Präsidenten des Bundeseisenbahnvermögens unterliegen.

Nach § 13 Abs. 2 S. 4 DBGrG bleiben die Rechte und Pflichten der Betriebsräte bzw. des Gesamt- oder Konzernbetriebsrats sowie der besonderen Personalvertretungen vom Weisungs- und Selbstvornahmerecht des Präsidenten des Bundeseisenbahnvermögens aus § 13 Abs. 2 S. 1 bis 3 DBGrG unberührt.

Die Rechte und Pflichten des Betriebs-, Gesamtbetriebs- oder Konzernbetriebsrates sowie der zuständigen besonderen Personalvertretungen sind danach

---

[415] Vgl. *Kunz,* Kommentar zum Eisenbahnrecht, A 2.1 zu § 11 BENeuglG, S. 40 f.

zu beachten, unabhängig davon, wer die Weisungsrechte gegenüber den bei der Deutschen Bahn AG beschäftigten Beamten wahrnimmt[416].

Werden im konkreten Einzelfall personelle Einzelmaßnahmen nicht von § 76 Abs. 1 BPersVG, z. B. mangels der dort genannten zeitlichen und räumlichen Modalitäten sondern nur von § 99 BetrVG erfaßt, so handelt es sich nicht um beamten- oder personalvertretungsrechtliche Tatbestände. Beamtenrechtliche Regelungen und beamtenspezifische Angelegenheiten können somit nicht verletzt werden. Infolgedessen ist die Ausübung des Weisungs- oder Selbstvornahmerechtes in diesen Angelegenheiten durch den Präsidenten des Bundeseisenbahnvermögens gem. § 13 Abs. 2, S. 1 bis 3 DBGrG unzulässig.

Die Existenz und der Umfang der Beteiligungsrechte des Betriebsrates bleiben insoweit bei Maßnahmen im Rahmen der Rechtsaufsicht unberührt.

b) Einigungsstellenverfahren und Rechtsweg bei Streitigkeiten

In § 17 Abs. 4 DBGrG ist ein Einigungsstellenverfahren für den Fall konstituiert, daß sich die Deutsche Bahn AG und die besondere Personalvertretung nicht einigen. Hierbei setzt sich die Einigungsstelle gem. § 17 Abs. 5 DBGrG aus je drei Beisitzern der Deutschen Bahn AG und der besonderen Personalvertretung sowie einem unparteiischen Vorsitzenden zusammen. Allerdings läßt es § 17 Abs. 5 DBGrG offen, wer im Falle einer Nichteinigung über den unparteiischen Vorsitzenden, diesen bestellt. Eine Bestellung durch den Präsidenten des Bundesverwaltungsgerichts gem. § 71 Abs. 4 S. 1 BPersVG kommt nicht in Betracht, da § 17 Abs. 5 DBGrG eine entsprechende Verweisung nicht beinhaltet[417].

Streitigkeiten nach § 17 Abs. 2 bis 5 DBGrG werden gem. § 17 Abs. 6 DBGrG den Verwaltungsgerichten zugewiesen, also u. a. Auseinandersetzungen um die Mitbestimmungspflichtigkeit von Maßnahmen, Fragen der Fristen und Zustimmungsverweigerungsgründe sowie Fragen der Bestellung des Einigungsstellenvorsitzenden. Da die Absätze 2 bis 5 ergänzende Regelungen zum Bundespersonalvertretungsgesetz enthalten, ist die Regelung in Abs. 6 als lex specialis gegenüber der generellen Vorschrift in § 17 Abs. 1 DBGrG notwendig[418].

---

[416] Vgl. *Engels/Mauß-Trebinger,* Aktuelle Fragen der Betriebsverfassung in den privatisierten Unternehmen der Bahn und der Post, RiA 1997, S. 217, 238, wonach hierunter u. a. die im Rahmen der sogenannten eingeschränkten Doppelbeteiligung anzuwendenden Mitwirkungsrechte des Betriebsrates nach § 99 Abs. 1 BetrVG bei Personalangelegenheiten von Beamten fallen.

[417] *Altvater/Backer/Hörter u. a.,* Kommentar zum BPersVG, Anhang III C § 17 Rn. 18.

[418] *Altvater/Backer/Hörter u. a.,* Kommentar zum BPersVG, Anhang III C § 17 Rn. 19.

In allen Rechtsstreitigkeiten, die sich aus der Anwendung des Betriebsverfassungsgesetzes auf die Beamten ergeben, sind gem. § 2a Abs. 1 Nr. 1 ArbGG die Gerichte für Arbeitssachen zuständig.

Sie entscheiden über die Fragen des Übergangsmandats, der Wahlen zum Betriebsrat, die Binnenstruktur des Betriebs-, Gesamt- und Konzernbetriebsrats sowie über die Beteiligungsrechte des Betriebsrates in sozialen, wirtschaftlichen und allgemeinen personellen Angelegenheiten[419].

Aufgrund der uneingeschränkten Doppelbeteiligung in personellen Einzelmaßnahmen des Personalrats gem. § 17 Abs. 2 DBGrG und des Betriebsrates gem. § 99 BetrVG sind bei diesen Streitigkeiten zwei Rechtswege eröffnet. Nach § 17 Abs. 6 DBGrG ist für ein Anliegen des Personalrats das Verwaltungsgericht zuständig[420]. Macht der Betriebsrat geltend, daß ihm in der Personalangelegenheit eines Beamten ein Mitbestimmungsrecht nach § 99 BetrVG zusteht, so ist für die Entscheidung über den Streit, ob er ein solches Mitbestimmungsrecht tatsächlich für sich in Anspruch nehmen kann, der Rechtsweg zu den Arbeitsgerichten eröffnet, auch wenn es sich um einen von § 76 Abs. 1 BPersVG erfaßten Tatbestand handelt[421]. Allein aus der Geltendmachung eines möglichen Beteiligungsrechts nach dem Betriebsverfassungsgesetz ist schon die Zuständigkeit der Arbeitsgerichte begründet.

6. Fazit zur kollektiv-rechtlichen Vertretung der „privatisierten" Beamten

Zum Schutz der auf die privatisierten Eisenbahnunternehmen übergeleiteten Beamten wurde bestimmten Personalvertretungen ein umfassendes Übergangsmandat mit der Folge zuerkannt, daß sie über den Zeitpunkt der Privatisierung hinaus fortbestehen und die Rechtsstellung von Betriebsräten einnehmen.

Für die in der zweiten Stufe der Bahnreform geplanten Pflichtausgliederungen gem. § 25 DBGrG sieht § 20 DBGrG ein Übergangsmandat des Betriebsrates zum Schutz der Beschäftigten vor.

Dem beamtenrechtlichen Gruppenprinzip gem. § 38 Abs. 1 BPersVG wird im Rahmen der betrieblichen Mitbestimmung insoweit Rechnung getragen, daß die „privatisierten" Beamten infolge der verfassungsrechtlichen Gewährleistung ihrer Rechtsstellung einen Anspruch auf den Schutz durch eine eigene Interessen-

---

[419] Vgl. *Engels/Müller/Mauß,* DB 1994, S. 473, 477; *Engels/Mauß-Trebinger,* Aktuelle Fragen der Betriebsverfassung in den privatisierten Unternehmen der Bahn und der Post, RiA 1997, S. 217, 238.

[420] *Lorenzen/Schmitt/Etzel/Gerhold/Schlatmann/Rehak,* Kommentar zum BPersVG, § 1 Rn. 33g mit Hinweis auf *BT-Drs.* 12/4609 (neu), S. 86.

[421] *BAG,* Urteil vom 26. Juni 1996, AP Nr. 12 zu § 24 ArbGG; *BAG,* NZA 1996, S. 1061 f.

vertretung geltend machen können, soweit es ihr beamtenrechtliches Grundverhältnis betrifft.

Infolge der Fiktion gem. § 19 Abs. 1 DBGrG gelten die der Deutschen Bahn AG nach § 12 Abs. 2 und 3 DBGrG bzw. den Beteiligungsgesellschaften gem. § 23 DBGrG zugewiesenen Beamten als Arbeitnehmer. Daher kann ein zugewiesener Beamter sowohl Mitglied im Betriebsrat als auch in der besonderen Personalvertretung sein (sog. Doppelrepräsentanz).

Ein Ausschluß der Beteiligung des Betriebsrats bei konkurrierenden Mitbestimmungsrechten der besonderen Personalvertretung ist unter Berücksichtigung der Auslegung des § 17 Abs. 2 DBGrG abzulehnen. Vielmehr ist eine uneingeschränkte Doppelbeteiligung des Betriebsrates und der besonderen Personalvertretungen zulässig. Dieser Grundsatz wird in der Beteiligungspraxis der Interessenvertretungen bei der Deutschen Bahn AG beachtet.

V. Auswirkungen der Bahnreform auf die kollektivrechtlichen Vereinbarungen

1. Weitergeltung von Dienstvereinbarungen nach der Bahnreform

Für Betriebsvereinbarungen ist anerkannt, daß sie beim Weiterbestehen der organisatorischen Einheit, für die sie abgeschlossen worden sind, trotz Wechsel des Betriebsinhabers infolge eines Betriebsübergangs nach § 613a BGB kollektivrechtlich fortbestehen[422]. Gleiches gilt nach zutreffender Ansicht auch für Dienstvereinbarungen. Sie gelten als Betriebsvereinbarungen weiter[423].

Soweit die Dienstvereinbarungen personelle Angelegenheiten der Beamten betreffen, die auch nach der Privatisierung in die Regelungszuständigkeit des öffentlichen Dienstherrn fallen, bleibt ihre Wirksamkeit bestehen[424].

Betrifft die Dienstvereinbarung dagegen beamtenrechtliche Angelegenheiten, die nach der Privatisierung der Mitbestimmung durch den Betriebsrat unterliegen, so gilt die Dienstvereinbarung als Betriebsvereinbarung kollektivrechtlich

---

[422] *BAG,* Urteil vom 5. Februar 1991, AP Nr. 89 zu § 613a BGB, seither ständige Rechtsprechung; *Preis* in: *Dieterich/Hanau/Schaub,* Erfurter Kommentar zum Arbeitsrecht, 230, § 613a, Rn. 107 ff.

[423] *Frohner,* Das Übergangsmandat des Personalrats und die Weitergeltung von Dienstvereinbarungen bei Privatisierungen öffentlicher Einrichtungen, PersR 1995, S. 99, 108 ff.; *Trümner* in: *Blanke/Trümner,* Handbuch Privatisierung, S. 540 ff., Rn. 723 ff.; *ders.,* PersR 1993, S. 473, 480; *a.A.: Hammer,* Privatisierung – Chancen und Risiken für die Mitbestimmung, PersR 1997, S. 59 f.

[424] *Blanke/Sterzel,* Privatisierungsrecht für Beamte, Rn. 254; dies betrifft nach der Bahnreform die statusrechtlichen Angelegenheiten der Beamten.

fort, sofern die organisatorische Einheit, für die sie abgeschlossen worden war, im wesentlichen unverändert beibehalten wird.

Wird bei einer Organisationsprivatisierung ausnahmsweise die zuvor bestehende organisatorische Einheit nicht fortgeführt, so werden die Regelungen der Dienstvereinbarung bei übergeleiteten Angestellten und Arbeitern in entsprechender Anwendung von § 613a Abs. 1 S. 2 BGB zu Bestandteilen des Arbeitsvertrages mit dem neuen Arbeitgeber. In bezug auf die Beamten besteht mangels eines arbeitsvertraglichen Verhältnisses zu dem privaten Rechtsnachfolger diese Möglichkeit der Weitergeltung nicht. Die Wirksamkeit der entsprechenden Regelungen der Dienstvereinbarungen endet daher mit der Privatisierung[425].

Auch nach der Bahnreform können die besonderen Personalvertretungen in spezifischen beamtenrechtlichen Angelegenheiten Dienstvereinbarungen für die zugewiesenen Beamten aushandeln. Aus der Natur der Sache sind diese Dienstvereinbarungen nicht auf das Tarifpersonal anwendbar. Folglich erstreckt sich ihr Geltungsbereich auch nicht auf beurlaubte Beamte, weil diese infolge ihres Arbeitsverhältnis zur Deutschen Bahn AG bzw. einer Beteiligungsgesellschaft wie ein Arbeitnehmer zu behandeln sind.

2. Keine tarifvertragliche Gestaltungsmöglichkeit der Rechtsverhältnisse von privatisierten Beamten

In den letzten Jahren konnte beobachtet werden, daß sich in der Praxis einige Regelungen der Beschäftigungsgruppe der Angestellten und Arbeiter sowie der Beschäftigungsgruppe der Beamten trotz ihrer unterschiedlichen Ausgestaltung angenähert haben, u. a. fand eine Orientierung der öffentlich-rechtlichen Besoldung an den für die Angestellten, Arbeiter und Auszubildenden von den Tarifparteien ausgehandelten Lohnerhöhungen statt[426]. Häufig wurden diese Vereinbarungen direkt für die Beamten übernommen[427].

Allerdings ist im Hinblick auf die Beamtenverhältnisse allein der Gesetzgeber aufgrund des Art. 33 Abs. 5 i. V. m. Abs. 4 GG für die Ausgestaltung der Dienstverhältnisse zuständig. Eine direkte Einbeziehung der Beamten in die tarifvertraglichen Verhandlungen und Regelungen ist somit nach ganz h. M.[428]

---

[425] *Blanke/Sterzel,* Privatisierungsrecht für Beamte, Rn. 255.

[426] Vgl. *Janssen,* Die zunehmende Privatisierung des deutschen Beamtenrechts als Infragestellung seiner verfassungsrechtlichen Grundlagen, ZBR 4/2003, S. 113, 115.

[427] Einschränkend ist jedoch einzuräumen, daß in einigen bestimmten Bereichen, z. B. der Besoldung und der Arbeitszeit, in der jüngsten Vergangenheit eher eine gegenläufige Entwicklung, d. h., ein Auseinanderfallen von Regelungen für Beamte und Arbeitnehmer, zu beobachten ist. Diese kann auf die veränderten wirtschaftlichen Rahmenbedingungen, u. a. Defizite in den öffentlichen Haushalten, zurückgeführt werden.

nicht zulässig. Das Erfordernis einer gesetzlichen Anspruchsgrundlage knüpft an den Status der Beamten an, unabhängig davon, ob der Beamte bei der öffentlichen Hand oder in einem privatrechtlich organisierten Unternehmen tätig ist. Rein begrifflich ist daher eine Tariffähigkeit dieser Gruppe nicht denkbar. Dies folgt im übrigen bereits aus § 1 Abs. 1 TVG, wonach sich tarifvertragliche Normen allein auf Arbeitsverhältnisse beziehen, sowie aus dem engen Zusammenhang zwischen der Gewährleistung der Tarifautonomie und dem Streikrecht. Materiell rechtlich sind zwar für Beamte und Arbeitnehmer inhaltlich übereinstimmende Regelungen denkbar, die gleichwohl auf unterschiedlichen normativen Ermächtigungen beruhen.

Das Beamtenverhältnis ist einer Gestaltung durch eine Vereinbarung nur zugänglich, soweit dafür eine gesetzliche Grundlage besteht[429]. Dieser Grundsatz erhält in der Praxis dann Bedeutung, wenn die in einer Vereinbarung getroffenen Regelungen für die zugewiesenen Beamten nur gelten sollen „sofern beamtenrechtliche Bestimmungen diesen nicht entgegenstehen". Nach der Rechtsprechung des Bundesverwaltungsgerichts[430] reicht allein diese Formel nicht aus. Es ist bei Erlaß der jeweiligen Vereinbarung im konkreten Einzelfall zu prüfen, ob für den Regelungsinhalt der Vereinbarung bereits eine gesetzliche Ermächtigungsgrundlage in beamtenrechtlichen Angelegenheiten besteht.

Bislang enthalten die für den Bahnkonzern gültigen Tarifverträge lediglich die folgende pauschale Formulierung[431]:

„Die Bestimmungen dieses Tarifvertrages sind ... auf zugewiesene Beamte sinngemäß anzuwenden, soweit sofern beamtenrechtliche Bestimmungen dieser Anwendung nicht entgegenstehen".

In den künftigen auszuhandelnden Tarifverträgen sind folglich die konkreten beamtenrechtlichen Normierungen zu nennen, um die höchstrichterlichen Rechtsprechung zu berücksichtigen.

---

[428] *BVerwGE* 108, 274, 276; *BVerwG,* Beschluß vom 13. November 2002, Az; 2 B 21/02; *Gamillscheg,* Kollektives Arbeitsrecht, Bd. 1, S. 1108 ff.; *Kempen/Zachert,* Kommentar zum TVG, § 2 Rn. 40; *Blanke/Sterzel,* Privatisierungsrecht für Beamte, Rn. 257; *a.A.: BAG,* PersR 1996, S. 208, 211; *Däubler,* Tarifvertragsrecht, Rn. 325; *Engels/Mauß-Trebinger,* Aktuelle Fragen der Betriebsverfassung in den privatisierten Unternehmen der Bahn und der Post, RiA 1997, S. 217 ff., demnach sind AG-Beamte sowohl in betriebsverfassungsrechtlicher Sicht wie auch in tariflicher Hinsicht als Arbeitnehmer anzusehen, soweit es nicht ihren Status betrifft. Dies ergibt sich aus dem Grundrecht der Koalitionsfreiheit und dem Grundsatz des Tarifvorrangs, daß die Beschäftigungsverhältnisse der AG-Beamten insoweit auch der tariflichen Vereinbarungsbefugnis unterliegen.

[429] *BVerwGE* 91, 200, 203; *BVerwG,* Urteil vom 27. Februar 2001, Az: 2 C 2/00.

[430] *BVerwG,* Beschluß vom 13. November 2002, Az: 2 B 21/02, in dem es um die Herleitung unmittelbarer Ansprüche aus einem zwischen der DB Regio AG und dem Betriebsrat geschlossenen Interessenausgleich und Sozialplan sowie einer möglichen Ermessensreduzierung auf Null aufgrund des Sozialplaninhalts ging.

[431] Beispielsweise in der Protokollnotiz zu § 1 TV Vermittlung GmbH.

VI. Sozialversicherungsrechtliche Aspekte

1. Versorgungs- und Rentenversicherungsansprüche der beurlaubten Beamten

Im Folgenden werden die versorgungs- und rentenversicherungsrechtlichen Konsequenzen einer Beurlaubung aus dem Beamtenverhältnis zur Deutschen Bahn AG dargestellt.

Die Beurlaubung erfolgt gem. § 13 Abs. 1 S. 1 SUrlV „unter Wegfall der Besoldung“. Hierzu zählen gem. § 17 Abs. 1 SUrlV alle Bezüge gem. § 1 Abs. 2 und 3 BBesG, also Dienstbezüge, Zuschläge, jährliche Sonderzuwendungen, vermögenswirksame Leistungen sowie Urlaubsgeld im Sinne der §§ 67 ff. BBesG.

Während der Beurlaubung haben die Beamten die gleichen Rechte wie andere Arbeitnehmer. Die Zeit einer Beurlaubung wird als ruhegehaltsfähige Dienstzeit im Sinne des Beamtenversorgungsgesetzes anerkannt.

Die Deutsche Bahn AG zahlt hierfür an das Bundeseisenbahnvermögen in diesem Fall einen Versorgungszuschlag[432]. Die Anwartschaft auf Versorgungsbezüge bleibt erhalten[433].

Der Beamte behält seine Besoldungsansprüche. Für die Berechnung des Besoldungsdienstalters gem. § 28 Abs. 1 und Abs. 3 BBesG i. V. m. § 12 Abs. 1 DBGrG ist der Zeitraum der Beurlaubung ebenso unbeachtlich.

Gem. § 9a Abs. 2 BBesG sind die Einkünfte aus der Tätigkeit bei der aufnehmenden Einrichtung grundsätzlich anzurechnen[434]. Da keine ausdrückliche Offenbarungspflicht statuiert ist, wird der Dienstherr regelmäßig Angaben anfordern.

Nach § 1 SGB IV sind grundsätzlich alle Beschäftigte sozialversicherungspflichtig. Eine Ausnahme hiervon besteht gem. § 5 Abs. 1 Nr. 1 SGB VI nur für die Personen, die in einem Beamten- oder Richterverhältnis stehen. Fraglich ist nunmehr, ob auch beurlaubte Beamte aufgrund ihres Beamtenverhältnisses

---

[432] Vgl. *BAG,* Urteil v. 24.07.2001, Az: 3 AZR 716/00, PersR 2002, S. 313, wonach „... Zeiten der Beurlaubung beamtenrechtlich als ruhegehaltsfähige Dienstzeit gem. § 6 Abs. 1 S. 2 Nr. 5 BeamtVG berücksichtigt werden können, wenn der Beamte sich verpflichtet, einen Versorgungszuschlag in Höhe von 30% des ihm als Beamter ohne die Beurlaubung jeweils zustehenden ruhegehaltsfähigen Dienstbezügen zu zahlen ... Dies gilt auch, wenn der Arbeitgeber sich verpflichtet, diesen Versorgungszuschlag zu dessen Gunsten zu übernehmen.“

[433] Begründung zu § 13 Abs. 1 Art. 2 ENeuOG in: *BT-Drs.* 12/4609 (neu), S. 82; *Kunz,* Kommentar zum Eisenbahnrecht, A 2.2 zu § 12 DBGrG, S. 25.

[434] *Kathke,* Versetzung, Umsetzung, Abordnung und Zuweisung, ZBR 1999, S. 325, 343.

sozialversicherungsfrei sind oder ob sie aufgrund des Arbeitsvertrages zu den Normadressaten des § 1 SGB VI zählen.

Grundsätzlich hat bei längerfristigen Beurlaubungen das privatisierte Unternehmen, mit dem der beurlaubte Beamte ein Arbeitsverhältnis begründet hat, die Arbeitgeberanteile zur Sozialversicherung (gesetzliche Rentenversicherung und betriebliche Alterversorgung) zu zahlen, es sei denn, es liegt ein Gewährleistungsbescheid gem. § 5 Abs. 1 S. 1 Nr. 1 SGB VI vor[435].

Diese Ausnahmeregelung greift für die privatisierten Eisenbahnunternehmen. Danach leistet die Deutsche Bahn AG gem. § 21 Abs. 3 DBGrG an das Bundeseisenbahnvermögen für die gem. § 12 Abs. 1 DBGrG zur Gesellschaft beurlaubten Beamten einen Versorgungszuschlag in Höhe der Arbeitnehmer- und Arbeitgeberanteile zur gesetzlichen Rentenversicherung sowie Beiträge zur betrieblichen Alterversorgung.

Da der Beamte nicht aus dem Beamtenverhältnis ausgeschieden ist, hat er grundsätzlich keinen Anspruch auf Nachversicherung bei der gesetzlichen Rentenversicherungsanstalt.

Infolge der Beurlaubung bestehen bei Erreichen der Regelaltersgrenze zwei Ansprüche nebeneinander, der Anspruch auf Versorgung gem. § 4 ff. BeamtVG sowie der Anspruch auf Regelaltersrente gem. § 35 i. V. m. §§ 302 ff. SGB VI. Für das spätere Ruhegehalt sind gem. § 5 Abs. 1 Nr. 1 BeamtVG die Bezüge maßgeblich, die dem Beamten zuletzt zugestanden haben. Unter Berücksichtigung der Regelung in § 55 BeamtVG zur Berechnung der Versorgungsrente werden die beiden Ansprüche nicht addiert. Die Berechnung der Rente erfolgt vielmehr gem. §§ 64 ff. SGB VI nach den dort benannten Grundsätzen.

2. Sozialversicherungsrechtliche Folgen einer Entlassung aus dem Beamtenverhältnis

Von besonderer praktischer Relevanz für den Bund, als Dienstherr und Mehrheitseigner der Deutschen Bahn AG, sind die sozialversicherungsrechtlichen Folgen einer freiwilligen Entlassung eines Beamten aus seinem Beamtenverhältnis.

Nach einer Entlassung aus dem Beamtenverhältnis gem. § 30 BBG, § 23 BRRG besteht für die Beamten ein Anspruch auf Nachversicherung gem. § 8 i. V. m. §§ 181 ff. SGB IV der Arbeitnehmer- und Arbeitgeberbeiträge zur Rentenversicherung bei der entsprechend zuständigen Rentenversicherungsanstalt (Angestellte zur Bundesversicherungsanstalt für Angestellte, Arbeiter zur Landesversicherungsanstalt für Arbeiter – LVA). Daraus erwächst der Anspruch auf

[435] *Blanke/Sterzel,* Privatisierungsrecht für Beamte, S. 82 Rn. 95.

Regelaltersrente gem. § 35 SGB IV bzw. Ansprüche wegen verminderter Erwerbsfähigkeit sowie Ansprüche aus der Hinterbliebenenversorgung.

Die Anzahl der Anträge auf eine Entlassung aus dem Beamtenverhältnis sind auch nach der Bahnreform so gering, daß sie statistisch im Personalbericht der Deutschen Bahn AG nicht berücksichtigt werden und somit auch nicht praxisrelevant sind.

VII. Zusammenfassung des Kapitels D.

Mit der Dienstleistungszuweisung kraft Gesetzes im Sinne des Bahnmodells wurde rechtliches Neuland im Rahmen von Personaltransfermöglichkeiten betreten.

Für eine schnelle Umsetzung des Privatisierungsvorhabens und mangels geeigneter anderer Überleitungsinstrumente war es zum damaligen Zeitpunkt der praktikabelste Weg, die Privatisierung der Deutschen Bundesbahn sowie der Deutschen Reichsbahn durch eine Verfassungsänderung abzusichern. Dieser gesetzgeberische Aufwand wurde mit der Reichweite und Bedeutung der Umstrukturierung des Monopolgiganten gerechtfertigt. Der Regelungsgehalt der im Zusammenhang mit der Privatisierung der Deutschen Bundesbahnen und der Deutschen Bundespost erlassenen Art. 143a, 143b GG diente als Vorbild für die Einfügung des § 123a Abs. 2 BRRG durch das Dienstrechtsreformgesetz im Jahre 1997. Die Zuweisung gem. § 123a Abs. 2 BRRG ist demnach geeignet, bei künftigen Privatisierungen die Personalüberleitung der Beamten von der öffentlichen Hand auf ein privatrechtliches Unternehmen zu gestalten.

Die Verfassungsänderung im Zusammenhang mit der Privatisierung der Deutschen Bundesbahnen und der Deutschen Bundespost könnte somit einmalig in der Privatisierungspraxis sein.

Durch die Bahnstrukturreform werden ebenso neue Wege in der beamtenrechtlichen Tätigkeit und Dienstleistung beschritten. Besonders bei der Zielorientierung des Dienstes bzw. der Dienstleistung ist ein gravierender Wandel in den privatisierten Bahnbereichen zu beobachten.

Jedes private Unternehmen muß, um erfolgreich zu sein, Gewinne erzielen. Ein bedeutsames Ziel der Bahnreform ist die Erreichung der Kapitalmarktfähigkeit und der Börsengang, so daß das Interesse der privatisierten Eisenbahnunternehmen mithin auf eine Gewinnerzielung gerichtet ist. Demgegenüber darf das beherrschende Prinzip staatlicher Aufgabenerfüllung nicht die Gewinnmaximierung sein, sondern die Verwirklichung des Allgemeinwohls. Essenzielles Merkmal einer rechtsstaatlichen Grundsätzen genügenden Verwaltung ist ihre Neutralität und Unabhängigkeit. Die Pflicht zu uneigennütziger und unparteiischer Dienstleistung ist für das Beamtenrecht geradezu prägend und in allen Beamtengesetzen ausdrücklich normiert. Die selbstlose, uneigennützige, auf keinen Vorteil bedachte Führung der Amtsgeschäfte ist eine wesentliche Grundlage des Berufsbeamtentums.

Dieses Postulat wird jedoch unglaubwürdig, wenn es auf „privatisierte" Beamte bezogen wird, die nicht mehr das Gemeinwohl, sondern die Unternehmensziele der privatisierten Eisenbahnunternehmen verwirklichen sollen.

Der Beamte, der aufgrund einer fortbestehenden Loyalitätsbindung an seinen Dienstherrn seinen Dienst verrichtet und in seiner Position weiterhin auf keinen Vorteil bedacht ist, kann schnell in einen unlösbaren Zwiespalt geraten[436].

Bei einer Orientierung der Dienstleistung an den Zielsetzungen des Privatunternehmens besteht die Gefahr, daß die besonderen, aus Art. 33 Abs. 4 und Abs. 5 GG abgeleiteten Pflichtenbindungen des Berufsbeamtentums ihre wichtigste Legitimationsgrundlage verlieren. Schließlich werden die besondere Treuepflicht der Beamten, deren Mäßigungspflicht bei politischer Betätigung, das Arbeitskampfverbot, und auch die Disziplinargewalt des Dienstherrn, also die den Unterschied zum Arbeitsrecht kennzeichnenden Institute des Beamtenrechts, gerade mit dem besonderen Charakter des Dienstes der Beamten für das Gemeinwesen gerechtfertigt.

Das starre Festhalten an den typischen beamtenrechtlichen Pflichtenbindungen und Grundsätze erscheint unter der Beachtung der Privatisierungsfolgen fragwürdig. Es könnte vielmehr einiges dafür sprechen, sich bei der Pflichtenbindung der „privatisierten" Beamten, die faktisch kein öffentliches Amt mehr wahrnehmen, an den Prinzipien des Arbeitsrechts zu orientieren.

Dagegen spricht jedoch der Wortlaut des Art. 143a Abs. 1 GG und der daraus resultierende Anspruch auf Statuswahrung. Damit werden die „privatisierten" Beamten den Bundesbeamten, die weiterhin im öffentlichen Dienst tätig sind, gleichgestellt. Aus diesen Rechten folgen kongruent auch der beamtenrechtliche Pflichtenkatalog sowie die uneingeschränkte Weitergeltung der hergebrachten Grundsätze des Berufsbeamtentums.

Dies wirkt sich insbesondere bei Rationalisierungsmaßnahmen sowie Umstrukturierungsmaßnahmen mit dem Ziel des Personalabbaus, Änderungsvorhaben hinsichtlich der beamtenrechtlichen Laufbahnen, Harmonisierung der Besoldungs- und Entgeltstruktur für Beamte und Arbeitnehmer sowie die uneingeschränkte Anwendung des Disziplinarrechts aus. In diesem Zusammenhang ist allerdings die Entwicklung in der neueren Disziplinarrechtsprechung zu begrü-

---

[436] Grundsätzlich zum Wandel der Anforderungsprofile von Mitarbeitern infolge von Modernisierungsprozessen: *Hill,* Neue Anforderungen an die Mitarbeiter/innen, in: *Fisch/Hill,* Personalmanagement der Zukunft, Person-Team-Organisation, S. 23 ff.; vgl. zur Entwicklung im öffentlich-rechtlichen Sektor, *ders.,* Die Neue Selbständigkeit fördern: „Modernisierte" Mitarbeiter in der öffentlichen Verwaltung, in: *Fisch/Hill,* Personalmanagement der Zukunft, Person-Team-Organisation, S. 31 ff.

ßen, wonach bei den Bahnbeamten höhere Anforderungen an die Erfüllung des Tatbestands einer außerdienstlichen Pflichtverletzung zu stellen sind.

Allein das Arbeitskampfverbot für Beamte ist durch die Bahnstrukturreform insoweit zu modifizieren, daß beurlaubten Beamten ein eingeschränktes Streikrecht in bezug auf dienstrechtsneutrale Ziele zusteht.

Der Wechsel der Deutschen Bahnen aus dem öffentlichen Recht in das Privatrecht, die Herauslösung der operativen Einheiten aus der Behördenstruktur sowie die Überleitung der Beamten auf die Deutsche Bahn AG haben sich auch nachhaltig auf die betriebliche bzw. personalrechtliche Interessenvertretung der dort beschäftigten Mitarbeiter ausgewirkt. Zur kollektivrechtlichen Flankierung dieses Umbruchs sind ebenfalls betriebsverfassungsrechtliche Sonderregelungen erforderlich gewesen, die juristisches Neuland eröffnen.

Infolge der Fiktion gem. § 19 Abs. 1 DBGrG gelten die der Deutschen Bahn AG nach § 12 Abs. 2 und 3 DBGrG bzw. den Beteiligungsgesellschaften gem. § 23 DBGrG zugewiesenen Beamten als Arbeitnehmer.

Hieraus folgt jedoch nicht, daß die traditionellen beamtenrechtlichen Grundsätze durch die Prinzipien des Arbeitsrechts abgelöst werden. Vielmehr dient die Fiktion dem Schutz der zugewiesenen Beamten, da ihnen hierdurch u.a. das aktive und passive Wahlrecht zum Betriebsrat ermöglicht wird.

Unter Berücksichtigung der Beteiligungstatbestände gem. §§ 76 Abs. 1, 78 Abs. 1 BPersVG werden die zugewiesenen Beamten entweder ausschließlich von der besonderen Personalvertretung oder gem. §§ 75 Abs. 3, 76 Abs. 2 BPersVG ausschließlich durch den Betriebsrat vertreten. Im Falle einer konkurrierenden Mitbestimmung gem. § 76 Abs. 1 BPersVG und § 99 BetrVG besteht nach Auslegung des § 17 Abs. 2 S. 1 DBGrG eine uneingeschränkte Doppelbeteiligung der Interessengremien. Das Gruppenprinzip im Sinne des § 38 Abs. 1, 2 BPersVG findet insoweit Beachtung, daß die Beamten in beamtenspezifischen, statusrechtlichen Angelegenheiten ausschließlich durch den von ihnen gewählten besonderen Hauptpersonalrat vertreten werden.

E. Überleitung der Arbeitnehmer der Deutschen Bundesbahn und der Deutschen Reichsbahn auf die Deutsche Bahn AG

Im Hinblick auf die Arbeitnehmer der ehemaligen Deutschen Bundesbahn und der Deutschen Reichsbahn mußte das privatisierte Eisenbahnunternehmen in die Lage versetzt werden, die Arbeitgeberfunktion für das beim Bundeseisenbahnvermögen beschäftigte Tarifpersonal auszuüben und in die bestehenden Arbeits- und Ausbildungsverhältnisse einzutreten. Im Vergleich zur beamtenrechtlichen Problematik war die Überleitung des Tarifpersonals im Zuge der Bahnreform rechtlich einfacher zu bewältigen.

Im Folgenden werden die besonderen Regelungen zur Überleitung der Arbeitnehmer der Deutschen Bundes- und Reichsbahn auf die Deutsche Bahn AG sowie exemplarisch ausgewählte Konsequenzen der Bahnreform für die ehemaligen Arbeitnehmer des öffentlichen Dienstes dargestellt.

I. Die Regelungen des § 14 DBGrG

1. Vereinfachter Betriebsübergang kraft Gesetzes

Der Frage der Überleitung der Arbeitnehmer der ehemaligen Deutschen Bundesbahnen ging eine gewissenhafte Beurteilung der bisher geltenden Rechtssituation voraus. Dabei zeigten sich die bestehenden Rechtsnachfolgemöglichkeiten für eine schnelle Umsetzung der Bahnstrukturreform als unzulänglich.

Die Fälle der Einzelrechtsnachfolge (Singularsukzession) werden durch § 613a Abs. 1 S. 1 BGB erfaßt. Dies setzt voraus, daß auf einen neuen Betriebsinhaber ein Betrieb oder Betriebsteil durch Rechtsgeschäft, z. B. Kauf oder Schenkung, übergeht[1]. Da bei einer auf Kauf oder Schenkung beruhenden Betriebsveräußerung der Betrieb im ganzen nur Gegenstand des schuldrechtlichen

---

[1] *BAG,* DB 1981, S. 1140; *BAG,* DB 1985, S. 2409; *Putzo* in: *Palandt,* Kommentar zum BGB, 62. Auflage, § 613a, Rn. 13; *Hanau* in: *Erman,* Bürgerliches Gesetzbuch, Handkommentar, § 613a Rn. 13 f., 29; *Schaub* in: MK zum BGB, Bd. 3, § 613a Rn. 25; *Preis* in: *Dieterich/Hanau/Schaub,* Erfurter Kommentar zum Arbeitsrecht, 230, § 613a Rn. 5 ff., 58 ff.; *Zöllner/Loritz,* Arbeitsrecht, S. 260; *Müller,* B., Arbeitsrecht im öffentlichen Dienst, S. 171 f.; ausführlich zum Begriff des Betriebsübergangs, *Gaul,* B., Die Privatisierung der Dienstleistungen als rechtsgeschäftlicher Betriebsübergang (§ 613a BGB), ZTR 1995, S. 344, 345 ff.

Geschäfts sein kann, bedarf dagegen die Verfügung über die zum Betrieb gehörenden sächlichen und immateriellen Gegenstände einzelner Übertragungshandlungen, um eine wirksame Einzelrechtsnachfolge vorzunehmen[2].

Eine solche rechtsgeschäftliche Übertragung der ca. 1.500 als Betriebe in diesem Sinne anzusehenden Dienststellen der Deutschen Bundesbahn und der Deutschen Reichsbahn auf die Deutsche Bahn AG war jedoch zu zeitaufwendig und hätten dem politischen Ziel einer möglichst zügigen Umsetzung der Bahnreform entgegengestanden[3].

Ebenso kam eine Überleitung der Arbeitnehmer der ehemaligen Deutschen Bahnen auf die Deutsche Bahn AG im Wege der Gesamtrechtsnachfolge (Universalsukzession) nicht in Betracht. Eine Universalsukzession liegt dann vor, wenn ein neuer Rechtsträger kraft Gesetzes an die Stelle des bisherigen Rechtsträgers tritt[4]. Hierbei sind die Fälle der Gesamtrechtsnachfolge, beispielsweise der Erbfall gem. §§ 1922 ff. BGB, die Verschmelzung von Kapitalgesellschaften gem. §§ 339 ff. AktG sowie die Umwandlung einer Kapitalgesellschaft in eine Personengesellschaft gem. § 1 UmwG in der Rechtsordnung abschließend aufgeführt[5]. Die Privatisierung des unternehmerischen Teils der Bundeseisenbahnen konnte daher nicht unter die bestehenden Tatbestände der Gesamtrechtsnachfolge subsumiert werden. Eine Gesamtrechtsnachfolge wurde vom Gesetzgeber außerdem nicht angestrebt, da eine Ausgliederung aus dem Sondervermögen des Bundeseisenbahnvermögens auf die Deutsche Bahn AG nur hinsichtlich des Erbringens von Eisenbahnverkehrsleistungen und dem Betreiben der Eisenbahninfrastruktur beabsichtigt war[6].

Zur Lösung des Problems erließ der Gesetzgeber die Sonderregelung i. d. F. des § 14 DBGrG zur Überleitung der Arbeitnehmer auf die Deutsche Bahn AG. Danach tritt die Deutsche Bahn AG bereits mit ihrer Eintragung in das Handelsregister[7] kraft Gesetzes gem. § 14 Abs. 2 S. 1 DBGrG in die Rechte und Pflichten für die im Zeitpunkt der Eintragung der Gesellschaft beim Bundeseisenbahnvermögen bestehenden Arbeits- und Ausbildungsverhältnisse ein.

---

[2] *Schaub* in: MK zum BGB, Bd. 3, § 613a Rn. 26; gleiches gilt für einen rechtsgeschäftlichen Übergang durch Begründung eines Nießbrauchs.

[3] Vgl. *Engels/Müller/Mauß,* Ausgewählte arbeitsrechtliche Probleme der Privatisierung – aufgezeichnet am Beispiel der Deutschen Bahn AG, DB 1994, S. 473, 474, wonach ausweislich der letzten Personalratswahlen im Mai 1992 in 922 Dienststellen der Deutschen Bundesbahn und in 660 Dienststellen der Deutschen Reichsbahn Personalräte zu wählen waren.

[4] *Hanau* in: *Erman,* Bürgerliches Gesetzbuch, Handkommentar, § 613a Rn. 29; *Schaub* in: MK zum BGB, Bd. 3, § 613a, Rn. 147.

[5] *Müller,* B., Arbeitsrecht im öffentlichen Dienst, S. 171.

[6] Vgl. *Engels/Müller/Mauß,* Ausgewählte arbeitsrechtliche Probleme der Privatisierung – aufgezeichnet am Beispiel der Deutschen Bahn AG, DB 1994, S. 473, 474.

[7] Eintragung in das Handelsregister am 05.01.1994, Amtsgericht Berlin Charlottenburg, 2-90 HBR 50000.

Die Regelung des § 613a BGB, die nur für den rechtsgeschäftlichen Übergang von Betrieben und Betriebsteilen gilt, ist in § 14 Abs. 4 DBGrG ausdrücklich für anwendbar erklärt worden, soweit im DBGrG nichts anderes bestimmt ist. Diese Einschränkung bezieht sich insbesondere auf die Regelungen in § 14 Abs. 3 DBGrG hinsichtlich der Weitergeltung bestehender Tarifverträge[8].

Dementsprechend richtet sich die Übernahme der Arbeits- und Ausbildungsverhältnisse nach einer vom Vorstand des Bundeseisenbahnvermögens gem. § 14 Abs. 1 DBGrG aufgestellten Liste, in der die Dienststellen oder Teile einer Dienststelle aufgeführt sind, die als Betriebe oder Betriebsteile im Sinne des § 613a Abs. 1 S. 1 BGB auf die Deutsche Bahn AG übergehen sollen. Nur die davon betroffenen Arbeits- und Ausbildungsverhältnisse gehen auf die Deutsche Bahn AG über, die übrigen bestehen beim Bundeseisenbahnvermögen weiter fort.

Der Gesetzgeber hat sich somit bei der Überleitung des Tarifpersonals auf die Deutsche Bahn AG für eine Einzelrechtsnachfolge im Wege eines vereinfachten Betriebsübergangs entschieden[9].

Allerdings erstreckt sich der Anwendungsbereich des § 14 DBGrG nicht auf die Ausgliederung von Gesellschaften gem. §§ 2 Abs. 1, 3 Abs. 3 DBGrG, weil eine entsprechende Verweisung in § 23 DBGrG fehlt. Im Hinblick auf die Überleitung der Arbeitnehmer auf die ausgegliederten Gesellschaften gelten die üblichen gesetzlichen Normierungen für die Singular- und Universalsukzession.

2. Übergang der Arbeitsverhältnisse beurlaubter Arbeitnehmer

Im Hinblick auf die Weiterführung der Arbeitsverhältnisse von Arbeitnehmern, die vor der Bahnreform beurlaubt waren und deren Beurlaubung erst nach der Strukturreform endet, enthält § 14 DBGrG keine explizite Regelung. Diese ist aufgrund des Verweises in § 14 Abs. 3 DBGrG auf die Bestimmungen des § 613a BGB auch nicht notwendig. Mangels einer entgegenstehenden Regelung im DBGrG tritt die Deutsche Bahn AG gem. § 613a BGB in die Arbeitsverhältnisse der beurlaubten Arbeitnehmer der Deutschen Bundesbahnen ein, so daß nach Ablauf der Beurlaubung diese Arbeitsverhältnisse bei der Deutschen Bahn AG wieder aufleben.

---

[8] *Netz,* Die Tarifverträge für die Arbeitnehmer der DB AG, ZTR 1994, S. 189.

[9] *Engels/Müller/Mauß,* Ausgewählte arbeitsrechtliche Probleme der Privatisierung – aufgezeichnet am Beispiel der Deutschen Bahn AG, DB 1994, S. 473, 474; *Kunz,* Kommentar zum Eisenbahnrecht, A 2.2 zu § 14 DBGrG, S. 46.

3. Weitergeltung bestehender Tarifverträge und Betriebsvereinbarungen

Nach § 14 Abs. 3 DBGrG gelten bis zum Abschluß neuer Tarifverträge zwischen der Deutschen Bahn AG und den zuständigen Gewerkschaften bzw. den Gesamtbetriebsräten die bis dahin bestehenden Tarifverträge für die übergeleiteten Beschäftigten weiter[10]. Zum Zeitpunkt der Bahnreform bestand das zu übertragende Tarifwerk aus 16 Einzelverträgen und regelte die Einkommens- und Beschäftigungsbedingungen für ca. 250.000 Arbeitnehmer der Deutschen Bahn AG[11].

In Abweichung von § 613a Abs. 1 S. 2 BGB werden die bestehenden Kollektivvereinbarungen gem. § 14 Abs. 4 DBGrG durch den Betriebsübergang nicht in die bestehenden Arbeits- und Ausbildungsverhältnisse transformiert. Sie gelten also nicht auf individualrechtlicher Grundlage fort, sondern ihre normative, kollektivrechtliche Wirkung bleibt bis zum Abschluß neuer Tarifverträge bestehen, obwohl die Rechte und Pflichten bei der Deutschen Bahn AG nicht durch einen anderen Tarifvertrag bzw. andere Betriebsvereinbarungen geregelt werden[12]. Insofern stellt § 14 Abs. 3 i. V. m. Abs. 4 DBGrG eine weitere Abweichung zu § 613a Abs. 1 S. 3 BGB dar.

Soweit für Arbeitnehmer tarifrechtliche Bestimmungen während ihrer Tätigkeit beim Bundeseisenbahnvermögen auf individualrechtlicher Basis gegolten haben, bleiben diese Regelungen beim Übergang auf die Deutsche Bahn AG individualrechtlicher Inhalt der betreffenden Arbeitsverhältnisse[13].

Fraglich ist, wie sich die Regelung des § 14 Abs. 3 DBGrG auf tarifliche Außenseiter, d.h., nicht gewerkschaftlich organisierte Arbeitnehmer, auswirkt.

Das Bundesarbeitsgericht hat mit der Lehre vom Wegfall der Geschäftsgrundlage die Frage beantwortet, ob die nach einem Betriebsübergang getroffenen tarifvertraglichen Regelungen – im damals zu entscheidenden Fall nach dem BAT – auch den Inhalt der Arbeitsverträge für nicht gewerkschaftlich organisierte Arbeitnehmer bestimmen[14].

---

[10] Gleiches gilt für die bestehenden Dienstvereinbarungen, die bis zum Abschluß neuer Betriebsvereinbarungen zwischen der Deutschen Bahn AG und den zuständigen Betriebsräten gültig bleiben, vgl. Kapitel D, Teil V, Nr. 1.

[11] Ausführlich zu den einzelnen Tarifverträgen *Netz,* Die Tarifverträge für die Arbeitnehmer der DB AG, ZTR 1994, S. 189 ff.

[12] *Kunz,* Kommentar zum Eisenbahnrecht, A 2.2 zu § 14 DBGrG, S. 48; *Netz,* Die Tarifverträge für die Arbeitnehmer der DB AG, ZTR 1994, S. 189, wonach die Tarifnormen der Deutschen Reichsbahn jedoch individualrechtlich fortgelten.

[13] *Engels/Müller/Mauß,* Ausgewählte arbeitsrechtliche Probleme der Privatisierung – aufgezeichnet am Beispiel der Deutschen Bahn AG, DB 1994, S. 473, 475.

[14] *BAGE* 55, 154, 170 f.

Geschäftsgrundlage ist jeder Umstand, den zumindest eine Partei bei Vertragsschluß für die andere Partei erkennbar vorausgesetzt hat und auf dessen Beachtung sich die andere Partei redlicherweise hätte einlassen müssen[15]. Wird danach zwischen Parteien eines Arbeitsvertrages die Anwendung von Tarifverträgen einer Branche vereinbart, der der Arbeitgeber angehört, so ist es im Zweifel Parteiwille, die Tarifvorschriften zur Anwendung zu bringen, die dem Arbeitsverhältnis besonders nahe stehen, weil sie Besonderheiten der Branche berücksichtigen. Mangels anderweitiger Anhaltspunkte im Arbeitsvertrag entfällt damit die Geschäftsgrundlage dieser Vereinbarung, wenn der Erwerber eines Betriebes dieser Branche nicht angehört und in den Geltungsbereich anderer Tarifverträge fällt.

Nach Auffassung des Bundesarbeitsgerichts greift daher die zwingende gesetzliche Regelung des § 613a Abs.1 S. 1 BGB, wonach die im Zeitpunkt des Betriebsübergangs geltenden Rechte und Pflichten aus den Tarifverträgen in der damals geltenden Fassung weiter bestehen[16].

Diese Rechtsfolge tritt grundsätzlich auch bei nicht gewerkschaftlich organisierten Arbeitnehmern ein.

Infolge der Bahnreform gehört die Deutsche Bahn AG nicht mehr der „Branche" des öffentlichen Dienstes an, sondern der der Privatwirtschaft. Folglich entfällt unter Berücksichtigung der oben dargelegten Rechtsprechung des Bundesarbeitsgerichts die Geschäftsgrundlage. Aufgrund der Rechtsfolge aus § 613a Abs.1 S. 1 BGB entfalten die früheren Tarifverträge auch nach dem Zeitpunkt des Betriebsübergangs ihre Rechtswirkung.

Der Eintritt dieser Rechtsfolge wird noch durch eine weitere Maßnahme unterstützt. Die von der Deutschen Bundesbahn, der Deutschen Reichsbahn oder der Deutschen Bahn AG abgeschlossenen Arbeitsverträge enthalten eine sog. dynamische Verweisung auf die jeweils gültigen Tarifverträge. Auf diese Weise entfalten die kollektivrechtlichen Regelungen ihre Wirkung auf das individuelle Arbeitsverhältnis.

Gelten aufgrund des § 613a BGB die übergegangenen tariflichen Normen auch für gewerkschaftlich nicht organisierte Arbeitnehmer weiter, so muß dies im Wege eines Erst-Recht-Schlusses für Tarifnormen gelten, auf die eine dyna-

---

[15] *BGH* NJW, 1993, S. 1856, 1859; *Schmidt* in: *Staudinger,* Kommentar zum BGB, § 242 Rn. 945 ff.

[16] *BAGE* 55, 154, 170 ff.; vgl. *Bolck,* Personalrechtliche Probleme bei der Ausgliederung von Teilbereichen des öffentlichen Dienstes durch Überführung in eine private Rechtsform, ZTR 1994, S. 14, 16; *a.A.: LAG Düsseldorf,* Urteil vom 04.02.1993, Az: 12 Sa 1533/92, ZTR 1993, S. 248 (Leitsatz); *Schipp,* Arbeitsrechtliche Probleme bei der Privatisierung öffentlicher Einrichtungen, NZA 1994, S. 856, 869, der eine Gleichbehandlung tarifgebundener Arbeitnehmer und Außenseiter nur über den dogmatisch bedenklichen Weg der Analogie zu § 613a Abs. 1 S. 3 BGB gewährleistet sieht.

mische Verweisung im Arbeitsvertrag Bezug nimmt[17]. Damit werden auch für nicht tarifgebundene Arbeitnehmer die Rechtsnormen der Tarifverträge, die bei den ehemaligen Bundeseisenbahnen bzw. bei der Deutschen Bahn AG vor Ausgliederung ihrer Nachfolgegesellschaften galten, Inhalt der konkreten Arbeitsverhältnisse.

II. Rechtliche Konsequenzen für die Tarifkräfte infolge der Bahnreform

Das Ausscheiden der Arbeitnehmer aus dem öffentlichen Dienst ist mit einem erheblichen Konfliktstoff begründet. Dieser bezieht sich zum einen auf die Fortführung und Sicherung des betrieblichen Sozialwesens, zum anderen auf die Verteidigung des im öffentlichen Dienst erreichten Niveaus der tariflichen und personalvertretungsrechtlichen Absicherung von Arbeitsbedingungen.

1. Verlust des Status als Arbeitnehmer des öffentlichen Dienstes

Entgegen der Begründung zum Gesetzentwurf für die Gründung der Deutschen Bahn AG[18], verlieren die Arbeiter und Angestellten infolge der Privatisierung ihre Rechtsstellung als Arbeitnehmer des öffentlichen Dienstes, auch wenn die bestehenden Tarifverträge und Dienstvereinbarungen zunächst gem. § 14 Abs. 3 DBGrG weiter gelten[19].

Es ist daher zu erörtern, ob die Arbeitnehmer – ebenso wie die Beamten – eine Statussicherung geltend machen können.

Hierfür könnte anzuführen sein, daß es treuwidrig erscheinen mag, wenn der Staat, der die Arbeitnehmer unter dem Hinweis auf die Vorteile des öffentlichen Dienstes eingestellt hat, sich seiner selbst geschaffenen Verantwortung für das Personal entzieht. Dem Arbeitnehmer wird die Flexibilität innerhalb des öffentlichen Dienstes zu wechseln aufgrund der Privatisierung genommen.

Dem ist entgegenzuhalten, daß die Arbeits- und Ausbildungsverhältnisse durch die gesetzliche Überleitung gem. § 14 DBGrG im Rahmen der Bahnstrukturreform inhaltlich nicht anders behandelt werden, als wenn sie durch Rechtsgeschäft gem. § 613a Abs. 1 BGB auf die privatisierten Unternehmen übertragen worden wären.

---

[17] *Richardi* in: *Staudinger,* Kommentar zum BGB, § 613a Rn. 181; *Koch,* Outsourcing im Bereich öffentlicher Dienstleistungen, AuA 1995, S. 329, 331; *Kissel,* Arbeitskampfrecht, § 38 Rn. 12 ff.

[18] *BR-Drs.* 131/93, S. 84.

[19] *Blanke/Sterzel,* Probleme der Personalüberleitung im Falle einer Privatisierung der Bundesverwaltung (Flugsicherung, Bahn und Post), ArbuR 1993, S. 265, 274; *Wurm,* Der Begriff des öffentlichen Dienstes, S. 178 f.

Die Angestellten und Arbeiter, die ihre Rechtsstellung als Arbeitnehmer des öffentlichen Dienstes durch die Privatisierung verlieren, tragen letztlich kein anderes Risiko als jeder andere private Arbeitnehmer bei einem Betriebsübergang. Auch bei privatrechtlich organisierten Unternehmen kann sich der Arbeitgeber der von ihm eventuell versprochenen Fürsorge durch Veräußerung des Betriebes entziehen[20].

Den betroffenen Arbeitnehmern wird daher zu ihrem Schutz durch § 613a Abs. 6 BGB, nunmehr auch explizit als Tatbestandsmerkmal ein Widerspruchsrecht gegen einen Betriebsübergang eingeräumt[21]. Da das Eisenbahnneuordnungsgesetz hierzu keine spezielle Regelung beinhaltet, gilt das Widerspruchsrecht der Arbeitnehmer gegen den Betriebsübergang gem. § 14 Abs. 4 DBGrG i. V. m. § 613a Abs. 6 BGB auch im Zuge der Bahnreform. In der Praxis haben die Arbeitnehmer von diesem subjektiven Recht jedoch nur in wenigen Einzelfällen Gebrauch gemacht, so daß diese Fälle statistisch nicht von Bedeutung sind und daher auch nicht erfaßt werden.

Zur Lösung der oben aufgeworfenen Frage könnte eine Parallelwertung zwischen einem Anspruch auf Statussicherung als Arbeitnehmer des öffentlichen Dienstes und der arbeitgeberseitigen Kündigungsmöglichkeit von tarifvertraglich „unkündbaren" Arbeitnehmern beitragen.

Zunächst ist daher zu prüfen, ob eine arbeitgeberseitige Kündigung von Arbeitnehmern des öffentlichen Dienstes, die unter eine sog. „Unkündbarkeitsklausel" z. B. der §§ 53, 55 BAT fallen, zulässig ist.

Durch tarifvertragliche Regelungen können die Voraussetzung für eine ordentliche Kündigung von Arbeitnehmern enger bestimmt oder das Recht des Arbeitgebers zur ordentlichen Kündigung durch sog. „Unkündbarkeitsklauseln" ganz ausgeschlossen werden[22]. Praktische Bedeutung hat dies allerdings fast

---

[20] Vgl. *Wurm,* Der Begriff des öffentlichen Dienstes, S. 181, der bereits aufgrund der Lehre des Wegfalls der Geschäftsgrundlage den Verlust der Rechtsstellung als Arbeitnehmer des öffentlichen Dienstes als rechtmäßig ansieht.

[21] Das vom BAG in st. Rechtsprechung vertretene und vom EuGH anerkannte Widerspruchsrecht des Arbeitnehmers gegen den Übergang seines Arbeitsverhältnisses ist nunmehr in § 613a Abs. 4 BGB ausdrücklich kodifiziert; vgl. *BAG,* 02.10.1974, AP BGB, § 613a Nr. 1; *BAG,* 22.04.1993, AP BGB, 613a Nr. 103; *EuGH,* 16.12.1992, AP BGB § 613a Nr. 97; *EuGH,* 24.01.2002, EAS RL 77/187/EWG Art. 1 Nr. 23; *Hanau* in: *Erman,* Bürgerliches Gesetzbuch, Handkommentar, § 613a, Rn. 47; *Putzo* in: *Palandt,* Kommentar zum BGB, 61. Auflage, § 613a, Rn. 14–21; *Putzo* in: *Palandt,* Kommentar zum BGB, 62. Auflage, § 613a, Rn. 48 ff.; *Preis* in: *Dieterich/Hanau/Schaub,* Erfurter Kommentar zum Arbeitsrecht, 230, § 613a, Rn. 91–106; *Schlechtriem* in: *Jauernig,* Kommentar zum BGB, § 613a, Rn. 1, 12.

[22] *BAG,* Urteil vom 28.02.1990, DB 1990, S. 2609; *Däubler* in: *Kittner/Däubler/Zwanziger,* Kommentar zum KSchG, Einleitung, S. 145, Rn. 364; *Däubler,* Tarifvertragsrecht, Rn. 948; *Wurm,* Der Begriff des öffentlichen Dienstes, S. 183 ff. m. w. N.; *Löwisch,* Kommentar zum KschG, Vorbemerkungen zu § 1, Rn. 92.

nur für den Schutz älterer Arbeitnehmer sowie für eine zeitlich befristete Kündigungssperre[23].

In jüngerer Zeit wird von einigen Autoren die volle Wirksamkeit einer solchen Tarifnorm in Frage gestellt: Danach haben die Grundsätze über die soziale Auswahl nach § 1 Abs. 3 KSchG einen zwingenden Charakter, so daß bestimmte Arbeitnehmer nicht aufgrund eines Tarifvertrages aus dem Kreis der in Betracht kommenden Personen herausgenommen werden dürfen[24].

Diese Auffassung verkennt jedoch, daß als logische rechtliche Folge dann dem Arbeitgeber auch die Möglichkeit zu einem arbeitsvertraglichen Kündigungsausschluß abgesprochen werden müßte. Die Erweiterung des Kündigungsschutzes kann aber, sogar nach Vertretern der vorgenannten Gegenmeinung, durch eine einzelvertragliche Vereinbarung erfolgen[25]. Unter Beachtung der Grundsätze der Privatautonomie ist daher die Ansicht hinsichtlich einer Unwirksamkeit von „Unkündbarkeitsklauseln" wenig überzeugend[26].

Der Ausschluß der ordentlichen Kündigung durch Tarifvertrag verletzt den Arbeitgeber auch nicht in seiner Unternehmensfreiheit. Die Verhältnismäßigkeit zwischen dem Recht auf eine freie unternehmerische Entscheidung und dem Schutz der Arbeitnehmer wird in diesen Fällen durch eine Herabsetzung der Anforderungen an die außerordentliche Kündigung hergestellt[27].

Wird trotz einer tarifvertraglich zugesicherten Unkündbarkeit eine ordentliche Kündigung ausgesprochen, so ist diese wegen Verstoßes gegen zwingende materiell rechtliche Vorschriften aus dem Tarifvertrag gem. § 134 BGB unwirksam[28].

Da es sich um Arbeitnehmer der Bundeseisenbahnen handelt, sind nicht der Bundesangestelltentarifvertrag, sondern die speziellen Regelungen des Tarifvertrages für die Angestellten der Deutschen Bundesbahn sowie des Tarifvertrages für die Arbeiter der Deutschen Bundesbahn einschlägig. Nach dem Wortlaut des

---

[23] *Kempen/Zachert,* Kommentar zum TVG, § 1 Rn. 33.

[24] *Löwisch/Rieble,* Kommentar zum TVG, § 1 Rn. 568; *Löwisch,* Kommentar zum KSchG, § 1 Rn. 348.

[25] *Löwisch,* Kommentar zum KschG, Vorbemerkungen zu § 1, Rn. 96; *BAG* vom 28.11.1968, BB 1969, S. 315.

[26] Stillschweigend hat auch die Rechtsprechung die Unkündbarkeit älterer Arbeitnehmer bejaht, *BAG,* Urteil vom 09.09.1992, NZA 1993, S. 598; *BAG,* Urteil vom 13.03.1997, BB 1997, S. 1638; *LAG* Brandenburg vom 29.10.1998, ZTR 1999, S. 232; für die Literatur s. *Etzel* in: *Becker/Danne/Friedrich* u. a., Gemeinschaftskommentar zum Kündigungsschutzgesetz, § 1 KschG, Rn. 679 m. w. N.; *Däubler* in: *Kittner/Däubler/Zwanziger,* Kommentar zum KSchG, Einleitung, S. 146, Rn. 365; a. A.: *Löwisch/Rieble,* Kommentar zum TVG, § 1 Rn. 565, 568.

[27] *Löwisch/Rieble,* Kommentar zum TVG, § 1 Rn. 562.

[28] *Däubler* in: *Kittner/Däubler/Zwanziger,* Kommentar zum KSchG, Einleitung, S. 146, Rn. 368; *Friedrich* in: *Becker/Danne/Friedrich* u. a., Gemeinschaftskommentar zum Kündigungsschutzgesetz, § 13 KschG, Rn. 33.

§ 30 Abs. 1 AnTV[29] bzw. des § 30 Abs. 3 S. 1 LTV[30] ist eine ordentliche Kündigung des Arbeitnehmers nach einer Beschäftigungszeit von 15 Jahren und der Vollendung des vierzigsten Lebensjahres nicht zulässig. Diese Regelungen werden durch die Kündigungsbeschränkung in § 22 MTV (Schiene)[31] fortgeschrieben. Danach kann einem mindestens 55jährigen Arbeitnehmer mit einer ununterbrochenen Betriebszugehörigkeit von mindestens 10 Jahren nur gekündigt werden, wenn ein wichtiger Grund vorliegt, und er unter den Geltungsbereich eines Sozialplans fällt.

Die Regelungen der vorgenannten Tarifverträge enthalten somit „Unkündbarkeitsklauseln" infolge derer die Arbeitnehmer, die die tarifvertraglichen Voraussetzungen erfüllen, nicht mehr ordentlich gekündigt werden können. Eine Parallelwertung zu diesem Zeitpunkt würde damit zu dem Ergebnis führen, daß diese Tarifkräfte weiterhin ihren Status als Arbeitnehmer des öffentlichen Dienstes genießen.

Im Gegensatz zum Recht der ordentlichen Kündigung ist das Recht der außerordentlichen Kündigung für Arbeitgeber wie für Arbeitnehmer nicht dispositiv[32]. Hierdurch wird der Regelungsgehalt des § 626 BGB berücksichtigt, wonach das Kündigungsrecht aus wichtigem Grund zum unerlässlichen Kern der Vertragsfreiheit des Arbeitgebers gehört, der aus verfassungsrechtlichen Gründen nicht dazu gezwungen werden kann, ein unzumutbares Arbeitsverhältnis aufrechtzuerhalten[33]. Die Vorschrift des § 626 BGB, die die Möglichkeit der außerordentlichen Kündigung aus wichtigem Grund festschreibt, ist insoweit auch als tariffeste Bestimmung zu betrachten[34].

Das BAG hat mit seinen Entscheidungen vom 5. Februar 1998 und 17. September 1998 in bemerkenswerter Weise die Möglichkeit erweitert das mit einem tarifvertraglich unkündbaren Arbeitnehmer bestehende Arbeitsverhältnis aus betriebsbedingten Gründen außerordentlich zu kündigen. Eine außerordentliche betriebsbedingte Kündigung ist nach der neueren Rechtsprechung des Bundesarbeitsgerichts ausnahmsweise dann zulässig, wenn die ordentliche Kündigung

---

29 Tarifvertrag für die Angestellten der Deutschen Bundesbahn (AnTV) vom 1. Juni 1992, der dem Wortlaut des § 53 Abs. 2 BAT entspricht.

30 Tarifvertrag für die Arbeiter der Deutschen Bundesbahn (LTV) vom 1. Januar 1992.

31 Manteltarifvertrag für die Arbeitnehmer von Schienenverkehrs- und Schieneninfrastrukturunternehmen (MTV Schiene), in Kraft getreten seit 1. August 2002.

32 *Pfohl,* Arbeitsrecht des öffentlichen Dienstes, S. 268 Rn. 325; *Hanau/Adomeit,* Arbeitsrecht, S. 256, Rn. 845.

33 *BAG,* NZA 1987, S. 102; *Corts* in: *RGRK,* § 626 Rn. 78; *Löwisch/Rieble,* Kommentar zum TVG, § 1 Rn. 561.

34 *Pfohl,* Arbeitsrecht des öffentlichen Dienstes, S. 267 f., Rn. 322, 325, wonach ein vollständiger Ausschluß der außerordentlichen Beendigungskündigung gegen Art. 12 Abs. 1 GG und somit auch gegen § 626 BGB verstößt; *Wurm,* Der Begriff des öffentlichen Dienstes, S. 186 ff. ausführlich zu diesem Meinungsstreit.

durch Tarifvertrag aus Gründen der Alterssicherung und Betriebszugehörigkeit ausgeschlossen und eine anderweitige Beschäftigung des Arbeitnehmers in einem anderen Betrieb des Unternehmens nicht möglich ist und der Arbeitgeber alle ihm zumutbaren Mittel, wie z. B. Schaffung eines neuen Arbeitsplatzes durch Umorganisation der Arbeitsaufgaben, Freimachen eines bestehenden Arbeitsplatzes, zur Weiterbeschäftigung des Arbeitnehmers ausgeschöpft hat[35].

Die unternehmerische Entscheidungsfreiheit wird durch die konstituierten Verpflichtungen des Arbeitgebers zur Ausschöpfung aller ihm zumutbaren Mittel, um eine Weiterbeschäftigung des Arbeitnehmers zu ermöglichen, nicht berührt. Diese Verpflichtungen sind vielmehr Ausfluß aus dem Verhältnismäßigkeitsgrundsatz, der im gesamten Kündigungsschutzrecht gilt. Das Kündigungsschutzrecht hat nicht die unternehmerische Entscheidung als solche, sondern lediglich deren Auswirkungen im Visier. Das bedeutet, daß die unternehmerische Entscheidung den Rahmen vorgibt, innerhalb dessen anderweitige Beschäftigungsmöglichkeiten in Erwägung zu ziehen sind[36].

Infolge der Privatisierung fallen die Arbeitsplätze bei der öffentlichen Hand weg und gehen auf das neue privatisierte Unternehmen über. Im überwiegenden Fall handelt es sich hierbei um Arbeitsplätze, die das Kerngeschäft der Eisenbahnunternehmen betreffen, u. a. um den Rangierdienst, den Zugbegleitdienst sowie um die Arbeitsverhältnisse der Triebfahrzeugführer, der Mitarbeiter der Werke und des Vertriebs.

Aufgrund des funktionsspezifischen Charakters der Arbeitsverhältnisse kann der Bund, als Arbeitgeber, den betroffenen Arbeitnehmern weder eine andere Beschäftigungsmöglichkeit anbieten, noch durch zumutbare organisatorische Maßnahmen neue Arbeitsplätze schaffen oder frei kündigen. Insoweit sind die Folgen der Privatisierung durchaus mit den Konsequenzen einer Betriebsstillegung vergleichbar.

Nach dem Wortlaut des § 30 Abs. 2 AnTV und des § 30 Abs. 3 S. 2 LTV bleibt zudem die Kündigung aus wichtigen in der Person oder in dem Verhalten des Angestellten liegenden Gründen von den Regelungen zur ordentlichen Kündigung unberührt.

---

[35] *BAG,* NZA 1998, S. 771, NZA 1999, S. 258; ausführlich mit der neuen Rechtsprechung auseinandersetzend *Groeger,* Probleme der außerordentlichen betriebsbedingten Kündigung ordentlich unkündbarer Arbeitnehmer, NZA 1999, S. 851 ff.

[36] Soweit das BAG das Freimachen von Arbeitsplätzen durch Kündigung verlangt, ist jedenfalls auf solche Arbeitsplätze abzustellen, die mit dem des zu kündigenden Arbeitnehmers vergleichbar sind; vgl. *Groeger,* Probleme der außerordentlichen betriebsbedingten Kündigung ordentlich unkündbarer Arbeitnehmer, NZA 1999, S. 851, 855.

Unter Berücksichtigung der Rechtsprechung des Bundesarbeitsgerichts ist somit eine außerordentliche Kündigung von Arbeitnehmern, die in den Geltungsbereich einer „Unkündbarkeitsklausel“ fallen, zulässig.

Danach könnten auch ordentlich unkündbare Arbeitnehmer ihren Arbeitsplatz bei einem öffentlich-rechtlichen Arbeitgeber verlieren.

Wenn schon der Statusverlust als Arbeitnehmer des öffentlichen Dienstes durch eine Kündigung bewirkt werden kann, so haben die Arbeitnehmer diesen Statusverlust infolge einer Privatisierung im Sinne eines Erst-Recht-Schlusses hinzunehmen. Das Arbeitsverhältnis an sich bleibt bei dem neuen Unternehmen bestehen, so daß die Folgen eines Betriebsübergangs die Arbeitnehmer nicht so hart treffen, wie die einer Kündigung.

2. Darstellung der betrieblichen Altersversorgung

Bei der Durchführung von Privatisierungen verdient der Anspruch auf eine Zusatzversorgung für die Arbeitnehmer des öffentlichen Dienstes besondere Aufmerksamkeit. Das öffentlich-rechtliche Versorgungssystem läßt sich nicht in den Rahmen der privatwirtschaftlichen Vorstellung einer Altersversorgung einordnen. Während der privatrechtlich organisierte Unternehmer Rückstellungen für die Rentenzusage bilden muß, funktioniert die betriebliche Altersversorgung im öffentlichen Dienst nach dem Prinzip des Generationenvertrages[37].

Für die Beschäftigten im öffentlichen Dienst bestehen zusätzlich zur gesetzlichen Rentenversicherung Ansprüche auf Alters- und Hinterbliebenenversorgung, die durch Beiträge der Arbeitgeber an Zusatzversorgungskassen (ZVK) erworben werden.

Die zusätzliche Alters- und Hinterbliebenenversorgung wird jedoch nicht unmittelbar von dem öffentlich-rechtlichen Arbeitgeber, sondern über Zusatzversorgungskassen gewährt, die als Anstalten des öffentlichen Rechts organisiert sind[38]. Aus der Zusatzversorgung erhalten die begünstigten Arbeitnehmer eine dynamisch ausgestaltete, an beamtenrechtlichen Grundsätzen orientierte Gesamtversorgung. Als Grundversorgung steht dem Arbeitnehmer dabei im Regelfall die Rente aus der gesetzlichen Rentenversicherung zur Verfügung. Diese wird durch die Versorgungsrente der Zusatzversorgungskasse bis zur Höhe der Gesamtversorgung aufgestockt.

---

[37] Zur Erläuterung des Prinzips des Generationenvertrages, s. *Schipp/Schipp,* Arbeitsrecht und Privatisierung, Rn. 85, d.h., die heute Berufstätigen zahlen in einem Umlagesystem über Zusatzversorgungskassen die Renten der Arbeitnehmer von gestern. Rückstellungen sind hierbei nicht notwendig, vgl. auch Ausführungen bei *Schipp,* Arbeitsrechtliche Probleme bei der Privatisierung öffentlicher Einrichtungen, NZA 1994, S. 865 f.

[38] *Schipp/Schipp,* Arbeitsrecht und Privatisierung, Rn. 87.

Nach § 613a Abs. 1 S. 1 BGB tritt der private Arbeitgeber in die Rechte und Pflichten eines Arbeitsverhältnisses eines Arbeitnehmers des öffentliches Dienstes ein. Dies gilt auch für das Versorgungsrecht, d.h., der neue Betriebsinhaber muß die übernommenen Arbeitnehmer so stellen, als wenn diese noch im öffentlichen Dienst tätig wären[39].

Nach der Bahnreform werden die bei der Bundesversicherungsanstalt bestehenden Pflichtversicherungen – beschränkt auf das übergeleitete Personal – gem. § 14 Abs. 2 S. 2 DBGrG – fortgeführt. Die tarifvertraglich zugesicherte Zusatzversorgung wird von dem Geltungsbereich des § 14 Abs. 2 S. 2 DBGrG jedoch nicht erfaßt[40].

Grundsätzlich gibt es für den neuen Arbeitgeber zwei Möglichkeiten, die vertraglichen Ansprüche auf Altersversorgung der Arbeitnehmer zu erfüllen. Entweder trägt er die volle Versorgungslast selbst durch die Gründung einer eigenen betrieblichen Zusatzversorgung oder er führt die Versicherung bei der Zusatzversorgungskasse fort. Die letztgenannte Alternative setzt voraus, daß der neue Arbeitgeber die Mitgliedschaft bei der Zusatzversorgungskasse erwerben muß.

Folglich war es zum Zeitpunkt der Bahnreform der unternehmerischen Entscheidung der Deutschen Bahn AG vorbehalten, sich an der bestehenden Zusatzversorgung zu beteiligen oder eine eigene betriebliche Zusatzversorgung einzurichten. Ziel der Privatisierungsmaßnahme ist aber, umfassend aus dem Geltungsbereich des öffentlichen Dienstrechts auszuscheiden. Eine weitere Bindung des privatisierten Unternehmens an eine öffentlich-rechtliche Zusatzversorgungskasse durch eine Mitgliedschaft steht dieser Zielsetzung entgegen. Daher hat die Deutsche Bahn AG die Möglichkeit gewählt, die volle Versorgungslast selbst zu tragen[41].

---

[39] *BAG,* NJW 1993, S. 874 (entspricht BAG, DB 1993, S. 169); Teilweise ist diese Lösung bezweifelt worden, da der öffentliche Arbeitgeber keine Altersversorgung schulde, sondern nur dem Arbeitnehmer eine Versicherung bei der Zusatzversorgungskasse verschaffen müsse. Nach dem Satzungsrecht der Zusatzversorgungskassen sei eine solche Versicherung aber nicht möglich. Diesen Ansatz hat das BAG in der vorgenannten Entscheidung jedoch verworfen mit der Argumentation, daß die Versicherung bei einer Zusatzversorgungskasse nur den Durchführungsweg betreffe, es dem Arbeitnehmer aber auf die Versicherung als solche ankomme; *Blanke/Gebhardt/Heuermann,* Leitfaden Privatisierungsrecht: Praxis der Personalüberleitungs- und Personalgestellungsverträge für Arbeiter und Angestellte, Rn. 53 f.; *Gaul,* B., Die Privatisierung von Dienstleistungen als rechtsgeschäftlicher Betriebsübergang (§ 613a BGB), ZTR 1995, S. 344, 389; *Trümner,* Probleme beim Wechsel von öffentlich-rechtlichen zum privatrechtlichen Arbeitgeber infolge von Privatisierung öffentlicher Dienstleistungen, PersR 1993, S. 473, 478; zu den haftungs- und insolvenzrechtlichen Folgen, s. *Schipp/Schipp,* Arbeitsrecht und Privatisierung, Rn. 99 ff.

[40] Amtliche Begründung in *BR-Drs.* 131/93, S. 85; *Blanke/Sterzel,* Probleme der Personalüberleitung im Falle einer Privatisierung der Bundesverwaltung (Flugsicherung, Bahn und Post), ArbuR 1993, S. 265, 274.

Dabei steht die Deutsche Bahn AG nur für die Arbeitnehmer in der Verantwortung, die zum Zeitpunkt des Betriebsübergangs infolge der Eintragung in das Handelsregister am 05.01.1994 in den aufgeführten Dienststellen beschäftigt waren. Im Umkehrschluß ist allein das Bundeseisenbahnvermögen für die Mitarbeiter zuständig, die bis zum 04.01.1994 aus einem Arbeitsverhältnis zur Deutschen Bundes- bzw. Reichsbahn ausgeschieden waren.

Die betriebliche Zusatzversorgung in den privatisierten Eisenbahnunternehmen wird durch den Tarifvertrag über die betriebliche Zusatzversorgung für die Arbeitnehmer geregelt[42]. Der Geltungsbereich des § 1 Abs. 2 Buchst. f) ZVersTV erstreckt sich gleichwohl nicht auf die Arbeitnehmer, die bei der Bahnversicherungsanstalt, Abteilung B, pflichtversichert sind. Für diese Arbeitnehmer werden die Leistungen für eine Zusatzversorgung nach den gesetzlichen Regelungen in §§ 14 Abs. 2 S. 2, 21 Abs. 4 DBGrG i. V. m. § 15 BENeuglG abgewickelt.

Die Bundesbahnversicherungsanstalt, Abteilung B, wird gem. § 15 Abs. 1 BENeuglG nach der Privatisierung als Bahnversicherungsanstalt, Abteilung B, weitergeführt und ist damit Träger der Zusatzversorgung der Arbeitnehmer[43]. Das Bundeseisenbahnvermögen trägt für die betreffenden Arbeitnehmer der Deutschen Bahn AG die entsprechenden Aufwendungen für die Aufrechterhaltung der bisherigen Ansprüche auf die Zusatzversorgung aus der Bahnversicherungsanstalt, Abteilung B. Die fortgeführte Zusatzversorgung durch das Bundeseisenbahnvermögen ersetzt für die betroffenen Arbeitnehmer den Anspruch auf eine betriebliche Zusatzversorgung gegen die Deutsche Bahn AG[44]. Zum Ausgleich für die Aufwendungen des Bundeseisenbahnvermögens erstattet die Deutsche Bahn AG dem Bundeseisenbahnvermögen gem. § 21 Abs. 4 DBGrG die Kosten in Höhe der Aufwendungen für die eigene betriebliche Zusatzversorgung.

---

[41] Vgl. *Netz,* Die Tarifverträge für die Arbeitnehmer der DB AG, ZTR 1994, S. 189, 193, wonach der Arbeitnehmer gem. § 4 STV einen Anspruch auf Zusatzversorgung nach Maßgabe eines besonderen Tarifvertrags hat; vgl. auch allgemeine Ausführungen zur Altersvorsorge im Personal- und Sozialbericht 2001 des DB Konzerns, S. 14 f.; vgl. auch *Schipp/Schipp,* Arbeitsrecht und Privatisierung, Rn. 132, wonach der private Arbeitgeber nur dann völlige Freiheit erwirkt, wenn er bereit ist, die Versorgungslast selbst zu übernehmen; zu weiteren Lösungsansätzen, s. *dies.,* Arbeitsrecht und Privatisierung, Rn. 106 ff.

[42] Der Tarifvertrag über die betriebliche Zusatzversorgung für die Arbeitnehmer der DB AG (ZVersTV) trat am 1. Januar 1995 in Kraft.

[43] *Kunz,* Kommentar zum Eisenbahnrecht, A 2.2 zu § 21 DBGrG, S. 74.

[44] Vgl. *Kunz,* Kommentar zum Eisenbahnrecht, A 2.2 zu § 14 DBGrG, S. 47 f., neben dieser Besitzstandswahrung besteht jedoch keine weitere Regelung zur Altersversorgung der ehemaligen Mitarbeiter der Deutschen Reichsbahn. Folglich werden die Mitarbeiter der ehemaligen Deutschen Bundesbahn und der ehemaligen Deutschen Reichsbahn nicht gleichgestellt, so daß insofern eine Gesetzlücke vorliegt.

Die Regelungen der Ansprüche auf eine Zusatzversorgung aus der Bahnversicherungsanstalt, Abteilung B, beziehen sich gem. § 15 Abs. 1 S. 2 BENeuglG nur auf Mitarbeiter, die bereits vor dem Zeitpunkt der Bahnreform in der Bundesbahnversicherungsanstalt, Abteilung B, versichert waren. Nach § 15 Abs. 1 S. 3 BENeuglG kann für nach der Bahnreform eingestellte Arbeitnehmer eine Zusatzversicherung bei der Bahnversicherungsanstalt, Abteilung B, begründet werden.

Eine Pflicht hierzu besteht jedoch nicht, so daß die erst nach der Privatisierung eingestellten Mitarbeiter versorgungsrechtlich anders behandelt und gestellt werden können, als die ehemaligen Arbeitnehmer der Deutschen Bundes- oder Reichsbahn. Diese Vorgehensweise ist auch unter Berücksichtigung des arbeitsrechtlichen Gleichbehandlungsgrundsatzes zulässig, der nicht vorschreibt, das ehemalige Altersversorgungssystem des öffentlichen Dienstes für alle Zeiten für das privatisierte Eisenbahnunternehmen festzuschreiben[45]. Unter Berücksichtigung der Geltungsbereiche und der Ausführungsbestimmungen gelten für diese Arbeitnehmer die Regelungen der betrieblichen Altersversorgung in § 8 KonzernRTV[46] i. V. m. dem Zusatzversorgungstarifvertrag.

Die Höhe der Zusatzversorgung ist von dem sich im Zeitverlauf steigernden letzten Gehalt abhängig und berücksichtigt folglich ebenfalls die in den einzelnen Dienstjahren verdienten Steigerungsbeträge. Hieraus ergibt sich die dynamische Ausgestaltung (sog. gehaltsabhängige Dynamik) der Zusatzversorgung für die Arbeitnehmer im öffentlichen Dienst.

Im Weiteren ist daher zu erörtern, welchen Besitzstand die Arbeitnehmer im Hinblick auf die Zusatzversorgung nach der Bahnreform geltend machen können.

Das Bundesarbeitsgericht[47] hat einen abgestuften Besitzstandsschutz entwickelt:

Praktisch unantastbar ist der zeitanteilig erdiente Teilwert, weil der Arbeitnehmer die dafür erbrachte Gegenleistung schon erbracht hat. Sachliche Gründe reichen jedoch für einen Eingriff in die gehaltsabhängige Dynamik sowie für Kappung von Steigerungsbeträgen aus[48]. Die Deutsche Bahn AG muß daher die Altersversorgung mindestens bis zur Höhe der vollen, dynamischen Versorgungsrente auffüllen und dementsprechende Rückstellungen bilden[49].

---

[45] *Schipp,* Arbeitsrechtliche Probleme bei der Privatisierung öffentlicher Einrichtungen, NZA 1994, S. 865, 867 m. w. N.; *Günther,* Jahrhundertwerk auf die Schiene, Bundesarbeitsblatt 1994, S. 9, 13.

[46] Der Rahmentarifvertrag für die Arbeitnehmer verschiedener Unternehmen des DB Konzerns (KonzernRTV) ist am 1. August 2002 in Kraft getreten und ersetzt den KonzernRTV vom 26. Mai 1996.

[47] *BAG,* NZA 1987, S. 855.

[48] Kritisch hierzu: *Schaub* in: MK zum BGB, § 613a Rn. 142.

Die oben gemachten Ausführungen gelten gem. § 23 i.V.m § 21 DBGrG auch für ausgegliederte Gesellschaften gem. §§ 2 Abs. 1, 3 Abs. 3 DBGrG. Danach ist im Benehmen mit dem Bundeseisenbahnvermögen zu klären, ob für die betroffenen Arbeitnehmer die Pflichtversicherung in der Bahnversicherungsanstalt, Abteilung B, fortbesteht und die Beteiligungsgesellschaft hierfür Zahlungen gem. § 21 Abs. 4 DBGrG leisten muß. Ebenfalls ist mit dem Bundeseisenbahnvermögen zu klären, ob das Bundeseisenbahnvermögen Personalkosten nach den Bestimmungen des § 21 Abs. 5 DBGrG an die neue Gesellschaft erstattet.

Im Gegensatz zur Beschäftigung von Beamten und der Anwendung von beamtenrechtlichen Regelungen ist für die Fortführung der Pflichtversicherung bei der Bahnversicherungsanstalt, Abteilung B, nicht das Mehrheitseigentum des Bundes an der ausgegliederten Gesellschaft erforderlich[50]

III. Zusammenfassung des Kapitels E.

Durch den Erlaß des § 14 DBGrG hat der Gesetzgeber rechtliches Neuland betreten und sich bei der Überleitung des Tarifpersonals auf die Deutsche Bahn AG für eine Einzelrechtsnachfolge im Wege eines vereinfachten Betriebsübergangs entschieden. Die Regelung des § 14 DBGrG geht daher als lex specialis der Vorschrift des § 613a BGB vor.

Eine weitere Abweichung von der Rechtsfolge nach § 613a Abs. 1 S. 3 BGB stellt die Regelung des § 14 Abs. 3 i.V.m. Abs. 4 DBGrG dar. Danach wirken die bestehenden Tarifverträge nach der Bahnreform nicht auf individualrechtlicher Grundlage fort, sondern ihre normative, kollektivrechtliche Wirkung bleibt bis zum Abschluß neuer Tarifverträge bestehen.

Im Gegensatz zu den Beamten können die Arbeitnehmer keine Statussicherung als Arbeitnehmer des öffentlichen Dienstes nach der Privatisierung geltend machen. Ein Vergleich zur beamtenrechtlichen Statussicherung gem. Art. 143a GG verbietet sich aufgrund der unterschiedlichen Funktionen, Rechte und Pflichten dieser Beschäftigungsgruppen.

Die übergeleiteten Arbeitnehmer haben auch nach der Bahnreform einen Anspruch auf eine betriebliche Zusatzversorgung. Dieser Anspruch wird durch den Tarifvertrag über die betriebliche Zusatzversorgung für die Arbeitnehmer erfüllt, mit Ausnahme für die bereits bei der Bahnversicherungsanstalt, Abteilung B, pflichtversicherten Arbeitnehmer. Die Altersversorgung muß unter Beach-

[49] Vgl. auch Ausführungen bei *Schipp,* Arbeitsrechtliche Probleme bei der Privatisierung öffentlicher Einrichtungen, NZA 1994, S. 865, 866 ff.

[50] Vgl. *Kunz,* Kommentar zum Eisenbahnrecht, A 2.2 zu § 3 DBGrG, S. 20 m.w.N.; zu § 23 DBGrG, S. 77.

tung eines Besitzstandsschutzes der übergeleiteten Arbeitnehmer mindestens bis zur Höhe der vollen, dynamischen Versorgungsrente geleistet werden.

Falls für neu eingestellte Arbeitnehmer eine andere betriebliche Altersversorgung tarifvertraglich vereinbart wird, liegt auch nach dem arbeitsrechtlichen Gleichbehandlungsgrundsatz keine Ungleichbehandlung zu den übergeleiteten Arbeitnehmern vor. Es besteht keine rechtliche Notwendigkeit, das ehemalige Altersversorgungssystem des öffentlichen Dienstes für alle Zeiten für das privatisierte Eisenbahnunternehmen festzuschreiben.

F. Folgen der Bahnreform an ausgewählten Praxisbeispielen

Das maßgebliche Ziel der Bahnreform ist darauf gerichtet, den Deutschen Bahnen eine Position und Struktur zu geben, die ihnen in der Zukunft eine auch unter betriebswirtschaftlichen Kriterien effektive Unternehmensführung ermöglicht. Als Ergebnis und auch Erfolg der Bahnreform werden die Kapitalmarktfähigkeit des privatisierten Eisenbahnunternehmens sowie die Verwirklichung des Börsenganges in einem der nächsten Jahre angestrebt[1].

Um diese Zielsetzung nicht aus den Augen zu verlieren, stellt sich nunmehr die Frage, wie der Endspurt der Bahnreform unter den personalrechtlichen und personalwirtschaftlichen Aspekten gestaltet werden kann.

Wie kann die Interessenkollision der unterschiedlichen Anspruchsgruppen, also das Interesse des Unternehmens an einer effizienten Personalwirtschaft und Tarifpolitik, das Anliegen der Beamten an ihrer Statussicherung, der Wunsch der Arbeitnehmer an der Sicherung ihrer Arbeitsplätze und das Interesse der Gewerkschaften an einem sozialverträglichen Personalmanagement sowie einer einheitlichen Tarifpolitik gelöst werden?

In den vorangegangenen Kapiteln wurden bislang Personaltransfermaßnahmen zur Deutschen Bahn AG – im Rahmen der 1. Stufe der Bahnreform – oder zu Beteiligungsgesellschaften gem. §§ 2, 3 Abs. 1 Nr. 1 und 2 DBGrG im Rahmen der 2. Stufe der Bahnreform – und ihre Rechtsfolgen für die Beamten und die Tarifkräfte dargelegt. Ferner wurde untersucht, unter welchen Voraussetzungen Rationalisierungsmaßnahmen und gezielte Personalfreisetzungen unter Berücksichtigung der hergebrachten Grundsätze des Berufsbeamtentums bei der Deutschen Bahn AG durchgeführt werden können und welche beamtenrechtlichen Prinzipien einer Modifizierung aufgrund der Privatisierungsmaßnahme und der Weiterbeschäftigung von Beamten in einem privatrechtlichen Unternehmen zugänglich sind.

---

[1] Artikel von *Gerhard Zehfuß,* VWD vom 13.12.2001, abgedruckt in der Presseschau der DB AG vom 14.12.2001, S. 7, zur Entwicklung der DB AG zu einem kapitalmarktfähigen Unternehmen und der Absicht einer Privatisierung im Sinne einer Börseneinführung; Rede des Vorstandsvorsitzenden der DB AG, *Herrn Hartmut Mehdorn,* auf dem Konzerntreff in Leipzig 2003 (unveröffentlicht), der den Börsengang im Jahr 2005 anstrebt; vgl. Mitteilung der DPA vom 11.09.2003 bzw. Reuters vom 11.09.2003, abgedruckt in der Presseschau der DB AG vom 12.09.2003, S. 1 f.; kritisch Artikel von *Hans-Peter Colditz,* Transaktuell vom 07.11.2003, Ausgabe 24, S. 3, abgedruckt in der Presseschau der DB AG vom 11.11.2003, S. 3 f.

Im Folgenden sollen daher die in den vorangegangenen Kapiteln gefundenen Ergebnisse des Privatisierungsfolgenmanagements im Personalbereich an zwei konkreten Beispielen aus der Praxis diskutiert werden.

An dem Beispiel der „Organisation des konzernweiten Arbeitsmarktes" sollen die Auswirkungen von tatsächlich durchgeführten Umstrukturierungs- und Sanierungsmaßnahmen für die betroffenen Beamten und Arbeitnehmer aufgezeigt werden. In diesem Zusammenhang stellt sich die Frage, wie das Unternehmen mit einem Personalüberbestand infolge von Rationalisierungsmaßnahmen umgeht, welche rechtlichen Möglichkeiten der Personalfreisetzung von Beamten und „unkündbaren" Arbeitnehmern bestehen und welche Beteiligungsrechte die Interessenvertretungen geltend machen können.

Die Darstellung des „Arbeitgeberverbandes der Mobilitäts- und Verkehrsdienstleister e. V." soll die künftige Ausrichtung des Unternehmens im Bereich der Tarif- und Sozialpolitik verdeutlichen.

Beiden Praxisbeispielen ist gemeinsam, daß es sich weder um Eisenbahn*verkehrs*unternehmen noch um Eisenbahn*infrastruktur*unternehmen im Sinne des § 2 Abs. 3 AEG handelt. Infolgedessen eignen sich beide Darstellungen, um die Rechtmäßigkeit der Personaltransferprozesse von Beamten und Tarifkräften zu Beteiligungsgesellschaften gem. § 3 Abs. 1 Nr. 3 DBGrG, bzw. externen Institutionen, zu analysieren.

I. Organisation des konzernweiten Arbeitsmarktes

Die Steigerung der Wettbewerbsfähigkeit der Deutschen Bahn sowie ihre Positionierung im nationalen und internationalen Verkehr durch stärkere Konkurrenzfähigkeit gegenüber anderen Verkehrsträgern sind nur einige Maßnahmen zur Erreichung der Kapitalmarktfähigkeit.

Für den Bereich des Personalmanagements bedeutet dies, daß notwendige Voraussetzungen für diese Zielerreichung u. a. die Steigerung der Produktivität sowie die Verschlankung des Personalbestandes und der Hierarchien sind. Die Konsequenz aus diesem Auftrag an das Unternehmen sind daher Umstrukturierungs- und Rationalisierungsmaßnahmen, die jedoch im Sinne des gültigen „Beschäftigungsbündnisses Bahn" sozialverträglich und ohne betriebsbedingte Kündigungen durchzuführen sind.

Im Hinblick auf den aus wirtschaftlichen Gründen notwendig erscheinenden Personalabbau entschied der Vorstand der Deutschen Bahn AG am 23. Juli 1996 über die Gründung des Dienstleistungszentrum Arbeit (DZA) – nach dem Vorläufer einer sog. Restrukturierungsabteilung – zum 1. Januar 1997, als Ressort der Deutschen Bahn AG. Dabei wurde der Gesamtbetriebsrat der Deutschen Bahn AG beteiligt und die Konzernbetriebsvereinbarung „Konzernweiter

Arbeitsmarkt"[2] abgeschlossen. Eine Versetzung von Mitarbeitern zum Dienstleistungszentrum Arbeit kam demnach in Betracht, wenn diese durch Rationalisierungs- oder Umstrukturierungsmaßnahmen ihren Arbeitsplatz verloren hatten und im eigenen Bereich kein anderer geeigneter Arbeitsplatz mehr angeboten werden konnte. Geschäftszweck des Dienstleistungszentrums Arbeit war daher die Vermittlung von Mitarbeitern, die auf ihrem bisherigen Arbeitsplatz nicht mehr beschäftigt werden konnten. Zugleich wurde zum ersten Mal die Mitwirkung der Mitarbeiter an ihrer beruflichen Neuorientierung festgeschrieben.

Die Zustimmung der Interessenvertretungen zur Gründung des Dienstleistungszentrums Arbeit konnte insbesondere dadurch eingeholt werden, weil die Deutsche Bahn AG sich im „Beschäftigungsbündnis Bahn" verpflichtete, auf betriebsbedingte Kündigungen zu verzichten.

Zum 1. Januar 1999 wurde das Dienstleistungszentrum Arbeit in die DB Arbeit GmbH umgewandelt und somit rechtlich verselbständigt.

Arbeitnehmer konnten nun gem. § 19 Abs. 1 des Tarifvertrages für die Arbeitnehmer der DB Arbeit GmbH auch ohne Übertragung einer konkreten Tätigkeit im Rahmen der beruflichen Neuorientierung mit dem Ziel der ggf. nur vorübergehenden Vermittlung auf einen Arbeitsplatz innerhalb und außerhalb des DB Konzerns bei der DB Arbeit GmbH eingestellt werden.

Aufgrund eines entsprechenden Gesellschaftervertrages vom 25. Juli 2001 wurde die DB Vermittlung GmbH, eine 100%ige Tochtergesellschaft der Deutschen Bahn AG, gegründet. Seit dem 1. August 2001 hat diese für Beamte und kündigungsbeschränkte Mitarbeiter die Aufgaben der DB Arbeit GmbH übernommen, die gleichzeitig aufgelöst wurde. Für die kündigungsbeschränkten Mitarbeiter, für die zunächst keine neue Beschäftigung im Konzern der DB AG gefunden werden konnte, besteht die Möglichkeit, bei Wegfall ihrer Beschäftigung einen unbefristeten Vertrag mit der DB Vermittlung GmbH abzuschließen[3]. Die Rechte und Pflichten dieser Mitarbeiter regelt der Tarifvertrag für die Arbeitnehmer der DB Vermittlung GmbH[4].

Gleichzeitig wurde die DB Zeitarbeit GmbH als eine 100%ige Tochtergesellschaft der DB Vermittlung GmbH gegründet[5]. Die DB Zeitarbeit GmbH agiert

---

[2] Konzernbetriebsvereinbarung „Konzernweiter Arbeitsmarkt" vom 5. Mai 1999, ersetzt durch die neue Konzernbetriebsvereinbarung „Konzernweiter Arbeitsmarkt" vom 30. Mai 2001, in Kraft getreten am 1. Juni 2001, s. Anlage 1.

[3] Verbunden mit dem Personaltransfer zur DB Arbeit GmbH bzw. DB Vermittlung GmbH ist eine einmalige „Malus-Zahlung" pro überzuleitenden Mitarbeiter in Höhe von 60.000,– DM bzw. 30.000,– Euro durch die abgebende Gesellschaft.

[4] Tarifvertrag für die Arbeitnehmer der DB Vermittlung GmbH (DB Vermittlung TV) vom 7. Juni 2001, in Kraft getreten am 30. Juni 2001; vgl. auch Nr. 1 der Protokollnotiz zu § 11 Abs. 4 KBV Konzernweiter Arbeitsmarkt, Anlage 1.

[5] Tarifvertrag für die Arbeitnehmer der DB Zeitarbeit (DB Zeitarbeit TV) in Kraft getreten am 1. Juli 2002.

als ein sog. Personalmarketing-Dienstleister. Sie nimmt die Aufgaben der vorübergehenden Personalüberlassung und der privaten Arbeitsvermittlung mit den Schwerpunkten im Verkehrsmarkt und im öffentlichen Dienst wahr. Für die Gruppe der Tarifkräfte umfaßt dies die gewerbliche Arbeitnehmerüberlassung nach dem Arbeitnehmerüberlassungsgesetz[6]. Danach werden die Arbeitnehmer von vornherein zu dem Zweck eingestellt, an Dritte im Wege der sog. Leiharbeit verliehen zu werden[7].

Die nicht kündigungsbeschränkten Mitarbeiter, die ihre Beschäftigung verlieren und nicht innerhalb des Konzerns neu vermittelt werden können, scheiden aus dem Arbeitsverhältnis mit dem jeweiligen Unternehmen aus und können mit einer Transfergesellschaft einen befristeten Arbeitsvertrag abschließen[8].

Die Transfergesellschaft ist verpflichtet, die betroffenen Arbeitnehmer möglichst schnell in eine neue Beschäftigung hauptsächlich auf dem externen Arbeitsmarkt zu vermitteln.

Ihre Tätigkeit kann mit Mitteln für die Arbeitsförderung gem. §§ 217 ff. SGB III unterstützt werden.

Die Prozesse der Personalüberleitung der verschiedenen Mitarbeitergruppen in die Gesellschaften des konzernweiten Arbeitsmarktes, das Instrument der Vorvermittlung sowie die Aufgaben der DB Vermittlung GmbH, der DB Zeitarbeit GmbH und der Transfergesellschaften sind in der anschließenden Abbildung nochmals illustrativ zusammengefaßt.

---

[6] Gesetz zur Regelung der gewerbsmäßigen Arbeitnehmerüberlassung (Arbeitnehmerüberlassungsgesetz – AÜG) vom 7. August 1972 (BGBl. I S. 1393); zur Anwendung des AÜG innerhalb von Konzernen s. *Ulber,* Kommentar zum AÜG, § 1 AÜG, Rn. 246 ff.

[7] *Fitting/Kaiser/Heither/Engels/Schmidt,* Kommentar zum BetrVG, 21. Auflage, § 5 Rn. 221.

[8] *Quelle:* Personal- und Sozialbericht 2001 des DB Konzerns, S. 8: „Die von der Bahn beauftragte Transfergesellschaft Mypegasus hat am 1. August 2001 mit der Übernahme von 430 Arbeitnehmern der DB Arbeit GmbH ihre Tätigkeit aufgenommen. Bis zum Jahresende wurden mit fast 1.000 Arbeitnehmern aus verschiedenen Unternehmen des DB Konzerns Arbeitsverträge abgeschlossen. Insgesamt 8.700 Mitarbeiter wurden in 2001 in der DB Vermittlung GmbH und in den Transfergesellschaften betreut. 970 Mitarbeiter konnten innerhalb kurzer Zeit auf neue Arbeitsplätze im Unternehmen weiter vermittelt werden. Der sozialverträgliche Umgang mit Mitarbeitern, die im Zuge der Rationalisierungsprozesse ihren Arbeitsplatz verloren haben, verursachte für die DB Vermittlungs-Gruppe im Jahr 2001 einen Aufwand von 190 Millionen Euro.“; ders., S. 10: „…und etwa 1.600 Mitarbeiter wurden zur Verkürzung ihrer Transferzeiten in Vorvermittlungs-Projekten betreut. 29% des Personalanpassungsbedarfs wurde im Berichtsjahr durch Instrumente wie Altersteilzeit- und Vorruhestandsregelungen, Abfindungen und den Übergang von Mitarbeitern zu Transfergesellschaften realisiert.“; s. auch Nr. 2 der Protokollnotiz zu § 11 Abs. 4 KBV Konzernweiter Arbeitsmarkt, Anlage 1.

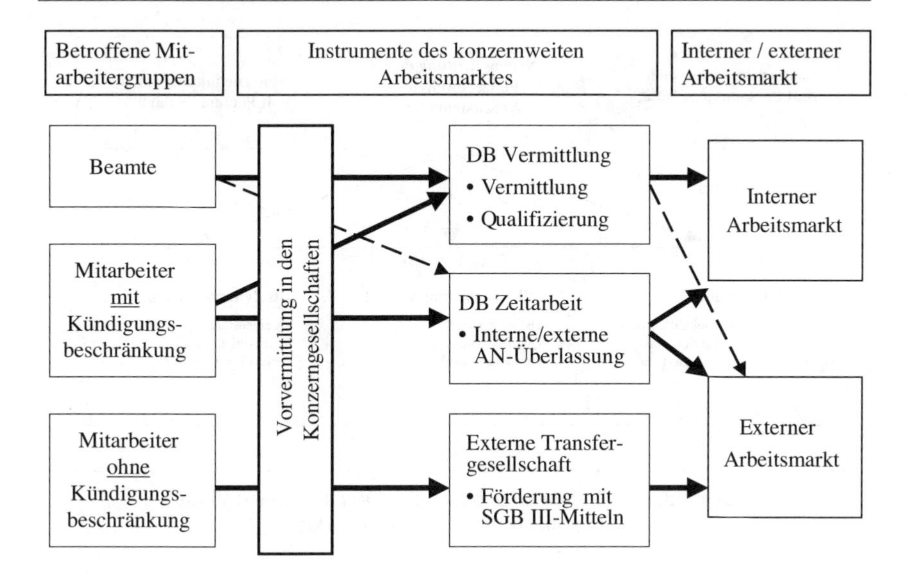

Abbildung 11: Transferprozesse und Instrumente des konzernweiten Arbeitsmarktes[9]

Durch die im Jahre 2001 abgeschlossenen Tarifverträge[10] werden die Personalüberleitungsprozesse gefördert und somit neue Wege im Personalkapazitätsmanagement und bei der Flexibilisierung des konzernweiten Arbeitsmarkts beschritten[11].

---

[9] *Quelle*: Präsentation des konzernweiten Arbeitsmarktes auf dem Treffen des Führungskräftenachwuchses (Traineeclub) des DB-Konzerns am 17.05.2003 in Leipzig.

[10] Tarifvertrag für die Arbeitnehmer der Transfergesellschaft GmbH (TV TG) in Kraft getreten am 30. Juni 2001, Tarifvertrag für die Arbeitnehmer der DB Vermittlung GmbH (DB Vermittlung TV) in Kraft getreten am 30. Juni 2001, Tarifvertrag für die Arbeitnehmer der DB Zeitarbeit (DB Zeitarbeit TV) in Kraft getreten am 1. Juli 2002, sowie Tarifvertrag zur Umsetzung von Rationalisierungsmaßnahmen in verschiedenen Unternehmen des DB Konzern (KonzernRatio TV) in Kraft getreten am 30. Juni 2001, ersetzt den „Tarifvertrag zur sozialverträglichen Abmilderung von Nachteilen, welche sich aus Rationalisierungs- bzw. Umstrukturierungsmaßnahmen für die Arbeitnehmer in verschiedenen Unternehmensbereichen im DB Konzern ergeben (KonzernRatioTV)“ vom 26. Mai 1999.

[11] Vgl. *Quelle:* Personal- und Sozialbericht 2001 des DB Konzerns, S. 8, 16; weitere Instrumente für ein effektives Personalkapazitätsmanagement sind die Einführung von Lebensarbeitszeitkonten und der Abschluß des Tarifvertrages zur Förderung von Altersteilzeit für die Arbeitnehmer verschiedener Unternehmen des DB Konzerns (KonzernAtz TV), der am 1. Juni 2002 in Kraft getreten ist.

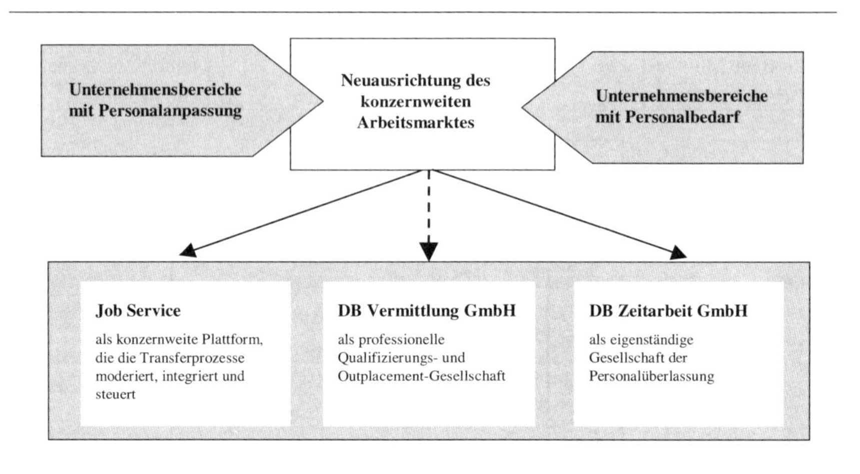

Abbildung 12: Neuausrichtung der Organisationsstruktur des konzernweiten Arbeitsmarktes

Aus der vorstehenden Abbildung ist ersichtlich, daß gegenwärtig eine Neuausrichtung des konzernweiten Arbeitsmarktes umgesetzt wird. Durch die Gründung einer weiteren Gesellschaft, der Job Service GmbH, sollen die Aufgaben der DB Vermittlung GmbH verteilt werden. Die Job Service GmbH nimmt danach die Aufgaben der Steuerung der Personaltransferprozesse wahr, während die DB Vermittlung lediglich für Maßnahmen zur Qualifizierung von Mitarbeitern auf neue Beschäftigungsmöglichkeiten und für das sog. Outplacement verantwortlich ist. Durch die Job Service GmbH sollen die multilateralen Beziehungen zwischen den einzelnen Geschäftsbereichen des Bahnkonzerns in bezug auf Personalmaßnahmen gefördert werden.

Die Aufgaben der DB Zeitarbeit GmbH sind weiterhin auf eine gewerbliche Arbeitnehmerüberlassung im Sinne des Arbeitnehmerüberlassungsgesetzes gerichtet.

Ziel der Umstrukturierung der Organisation des konzernweiten Arbeitsmarktes ist eine Steigerung der Verantwortung der Unternehmens- und Geschäftsbereiche des Bahnkonzerns für die Transferprozesse. Einerseits soll Mitarbeitern, die von einem Beschäftigungswegfall betroffen sind, Chancen auf eine zumutbare Weiterbeschäftigung eröffnet werden, andererseits sind auch die Interessen des Unternehmens an einem ressourcenschonenden Umgang in bezug auf den Restrukturierungsaufwand zu berücksichtigen.

Durch das Instrument des „Online-Stellenmarktes“ werden darüber hinaus die neuen Einsatzmöglichkeiten für die betroffenen Mitarbeiter innerhalb des Bahnkonzerns transparent gemacht.

1. Zulässigkeit der Personaltransferprozesse in bezug auf Beamte

Eine bedeutungsvolle Konsequenz von Umstrukturierungs- und Rationalisierungsmaßnahmen ist der Abbau des Personalüberbestandes. Die Anwendung der arbeitsrechtlichen Personalabbau- und Freisetzungsmaßnahmen auf die bei der Deutschen Bahn AG bzw. den Beteiligungsgesellschaften tätigen Beamten sind unter Berücksichtigung der beamtenrechtlichen Prinzipien jedoch nicht statthaft. Im Rahmen eines sozialverträglichen Personalabbaus werden die Beamten daher in der Praxis zur DB Vermittlung GmbH übergeleitet mit dem Ziel einer Weiterbeschäftigung bei einer anderen Konzerngesellschaft.

Eine Zuweisung von Beamten zur DB Zeitarbeit GmbH ist unter Berücksichtigung der Geschäftstätigkeit der Gesellschaft nicht zulässig.

Die gewerbliche Arbeitnehmerüberlassung im Sinne des Arbeitnehmerüberlassungsgesetzes findet auf Personen, die in einem öffentlich-rechtlichen Dienst- und Treueverhältnis stehen, keine Anwendung[12].

Grundsätzlich ist eine „Ausleihe“ eines Beamten an einen Dritten daher auf der Grundlage eines Dienstleistungsüberlassungsvertrages möglich. Einige wenige Beamte sind in der Praxis auf eigenen Wunsch auf der Grundlage von Dienstleistungsüberlassungsverträgen bei der DB Zeitarbeit GmbH tätig.

Die Kompetenz zum Abschluß eines solchen Dienstleistungsüberlassungsvertrages steht jedoch nur dem Dienstherrn, also dem Bund bzw. dem Bundeseisenbahnvermögen zu. Eine Übertragung dieser Befugnis auf die Deutsche Bahn AG bzw. auf eine Beteiligungsgesellschaft durch die DBAG-Zuständigkeitsverordnung ist nicht erfolgt. Eine Kompetenz zum Abschluß von Dienstleistungsüberlassungsverträgen ist auch nicht aus § 16 DBGrG abzuleiten, weil dieser nur die Überleitung bereits zum Zeitpunkt der Bahnreform bestehender Dienstleistungsüberlassungsverträge regelt. Infolgedessen ist der Abschluß eines Dienstleistungsüberlassungsvertrages durch die DB Zeitarbeit GmbH mit einem Dritten nicht zulässig.

Nachfolgend ist daher zu untersuchen, welche Instrumente für die Personaltransferprozesse zur DB Vermittlung GmbH im Zusammenhang mit Rationali-

---

[12] *Ulber,* Kommentar zum AÜG, § 1 AÜG, Rn. 22; zur Negativabgrenzung des Geltungsbereiches des AÜG, s. *Wank* in: *Dieterich/Hanau/Schaub,* 140, § 1 Rn. 9; *Sandmann/Marschall,* Kommentar zum AÜG, § 1 Nr. 7.

sierungsmaßnahmen in Betracht kommen und wie ihre rechtliche Zulässigkeit zu beurteilen ist.

a) Aufhebung der Zuweisung gem. § 21 Abs. 6 und 5 Nr. 2 DBGrG

Grundsätzlich ist vor der Analyse der Rechtmäßigkeit der Überleitungsmaßnahmen die Frage zu stellen, ob tatsächlich ein Personaltransfer zu den Gesellschaften des konzernweiten Arbeitsmarktes erforderlich ist, oder ob nicht eine Aufhebung der Zuweisung und ein Rücktransfer des Beamten in den öffentlichen Dienst in Betracht kommen.

Falls einem Beamten, dessen Arbeitsplatz aufgrund einer Rationalisierungsmaßnahme weggefallen ist, keine andere Beschäftigungsmöglichkeit innerhalb des Konzerns angeboten werden kann, ist die Zuweisung gem. § 21 Abs. 6 i. V. m. Abs. 5 Nr. 2 DBGrG vom Bundeseisenbahnvermögen aufzuheben. Eine Ermessensentscheidung des Bundeseisenbahnvermögens im Sinne des § 12 Abs. 9 DBGrG ist durch § 21 Abs. 6, letzter Hs. DBGrG ausgeschlossen, so daß es sich um eine zwingende Rechtsfolge handelt.

Dem Argument, daß die Tätigkeit in einer Gesellschaft des konzernweiten Arbeitsmarktes eine andere Beschäftigungsmöglichkeit im Sinne des § 21 Abs. 6 i. V. m. Abs. 5 Nr. 2 DBGrG darstellt und somit der Tatbestand einer Rücküberweisung zum Bundeseisenbahnvermögen nicht erfüllt ist, kann entgegengehalten werden, daß bei einer konsequenten Anwendung der Norm gem. § 21 Abs. 6, 5 DBGrG zumindest die Gründung der DB Vermittlung GmbH für die Vermittlung von Beamten nicht erforderlich gewesen wäre.

Gleichwohl wurde bislang in der Praxis aufgrund einer Vereinbarung zwischen den zuständigen Ministerien und der Deutschen Bahn AG von dieser Möglichkeit kein Gebrauch gemacht[13]. Wie bereits dargelegt, bestehen ernsthafte Zweifel an der Dispositionsfähigkeit der Vorschrift im Sinne der Parteien, dennoch ist auch künftig nicht von einer tatsächlichen Umsetzung dieser Regelung auszugehen.

b) Direkte Zuweisung gem. § 12 Abs. 2 DBGrG

Eine Überleitung der Beamten zur DB Vermittlung GmbH im Wege einer direkten Zuweisung kraft Gesetz gem. § 12 Abs. 2 DBGrG ist nicht zulässig.

Die unmittelbare Zuweisung von Beamten kraft Gesetz gem. § 12 Abs. 2 und 3 DBGrG bezieht sich nur auf die Erstzuweisung von der ehemaligen Bundesbahn zur Deutschen Bahn AG zum Zeitpunkt der Eintragung der Deutschen

---

[13] Vgl. *Böhm/Schneider,* „Beamtenprivatisierung" bei der Deutschen Bahn AG, S. 42; *Kunz,* Kommentar zum Eisenbahnrecht, A 2.2 zu § 21 DBGrG, S. 75.

Bahn AG ins Handelsregister. Danach fällt die Neuzuweisung eines Beamten, dessen erste Zuweisung z.B. gem. § 12 Abs. 9 DBGrG aufgehoben wurde, nicht unter den Geltungsbereich des § 12 Abs. 2 und 3 DBGrG.

c) *Weiterzuweisung gem. § 23 i.V.m. §§ 2 Abs. 1, 3 Abs. 3, 12 DBGrG*

In Betracht kommt ein Personaltransfer im Sinne einer mittelbaren Zuweisung kraft Gesetz, wenn die Gesellschaften des konzernweiten Arbeitsmarktes als Eisenbahnverkehrsunternehmen oder als Eisenbahninfrastrukturunternehmen einzuordnen sind.

Die Weiterzuweisung nach § 23 i.V.m. § 12 DBGrG ist restriktiv vom Gesetzgeber geregelt worden.

Nach § 23 S. 1 DBGrG finden die Regelungen über die Personalüberleitung, die Rechtsaufsicht, die Interessenvertretungen, die Geltung arbeitsrechtlicher Vorschriften und über die Personalkosten gem. §§ 12, 13, 17, 19, 21, 22 DBGrG zunächst nur Anwendung auf die nach § 2 Abs. 1 DBGrG auszugliedernden Gesellschaften (Pflichtausgliederungen gem. § 25 DBGrG im Zuge der zweiten Stufe der Bahnreform).

Nach § 23 S. 2 DBGrG gilt diese Bestimmung auch für nach § 3 Abs. 3 DBGrG ausgegliederte Gesellschaften, jedoch nur unter den Voraussetzungen des § 3 Abs. 1 Nr. 1 und 2 DBGrG. Die Gesellschaften müssen also vergleichbare Aufgaben erfüllen, aufgrund derer sie als Eisenbahnverkehrsunternehmen oder als Eisenbahninfrastrukturunternehmen einzustufen sind. Diese Begriffe sind in § 2 Abs. 2 und 3 AEG[14] legal definiert. Danach umfassen *Eisenbahnverkehrsleistungen* gem. § 2 Abs. 2 AEG die Beförderung von Personen oder Gütern auf einer Eisenbahninfrastruktur. Eisenbahnverkehrsunternehmen müssen in der Lage sein, die Zugförderung sicherzustellen.

Das Betreiben einer *Eisenbahninfrastruktur* beinhaltet nach § 2 Abs. 3 AEG den Bau und die Unterhaltung von Schienenwegen sowie die Führung von Betriebsleit- und Sicherheitssystemen.

Der Unternehmensgegenstand „Eisenbahn“ im Sinne von § 3 Abs. 1 Nr. 1 und 2 DBGrG schließt somit nur den Eisenbahnbetrieb im engeren Sinne ein und nicht die historisch gewachsenen weiteren Aufgabenfelder der früheren Sondervermögen Deutsche Bundesbahn und Deutsche Reichsbahn[15].

Die Einschränkung ist durch den Gesetzgeber gezielt formuliert worden, um eine Zuweisung von Beamten zu beliebigen, ausgegliederten Tochtergesell-

---

[14] Allgemeines Eisenbahngesetz vom 27. Dezember 1993 (BGBl. I S. 2378, 2396, ber. 1994 I, S. 2349).

[15] Z.B. Bodenseeschiffahrt, Deutsche Fährbetriebe Ostsee.

schaften der Deutschen Bahn AG zu verhindern. Dafür spricht der eindeutige Wortlaut der Art. 143a, 73a Nr. 6a GG bzw. des § 2 Abs. 6 AEG. Die gesetzliche Regelung zählt abschließend die in Frage kommenden Gesellschaften auf. Infolge dieser engen Auslegung des Begriffs „Eisenbahn" ist das Personalüberleitungsinstrument der gesetzlichen Zuweisung restriktiv anzuwenden[16].

Die Geschäftstätigkeit der DB Vermittlung GmbH ist auf eine Service- und Dienstleistung, d.h., im Kern auf eine Verwaltungstätigkeit, gerichtet.

Ihre Aufgaben umfassen nicht die Beförderung von Personen im Schienenverkehr, sondern die Vermittlung und Überlassung von Dienstleistungen sowie die Qualifizierung und das Outplacement der betroffenen Mitarbeiter an andere Gesellschaften des Bahnkonzerns. Die Tätigkeiten und die Funktionen der DB Vermittlung GmbH, bzw. der sonstigen Gesellschaften des konzernweiten Arbeitsmarktes, sind daher nicht unter die Tatbestandsvoraussetzungen des § 3 Abs. 1 Nr. 1 und 2 DBGrG zu subsumieren. Vielmehr nehmen diese Gesellschaften Geschäftstätigkeiten in den Eisenbahnverkehr verwandten Bereichen wahr. Auf Grund dieser Tatsache erfüllen sie zwar den Tatbestand des § 3 Abs. 1 Nr. 3 DBGrG, der jedoch nicht von der Verweisungsnorm des § 23 DBGrG erfaßt wird.

Infolgedessen ist eine Überleitung der betroffenen Beamten auf diese Unternehmen des Bahnkonzerns kraft Gesetz im Sinne einer Weiterzuweisung gem. der §§ 12, 23 DBGrG nicht zulässig.

d) Regelungen des § 12 Abs. 9 DBGrG

In Betracht kommt eine Personalüberleitung nach den Bestimmungen des § 12 Abs. 9 DBGrG, um einen Personalüberbestand nach Rationalisierungsmaßnahmen abzubauen.

Die Vorschrift des § 12 Abs. 9 DBGrG umfaßt zwei Tatbestandsalternativen, wonach das Bundeseisenbahnvermögen in Ausübung seines Ermessens einerseits die Zuweisung im Einzelfall im Einvernehmen mit der Deutschen Bahn AG aufheben oder andererseits eine anderweitige Verwendung vorsehen kann.

Im Folgenden ist zu erörtern, ob die Regelungen des § 12 Abs. 9 DBGrG geeignete Instrumente zur Verhinderung eines Personalüberbestandes nach Rationalisierungsmaßnahmen darstellen.

---

[16] So auch *Kunz,* Kommentar zum Eisenbahnrecht, A 2.2 zu § 23 DBGrG, S. 78 f. mit einer Übersicht der ausgegliederten Gesellschaften, denen Beamten gem. §§ 23, 12 DBGrG „weiter" zugewiesen werden können (Stand: 1996); Allerdings ist unter Berücksichtigung der o. g. Tatbestandsvoraussetzungen nicht nachvollziehbar, aus welchen Gründen *Kunz* die Weiterzuweisung der Beamten zu den Konzernunternehmen der DB Dialog Telefonservice GmbH, der DB Fuhrparkservice GmbH sowie der DB Design und Kommunikation GmbH für zulässig hält.

aa) Aufhebung der Zuweisung nach § 12 Abs. 9 S. 1, 1. Alt. DBGrG aufgrund Ermessens

Die Aufhebung der Zuweisung gem. § 12 Abs. 9 S. 1, 1. Alt. DBGrG ist eine freiwillige Maßnahme des Bundeseisenbahnvermögens und kommt u.a. dann in Betracht, wenn der Beamte aufgrund einer Rationalisierungsmaßnahme überzählig geworden ist.

Durch diese Vorschrift wird dem Bundeseisenbahnvermögen grundsätzlich die Möglichkeit eröffnet, einen zur Deutschen Bahn AG zugewiesenen Beamten „zurückzuholen“, weil er aufgrund seiner Qualifikation oder Fachwissens unmittelbar beim Dienstherrn benötigt wird.

Voraussetzung für eine solche Ermessensentscheidung des Bundeseisenbahnvermögens ist nach § 12 Abs. 9 S. 2 DBGrG jedoch, daß für den betroffenen Beamten eine freie Planstelle beim Bundeseisenbahnvermögen oder eine Weiterbeschäftigungsmöglichkeit ggf. bei einer anderen Behörde existiert[17].

In der Regel wird beim Bundeseisenbahnvermögen eine Planstelle vorhanden sein, weil der Beamte vor seiner Zuweisung höchstwahrscheinlich eine Planstelle besetzt hatte. Durch die Bestimmung soll jeodch nicht der Planstellenhaushalt beim Bundeseisenbahnvermögen belastet werden. Vielmehr trägt die Deutsche Bahn AG das Beschäftigungsrisiko[18].

Die Maßnahme ist zwar geeignet, überzähliges Personal bei dem Unternehmen abzubauen, sie wird aber vermutlich politisch nicht angestrebt werden und somit in der Praxis wenig Bedeutung haben.

bb) Vorsehen einer anderweitigen Verwendung gem. § 12 Abs. 9 S. 1, 2. Alt. DBGrG

Nach § 12 Abs. 9 S. 1, 2. Alt. DBGrG kann das Bundeseisenbahnvermögen im Einvernehmen mit der Deutschen Bahn AG eine anderweitige Verwendung des zugewiesenen Beamten vorsehen.

In der Praxis wird die „Zuweisung von Beamten zur beruflichen Neuorientierung und Neuqualifikation in die DB Vermittlung GmbH“ auf die Rechtsgrundlage gem. § 23 i.V.m. § 12 Abs. 9 S. 1 DBGrG gestützt[19].

---

[17] *Uerpmann* in: *v. Münch/Kunig,* Kommentar zum GG, Art. 143a Rn. 5, nach dessen Ansicht die Regelung in § 12 Abs. 9 DBGrG verfassungswidrig erscheint, weil die Aufhebung der Zuweisung zur Deutschen Bahn AG von deren Einvernehmen abhängig gemacht wird. Dadurch wird ohne verfassungsrechtliche Grundlage die hierarchische Struktur gestört, die Art. 33 Abs. 5 GG nach *BVerfGE* 9, 268, 286 f. fordert.

[18] *Kunz,* Kommentar zum Eisenbahnrecht, A 2.2 zu § 12 DBGrG, S. 44 f.

[19] *Quelle*: Musterformular der DB AG zur „Verständigung des BEV über die beabsichtigte Zuweisung zur beruflichen Neuorientierung und Neuqualifikation in die DB

An der Zulässigkeit dieser Überleitungsmaßnahme sowie an der Durchführung des Zuweisungsverfahrens bestehen jedoch ernsthafte Zweifel.

(1) Auslegung des Begriffs der anderweitigen Verwendung

In diesem Zusammenhang ist zunächst zu erörtern, wie der Begriff „anderweitige Verwendung" in § 12 Abs. 9 S. 1, 2. Alt. DBGrG auszulegen ist.

Im systematischen Gefüge des ENeuOG ist der Begriff der „anderweitigen Verwendung" noch einmal in § 2 Art. 9 ENeuOG zu finden. Dort wird die Förderung einer anderweitigen Verwendung von zugewiesenen Beamten geregelt, die von Umstrukturierungsmaßnahmen bei der Deutschen Bahn AG betroffen sind. Nach § 2 Abs. 1 S. 1 Art. 9 ENeuOG zahlt das Bundeseisenbahnvermögen der Verwaltung bzw. dem Dienstherrn, die einen überzähligen Beamten aufnehmen, monatlich im Voraus einen Betrag in Höhe der Hälfte der monatlichen Bezüge des Amtes, welches dem Beamten übertragen war.

Eine anderweitige Verwendung eines Beamten ist infolgedessen nur im öffentlichen Dienst, d.h., bei einer anderen Verwaltung bzw. einem anderen Dienstherrn, vorgesehen[20]. Zwischen den Vorschriften des § 2 Art. 9 ENeuOG und des § 12 Abs. 9 DBGrG besteht ein logischer Zusammenhang. In § 2 Art. 9 ENeuOG werden die Anreize dafür geschaffen, daß eine Personalmehrung durch überzählige Beamte des Bundeseisenbahnvermögens für die aufnehmende Verwaltung bzw. den aufnehmenden Dienstherrn überhaupt erstrebenswert erscheint. Im Rahmen einer systematischen Auslegung ist unter dem Begriff „anderweitige Verwendung" daher nur eine Überleitung und Weiterbeschäftigung des Beamten im öffentlichen Dienst zu verstehen.

Eine Auslegung des Wortlautes sowie eine Auslegung im historischen und teleologischen Sinne führen zu keinem anderen Ergebnis. Falls der Gesetzgeber mit der Regelung des § 12 Abs. 9 S. 1, 2. Alt. DBGrG auch die Möglichkeit einer anderweitigen Verwendung bei einer anderen Konzerngesellschaft eröffnen wollte, hätte er dies im Rahmen der Privatisierungsdiskussion konkret formulieren können. Eine derartige Absicht ist gleichwohl auch nicht aus den Ausführungsbestimmungen zum ENeuOG in den Bundestagsdrucksachen zur Bahnreform erkennbar[21]. Vielmehr ist es Sinn und Zweck der Norm, dem Dienstherrn, vertreten durch das Bundeseisenbahnvermögen, ein rechtliches Mittel zur Verfügung zu stellen, im konkreten Einzelfall die gesetzliche Zuwei-

---

Vermittlung GmbH" sowie Musterformular der DB AG zur „Information des betroffenen Mitarbeiters über die Zuweisung zur anderweitigen Verwendung".

[20] Vgl. auch *Kunz*, Kommentar zum Eisenbahnrecht, A 5.6 zu § 2 Art. 9 ENeuOG, S. 4.

[21] *BT-Drs.* 12/4609 (neu), S. 82, 83, sowie *BT-Drs.* 12/5015.

sung eines Beamten zur Deutschen Bahn AG bzw. einer Beteiligungsgesellschaft wieder rückgängig zu machen.

Unter Zugrundelegung dieser Auslegung ist die Beschäftigung des Beamten bei einer Gesellschaft des konzernweiten Arbeitsmarktes nicht als eine anderweitige Verwendung anzuerkennen.

Infolgedessen ist eine Zuweisung des Beamten zur DB Vermittlung GmbH nicht unter den Anwendungsbereich des § 12 Abs. 9 S. 1, 2. Alt. DBGrG zu subsumieren.

(2) Rechtliche Konsequenz der Zuweisung eines Beamten auf der Rechtsgrundlage der anderweitigen Verwendung zu Gesellschaften des konzernweiten Arbeitsmarktes

In der Praxis werden die Personalüberleitungen von den der Deutschen Bahn AG bzw. einer Beteiligungsgesellschaft zugewiesenen Beamten zur DB Vermittlung GmbH bzw. zur DB Zeitarbeit GmbH gleichwohl auf die Regelungen in § 23 i.V.m. § 12 Abs. 9 S. 1 DBGrG gestützt und als eine „anderweitige Verwendung" bezeichnet. Nach Auffassung der Deutschen Bahn AG ist dies der einzige rechtliche Weg, um einen Beamten von einer Gesellschaft zu einer anderen Konzerngesellschaft zu disponieren, wenn er seinen Arbeitsplatz infolge von Rationalisierungsmaßnahmen verloren hat. Diese Personalüberleitungsmaßnahme wird ihrem Rechtscharakter nach als eine Versetzung im Sinne des § 1 Nr. 2 DBAGZustV eingestuft[22]. Demzufolge handelt es sich bei der Entscheidung über die Zuweisung des Beamten an eine andere Gesellschaft um einen Verwaltungsakt gem. § 35 VwVfG[23].

Fraglich ist, ob eine Entscheidung des Bundeseisenbahnvermögens über eine anderweitige Verwendung des Beamten von dessen Einverständnis abhängig ist. Der Wortlaut der Norm trifft hierzu keine Aussage. Grundsätzlich soll der Beamte durch seine „Wiedereingliederung" in den öffentlichen Dienst keine Nachteile erleiden, sondern in seiner ursprünglichen Funktion als Amtswalter tätig werden. Allein unter Beachtung des Sinns und Zwecks der Norm ist daher nicht von einem Zustimmungserfordernis des betroffenen Beamten auszugehen.

Da durch die Entscheidung über eine anderweitige Verwendung in die subjektiven Rechte des Beamten eingegriffen wird, ist vor dem Erlaß eines Bescheides ein Anhörungsverfahren gem. § 28 VwVfG durchzuführen.

---

[22] *Quelle: DB AG,* Tarifpolitik, Mitbestimmung, Beamte (APB), Beamte des Bundeseisenbahnvermögens im DB Konzern, Antworten zu Fragen der Beschäftigung von Beamten in den Gesellschaften des DB Konzerns, S. 7.

[23] *Kunz,* Kommentar zum Eisenbahnrecht, A 2.2 zu § 12 DBGrG, S. 45.

Unter Berücksichtigung der Auslegung des Begriffs der anderweitigen Verwendung ist eine Personaldisposition von einer Konzerngesellschaft zu einer anderen zur beruflichen Neuorientierung und Neuqualifikation auf der Ermächtigungsgrundlage des § 12 Abs. 9 DBGrG als rechtswidrig abzulehnen.

Demzufolge handelt es sich bei der an den betroffenen Beamten adressierten Verfügung über eine anderweitige Verwendung um einen rechtswidrigen, aber wirksamen Verwaltungsakt.

Gegen diesen Zuweisungsbescheid zu einer Gesellschaft des konzernweiten Arbeitsmarktes auf der Grundlage der § 23 i. V. m. § 12 Abs. 9 DBGrG ist die Anfechtungsklage gem. § 42 Abs. 1, 68 VwGO i. V. m. § 126 BRRG statthaft.

Ein Anfechtungswiderspruch, bzw. eine Anfechtungsklage nach §§ 42 Abs. 1, 68 VwGO entfalten gem. § 126 Abs. 3 BRRG allerdings keine aufschiebende Wirkung, so daß der Beamte konsequenterweise mit sofortiger Wirkung seinen Dienst bei der andern Gesellschaft aufnehmen muß.

e) Personaltransfer überzähliger Beamter gem. § 123a BRRG

Eine Lösung des dargelegten rechtlichen Konflikts bietet sich in der Zuweisung gem. § 123a BRRG an, die ein taugliches Instrument für die Überleitung der zugewiesenen Beamten zu Gesellschaften des konzernweiten Arbeitsmarkt darstellt.

Grundsätzlich kommt eine Überleitung eines Beamten, dessen Arbeitsplatz infolge einer Rationalisierungsmaßnahme weggefallen ist, zur DB Vermittlung GmbH auf der Grundlage des § 123a BRRG in Betracht.

Ausgehend von der Tatsache, daß in den meisten Fällen der Beamte nicht mit einer Zuweisung zur DB Vermittlung GmbH einverstanden ist, sondern eine fortgesetzte Beschäftigung bei seiner bisherigen Gesellschaft anstrebt, ist eine Zuweisung gem. § 123a Abs. 2 BRRG zu prüfen.

Die Regelungen des § 12 DBGrG und des § 123a BRRG heben sich nicht gegen einander auf, sondern stehen in einem Konkurrenzverhältnis. Aufgrund der bahnspezifischen Ausrichtung des § 12 DBGrG geht dieser als lex specialis dem Zuweisungstatbestand gem. § 123a Abs. 2 BRRG vor. Da die Tatbestandsvoraussetzungen des § 123a Abs. 2 BRRG grundsätzlich den Intentionen des Art. 143a Abs. 1 S. 3 GG entsprechen, kommt eine Zuweisung gem. § 123a Abs. 2 BRRG dann in Betracht, wenn § 12 DBGrG keine Anwendung findet[24]. Danach kann ein Beamter auf der Grundlage des § 123a Abs. 2 BRRG einer

[24] *Goeres/Fischer* in: GKÖD, Bd. V, Personalvertretungsrecht des Bundes und der Länder, K § 76 Rn. 27b) und c); *Lorenzen/Schmitt/Etzel/Gerhold/Schlattmann/Rehak,* Kommentar zum BPersVG, § 1 Rn. 33d, f; *a.A.: Kunz,* Kommentar zum Eisenbahnrecht, A 2.2 zu § 12 DBGrG, S. 33.

ausgegliederten Gesellschaft gem. § 3 Abs. 1 Nr. 3 DBGrG, für die gem. § 23 DBGrG nicht die gesetzliche Zuweisung einschlägig ist, zugewiesen werden. Voraussetzung für die Zuweisung ist selbstverständlich, daß die sonstigen Tatbestandsmerkmale des § 123a Abs. 2 BRRG erfüllt sind, u.a. daß der Bund weiterhin das Mehrheitseigentum an der Gesellschaft innehat[25].

Infolgedessen ist die Zuweisung eines Beamten auch ohne dessen Zustimmung zur DB Vermittlung GmbH gem. § 123a Abs. 2 BRRG zulässig[26].

Die Zuweisungsverfügung nach § 123a Abs. 2 BRRG ist ein Verwaltungsakt gegen den der Anfechtungswiderspruch bzw. die Anfechtungsklage gem. §§ 42 Abs. 1, 68 VwGO i.V.m. § 126 Abs. 1 BRRG statthaft ist[27]. Da eine Zuweisung nicht vom Tatbestand gem. § 126 Abs. 3 BRRG erfaßt wird, hat der Widerspruch bzw. die Klage eine aufschiebende Wirkung, wenn nicht ihre sofortige Vollziehung gem. § 80 Abs. 2 Nr. 4 VwGO angeordnet wurde. Dies hat zur Konsequenz, daß der betroffene Beamte nicht mit sofortiger Wirkung zur DB Vermittlung GmbH übergeleitet werden kann. Vielmehr ist er bis zur Beendigung des Rechtschutzverfahrens bei seiner ursprünglichen Gesellschaft zu beschäftigen. Dies ist auch der entscheidende Unterschied zu der bereits dargelegten Überleitungspraxis auf der Grundlage des § 12 Abs. 9 i.V.m. § 23 DBGrG. Im Sinne einer effizienten Personalwirtschaft mit dem Ziel einer Kostenreduzierung ist die Handlungsweise des Unternehmens nachvollziehbar, rechtlich jedoch nicht haltbar und somit mit einem Risiko behaftet.

Zu erörtern ist jedoch, ob für die erlassende Behörde die Möglichkeit der Beseitigung des fehlerhaften Verwaltungsaktes besteht. In Betracht kommen eine Umdeutung gem. § 47 VwVfG des Zuweisungsbescheides wegen einer anderweitigen Verwendung in eine Zuweisungsverfügung auf Grundlage des § 123a Abs. 2 BRRG oder eine Rücknahme des Bescheides gem. § 48 VwVfG.

Nach § 47 VwVfG kann ein fehlerhafter Verwaltungsakt in einen anderen rechtmäßigen Verwaltungsakt umgedeutet werden mit der Wirkung, daß dann die Rechtsfolgen dieses anderen Verwaltungsaktes gelten. Grundsätzlich wirkt dabei die Umdeutung auf den Zeitpunkt des Erlasses des ursprünglichen Verwaltungsaktes zurück und macht ihn ex-tunc rechtmäßig[28].

---

[25] Nach *Kunz,* Kommentar zum Eisenbahnrecht, A 2.1 zu § 7 BENeuglG, S. 30 kommt eine Zuweisung gem. § 123a BRRG auch dann in Betracht, wenn der Bund das Mehrheitseigentum an den Gesellschaften aufgegeben hat.

[26] In diesem Zusammenhang ist jedoch zu beachten, daß die Zuweisung gem. § 123a Abs. 2 BRRG erst seit dem. 24.02.1997 infolge des Dienstrechtsreformgesetzes (BGBl. S. 322) als Personalüberleitungsinstrument zur Verfügung steht.

[27] *BVerwGE* 60, 144, 147; *Schnellenbach,* Beamtenrecht, Rn. 137; *Battis,* Kommentar zum BBG, § 27 Rn. 6.

[28] *Kopp/Ramsauer,* Kommentar zum VwVfG, § 47 Rn. 37; *Meyer* in: *Knack,* Kommentar zum VwVfG, § 47 Rn. 33; *Sachs* in: *Stelkens/Bonk/Sachs,* Kommentar zum VwVfG, § 47 Rn. 32.

Eine Konversion gem. § 47 VwVfG ist jedoch nur unter den Voraussetzungen zulässig, daß

- ein fehlerhafter Verwaltungsakt vorliegt[29],
- der Verwaltungsakt, in den der fehlerhafte Verwaltungsakt umgedeutet werden soll, auf das gleiche Ziel gerichtet ist[30],
- der umgedeutete Verwaltungsakt formell und materiell rechtmäßig ist,
- sich die Rechtsfolgen für den Betroffenen nicht ungünstiger darstellen[31],
- der umgedeutete Verwaltungsakt nicht in einem Widerspruch zur erkennbaren Absicht der erlassenden Behörde steht,
- eine Rücknahme gem. § 48 VwVfG nicht ausgeschlossen ist und
- eine gebundene Entscheidung nicht in eine Ermessensentscheidung umgedeutet wird.

Da durch eine Umdeutung des Verwaltungsaktes die Gefahr eines Eingriffs in die subjektiven Rechte des Betroffenen bestehen kann, ist dieser gem. § 47 Abs. 4 i. V. m. § 28 VwVfG vorher anzuhören[32].

Im Hinblick auf die Zulässigkeit einer Umdeutung ist zunächst zu klären, welcher Rechtsträger für die Zuweisung wegen einer anderweitigen Verwendung gem. §§ 23, 12 Abs. 9 DBGrG und welche Behörde für den Erlaß der Zuweisungsverfügung gem. § 123a BRRG zuständig ist.

Eine Tatbestandsvoraussetzung des § 47 VwVfG ist die Identität der handelnden Behörde. Danach muß die Behörde, die den Ausgangsverwaltungsakt erlassen hat, auch für den Verwaltungsakt, in den umgedeutet werden soll, zuständig sein[33].

---

[29] Im Unterschied zu § 140 BGB ist für die Anwendung des § 47 VwVfG keine Nichtigkeit des Verwaltungsaktes erforderlich, so *Badura* in: *Erichsen/Ehlers,* Allgemeines Verwaltungsrecht, § 38 Rn. 44; *Sachs* in: *Stelkens/Bonk/Sachs,* Kommentar zum VwVfG, § 47 Rn. 31; *Kopp/Ramsauer,* Kommentar zum VwVfG, § 47 Rn. 3, 12; *a. A.: Meyer* in: *Knack,* Kommentar zum VwVfG, § 47 Rn. 8.

[30] *Kopp/Ramsauer,* Kommentar zum VwVfG, § 47 Rn. 14; *Meyer* in: *Knack,* Kommentar zum VwVfG, § 47 Rn. 13; *Laubinger,* Die Umdeutung von Verwaltungsakten, VerwArch 1987, S. 207, 222, S. 345, 358 ff. mit zahlreichen Beispielen; *Sachs* in: *Stelkens/Bonk/Sachs,* Kommentar zum VwVfG, § 47 Rn. 34.

[31] Nach der *h. M.* ist dabei nicht nur auf die unmittelbaren Rechtsfolgen abzustellen, sondern auch auf die mittelbaren Auswirkungen des umgedeuteten Verwaltungsaktes, insbesondere seine wirtschaftlichen Folgen, so *Meyer* in: *Knack,* Kommentar zum VwVfG, § 47 Rn. 17; *Laubinger,* Die Umdeutung von fehlerhaften Verwaltungsakten, VerwArch 1987, S. 345, 361.

[32] *Kopp/Ramsauer,* Kommentar zum VwVfG, § 47 Rn. 31 ff.; *Sachs* in: *Stelkens/Bonk/Sachs,* Kommentar zum VwVfG, § 47 Rn. 58.

[33] Sog. Identität der Zuständigkeit, *Kopp/Ramsauer,* Kommentar zum VwVfG, § 47 Rn. 17 m. w. N.; *Meyer* in: *Knack,* Kommentar zum VwVfG, § 47 Rn. 10.

Die Zuweisung wegen einer anderweitigen Verwendung gem. §§ 23, 12 Abs. 9 DBGrG hat den Rechtscharakter einer Versetzung. Folglich ist die Deutsche Bahn AG gem. § 12 Abs. 6 DBGrG i.V.m. § 1 Nr. 2 DBAGZustV befugt, den Personaltransfer des Beamten anzuordnen. Sie ist somit erlassende Behörde im Sinne des § 1 Abs. 4 VwVfG. Die Einbindung des Bundeseisenbahnvermögens in die Überleitungsmaßnahme erfolgt im Wege einer Benachrichtigung durch die Deutsche Bahn AG. Falls das Bundeseisenbahnvermögen sich nicht gegenteilig äußert, wird sein Einverständnis zur Zuweisung des Beamten vorausgesetzt. In diesem Fall wird dem Schweigen die Bedeutung eines ausdrücklich erklärten Einverständnisses zugemessen.

Die Zuweisung eines Beamten gem. § 123a Abs. 2 BRRG kann dagegen nur das Bundeseisenbahnvermögen, als Dienstherr der Beamten, verfügen, weil der Zuweisungstatbestand nicht durch die DBAG-Zuständigkeitsverordnung auf die Deutsche Bahn AG übertragen worden ist.

Die erforderliche Identität der Behörde liegt somit nicht vor, so daß eine Umdeutung gem. § 47 VwVfG nicht in Betracht kommt.

Für die Affirmation einer Zuständigkeit der Behörde genügt es allerdings, daß die Behörde, die die Umdeutung vornimmt, für den Erlaß des Verwaltungsaktes, in den umgedeutet werden soll, im Zeitpunkt der Umdeutung zuständig ist (z.B. die Widerspruchsbehörde)[34]. In der Regel ist die Widerspruchsbehörde hierfür zuständig, wenn und solange der Widerspruch bei ihr anhängig ist. Die Aufsichtsbehörde ist dagegen zur Umdeutung nur befugt, wenn sie insoweit ein Selbsteintrittsrecht hat.

Es ist daher zu erörtern, ob das Bundeseisenbahnvermögen die Kompetenz zur Umdeutung der Zuweisungsverfügung im Rahmen seiner Rechtsaufsicht gem. § 13 Abs. 2 S. 2 und 3 DBGrG geltend machen kann.

Der Präsident des Bundeseisenbahnvermögens kann gem. § 13 Abs. 2 S. 2 DBGrG die Verletzung beamtenrechtlicher Bestimmungen selbst beheben, wenn die Gesellschaft seiner Aufforderung gem. § 13 Abs. 2 S. 1 DBGrG, die Rechtsverletzung innerhalb einer gesetzten Frist zu beseitigen, nicht nachkommt.

Grundsätzlich hat der Präsident des Bundeseisenbahnvermögens ein Ermessen, ob und welche Aufsichtsmittel anzuwenden sind. Eine Verpflichtung zum Einschreiten der Aufsichtsbehörde besteht nur bei einer Ermessensreduzierung auf Null, nicht dagegen bei geringfügigen oder schon länger zurückliegenden Rechtsverletzungen[35].

---

[34] *Kopp/Ramsauer,* Kommentar zum VwVfG, § 47 Rn. 20; *Sachs* in: *Stelkens/Bonk/Sachs,* Kommentar zum VwVfG, § 47 Rn. 37.

[35] *Kunz,* Kommentar zum Eisenbahnrecht, A 2.2 zu § 13 DBGrG, S. 46.

Die Deutsche Bahn AG besitzt keine Kompetenz zum Erlaß einer Zuweisung gem. § 123a BRRG. Selbst wenn das Bundeseisenbahnvermögen sie als Aufsichtsbehörde aufgefordert hätte, die Zuweisungsverfügung auf der Grundlage der §§ 23, 12 Abs. 9 DBGrG aufzuheben und eine rechtmäßige Zuweisung gem. § 123a Abs. 2 BRRG zu erlassen, hätte sie dieser Aufforderung nicht nachkommen können. Das Anliegen der Aufsichtsbehörde wäre somit auf eine rechtliche Unmöglichkeit gerichtet gewesen. Folglich liegt schon eine Voraussetzung für das Selbsteintrittsrecht der Aufsichtsbehörde gem. § 13 Abs. 2 S. 2 DBGrG nicht vor.

Da die Aufsichtsbehörde den Rechtsmangel nicht selbst beheben kann, besteht insoweit auch keine Befugnis für die Umdeutung des fehlerhaften Verwaltungsakts gem. § 47 VwVfG.

Da die Rechtsaufsicht nur im öffentlichen Interesse und nicht im Interesse des einzelnen Beamten erfolgt, sind Klagen der besonderen Personalvertretung oder eines einzelnen Beamten, mit dem Ziel von der Rechtsaufsicht Gebrauch zu machen, mangels einer Klagebefugnis unzulässig[36].

Gleichwohl besteht durch eine Rücknahme des Zuweisungsbescheides gem. § 48 VwVfG die Möglichkeit der Beseitigung des Rechtsmangels.

Zielgedanke einer Zuweisung zur DB Vermittlung GmbH ist die Neuorientierung und Vermittlung des Mitarbeiters in eine neue Beschäftigung innerhalb des Konzerns. Danach soll im Idealfall der Beamte nur für eine kurze Übergangszeit der DB Vermittlung GmbH angehören, um schnellstmöglich eine neue Tätigkeit bei einem anderen Konzernunternehmen aufzunehmen. Folglich ist bei einer erfolgreichen Vermittlung eine erneute Zuweisung des Beamten gem. § 123a Abs. 1 oder 2 BRRG erforderlich[37].

f) Zusammenfassung

Eine Personalüberleitung von zugewiesenen Beamten, die von Rationalisierungsmaßnahmen betroffenen und deren aktuelle Beschäftigungsmöglichkeiten weggefallen sind, zur DB Vermittlung GmbH ist nur im Wege der Zuweisung gem. § 123a BRRG möglich. Im Hinblick auf die übrigen Transferinstrumente ist entweder der Geltungsbereich nicht einschlägig oder sie finden aus politischen Gründen in der Praxis keine Anwendung.

Eine Tätigkeit von Beamten bei der DB Zeitarbeit GmbH ist nur mit ihrem Einverständnis auf Grund von Dienstleistungsüberlassungsverträgen zulässig.

---

[36] *Kunz,* Kommentar zum Eisenbahnrecht, A 2.2 zu § 13 DBGrG, S. 46.

[37] Ob diese Vorgehensweise noch von der Intention des § 123a BRRG gedeckt ist, bleibt allerdings zweifelhaft.

Die hergebrachten Grundsätze des Berufsbeamtentums gem. Art. 33 Abs. 5 GG sowie sonstige beamtenrechtliche Prinzipien sind von den Gesellschaften des konzernweiten Arbeitsmarktes zu berücksichtigen.

In bezug auf den beamtenrechtlichen Anspruch auf amtsangemessene Beschäftigung gestaltet sich dies jedoch als problematisch[38]. Fakt ist, daß die betroffenen Beamten bei der DB Arbeit GmbH bzw. später bei der DB Vermittlung GmbH zunächst für mehrere Wochen überhaupt nicht beschäftigt wurden. Eine Durchbrechung des Anspruchs auf amtsangemessene Beschäftigung ist zwar gem. § 11 BENeuglG unter engen Voraussetzungen bis zu einer maximalen Dauer von einem Jahr zulässig. Sie kommt aber nur als Ultima-ratio-Maßnahme in Betracht, wenn eine anderweitige Beschäftigung auf Arbeitsplätze mit gleichwertigen Aufgaben oder Anforderungen innerhalb der Deutschen Bahn AG nicht realisierbar ist. Eine Regelung zu einer vorübergehenden Nichtbeschäftigung von zugewiesenen Beamten ist weder im ENeuOG noch in sonstigen beamtenrechtlichen Vorschriften zu finden. Infolgedessen ist eine Ausnahme vom Anspruch auf amtsangemessene Beschäftigung durch eine Nichtbeschäftigung nicht zulässig. Vielmehr ist den Beamten auch innerhalb der Gesellschaften des konzernweiten Arbeitsmarktes eine Beschäftigung, auch auf einem geringer bewerteten Arbeitsplatz, anzubieten. Die Voraussetzungen des § 11 BENeuglG, insbesondere die Verhältnismäßigkeit und Zumutbarkeit der Maßnahme, sind dann im konkreten Einzelfall zu prüfen[39].

2. Zulässigkeit des Personaltransfers von Arbeitnehmern

Im Hinblick auf die Personalüberleitungsmöglichkeiten von Arbeitnehmern zu den Gesellschaften des konzernweiten Arbeitsmarktes ist zwischen kündigungsbeschränkten und nicht kündigungsbeschränkten Mitarbeitern zu unterscheiden.

Das Arbeitsverhältnis mit den nicht kündigungsbeschränkten Mitarbeitern wird aufgelöst. Allerdings wird den betroffenen Arbeitnehmern die Möglichkeit eingeräumt, einen befristeten Arbeitsvertrag mit einer Personaltransfergesellschaft abzuschließen mit dem Ziel, schnellstmöglich eine neue, konzernexterne Arbeitsmöglichkeit zu finden.

---

[38] Vgl. hierzu insgesamt die harte Kritik von *Schlegelmilch,* Amtsunangemessene Beschäftigung am Beispiel der DB AG, ZBR 2002, S. 79, 81 an der DB Vermittlung mit Beispielen einer Missachtung der beamtenrechtlichen Grundsätze.

[39] Unter diesen Voraussetzungen dürfte der Einsatz von Ingenieuren zur Erstellung von Konzernausweisen, von ehemaligen Personalleitern zu leichtesten Büroarbeiten oder der Einsatz von ehemaligen Bahndirektoren als „Ticket-Guide" im Bahnhof nicht mehr unter den Anwendungsbereich von § 11 BENeuglG fallen.

Nach den Ausführungsbestimmungen zu § 19 des DB Vermittlung TV[40] sind kündigungsbeschränkte Arbeitnehmer im Sinne dieses Tarifvertrages Arbeitnehmer, die zum Zeitpunkt des Beschäftigungswegfalls bei einem Unternehmen des DB Konzerns die Voraussetzungen der tariflichen Kündigungsbeschränkung des § 22 MTV (Schiene) oder des § 43 ZTV[41] bzw. einer entsprechenden Vorschrift im Tarifwerk eines Unternehmens des DB Konzerns erfüllen.

Erfaßt werden somit u. a.

- Arbeitnehmer im Sinne des § 1 MTV (Schiene), die gem. § 22 MTV (Schiene) eine ununterbrochene Betriebszugehörigkeit von mindestens 10 Jahren vorweisen können und mindestens das 55. Lebensjahr vollendet haben,
- Arbeiter, die gem. § 30 Abs. 3 LTV bereits eine Eisenbahndienstzeit von 15 Jahren abgeleistet und das 40. Lebensjahr vollendet haben,
- Angestellte, die gem. § 30 Abs. 1 AnTV bereits eine Eisenbahndienstzeit von 15 Jahren abgeleistet und das 40. Lebensjahr vollendet haben.

Die kündigungsbeschränkten Arbeitnehmer haben gem. § 9 KonzernRatioTV einen Anspruch auf einen Aufhebungsvertrag oder einen Arbeitsvertrag mit der DB Vermittlung GmbH, wenn ihnen keine andere zumutbare Beschäftigungsmöglichkeit gem. § 8 KonzernRatioTV angeboten werden kann. In den meisten Fällen wird ihnen ein Aufhebungsvertrag, das aktuelle Arbeitsverhältnis zu dem jeweiligen Konzernunternehmen betreffend, und gleichzeitig ein Arbeitsvertrag mit einem anderen Unternehmen gem. § 8 Abs. 2 KonzernRatioTV bzw. mit der DB Vermittlung GmbH angeboten. Falls Arbeitnehmer den Abschluß eines Arbeitsvertrages auf der Grundlage der §§ 8, 9 KonzernRatioTV ablehnen, können sie gem. § 10 KonzernRatioTV nach Maßgabe der gesetzlichen und tariflichen Bestimmungen gekündigt werden.

Diese Konsequenz tritt jedoch nicht ein, wenn ein Arbeitnehmer einen Arbeitsvertrag mit der DB Zeitarbeit GmbH ablehnt. Eine Tätigkeit bei der DB Zeitarbeit GmbH wird durch den KonzernRatioTV wegen der mangelnden Zumutbarkeit nicht erfaßt. Ein solches Arbeitsverhältnis kann somit nicht erzwungen werden und ist daher nur auf freiwilliger Basis möglich.

Die Personalüberleitung zu den Gesellschaften des konzernweiten Arbeitsmarktes hat für die betroffenen Arbeitnehmer wirtschaftliche Konsequenzen.

---

[40] Tarifvertrag für die Arbeitnehmer der DB Vermittlung GmbH (DB Vermittlung TV).

[41] Zulagentarifvertrag für die Arbeitnehmer der DB AG (ZTV), in Kraft getreten am 1. Juli 1995; allerdings kann der Hinweis auf § 43 ZTV in den Ausführungsbestimmungen zu § 19 DB Vermittlung TV nur als redaktionelles Versehen gewertet werden, da der ZTV lediglich 22 Paragraphen umfaßt. Eine entsprechende Norm ist in dem Regelungskatalog des ZTV nicht enthalten.

Nach § 4 TV Vermittlung GmbH wird für die Arbeitnehmer der DB Vermittlung GmbH die tarifvertragliche, regelmäßige Jahresarbeitszeit von 1.984 Stunden gem. § 2 Abs. 1 JazTV auf 1.670 Stunden abgesenkt. Hieraus folgt gem. § 10 Abs. 1 TV Vermittlung GmbH eine Anpassung des Monatstabellenentgelts und eine Angleichung der in Monatsbeträgen festgelegten Entgeltbestandteile in Relation zur geleisteten Arbeitszeit. Aufgrund der Absenkung der regelmäßigen Jahresarbeitszeit haben die Arbeitnehmer mit finanziellen Einbußen zu rechnen[42].

3. Beteiligungsrecht der Interessenvertretungen

Bei den Ausführungen zu den Beteiligungsrechten der zuständigen Interessenvertretungen als Folge von Rationalisierungsmaßnahmen sind zwei Sachverhalte zu unterscheiden.

In einem ersten Schritt sind die Mitbestimmungsrechte des Betriebsrates bzw. der besonderen Personalvertretung im Zusammenhang mit einer Überleitung von Beamten und Arbeitnehmern von einer Konzerngesellschaft zu einer Gesellschaft des konzernweiten Arbeitsmarktes darzulegen.

Der zweite Schritt umfaßt das weitere berufliche Schicksal der Arbeitnehmer und ist insbesondere für die Geschäftstätigkeit der DB Zeitarbeit GmbH von Bedeutung. Hier ist zu erörtern, welche Beteiligungsrechte der abgebende und der aufnehmende Betriebsrat im Rahmen einer gewerblichen Arbeitnehmerüberlassung geltend machen können.

a) Überleitung von Beamten und Arbeitnehmern zu Gesellschaften des konzernweiten Arbeitsmarktes

Im Hinblick auf die Personalüberleitung von Arbeitnehmern auf Gesellschaften des konzernweiten Arbeitsmarktes kann allein der aufnehmende Betriebsrat, also der Betriebsrat der DB Vermittlung GmbH, bzw. der DB Zeitarbeit GmbH, ein Mitbestimmungsrecht gem. § 99 Abs. 1 BetrVG geltend machen. Erfolgt zur Überleitung des Arbeitnehmers zur DB Vermittlung GmbH eine Kündigung seines ursprünglichen Arbeitsvertrages, so ist vorher der zuständige Betriebsrat gem. § 102 BetrVG anzuhören[43].

---

[42] Unter Berücksichtigung der beamtenrechtlichen Prinzipien erfolgt für die Beamten keine Absenkung der regelmäßigen Jahresarbeitszeit. Infolgedessen ist eine Anpassung der Besoldung in Relation zu geleisteten Diensten auch nicht notwendig, so daß die Beamten weiterhin 100% ihrer Bezüge erhalten, auch wenn sie bei der DB Vermittlung GmbH tätig sind.

[43] *Hanau/Adomeit,* Arbeitsrecht, S. 251 f., Rn. 832 m.w.N., dagegen gibt es für einen Aufhebungsvertrag keine besonderen Schutzvorschriften im Sinne des Kündi-

Vor der Zuweisung eines Beamten von der Deutschen Bahn AG bzw. einer Beteiligungsgesellschaft zur DB Vermittlung GmbH sind aufgrund der uneingeschränkten Doppelbeteiligung der aufnehmende Betriebsrat der DB Vermittlung GmbH gem. § 99 BetrVG sowie die zuständige besondere Personalvertretung gem. § 17 Abs. 2 DBGrG i.V.m. § 76 Abs. 1 Nr. 5a BPersVG zu beteiligen.

Die Mitbestimmungsgremien der abgebenden Betriebe haben nur einen geringen Einfluß auf die organisatorischen und personalwirtschaftlichen Entscheidungen des Arbeitgebers. Die Mitbestimmungsrechte des besonderen Hauptpersonalrats gem. § 17 Abs. 2 DBGrG i.V.m. §§ 76 Abs. 1, 77 Abs. 2 BPersVG ändern hieran ebenfalls nichts[44].

Falls durch Personalfreisetzungsmaßnahmen als Folge von Rationalisierungsentscheidungen jedoch der Tatbestand einer Betriebsänderung im Sinne der §§ 111, 112, 112a BetrVG erfüllt wird, kann der Betriebsrat, Gesamtbetriebsrat oder Konzernbetriebsrat im Rahmen der Verhandlungen zum Interessenausgleich und zum Sozialplan versuchen, die wirtschaftlichen Nachteile aus der Sanierungsmaßnahme für die betroffenen Beschäftigten auszugleichen oder zu mildern[45] .

b) Ausleihe von Arbeitnehmern an andere Gesellschaften

Die Arbeitnehmer der DB Zeitarbeit GmbH, die im Wege der gewerblichen Arbeitnehmerüberlassung ausgeliehen werden, sind betriebsverfassungsrechtlich der DB Zeitarbeit GmbH, als Verleiherbetrieb, zugeordnet. Sie haben dort das aktive und passive Wahlrecht nach den allgemeinen Vorschriften des Betriebsverfassungsgesetzes[46]. Der Betriebsrat der DB Zeitarbeit GmbH ist daher für alle Angelegenheiten, die sich aus dem arbeitsrechtlichen Grundverhältnis zwischen den Tarifkräften, als Leiharbeitnehmer, und der DB Zeitarbeit GmbH, als Verleiher, ergeben, zuständig.

Im Rahmen einer Arbeitnehmerüberlassung können sowohl der aufnehmende Betriebsrat unter dem Gesichtspunkt einer befristeten Einstellung[47], als auch der abgebende Betriebsrat unter dem Gesichtspunkt einer Versetzung[48] ihr Mitbe-

---

gungsschutzgesetzes oder des Betriebsverfassungsgesetzes, da er nicht gegen den Willen des Arbeitnehmers geschlossen werden kann.

[44] *BAG,* PersR 1996, S. 208 ff.

[45] *Fitting/Kaiser/Heither/Engels/Schmidt,* Kommentar zum BetrVG, 21. Auflage, §§ 112, 112a Rn. 16 (zum Interessenausgleich), Rn. 82 ff. (zum Sozialplan) m.w.N.

[46] *Fitting/Kaiser/Heither/Engels/Schmidt,* Kommentar zum BetrVG, 21. Auflage, § 5 Rn. 235.

[47] Ständige Rechtsprechung, vgl. *BAG* v. 20.09.1990 AP Nr. 84 zu § 99 BetrVG; *Ulber,* Kommentar zum AÜG, § 1 AÜG, Rn. 255; *Fitting/Kaiser/Heither/Engels/Schmidt,* Kommentar zum BetrVG, 21. Auflage, § 3 Rn. 240; *Sandmann/Marschall,* Kommentar zum AÜG, Art. 1, § 14 Rn. 17.

stimmungsrecht gem. § 99 BetrVG geltend machen. Die vorübergehende Personalausleihe des Arbeitnehmers umfaßt das Ausscheiden des Arbeitnehmers aus dem und die spätere Rückkehr in den entsendenden Betrieb. Infolgedessen handelt es sich um eine einheitliche personelle Maßnahme. Danach stehen bei der Beendigung der Personalüberlassung dem Betriebsrat des ausleihenden Unternehmens sowie dem Betriebsrat der DB Zeitarbeit GmbH keine Mitbestimmungsrechte unter dem Gesichtspunkt der Rückversetzung zu[49].

Wird dagegen die Arbeitnehmerüberlassung über den vereinbarten Zeitraum hinaus verlängert, so ist der Betriebsrat des ausleihenden Unternehmens gem. § 99 BetrVG vorab erneut zu beteiligen.

Die Mitwirkungsrechte bei personellen Einzelmaßnahmen im Rahmen der gewerblichen Arbeitnehmerüberlassung stehen jeweils den örtlichen Betriebsräten zu. Eine originäre Zuständigkeit des Konzernbetriebsrats besteht dagegen im Hinblick auf die Frage, ob und unter welchen Bedingungen eine Arbeitnehmerüberlassung im Konzern erfolgen darf[50].

4. Fazit zur Durchführung von Rationalisierungsmaßnahmen und ihre personalrechtlichen Konsequenzen

Die Deutsche Bahn AG befindet sich hinsichtlich der Auswirkungen von Rationalisierungsmaßnahmen in einer Zwickmühle. Einerseits hat sie sich selbst gebunden, indem sie die Anwendung des § 21 Abs. 5 und 6 DBGrG ausgeschlossen hat, andererseits lastet auf ihr der Druck, die Ziele der Bahnreform zu erreichen. Dieser Endspurt der Bahnreform ist u. a. nur mit einer effizienten Personalwirtschaft zu erreichen.

Die Organisation eines konzernweiten Arbeitsmarktes ist daher bedeutsam für einen sozialverträglichen Personalabbau innerhalb des Bahnkonzerns. Gleichwohl dürfte es in der Praxis diskutierbar sein, ob hierdurch tatsächlich ein effektiver Personalabbau vorgenommen wird, oder ob es sich lediglich um eine konzerninterne Verschiebung der Problematik handelt.

Die DB Vermittlung GmbH hat im Jahr 2002 ca. 4.300 Mitarbeiter betreut. Ca. 650 Mitarbeitern wurde konzernintern eine neue Beschäftigung angeboten; ca. 780 Mitarbeiter sind aus dem Bahnkonzern ausgeschieden, um extern eine berufliche Neuausrichtung vorzunehmen.

---

[48] *BAG* v. 19.02.1991, DB 1991, S. 1627; *BAG* v. 26.01.1993, DB 1993, S. 1475; *Ulber,* Kommentar zum AÜG, § 1 AÜG Rn. 256.

[49] Vgl. *Ulber,* Kommentar zum AÜG, § 1 AÜG Rn. 255, 256.

[50] *Trittin* in: *Däubler/Kittner/Klebe,* Kommentar zum BetrVG, § 58 Rn. 31; *Ulber,* Kommentar zum AÜG, § 1 AÜG Rn. 258.

Durch eine konsequente und zielgerichtete Vorvermittlung von Mitarbeitern zu anderen Beteiligungsgesellschaften innerhalb des Bahnkonzerns kann vielfach eine Überleitung zu einer Gesellschaft des konzernweiten Arbeitsmarktes verhindert werden. Im Jahr 2002 war es mit Hilfe des Instrumentes der Vorvermittlung möglich, für ca. 2.150 Mitarbeiter noch vor Wegfall ihrer Arbeitsplätze eine neue Perspektive zu schaffen.

Der DB Zeitarbeit GmbH gehörten im Jahr 2002 ca. 247 Mitarbeiter an und hat durch Vermarktung von Personaldienstleistungen in den Geschäftsfeldern „Personalüberlassung" und „private Arbeitsvermittlung" einen Umsatz von ca. 6 Mio. Euro erzielt[51].

Eine Personalüberleitung von zugewiesenen Beamten, die von Rationalisierungsmaßnahmen betroffenen und deren aktuelle Beschäftigungsmöglichkeiten weggefallen sind, ist nur zur DB Vermittlung GmbH im Wege der Zuweisung gem. § 123a BRRG möglich.

Da die gewerbliche Arbeitnehmerüberlassung auf Personen, die in einem öffentlich-rechtlichen Dienst- und Treueverhältnis stehen, keine Anwendung findet und die DB Zeitarbeit GmbH nicht befugt ist für zugewiesene Beamte einen Dienstleistungsüberlassungsvertrag mit Dritten abzuschließen, ist eine Überleitung von Beamten zur DB Zeitarbeit GmbH nicht zulässig.

Die hergebrachten Grundsätze des Berufsbeamtentums gem. Art. 33 Abs. 5 GG sowie sonstige beamtenrechtliche Prinzipien sind von den Gesellschaften des konzernweiten Arbeitsmarktes zu berücksichtigen.

Ein Transfer von kündigungsbeschränkten Tarifkräften ist dagegen sowohl zur DB Vermittlung GmbH als auch zur DB Zeitarbeit GmbH zulässig. Allerdings hat allein die Ablehnung eines Arbeitnehmers zum Abschluß eines Arbeitsvertrages mit der DB Vermittlung GmbH zur Folge, daß eine Kündigung ausgesprochen werden kann. Arbeitnehmer, die mit Gesellschaften des konzernweiten Arbeitsmarktes ein Arbeitsverhältnis begründen, haben wirtschaftliche Nachteile hinzunehmen, die sich aus einer Absenkung der regelmäßigen Jahresarbeitszeit ergeben.

Demgegenüber ist in diesem Zusammenhang einzuräumen, daß der konzernweite Arbeitsmarkt den Arbeitnehmern, die von Rationalisierungsmaßnahmen betroffen sind, auch Vorteile bietet. Hierdurch erhalten sie die Möglichkeit, sich beruflich neu zu orientieren, sich weiter zu qualifizieren und somit schneller wieder eine Beschäftigung zu finden.

---

[51] *Quelle*: Präsentation des konzernweiten Arbeitsmarktes auf dem Treffen des Führungskräftenachwuchses (Traineeclub) des DB-Konzerns am 17.05.2003 in Leipzig.

II. Der Arbeitgeberverband

Infolge der Gründung eines eigenen Arbeitgeberverbandes setzt die Deutsche Bahn AG markante Zeichen im Hinblick auf eine effektivere Gestaltung der Tarifpolitik, eine Verbesserung der Lobbyarbeit und auf ihre künftige Positionierung in nationalen und internationalen Gremien im Bereich der Rechts- und Sozialpolitik.

Zur Bündelung des eisenbahnspezifischen Know-hows und der Kenntnisse der politischen und gewerkschaftlichen Strömungen ist es beabsichtigt, im Arbeitgeberverband vorrangig Personal zu beschäftigen, daß bereits im Bahnkonzern tätig war. Folglich besteht auch die Intention der Beschäftigung von Beamten, die bislang der Deutschen Bahn AG zugewiesen sind[52].

Im Hinblick auf die Rechtmäßigkeit von Personalüberleitungsmaßnahmen ergibt sich die Besonderheit, daß es sich bei dem Arbeitgeberverband um einen selbständigen Verein handelt, der nicht dem Bahnkonzern angehört.

Die Zielsetzung und die rechtliche Voraussetzungen der Gründung eines Arbeitgeberverbandes sowie die rechtliche Zulässigkeit eines möglichen Personaltransfer von Beamten zu dem Verband werden im Folgenden dargelegt und erörtert.

1. Begriff und Voraussetzungen der Tariffähigkeit

Den Gegenpol zu den Gewerkschaften als Interessenvertretungen der Arbeitnehmer stellen die einzelnen Arbeitgeber bzw. die Arbeitgeberverbände dar. Bei den Arbeitgeberverbänden handelt es sich um privatrechtliche Zusammenschlüsse zur Wahrung und Förderung der Arbeits- und Wirtschaftsbedingungen, die die Wahrnehmung der kollektiven Arbeitgeberinteressen zur Aufgabe haben[53]. Ihre Rechtsgrundlage bildet wie bei jedem Verein die Satzung.

Danach sind die Arbeitgeberverbände, ebenso wie die Gewerkschaften, Koalitionen im Sinne des Art. 9 Abs. 3 GG[54].

Die Arbeitgeberverbände und die Gewerkschaften gliedern sich heute im allgemeinen nach dem Industrieverbandsprinzip, d.h., die einzelnen Verbände werden für bestimmte Industrie- und Gewerbezweige errichtet, so daß für jeden Betrieb grundsätzlich nur ein Arbeitgeberverband zuständig ist.

---

[52] Bislang werden durch den Arbeitgeberverband nur Tarifkräfte beschäftigt. Die Aufnahme der Dienstleistung durch Beamte ist noch nicht erfolgt, so daß es sich im Folgenden um eine vorweg genommene Prüfung handelt.

[53] *Schaub/Koch/Linck,* Arbeitsrechts-Handbuch, § 189 Rn. 42, § 190 Rn. 4 f.; *Kempen/Zachert,* Kommentar zum TVG, § 2 Rn. 77; *Gitter,* Arbeitsrecht, S. 123 f.

[54] Zum arbeitsrechtlichen Koalitionsbegriff, *Kissel,* Arbeitskampfrecht, § 4 Rn. 7 ff., 18 f.

Um als tariffähige und verhandlungsberechtigte Koalition auftreten zu können, muß ein Verband die folgenden Voraussetzungen erfüllen[55]:

- Es muß sich um eine freiwillige Vereinigung von Arbeitgebern handeln. Zwangsverbände, wie die Industrie- und Handelskammern sind daher nicht tariffähig[56].
- Die Vereinigung muß den Zweck haben, die Arbeits- und Wirtschaftsbedingungen zu wahren und zu fördern. Allerdings ist ein allgemein wirtschaftlicher Zweck nicht ausreichend, wenn er nicht die Einwirkung auf die Gehaltsstruktur und die Arbeitsbedingungen mit einschließt.
- Die sog. Koalitionsreinheit muß gewährleistet sein. Demnach muß die Vereinigung gegnerunabhängig sein, sowohl im Hinblick auf die sozialen Gegenspieler, als auch im Hinblick auf Dritte wie z. B. Staat und Parteien.
- Der Verband muß überbetrieblich organisiert sein[57].
- Nach der Rechtsprechung des Bundesarbeitsgerichts[58] ist zudem eine gewisse Mächtigkeit, d.h. Durchsetzungsfähigkeit des Verbandes gegenüber seinen Gegenspielern erforderlich.

[55] Zu den einzelnen Tatbestandsmerkmalen für die Tariffähigkeit eines Verbandes vgl. *Schaub* in: *Dieterich/Hanau/Schaub,* Kommentar zum Arbeitsrecht, 600, § 2 TVG, Rn. 1; *Gitter,* Arbeitsrecht, S. 124 f.; *Fitting/Kaiser/Heither/Engels/Schmidt,* Kommentar zum BetrVG, 21. Auflage, § 2 Rn. 41.

[56] Eine Ausnahme hierzu besteht nur für die Innungen des Handwerks, denen durch § 54 Abs. 3 Nr. 1 Handwerksordnung eine Tariffähigkeit zuerkannt wurde, vgl. *Schaub* in: *Dieterich/Hanau/Schaub,* Erfurter Kommentar zum Arbeitsrecht, 600, § 2 TVG, Rn. 5; *Löwisch/Rieble,* Kommentar zum TVG, § 2 Rn. 6; *Kempen/Zachert,* Kommentar zum TVG, § 2 Rn. 77.

[57] *BVerfG* vom 18.11.1954 AP Nr. 1 zu Art. 9.

[58] *BAG,* AP § 2 TVG Nr. 32, 24, NJW 1986, S. 1708; *das.,* Nr. 38, NZA 1990, S. 626; *das.,* Nr. 55, NZA 2001, S. 160; *BVerfG* AP Nr. 31 zu § 2 TVG, NJW 1982, S. 815. Diese Voraussetzung ist allerdings nicht ganz unumstritten, weil darin teilweise eine Einschränkung der positiven Koalitionsfreiheit und ein Widerspruch zur Tariffähigkeit des einzelnen Arbeitgebers gesehen wird. Das *BAG* hat hierzu in einer anderen Entscheidung ausdrücklich klargestellt, daß Durchsetzungsfähigkeit gegenüber dem sozialen Gegenspieler nicht bedeuten kann, daß die Koalition die Chance eines vollständigen Sieges haben muß. Es muß nur erwartet werden, daß die Koalition vom Gegner überhaupt ernst genommen wird, so daß die Regelung der Arbeitsbedingungen nicht einem Diktat der einen Seite entspricht, sondern ausgehandelt wird; demgegenüber hat das BAG in einer anderen Entscheidung eine Arbeitgebervereinigung auch dann als tariffähig angesehen, wenn sie nicht durchsetzungsfähig ist, *BAG,* NZA 1991, S. 428; für die Literatur: *Hanau/Adomeit,* S. 46 Rn. 146; *Kempen/Zachert,* Kommentar zum TVG, § 2 Rn. 81 ff.; kritisch: *Däubler,* Tarifvertragsrecht, Rn. 69; das Erfordernis der Mächtigkeit ablehnend: *Kissel,* Arbeitskampfrecht, § 9 Rn. 35 f.; kritisch zum Urteil des BAG vom 06.06.2000 – 1 ABR 21/99, NZA 2001, S. 156; *Schrader,* Arbeitgeberverbände und Mächtigkeit, NZA 2001, S. 1337 ff.

2. Gründung des Arbeitgeberverbands der Mobilitäts- und Verkehrsdienstleister e. V.

Grundsätzlich ist ein Konzern als solcher nicht tariffähig, da er mangels einer eigenen Verbandspersönlichkeit keine eigenen Rechte und Pflichten hat und somit auch nicht Partner eines Tarifvertrages sein kann[59]. Dagegen sind die Konzernobergesellschaften als Arbeitgeber im Sinne des § 2 Abs. 1 TVG tariffähig. Ihre Tariffähigkeit erstreckt sich nicht nur auf die unmittelbar in der Führungsgesellschaft beschäftigten Arbeitnehmer, sondern auch auf die Arbeitnehmer der von ihr beherrschten Gesellschaften[60]. Zwar üben auch die Tochtergesellschaften eine Arbeitgeberfunktion aus und sind damit selbst tariffähig, gleichwohl sind sie aufgrund der konzernrechtlichen Abhängigkeit beim Abschluß und bei der Erfüllung von Tarifverträgen eingeschränkt.

Um die Interessen des Konzerns der Deutschen Bahn, der selbst nicht tariffähig ist, einheitlich zu vertreten, wurde am 4. Juni 2002 der Arbeitgeberverband der Mobiliäts- und Verkehrsdienstleister e. V. mit Sitz in Berlin und einer Außenstelle in Frankfurt am Main gegründet und in das Vereinsregister eingetragen.

Aus der Namensgebung des Verbandes ist bereits die künftige Ausrichtung des Konzerns abzulesen, der sich nicht mehr als reiner Eisenbahnbetrieb, sondern als globaler Mobilitätsdienstleister aufstellen will.

Der Zweck des Arbeitgeberverbandes ist die Förderung der tarif-, sozial- und gesellschaftspolitischen Interessen sowie die Wahrung der Arbeitgeberinteressen seiner Mitglieder. Dies zielt u. a. auf die Erreichung einer effektiveren Tarifpolitik, auf die Optimierung der arbeitsrechtlichen Betreuung seiner Mitglieder und auf die Verbesserung der Lobbyarbeit.

Infolge der Schaffung eines „eigenen" Arbeitgeberverbandes besteht für die Bahn nunmehr die Möglichkeit der Allgemeinverbindlichkeitserklärung[61] von Tarifverträgen sowie des Abschlusses von Haustarifverträgen[62] für verbundene Unternehmen mit gleicher Aufgabenstellung. Es erfolgt ein einheitlicher Auftritt gegenüber den Organisationen bzw. den Interessenvertretungen der Arbeitnehmer, so daß konzernweit einheitliche Rahmenbedingungen für die Arbeitnehmer geschaffen werden können. Dies bezieht sich besonders auf die Herstel-

---

[59] *Schaub* in: *Dieterich/Hanau/Schaub,* Erfurter Kommentar zum Arbeitsrecht, 600, § 2 TVG, Rn. 24; *Gamillscheg,* Kollektives Arbeitsrecht, S. 525; *Kempen/Zachert,* Kommentar zum TVG, § 2 Rn. 74; *Löwisch/Rieble,* Kommentar zum TVG, § 2 Rn. 58.

[60] *Däubler,* Tarifvertragsrecht, Rn. 79.

[61] Zum Zweck und er praktischen Bedeutung von Allgemeinverbindlichkeitserklärungen, s. *Däubler,* Tarifvertragsrecht, Rn. 1243 ff.

[62] Zu den Besonderheiten von Haustarifverträgen, s. *Schaub* in: *Dieterich/Hanau/Schaub,* Erfurter Kommentar zum Arbeitsrecht, 600, § 2 TVG, Rn. 27 ff.

lung einer einheitlichen Lohn- bzw. Gehaltsstruktur und Entgeltergänzungen wie Prämien, Leistungen und Zulagen. Zur Durchsetzung seiner Interessen ist der Arbeitgeberverband in arbeitsgerichtlichen Verfahren parteifähig im Sinne des § 10 ArbGG[63] und bei Anerkennung seiner Tariffähigkeit auch postulationsfähig gem. § 11 Abs. 1 S. 2 ArbGG[64].

Ein weiterer Vorteil des Arbeitgeberverbandes sind die verstärkten Gestaltungs- und Mitwirkungsmöglichkeiten im Vorfeld neuer Gesetze und Verordnungen sowohl in nationalen wie auch in internationalen Rechtsgebieten. Ebenso kommt durch die Lobbytätigkeit des Arbeitgeberverbandes eine aktivere Beteiligung in der europäischen Sozialpolitik in Betracht.

Mit der Eintragung des Verbandes in das Vereinsregister werden sämtliche Tarifverträge der Mitgliedsunternehmen nur noch im Namen des Arbeitgeberverbandes abgeschlossen. Ferner übernimmt der Verband seit Ende des Jahres 2002 die Prozeßvertretung für die Mitgliedsunternehmen.

Die Rechte und Pflichten des Arbeitgeberverbandes, seiner Organe sowie seiner Mitglieder regelt die Satzung des Arbeitgeberverbandes der Mobilitäts- und Verkehrsdienstleister e. V., die am 4. Juni 2002 in Kraft getreten ist[65].

Bislang sind dem Arbeitgeberverband achtundzwanzig Unternehmen mit insgesamt ca. 180.000 Beschäftigten beigetreten[66]. Damit stellt er bereits jetzt den größten Arbeitgeberverband der Branche dar, so daß ihm die von der Rechtsprechung geforderte Durchsetzungsfähigkeit zukommt.

Zusammenfassend ist festzustellen, daß der Arbeitgeberverband der Mobilitäts- und Verkehrsdienstleister e. V. die Voraussetzungen für eine Tariffähigkeit erfüllt.

Als nächste organisatorische Schritte sind ab Januar 2003 der sukzessive Aufbau von regionalen Verbandsstrukturen, das vollständige Angebot von Beratung, Service, Lobbying und Informationen sowie die Durchführung von Fachvorträgen geplant[67].

---

[63] *Koch* in: *Dieterich/Hanau/Schaub,* Erfurter Kommentar zum Arbeitsrecht, 60, § 10 ArbGG, Rn. 5.

[64] *Kempen/Zachert,* Kommentar zum TVG, § 2 Rn. 80.

[65] *Quelle*: Satzung des Arbeitgeberverbandes Mobilitäts- und Verkehrsdienstleister e. V., in Kraft getreten am 4. Juni 2002.

[66] Hierzu gehören u. a. die DB AG, die Unternehmensbereiche Personenverkehr, Güterverkehr, Fahrweg, Personenbahnhöfe, die DB Energie GmbH, die DB Projekt-Bau GmbH, die DB Services, DB Systems, DB Telematik sowie sonstige Beteiligungen, *Quelle*: Mitgliederliste Agv MoVe mit Stand vom 01.04.2003; allgemein zum Erwerb der Mitgliedschaft in Koalitionen, vgl. *Schaub/Koch/Linck,* Arbeitsrechts-Handbuch, § 191 Rn. 1 f.

[67] *Quelle*: Präsentation des Agv MoVe, Stand: Januar 2003.

3. Überleitung und Beschäftigung des ehemaligen Personals der DB AG auf den neu gegründeten Verband (Agv MoVe)

Der Arbeitgeberverband der Mobilitäts- und Verkehrsdienstleister e.V. ist eine juristische Person des Privatrechts, die nicht dem Konzern der Deutschen Bahn AG im Sinne des § 3 DBGrG angehört.

Aus diesem Grunde ist nachfolgend zu erörtern, unter welchen rechtlichen Voraussetzungen eine Überleitung und Beschäftigung von Arbeitnehmern sowie von der Deutschen Bahn AG zugewiesenen Beamten bei dem neugegründeten Verband zulässig ist.

Im Rahmen der Privatautonomie können die Tarifkräfte mit dem Arbeitgeberverband einen Arbeitsvertrag abschließen, so daß sich dieser Personaltransfer und die künftige Tätigkeit bei dem Verband unter arbeitsrechtlichen Gesichtspunkten als unkompliziert darstellen.

Für die Überleitung von Beamten, die der Deutschen Bahn AG zur Dienstleistung gem. Art. 143a GG zugewiesen sind, ist von maßgeblicher Bedeutung, daß es sich bei dem Arbeitgeberverband um eine selbständige juristische Person des Privatrechts handelt, die nicht im Mehrheitseigentum des Bundes steht[68].

Kehrseite dieser Unabhängigkeit von staatlichen Einflüssen ist jedoch, daß Beamte nicht im Wege der Zuweisung gem. § 123a BRRG oder §§ 12, 23 DBGrG zu dem Arbeitgeberverband übergeleitet werden können[69]. Eine maßgebliche Voraussetzung für die Rechtmäßigkeit einer Zuweisung auf den o.g. Rechtsgrundlagen ist das bestehende Mehrheitseigentum des Bundes an dem privaten Unternehmen. Im Rahmen seiner Rechts- bzw. Fachaufsicht werden ihm somit Einwirkungs- und Eingriffsmöglichkeiten zum Schutz der Beamten zur Verfügung gestellt. Mangels einer entsprechenden Mehrheitsbeteiligung kann der Bund diese Autorität gegenüber der Koalition des Arbeitgeberverbandes nicht geltend machen.

Eine Möglichkeit der Beschäftigung von Beamten und zur Nutzung ihres eisenbahnpolitischen Know-hows kommt daher nur im Wege der Beurlaubung oder aufgrund von Dienstleistungsüberlassungsverträgen in Betracht.

Zuständig für die Bewilligung der Beurlaubung des Beamten zum Arbeitgeberverband ist das Bundeseisenbahnvermögen. Hierbei ist zu berücksichtigen, daß Beurlaubungen nach der Intention des § 13 SurlV nur für einen befristeten Zeitraum zulässig sind[70]. Das Bundeseisenbahnvermögen ist in seiner Eigenschaft als Dienstherr – kraft Delegation durch den Bund – ebenfalls für den Ab-

---

[68] Vgl. Ausführungen in Kapitel C, Teil II, Nr. 2 b), bb).

[69] Vgl. insoweit die Ausführungen in Kapitel F, Teil I, Nr. 1, e).

[70] Vgl. insoweit die Ausführungen im Kapitel D, Teil I, Nr. 3.

schluß von Dienstleistungsüberlassungsverträgen mit dem Arbeitgeberverband zuständig.

4. Fazit zur Gründung des Arbeitgeberverbandes

Die Gründung des Arbeitgeberverbandes der Mobilitäts- und Verkehrsdienstleister e. V. ist von großer Bedeutung hinsichtlich der Positionierung des Bahnkonzerns im nationalen und internationalen Markt, der Durchsetzung seiner Interessen gegenüber den Gewerkschaften und politischen Gremien sowie für die Schaffung einer transparenten und einheitlichen Tarifpolitik.

Der Verband ist eine tariffähige und verhandlungsberechtigte Koalition im Sinne des Tarifvertragsgesetzes. Folglich besitzt er die eigene Prozeß- und Postulationsfähigkeit gem. §§ 10, 11 ArbGG.

Wegen der fehlenden Mehrheitsbeteiligung des Bundes an dem Arbeitgeberverband ist eine Beschäftigung von Beamten nur aufgrund von Dienstleistungsüberlassungsverträgen oder im Wege der Beurlaubung zulässig.

III. Zusammenfassung des Kapitels F.

Die beiden Beispiele aus der Praxis zeigen, daß von unternehmerischer Seite der Spagat zwischen der Erreichung der Ziele der Bahnreform mittels eines effizienten Personalmanagements und der Wahrung der Interessen der betroffenen Beschäftigten und der kollektiven Arbeitnehmervertretungen versucht wird.

Trotz durchgeführter Rationalisierungsmaßnahmen zur Steigerung der Produktivität und Verschlankung der Personalstrukturen besteht für die Beamten und die tariflich geschützten Arbeitnehmer eine Beschäftigungssicherung durch die Organisation des konzernweiten Arbeitsmarktes. Allerdings haben die Sicherung der Arbeitsplätze und die Möglichkeit der beruflichen Neuorientierung auch ihren Preis. Die Arbeitnehmer, die mit Gesellschaften des konzerweiten Arbeitsmarktes ein Arbeitsverhältnis begründen, müssen wirtschaftliche Nachteile infolge der Absenkung der regelmäßigen Jahresarbeitszeit in Kauf nehmen. Aufgrund der verfassungsrechtlichen Gewährleistung ihrer Rechtsstellung werden die Beamten von diesen wirtschaftlichen Folgen der Rationalisierungsmaßnahmen nicht getroffen.

Obgleich es sich bei den Gesellschaften des konzernweiten Arbeitsmarktes nicht um Beteiligungsgesellschaften im Sinne eines Eisenbahn*verkehrs*- oder Eisenbahn*infrastruktur*unternehmens gem. § 3 Abs. 1 Nr. 1 und 2 DBGrG handelt und der Arbeitgeberverband sogar eine externe Institution darstellt, stehen mit der Zuweisung gem. § 123a BRRG zur DB Vermittlung, der Beurlaubung oder der Vereinbarung von Dienstleistungsüberlassungsverträgen ausreichende Instrumente für eine Personalüberleitung von Beamten zur Verfügung.

Im Ergebnis ist kritisch festzuhalten, daß durch den Personaltransfer auf Gesellschaften des konzernweiten Arbeitsmarktes zwar das Ziel der Verringerung des Personalüberbestandes in den einzelnen Gesellschaften erreicht wird, dies aber nur zu einer konzerninternen Verschiebung der Problematik führt.

Die kollektiven Arbeitnehmervertretungen haben im Gegenzug zur Zusage des Unternehmens, auf betriebsbedingte Kündigungen zu verzichten, ihr Einverständnis für die Organisation eines konzernweiten Arbeitsmarkts erklärt. Im Rahmen der Verhandlungen zum Interessenausgleich bzw. zum Sozialplan können sie versuchen, die wirtschaftlichen Nachteile infolge von Rationalisierungsmaßnahmen für die Arbeitnehmer auszugleichen oder zu mildern.

Die Verhandlungsführung in Tarifvertragsangelegenheiten wird den Gewerkschaften in Zukunft erleichtert, da ihnen in Form des Arbeitgeberverbandes der Verkehrs- und Mobilitätsdienstleister e. V. ein einheitlicher Ansprech- und Verhandlungspartner gegenübersteht. Es ist zu erwarten, daß die Gründung des Arbeitgeberverbandes unter anderem zu einer größeren Transparenz und Einheitlichkeit der Tarifvertragswerke führt. Diese Ziele liegen nicht nur im Interesse des Unternehmens und der Arbeitnehmervertretungen, sondern sie dienen auch dem Schutz der Arbeitnehmer.

Durch die Gründung des Arbeitgeberverbandes setzt das privatisierte Eisenbahnunternehmen deutliche Zeichen für seine Positionierung innerhalb der nationalen und internationalen Gremien im Bereich der Sozial- und Rechtspolitik sowie für seine künftige Ausrichtung als globaler Mobilitätsdienstleister.

G. Fazit der Untersuchungen und Ausblick auf die Zukunft

Anhand dieser zusammenfassenden Betrachtung soll nunmehr die Schlußfolgerung gezogen werden, wie die Fragestellungen zum Privatisierungsfolgenrecht, die am Anfang dieser Arbeit aufgezeigt wurden, beantwortet werden können. Im Hinblick auf offene Fragen ist festzulegen, inwieweit ein Handlungsbedarf zur Klärung des Sachverhalts besteht und welcher der Akteure der Bahnreform hierfür in die Verantwortung genommen werden kann.

Die Erfüllung staatlicher Aufgaben in verselbständigter Privatrechtsform ist bis auf wenige Ausnahmen zulässig. Angesichts der verfassungsrechtlichen Diskussion, ob verfassungsunmittelbare Vorgaben oder Schranken für Privatisierungsmaßnahmen bestehen, ist festzustellen, daß es grundsätzlich weder ein verfassungsrechtliches Privatisierungsgebot, als Ausdruck eines allgemeinen wirtschaftspolitisch relevanten Subsidiaritätsprinzips, noch ein generelles Privatisierungsverbot gibt. Insbesondere kann aus der Nichterwähnung privatrechtlich organisierter Verwaltungsträger in den Art. 83 ff. GG kein generelles Verbot einer Delegation von Verwaltungskompetenzen an Rechtssubjekte des Privatrechts hergeleitet werden[1].

Die These, daß „Juristische Personen des Privatrechts keine Beamten haben können“, ist in dieser provokativen Formulierung nicht haltbar. Maßgeblich für die Zulässigkeit des Einsatzes von Beamten in Unternehmen der Privatwirtschaft ist die Art der zu privatisierenden Aufgabe sowie Art und Umfang der Privatisierungsmaßnahme.

Der Gesetzgeber hat bei der Überleitung des Bahnvermögens auf privatrechtliche Träger die dargelegten Probleme der Privatisierungsfolgen zum großen Teil gesehen und innerhalb des Gesetzeswerkes zur Neuregelung des Eisenbahnwesens aufgegriffen.

Im Sinne einer Wegbereitung und rechtlichen Absicherung wurden im Zusammenhang mit der Bahnreform wichtige Verfassungsänderungen der Art. 73 Nr. 6, 74 Nr. 23, 80 Abs. 2 und 87 Abs. 1 S. 1 GG vorgenommen und die Nr. 6a in Art. 73 GG sowie die Art. 87e und Art. 143a GG in das Grundgesetz neu eingefügt. Die strikte unternehmerische Ausrichtung des Eisenbahnwesens durch die Gründung einer Aktiengesellschaft im Sinne des neuen Art. 87e GG

[1] *Jarass/Pieroth,* Kommentar zum GG, Art. 87, Rn. 15.

und damit verbunden die Befreiung des privatisierten Unternehmens von der staatlichen Aufgabe der Daseinsvorsorge dienen als Instrumente zur Erreichung der Ziele der Bahnreform.

Ausgangspunkt für die Analyse des Privatisierungsfolgenmanagements ist der Erlaß des Art. 143a GG. Durch die Möglichkeit der Zuweisung von Bundesbahnbeamten kraft Gesetzes zur Dienstleistung zu einem privatisierten Eisenbahnunternehmen und der verfassungsrechtlichen Absicherung ihres Beamtenstatus, hat der Gesetzgeber juristisches Neuland betreten. Dieser juristische Schachzug war für eine dauerhafte Aufrechterhaltung des Betriebs durch kompetentes Personal erforderlich, da eine Personalüberleitung oder -gestellung an ein privatrechtlich organisiertes Unternehmen im Wege der Abordnung oder Versetzung nicht zulässig und das Modell der vertraglichen Dienstleistungsüberlassung sowie die Beurlaubung des Beamten zur Aufnahme seiner Diensttätigkeit in einem Unternehmen der Privatwirtschaft im Sinne einer zügigen und unbefristeten Personalüberleitung nicht zweckmäßig ist.

Ein Indiz für die grundlegenden Auswirkungen des Art. 143a GG[2] ist, daß der Regelungsgehalt dieser Verfassungsnorm eine Vorbildfunktion für die Einfügung des § 123a Abs. 2 BRRG durch das Dienstrechtsreformgesetz im Jahre 1997 hatte.

Die Zuweisung von Beamten zur Dienstleistung bei einer privatrechtlich organisierten Eisenbahn des Bundes gem. Art. 143a GG i.V.m. § 12 DBGrG ist als lex specialis gegenüber der Möglichkeit der Zuweisung von Beamten gem. § 123a BRRG anzusehen und steht somit mit dieser Norm in einem subordinationsrechtlichen Konkurrenzverhältnis. Dieses Instrument ist daher für Personalüberleitungen zu Gesellschaften, die nicht unter den Begriff eines Eisenbahnverkehrs- oder Eisenbahninfrastrukturunternehmens zu subsumieren sind, anzuwenden.

Unabdingbare Voraussetzung für die Zulässigkeit der Zuweisung kraft Gesetzes von Beamten zur Deutschen Bahn AG gem. Art. 143a Abs. 1 S. 3 GG ist das Mehrheitseigentum des Bundes an den privatisierten Eisenbahnunternehmen. Falls diese Prämisse nicht mehr erfüllt wird, endet die Zuweisung der Beamten – im Umkehrschluß aus Art. 143a Abs. 1 S. 3 GG – kraft Gesetzes, da es sich nicht mehr um eine Eisenbahn des Bundes handelt.

Die Regelungen zur Neustrukturierung des Eisenbahnwesens haben nichts daran geändert, daß der Bund weiterhin Verpflichtungssubjekt für die Ansprüche aus dem Beamtenverhältnis seiner bei der Deutschen Bahn AG tätigen Bediensteten ist. Im Rahmen der Rechtsaufsicht gem. § 13 DBGrG stehen dem Bund, vertreten durch den Präsidenten des Bundeseisenbahnvermögens, daher

---

[2] Dies gilt ebenso für Art. 143b GG, der im Zuge der Postreform erlassen wurde.

Instrumente zur Verfügung, seiner Privatisierungsfolgenverantwortung als Dienstherr gegenüber den „privatisierten“ Beamten nachzukommen. Die Eingriffsmöglichkeiten dieser Rechtsaufsicht leiten sich aus der Eigenschaft des Bundes als Mehrheitseigentümer ab.

Infolge der Statussicherungsklausel in Art. 143a Abs. 1 S. 3 GG sind die hergebrachten Grundsätze des Berufsbeamtentums gem. Art. 33 Abs. 5 GG grundsätzlich uneingeschränkt auf die „privatisierten“ Beamten anwendbar und entfalten somit auch gegenüber dem privatrechtlichen Arbeitgeber ihre Wirksamkeit.

Dies impliziert, daß infolge der Wirksamkeit u. a. des Lebenszeit- und Laufbahnprinzips nur unter eingeschränkten Bedingungen eine effiziente Verringerung des Personalbestandes möglich ist. Solche Einbußen in der Flexibilität der Personalwirtschaft können aus unternehmerischer Perspektive dann zu Wettbewerbsnachteilen führen, wenn die übrigen Wettbewerbsteilnehmer keine Beamten beschäftigen.

Allein der hergebrachte Grundsatz des Arbeitskampfverbotes ist durch die Bahnstrukturreform für beurlaubte Beamte insoweit zu modifizieren, daß ihnen ein eingeschränktes Streikrecht zusteht unter der engen Voraussetzung, daß sich die Kampfmaßnahme auf dienstrechtsneutrale Ziele bezieht.

Im Gegensatz zu den hergebrachten Grundsätzen des Berufsbeamtentums gem. Art. 33 Abs. 5 GG werden das beamtenrechtliche Prinzip des Anspruchs auf eine amtsangemessene Beschäftigung sowie die Regelungen zur beamtenrechtlichen Arbeitszeit durch die Bahnreform beeinflußt und sogar verändert.

Entscheidend für die Anwendung des Disziplinarrechts auf zugewiesene und beurlaubte Beamte ist die Fortgeltung der verfassungsrechtlich gewährleisteten Rechtsstellung der Beamten. Aus diesem Rechtsanspruch ergeben sich weiterhin die Pflichten aus einem Dienst- und Treueverhältnis. Eine disziplinarrechtliche Sanktion von außerdienstlichen Fehlverhalten ist somit auch bei „privatisierten“ Beamten mit dem Gleichheitsgrundsatz gem. Art. 3 GG vereinbar.

Mit Hilfe des Instruments einer fingierten Arbeitnehmereigenschaft durch § 19 Abs. 1 DBGrG werden die der Deutschen Bahn AG nach § 12 Abs. 2 und 3 DBGrG bzw. den Beteiligungsgesellschaften gem. § 23 DBGrG zugewiesenen Beamten in die betriebliche Mitbestimmung im Sinne des Betriebsverfassungsgesetzes eingebunden. Unter Berücksichtigung der Beteiligungstatbestände gem. §§ 76 Abs. 1, 78 Abs. 1 BPersVG werden die zugewiesenen Beamten entweder ausschließlich von der besonderen Personalvertretung oder gem. §§ 75 Abs. 3, 76 Abs. 2 BPersVG ausschließlich durch den Betriebsrat vertreten. Im Falle einer konkurrierenden Mitbestimmung gem. § 76 Abs. 1 BPersVG und § 99 BetrVG besteht nach Auslegung des § 17 Abs. 2 S. 1 DBGrG eine uneingeschränkte Doppelbeteiligung der Interessengremien.

Im Hinblick auf die Überleitung des Tarifpersonals auf die Deutsche Bahn AG hat sich der Gesetzgeber für eine Einzelrechtsnachfolge im Wege eines vereinfachten Betriebsübergangs entschieden und dies in § 14 DBGrG konstituiert. Diese Regelung ist als lex specialis vorrangig vor den Regelungen des § 613a BGB.

Nach der Bahnreform haben die übergeleiteten Arbeitnehmer einen Anspruch auf eine betriebliche Altersversorgung, die ein Äquivalent zur Altersversorgung im öffentlichen Dienst darstellt.

Im Gegensatz zu den Beamten können die Arbeitnehmer keine Statussicherung als Arbeitnehmer des öffentlichen Dienstes nach der Privatisierung geltend machen. Ein Vergleich zur beamtenrechtlichen Statussicherung gem. Art. 143a GG verbietet sich aufgrund der unterschiedlichen Funktionen, Rechte und Pflichten dieser Beschäftigungsgruppen.

Die Überprüfung der festgestellten abstrakten Ergebnisse anhand des Praxisbeispiels zum konzernweiten Arbeitsmarkt zeigt, daß von unternehmerischer Seite der Spagat zwischen der Erreichung der Ziele der Bahnreform mittels eines effizienten Personalmanagements und der Wahrung der Interessen der betroffenen Beschäftigten und der kollektiven Arbeitnehmervertretungen versucht wird.

Durch die Gründung des Arbeitgeberverbandes der Verkehrs- und Mobilitätsdienstleister e.V. wird eine größere Transparenz und Einheitlichkeit der Tarifvertragsangelegenheiten angestrebt sowie eine einflußreichere Vertretung der Interessen der Deutschen Bahn AG in den nationalen und internationalen Gremien im Bereich der Sozial- und Rechtspolitik.

Die zentralen Fragen des Privatisierungsfolgenmanagements im Personalbereich, die in der Arbeit aufgezeigt wurden, treten auch bei anderen Privatisierungsmaßnahmen der öffentlichen Hand auf. Gleichwohl sind die festgestellten Erkenntnisse zur Ausgestaltung des Privatisierungsfolgenrechts nicht uneingeschränkt auf andere Privatisierungsvorhaben übertragbar, da die Folgen der Reformmaßnahmen erheblich vom konkreten Einzelfall abhängig sind.

Um generalisierende, allgemeingültige Aussagen zum Privatisierungsfolgenmanagement treffen zu können, ist zunächst festzustellen, ob weitere der Bahnstrukturreform im Hinblick auf die personelle Intensität vergleichbare Privatisierungsmaßnahmen künftig in Betracht kommen können.

Einerseits ist sicherlich einzuräumen, daß es sich bei den Privatisierungen der Deutschen Bundesbahn und der Deutschen Bundespost aufgrund ihres Umfangs hinsichtlich des Personaltransfers und der daraus resultierenden Konsequenzen um einzigartige Maßnahmen handelte, die selbst Änderungen des Grundgesetzes rechtfertigten. Andererseits bestehen auf Bundesebene noch einzelne Handlungsfelder, die in puncto ihres Ausmaßes mit den Strukturreformen der Monopolgiganten vergleichbar sind und die im Falle ihrer Privatisierung von den Erfahrungen der vorangegangenen Reformen profitieren könnten.

Als Privatisierungspotentiale auf Bundesebene könnten folgende Maßnahmen in Erwägung gezogen werden:

- die Auflösung des Arbeitsvermittlungsmonopols und Privatisierung der Bundesanstalt für Arbeit[3],
- die Überleitung der Standortverwaltung der Bundeswehr in ein privatrechtlich organisiertes Unternehmen oder
- die Privatisierung der Straßenmeistereien[4] für Bundesautobahnen.

Grundsätzlich sind die privatisierungsrechtlichen Folgen von der Wahl des Privatisierungsmodells, z. B. Zuweisungsmodell im Sinne der Bahnreform oder Beleihungsmodell im Sinne der Postreform, der Art und Weise der Überleitung des Personals sowie von einer möglichen verfassungsrechtlichen Absicherung des Beamtenstatus abhängig.

Sowohl bei der Bahnreform wie auch bei der Privatisierung der Deutschen Bundespost erfolgte in Art. 143a Abs.1 S. 3, 143b Abs. 3 GG eine verfassungsrechtliche Absicherung der Zuweisung der Beamten sowie eine ausdrückliche weitere Gewährleistung ihrer Rechtsstellung. Ein vergleichbarer Schutz des Beamtenstatus ist für Beamte, die aufgrund der einfachgesetzlichen Norm gem. § 123a BRRG privatrechtlichen Unternehmen zur Dienstleistung zugewiesen werden, nicht konstituiert. Insofern ist die Konklusion einer allgemein verbindlichen Aussage zur Gültigkeit der hergebrachten Grundsätze des Berufsbeamtentums und zur Anwendung des Disziplinarrechts auf „privatisierte" Beamte für weitere, zukünftige Privatisierungsmaßnahmen schwierig und nur unter einer analogen Anwendung des Regelungsgehalts der Art. 143a, 143b GG denkbar.

Ebenso erfolgt keine Fiktion der Arbeitnehmereigenschaft für Beamte, die aufgrund einer einfachgesetzlichen Regelung bei einem Unternehmen der Privatwirtschaft tätig sind. Die im Zuge der Bahnreform erlassenen Regelungen über die Einbindung der Beamten in die betriebliche Mitbestimmung enthalten keinen allgemeinen Rechtsgedanken und sind somit auf die gem. § 123a BRRG zugewiesenen Beamten nicht analog anwendbar.

---

[3] Ein erster Schritt für eine mögliche Privatisierung der Bundesanstalt für Arbeit, die künftig unter dem Namen Bundesagentur für Arbeit firmiert, ist die Zulassung der privaten Arbeitsvermittlung neben dem öffentlich-rechtlichen Arbeitsvermittlungsmonopol auf dem Markt aufgrund des *EUGH*-Urteils vom 23.04.1991, Höfner und Elser, Az.: Rs. C-41/09; *a.A: BVerfGE* 21, 245, 248 ff.; vgl. Ausführungen bei *Heinemann,* Grenzen staatlicher Monopole im EG-Vertrag, S. 36 ff., 123 ff.

[4] Die aktuell stattfindende Privatisierung der Straßenmeistereien auf Länderebene, z. B. in Rheinland-Pfalz, könnte ein Indiz für eine entsprechende Maßnahme auf Bundesebene darstellen.

Falls „privatisierte" Beamte nach Privatisierungsmaßnahmen in kollektivrechtliche und betriebsverfassungsgesetzliche Regelungen eingebunden werden sollen, ist eine sondergesetzliche Regelung für eine Fiktion ihrer Arbeitnehmereigenschaft, z. B. im Sinne des § 19 DBGrG, notwendig.

Da eine analoge Anwendung des § 15 DBGrG auf andere Privatisierungsvorhaben nicht in Betracht kommt[5], ist im Interesse und zum Schutz der Belegschaft ebenfalls eine vergleichbare einfachgesetzliche Regelung über ein Übergangsmandat des Personalrates zu schaffen, um eine betriebsratslose Zeit infolge eines Betriebsübergangs zu vermeiden.

Die Erfahrungen aus der Bahnreform zeigen, daß das Management der Privatisierungsfolgen im Bereich der Personalwirtschaft und -entwicklung durch die Schließung dieser Regelungslücken mittels einfachgesetzlicher Normen unterstützt wird. Gleichwohl wird ein damit verbundener gesetzgeberischer Aufwand nur dann zu rechtfertigen sein, wenn es sich um ein personalintensives Privatisierungsvorhaben handelt.

Hieraus folgt, daß bei Privatisierungen von geringem Umfang und Ausmaß, wie sie insbesondere auf landes- und kommunalrechtlicher Ebene stattfinden, allgemeinverbindliche Feststellungen zum Privatisierungsfolgenmanagement mangels einer Vergleichbarkeit nur bedingt getroffen werden können[6].

Voraussetzung für eine Generalisierung des Privatisierungsfolgenmanagements sind somit konvergierende rechtliche Rahmenbedingungen für die „privatisierten" Beamten.

Unter Berücksichtigung eines noch bestehenden beachtlichen Privatisierungspotentials[7] auf Länderebene bzw. im kommunalen Sektor besteht demnach ein Handlungsbedarf hinsichtlich der gesetzlichen Klärung der Privatisierungsfolgen für Beamte, die aufgrund des § 123a BRRG einem Unternehmen der Privatwirtschaft zur Dienstleistung zugewiesen werden. In diesem Zusammenhang scheint

---

[5] Vgl. statt aller *Besgen/Langner,* Zum Übergangsmandat des Personalrats bei der privatisierenden Umwandlung, NZA 22/2003, S. 1239, 1240.

[6] Im Hinblick auf diese Privatisierungsvorhaben läßt sich vielmehr eine Analogie zur Privatisierung der Flugsicherung herstellen, von der ca. 2.900 Beamte betroffen waren. Infolge der lukrativen Ausgestaltung der Arbeitsverträge sind die Beamten der Deutschen Flugsicherung freiwillig aus ihrem Beamtenverhältnis ausgeschieden, um ein Arbeitsverhältnis zu dem neuen privatrechtlich organisierten Unternehmen einzugehen. Der Aufwand für die erforderliche Nachversicherung der Beschäftigten in der gesetzlichen Rentenversicherung hielt sich zwar in einem vertretbaren Rahmen, aber unter Berücksichtigung der defizitären Haushaltslage der Gemeinden wird dieser Weg wohl nicht angestrebt werden. Nichtsdestoweniger lassen sich auch aus diesem Verfahren Kerngedanken für ein personalrechtliches Folgenmanagement nach einer Privatisierung herleiten.

[7] Beispielsweise hinsichtlich des Gesundheitswesens, der Altersversorgung und des Beteiligungsvermögen im kommunalen Sektor (Stadtsparkasse); vgl. *König,* DÖV 1998, S. 963, 965, *Bull,* S. 621, 625 ff.

sich eine Art Privileg des Bundesvermögens gegenüber dem Gemeindevermögen heraus zu kristallisieren, das sich insoweit zeigt, daß der Bund durch entsprechende Gesetzgebungen selbst die Voraussetzungen schaffen kann, Privatisierungen im großen Stile abzuwickeln. Anderen öffentlichen Körperschaften ist dieses mangels einer eigenen Gesetzgebungskompetenz verwehrt.

Aus den vorangegangen Untersuchungen ist ersichtlich, daß zudem ein Handlungsbedarf im Hinblick auf ein gesondertes Besoldungsrecht für die zur Deutschen Bahn AG zugewiesenen Beamten besteht, um die Besoldungs- und Entgeltstruktur für Beamte und Arbeitnehmer zu harmonisieren. Dieses Anliegen kann ebenso wie eine dynamischere, leistungsorientiertere Ausgestaltung des Laufbahnrechts als Anstoß für eine durchgreifende Reform des öffentlichen Dienstrechts gewertet werden.

Verantwortlich für die geforderten Entscheidungen und gesetzgeberischen Maßnahmen zur Festlegung der Privatisierungsfolgen ist der Bund. Zum einen hat er, unbeachtlich des Vorrangs der Länderkompetenz aufgrund des föderalistischen Systems, die faktische Hauptzuständigkeit für die Gesetzgebung, zum anderen setzt er den Rechtsrahmen für das Berufsbeamtentum und ist somit für die Fortentwicklung des öffentlichen Dienstrechtes zuständig.

Das privatisierte Eisenbahnunternehmen sowie die Interessenvertretungen, als weitere Akteure der Bahnreform, können diesen Prozeß unterstützend begleiten durch die Präsentation von Erfahrungswerten und Problemen aus der Praxis.

Schließlich wird eine Prognose hinsichtlich der weiteren Entwicklung des Privatisierungsfolgenmanagements im Hinblick auf zukünftige Privatisierungsmaßnahmen gestellt.

Die Forderung nach einem generellen Wegfall des beamtenrechtlichen Status infolge von Privatisierungsmaßnahmen ist zu gewagt und unter Beachtung der sozialversicherungsrechtlichen Aspekte auch wirtschaftlich nicht durchführbar.

Eine konstruktive Gestaltung des Privatisierungsfolgenmanagements ist durch den Erlaß eines spezifischen Dienstrechts für „privatisierte“ Beamte denkbar.

Die aufgeworfenen dienstrechtlichen Fragen, von denen hier nur ein Ausschnitt aufgezeigt werden konnte, haben fokussiert auf die Größe des Adressatenkreises eine außerordentliche Bedeutung. Allein bei der Bahn wurden zum Zeitpunkt der Bahnreform ca. 108.000 Beamte, bei der Post im Jahre 1994 allein 300.000 Beamte auf die privatisierten Unternehmen übergeleitet. Die Gruppe der „privatisierten“ Beamten ist nach ihrer Anzahl und ihrem Umfang mit der Statusgruppe der Richter oder Soldaten vergleichbar, für die jedoch ein eigenes Dienstrecht gilt.

Obgleich die Beamten im Sinne eines auslaufenden Beschäftigungsmodells in den Unternehmen der Privatwirtschaft tätig sind, ist noch mit einer langen Übergangszeit zu rechnen, bis alle Ansprüche aus einem Beamtenverhältnis gegenüber den privatisierten Unternehmen erloschen sind. Angesichts des noch bestehenden Privatisierungspotentials und der Tendenz zu weiteren Privatisierungsmaßnahmen, die auch in den nächsten Jahren noch zu beobachten sein dürfte, könnte es für ein Privatisierungsfolgenmanagement aufschlußreich sein, die Rechtmäßigkeit und Zweckmäßigkeit eines spezifischen Dienstrechtes für „privatisierte" Beamte wissenschaftlich zu überprüfen.

Aussagekräftige und weitere allgemeinverbindliche Erkenntnisse für ein erfolgreiches Privatisierungsfolgenmanagement könnten sich aus einem Vergleich der personalrechtlichen und personalwirtschaftlichen Konsequenzen der Bahnstrukturreform mit den Folgen der Privatisierung der Postunternehmen oder aus einem Vergleich mit anderen Privatisierungsmodellen ergeben.

Die im Rahmen dieser Abhandlung gefundenen Erkenntnisse sollen als Anregung für weitere wissenschaftliche Studien verstanden werden.

Anlage 1

Konzernbetriebsvereinbarung Konzernweiter Arbeitsmarkt (KBV KA)

Inhalt

Präambel

Die Parteien verfolgen mit dieser Vereinbarung das Ziel, den von Rationalisierungs- und Umstrukturierungsmaßnahmen betroffenen Mitarbeitern durch Beschäftigungssicherung und Beschäftigungsförderung im Wege der Vermittlung in dauerhafte Beschäftigungen berufliche Perspektiven zu schaffen. Zur Beschäftigungssicherung und Beschäftigungsförderung sind vorrangig zumutbare Weiterbeschäftigungen innerhalb des DB Konzerns anzustreben. Erforderlichenfalls sind, soweit konzerninterne Vermittlungen nicht möglich sind, zum Zwecke der Vermittlung in eine dauerhafte Beschäftigung Arbeitsvermittlungen in den allgemeinen Arbeitsmarkt sowie Outplacementmaßnahmen und Existenzgründungen zu realisieren.

Im Rahmen des von der DB Vermittlung GmbH organisierten und gesteuerten konzernweiten Arbeitsmarktes sollen für Mitarbeiter des DB Konzerns berufliche Entwicklungsmöglichkeiten eröffnet werden; insbesondere sollen für Mitarbeiter, deren bisherige Beschäftigung in Folge von Rationalisierungs- und Umstrukturierungsmaßnahmen wegfällt, berufliche Perspektiven geschaffen werden.

Zum Zwecke der Gewährleistung eines einheitlichen Vermittlungsverfahrens werden unter Beteiligung des KBR Richtlinien entwickelt, die Art und Umfang der Meldung und Akquisition sowie Realisierungsschritte für Personalvermittlungen festlegen.

Das aus sozialpolitischer und arbeitsmarktpolitischer Verantwortung verfolgte Ziel der Förderung der beruflichen Entwicklung und der Vermittlung in dauerhafte Beschäftigungen unterstützt den permanent notwendigen Prozeß der Gestaltung und Erhaltung effektiver und wettbewerbsfähiger Produktions-, Dienstleistungs- und Personalstrukturen. Betriebe und Betriebsräte unterstützen aufgrund dieser Verantwortung einen erforderlichen Arbeitgeberwechsel. Dies gilt insbesondere, wenn dadurch Beschäftigung gesichert werden kann.

Die nachstehenden Regelungen zur Förderung der beruflichen Entwicklung und der Vermittlung in dauerhafte Beschäftigungen berücksichtigen die mit der Beschäftigungssicherung und Beschäftigungsförderung verbundenen Mobilitäts- und Flexibilitätsanforderungen an die Mitarbeiter des DB Konzerns.

§ 1 Geltungsbereich

(1) Die Vereinbarung gilt für die Unternehmen des DB Konzerns, die dem Geltungsbereich des KonzernRatioTV unterfallen sowie für Unternehmen des DB Konzerns, die künftig aufgrund vertraglicher Grundlage die Dienstleistungen der DB Vermittlung GmbH tatsächlich nutzen.

Die DB AG, vertreten durch die DB Vermittlung GmbH, wirkt darauf hin, daß alle Unternehmen des DB Konzerns am konzernweiten Arbeitsmarkt teilnehmen und Vereinbarungen zur Anwendung der in der Protokollnotiz zu § 4 genannten Richtlinien treffen.

(2) Diese Konzernbetriebsvereinbarung gilt für Arbeitnehmer im Sinne des § 5 Abs. 1 BetrVG, die unter den allgemeinen Geltungsbereich des im jeweiligen Unternehmen geltenden Rahmen-/Manteltarifvertrags fallen. Sie ist für zugewiesene Beamte in den nach Abs. 1 erfaßten Unternehmen des DB Konzerns gleichermaßen anzuwenden. Soweit nicht ausdrücklich etwas anderes vereinbart ist, umfaßt der Begriff Mitarbeiter Arbeitnehmer und zugewiesene Beamte.

§ 2 Gegenstand und Mitwirkungspflichten

(1) Diese Konzernbetriebsvereinbarung beruht auf § 38 KonzernRatioTV. Gegenstand dieser Vereinbarung sind Verfahrensregelungen zur Förderung der

beruflichen Entwicklung und der beruflichen Neuorientierung für Mitarbeiter nach § 1, die vom betriebsbedingten Wegfall der bisherigen Beschäftigung betroffen sind.

(2) Zur Erfüllung dieser Zielsetzung sind die Mitarbeiter verpflichtet, aktiv bei Maßnahmen zu ihrer Beschäftigungssicherung und Beschäftigungsförderung mitzuwirken. Insbesondere haben sie die zur Erstellung der Mitarbeiterprofile wesentlichen beruflichen, persönlichen und sozialen Daten mitzuteilen, sowie die Erstellung marktüblicher Vermittlungsunterlagen (z.B. tabellarischer Lebenslauf, Zeugnisse, Beurteilungen), deren Hinterlegung, Vorhaltung und Nutzung bei den personalverantwortlichen Betrieben bzw. den Geschäftsstellen der DB Vermittlung GmbH im Interesse einer beschleunigten Arbeitsvermittlung zu ermöglichen.

(3) Mitarbeiter sind im Interesse der Beschäftigungssicherung und -förderung verpflichtet, an erforderlichen Tauglichkeits- und Eignungsuntersuchungen teilzunehmen.

(4) Mitarbeiter haben zur Erhöhung der Vermittlungschancen an zumutbaren Umschulungs- und Fortbildungsmaßnahmen zur Beschäftigungssicherung und Beschäftigungsförderung teilzunehmen.

§ 3 Unterstützung durch die DB Vermittlung GmbH

(1) Zum Zwecke der Sicherung einer Weiterbeschäftigung für möglichst viele vom Beschäftigungswegfall betroffene Mitarbeiter müssen die Unternehmen nach § 1, ggf. unter Nutzung der Dienstleistungen der DB Vermittlung GmbH, schnellstmöglich nach Erkennbarkeit eines Beschäftigungswegfalls versuchen, möglichst viele Mitarbeiter des betroffenen Betriebes in eine dauerhafte Beschäftigung zu vermitteln. Hierzu sind auch nicht vom Beschäftigungswegfall betroffene Mitarbeiter anzusprechen, um so ggf. im Wege des Ringtausches Weiterbeschäftigungsmöglichkeiten für andere Mitarbeiter im Betrieb zu schaffen.

(2) Die DB Vermittlung GmbH unterstützt die Unternehmen nach § 1 bei der Suche nach Weiterbeschäftigungsmöglichkeiten für vom betriebsbedingten Beschäftigungswegfall betroffene Mitarbeiter.

(3) Hierzu kann bereits unmittelbar nach bekannt werden einer Maßnahme, die zum Wegfall der bisherigen Beschäftigung führt, ggf. parallel zu unternehmensinternen Vermittlungsbemühungen – die von der DB Vermittlung GmbH angebotene Dienstleistung der Vorvermittlung genutzt werden.

(4) Die DB Vermittlung GmbH ist zur Prüfung unternehmensübergreifend möglicher Beschäftigungsangebote während des Personalfreisetzungsprozesses, rechtzeitig vor dem tatsächlichen Beschäftigungswegfall einzubeziehen, wenn

eine Weiterbeschäftigung im bisherigen Unternehmen nicht angeboten werden kann.

(5) Vor dem Hintergrund des vorrangigen Ziels der Beschäftigungssicherung können auch nicht den Anforderungen der §§ 6 und 7 KonzernRatioTV entsprechende Weiterbeschäftigungsmöglichkeiten angeboten werden. Diese müssen als solche gekennzeichnet werden. Das Erfordernis der fachlichen und körperlichen Eignung bleibt hiervon unberührt.

(6) Die DB Vermittlung GmbH schlägt im Rahmen der Vorvermittlung und der Vermittlung Mitarbeiter für die Besetzung von Arbeitsplätzen vor. Zu den Stellenbesetzungsvorschlägen äußern sich die personalsuchenden Stellen im Interesse einer zeitgerechten Stellenbesetzung sowie beschleunigter Arbeitsvermittlungen innerhalb einer Frist von 3 Wochen gegenüber der DB Vermittlung GmbH. Sie bestimmen den Zeitpunkt der Stellenbesetzung aus dem Kreis der vorgeschlagenen Mitarbeiter im Einvernehmen mit dem bisherigen Betrieb spätestens nach Ablauf einer Frist von 6 Wochen. Ablehnungen zu Vorschlägen sind gegenüber der DB Vermittlung GmbH innerhalb der 3-Wochenfrist zu begründen

(7) Personalsuchende und -abgebende Stellen arbeiten im Rahmen des Vermittlungsprozesses eng zusammen.

§ 4 Vermittlungsaktivitäten

(1) Das Vermittlungsverfahren bestimmt sich nach § 5 Abs. 1 bis 4 KonzernRatioTV; dabei ist die DB Vermittlung GmbH zeitnah einzubinden.

(2) Die Zumutbarkeit einer angebotenen Weiterbeschäftigungsmöglichkeit bestimmt sich insoweit nach den Regelungen der §§ 6 und 7 KonzernRatioTV.

(3) Für die Einbindung der DB Vermittlung GmbH nach Abs. 1 gelten § 3 Abs. 6 und 7 entsprechend.

Protokollnotiz:

Die DB AG wird gemeinsam mit der DB Vermittlung GmbH unter Beteiligung des Konzernbetriebsrats zu dieser Vereinbarung zeitnah bis spätestens zum 31.12.2001 ergänzende Richtlinien entwickeln, die das Verfahren des Konzernweiten Arbeitsmarktes näher beschreiben.

Die bisherigen Konzernrichtlinien (047.0101, 047.0102 und 047.0103) gelten sinngemäß bis zu deren Anpassung oder Ablösung fort. Änderungen dieser Konzernrichtlinien bedürfen der Zustimmung des KBR nach Maßgabe des BetrVG.

§ 5 Soziale Auswahl

(1) Wird durch den betriebsbedingten Wegfall von Beschäftigung eine Auswahl unter mehreren vergleichbaren Mitarbeitern des Betriebes notwendig, erfolgt eine soziale Auswahl nach Maßgabe von § 1 Abs. 3 KSchG sowie den nachfolgenden Bestimmungen.

(2) In die soziale Auswahl sind die vergleichbaren Mitarbeiter eines Betriebes einzubeziehen. Vergleichbar sind diejenigen Mitarbeiter, die aufgrund ihrer bisherigen Tätigkeit, ihrer fachlichen Befähigung sowie ihrer persönlichen Eignung in der Lage sind, die von ihnen nicht nur vorübergehend übertragene und tatsächlich vorrangig beanspruchte Tätigkeit auszuüben. Dies ist der Fall, wenn die Mitarbeiter nach arbeitsplatzbezogenen Kriterien in rechtlicher und tatsächlicher Hinsicht auch dann austauschbar wären, wenn die zur Auswahl führende personelle Maßnahme nicht durchzuführen wäre. Die Austauschbarkeit ist nur dann gegeben, wenn Tätigkeiten übernommen werden können, ohne daß eine über den Rahmen einer üblichen Einarbeitungszeit hinausgehende Einarbeitung erforderlich ist.

(3) Beamte und kündigungsbeschränkte Arbeitnehmer werden in die soziale Auswahl ohne Rücksicht auf ihren rechtlichen Status bzw. den Ausschluß einer ordentlichen betriebsbedingten Kündigung einbezogen.

Der Beamte ist im Rahmen der Sozialauswahl hinsichtlich der Betriebszugehörigkeit so zu behandeln, als hätte er zum Zeitpunkt der Berufung in das Beamtenverhältnis, aus dem die Zuweisung erfolgt, ein Arbeitsverhältnis mit einem Unternehmen des DB Konzerns begründet. Der kündigungs-beschränkte Arbeitnehmer wird behandelt als wenn die kündigungs-beschränkende tarifliche Regelung (§ 2 Abs. 3 KonzernRatioTV) nicht bestünde.

Protokollnotizen:

1. Stand der zugewiesene Beamte am Tag vor der Berufung in das Beamtenverhältnis, aus dem die Zuweisung erfolgt, in einem Arbeitsverhältnis zu einem Rechtsvorgänger der DB AG, wird bei der Ermittlung der Betriebszugehörigkeit auch die Zeit in einem ununterbrochenen Arbeitsverhältnis wie bei zur DB AG übergeleiteten Arbeitnehmern berücksichtigt.

2. Den Betriebspartnern wird nahegelegt, soweit nicht andere betriebliche Vereinbarungen bestehen oder vereinbart werden, für die nach Inkrafttreten des KonzernRatioTV durchzuführende Auswahlverfahren die folgenden Auswahlrichtlinien anzuwenden.

a) Im Anwendungsbereich des KonzernRatioTV, wird die in Abschnitt IV. KonzernRatioTV geregelte Förderung bei der sozialen Auswahl als die Vermittlungschancen auf dem Arbeitsmarkt erhöhendes Moment berücksichtigt. Die Dauer der Förderung wird in Altersstufen erhöht.

b) Die Erhöhung der individuellen Förderung kompensiert die durch das entsprechende, höhere Alter (und damit im Normalfall auch die höhere Betriebszugehörigkeit) bestehende Privilegierung in der sozialen Auswahl. Die sich aus dieser Betrachtung ergebende – weitgehend lineare – soziale Wertigkeit der Bewertungsgruppen wird erst durch die Berücksichtigung der sonstigen, für die soziale Auswahl relevanten Komponenten innerhalb der jeweiligen Bewertungsgruppe relativiert.

c) Im Verhältnis der Bewertungsgruppen sind jeweils Personalmaßnahmen im proportionalen Verhältnis zur Struktur der Gesamtbelegschaft umzusetzen. Abweichungen sind zulässig, wenn im Einzelfall eine zu geringe Zahl vergleichbarer Arbeitnehmer einzubeziehen ist. In diesem Fall können Bandbreiten von zwei aufeinanderfolgender Bewertungsgruppen gebildet werden.

d) Innerhalb der jeweiligen Bewertungsgruppe erfolgt die soziale Auswahl unter Berücksichtigung der Kriterien Betriebszugehörigkeit, Lebensalter sowie individueller sozialer Faktoren. Bei der Bildung der Bewertungsgruppen nicht berücksichtigte Umstände, insbesondere gesetzliche Unterhaltspflichten, sind in diesem Rahmen besonders zu berücksichtigen. Ebenso sind besondere individuelle Möglichkeiten der beruflichen Neuorientierung zu berücksichtigen, soweit sie zu einer im Einzelfall besonderen Verbesserung der Chancen auf dem 1. Arbeitsmarkt führen oder eine solche wegen persönlicher Verhältnisse des Arbeitnehmers nicht wahrscheinlich ist.

§ 6 Verfahrensregelungen zur Sozialauswahl

(1) Die Sozialauswahl ist zur Förderung der Vermittlungschancen rechtzeitig vor dem Zeitpunkt des Beschäftigungswegfalls durchzuführen. Zum Zwecke des Erhalts einer umfassenden und ausgewogenen Entscheidungsgrundlage findet als Richtlinie zu dieser Vereinbarung ein unter Beteiligung des KBR zu erstellender Fragebogen Anwendung, der den betroffenen Mitarbeitern spätestens 1 Woche vor Durchführung der Sozialauswahl übergeben wird.

(2) Der Arbeitgeber unterrichtet den zuständigen Betriebsrat und gegebenenfalls auch die zuständige Schwerbehindertenvertretung über den in die Auswahl einzubeziehenden Personenkreis unter Vorlage der erforderlichen Daten und die getroffene Auswahlentscheidung.

(3) Hat der Betriebsrat gegen die Auswahlentscheidung des Arbeitgebers Bedenken, so hat er diese unter detaillierter Angabe der Gründe dem Arbeitgeber spätestens innerhalb von 8 Arbeitstagen schriftlich mitzuteilen. Äußert der Betriebsrat sich nicht innerhalb dieser Frist, gilt die Einigung über die soziale Auswahl als erfolgt.

(4) Behauptet der Betriebsrat innerhalb der in Abs. 3 genannten Frist, daß die vorgenommene soziale Auswahl fehlerhaft sei, so muß er die nach seiner

Ansicht fehlerhaft angewandten Auswahlkriterien in jedem Einzelfall personenbezogen darlegen.

(5) Kommt daraufhin eine Verständigung zwischen Arbeitgeber und Betriebsrat nicht zustande, entscheidet eine für jeden Unternehmensbereich gesondert zu bildende ständige Schlichtungsstelle innerhalb von 14 Tagen nach Anrufung durch eine der Parteien abschließend.

(6) Die Schlichtungsstellen nach Abs. 5 werden am Sitz der jeweiligen Führungsgesellschaft eines Unternehmensbereichs eingerichtet. Die Schlichtungsstellen bestehen aus je 3 Beisitzern, die von den Vertragsparteien bestellt werden und einem unparteiischen Vorsitzenden, auf dessen Person sich die Vertragsparteien einigen müssen. Der Vorsitzende sollte die Befähigung zum Richteramt besitzen. Kommt eine Einigung über die Person des Vorsitzenden nicht zustande, gilt § 76 Abs. 2 BetrVG analog.

(7) Im übrigen bleibt die Beteiligung der Betriebsräte unberührt.

§ 7 Übernahme kündigungsbeschränkter Arbeitnehmer und zugewiesener Beamte durch die DB Vermittlung GmbH

(1) Steht die Möglichkeit einer Weiterbeschäftigung in einem Unternehmen nach § 1 nicht zur Verfügung, übernimmt die DB Vermittlung GmbH unter Berücksichtigung der Bestimmungen des Abschnittes III KonzernRatioTV die vom Beschäftigungswegfall betroffenen Mitarbeiter. Hierzu werden kündigungsbeschränkte Arbeitnehmer (§ 2 Abs. 3 KonzernRatioTV) bei der DB Vermittlung GmbH zum Zwecke der beruflichen Neuorientierung eingestellt; zugewiesene Beamte werden der DB Vermittlung GmbH zur beruflichen Neuorientierung auf der Grundlage des § 12 Abs. 9 i. V. m. § 23 DBGrG im Einzelfall zugewiesen.

(2) Ziel der Beschäftigung bei der DB Vermittlung GmbH ist grundsätzlich die Vermittlung der Mitarbeiter in eine neue dauerhafte Beschäftigung bei Unternehmen innerhalb oder unter Beachtung der tarifvertraglichen Bestimmungen auch außerhalb des DB Konzerns sowie die Realisierung von Outplacementmaßnahmen oder Existenzgründungen, ggf. nach erforderlicher Qualifikation.

(3) Bis zur Aufnahme einer dauerhaften Beschäftigung werden Mitarbeiter zur Beschäftigungssicherung und Erhöhung der Vermittlungschancen in sinnvollem Umfang qualifiziert, in Beschäftigungsmaßnahmen eingesetzt oder im Rahmen sozialverträglicher Personalüberlassungen vorübergehend beschäftigt.

§ 8 Zeitarbeit, Leiharbeit und Beschäftigungsprogramme

(1) Die vertragsschließenden Parteien sind sich einig, daß der Einsatz von Zeitarbeit/Leiharbeit durch die DB Vermittlung GmbH, die DB Zeitarbeit

GmbH und Einsätze aus Transfergesellschaften nicht zum Abbau oder zur Verdrängung von Regelarbeitsplätzen gem. Mittelfristplanung führen dürfen.

(2) Ebenso wenig werden Beschäftigungsprogramme bei der DB Vermittlung GmbH oder die Beschäftigung deren Arbeitnehmer bzw. der Arbeitnehmer aus Transfergesellschaften im Rahmen von Werkverträgen oder Strukturanpassungsmaßnahmen zum Abbau oder zur Verdrängung von Regelarbeitsplätzen gem. Mittelfristplanung führen.

(3) Allgemeine Merkmale solcher Beschäftigungsprogramme werden mit dem KBR abgestimmt. Dem KBR werden diese Programme vorab zur Kenntnis gegeben. Bei Meinungsverschiedenheiten gilt § 10 Abs. 4 Buchst. c).

§ 9 Beschäftigungsangebote und Annahmeverpflichtungen

(1) Steht die Möglichkeit einer Weiterbeschäftigung nach § 4 nicht zur Verfügung, so ist dem kündigungsbeschränkten Arbeitnehmer (§ 2 Abs. 3 KonzernRatioTV), der Abschluß eines Arbeitsvertrages mit der DB Vermittlung GmbH mit einer Überlegungsfrist von 2 Wochen anzubieten. §§ 8 und 10 KonzernRatioTV finden Anwendung. Mit Annahme des Angebots ist zeitgleich ein schriftlicher Aufhebungsvertrag zur Beendigung des bisherigen Arbeitsverhältnisses zu schließen.

(2) Für Arbeitnehmer, die im Zeitpunkt des Beschäftigungswegfalls die Voraussetzungen einer Kündigungsbeschränkung nach § 2 Abs. 3 KonzernRatioTV nicht erfüllen, findet bei Fehlen einer Weiterbeschäftigungsmöglichkeit das Verfahren nach Abschnitt IV des KonzernRatioTV Anwendung. § 12 Abs. 1 und 2 KonzernRatioTV finden Anwendung.

(3) Die Mitarbeiter sind verpflichtet, eine nach § 5 Abs. 2 KonzernRatioTV angebotene Beschäftigung anzunehmen. Gleiches gilt für kündigungsbeschränkte Mitarbeiter bezogen auf eine Beschäftigung bei der DB Vermittlung GmbH.

(4) Kommen Arbeitnehmer diesen Verpflichtungen nicht nach, kann arbeitgeberseitig die Kündigung nach Maßgabe der gesetzlichen und tarifvertraglichen Bestimmungen ausgesprochen werden. Für zugewiesene Beamte bestimmen sich die weiteren Maßnahmen nach den geltenden beamtenrechtlichen Regelungen.

§ 10 Arbeitnehmer in Transfergesellschaften

(1) Arbeitnehmer, die nach Abschnitt IV KonzernRatioTV in eine Transfergesellschaft eingetreten sind, werden bei Stellenbesetzungen in einem Unternehmen des DB Konzerns, das am Konzernweiten Arbeitsmarkt teilnimmt, im Verhältnis zu anderen Arbeitnehmern des 1. Arbeitsmarktes vorrangig berücksichtigt, wenn der Arbeitnehmer die entsprechende Qualifikation für die offene

Stelle hat. Voraussetzung ist ferner, daß geeignete Besetzungsvorschläge der DB Vermittlung GmbH aus einem anderen Unternehmen des DB Konzerns oder der DB Vermittlung GmbH nicht vorliegen.

(2) Die DB AG wird in den Kooperationsverträgen mit Transfergesellschaften in größtmöglichem Umfang darauf hinwirken, daß ein entsprechender Datentransfer möglich ist, der die Vermittlung von Arbeitnehmern der Transfergesellschaft auf Arbeitsplätze in Unternehmen des DB Konzerns fördert.

(3) Bei der DB AG wird ein paritätisch besetzter Beirat gebildet, um eine gesamthafte Koordination der Interessen der betroffenen Arbeitnehmer, des Konzerns, seiner Unternehmen und der Transfergesellschaften zu bewirken. Dem Beirat gehören fünf von der DB AG benannte Vertreter und fünf vom KBR benannte Vertreter der Arbeitnehmerseite, darunter ein Vertreter des Konzernbetriebsrates, zwei Vertreter des Gesamtbetriebsrates der DB Vermittlung GmbH und zwei Vertreter der den KonzernRatioTV schließenden Gewerkschaften, an. Der Beirat tagt bei Bedarf, wenn drei Mitglieder dies verlangen, spätestens binnen 7 Arbeitstagen.

(4) Der Beirat

a) befaßt sich mit Meinungsverschiedenheiten zwischen den Tarifvertragsparteien hinsichtlich der Erfüllung der in § 15 KonzernRatioTV aufgeführten Bedingungen durch eine zu beauftragende Transfergesellschaft,
b) behandelt Vorgänge innerhalb einer beauftragten Transfergesellschaft, insbesondere aufgetretenen Unregelmäßigkeiten, die die Fortsetzung von Maßnahmen bzw. der Beauftragung der Transfergesellschaft in Frage stellen könnten,
c) bewertet die Eignung von Maßnahmen im Sinne von § 8,
d) wird laufend, mindestens einmal im Quartal über den Stand der Transfermaßnahmen, ihre Durchführung und die erzielten Ergebnisse unterrichtet.

Der Beirat hat in den Fällen a) bis c) Vorschlagsrechte über die Behandlung der strittigen Frage. Die DB AG soll im Falle von Buchst. c) eine beabsichtigte Maßnahme nicht durchführen, wenn der Beirat sie nicht als geeignet befürwortet hat, insbesondere wenn er die mit Tatsachen begründete Befürchtung äußert, daß durch die Maßnahme andere Arbeitnehmer in ihren Beschäftigungsmöglichkeiten eingeschränkt werden.

Will die DB AG eine Maßnahme dennoch durchführen, ist die nicht zulässig, bevor nicht der Personalvorstand der DB AG mit dem Vorsitzenden des KBR über die Durchführung verhandelt hat.

(5) Soweit in einer beauftragten Transfergesellschaft kein Betriebsrat besteht, nimmt der jeweils regional zuständige Betriebsrat der DB Vermittlung GmbH die Aufgabe als Ansprechpartner für die in eine Transfergesellschaft eingetretenen Arbeitnehmer wahr. Die DB AG wird sicherstellen, daß die Transfergesell-

schaften die im Einzelfall zur Aufgabenerfüllung des Betriebsrates erforderlichen Informationen an diesen übermitteln. Einzelheiten werden unter Beteiligung des KBR in einer Richtlinie geregelt.

§ 11 Schlußbestimmungen

(1) Diese Konzernbetriebsvereinbarung tritt am 01.06.2001 in Kraft. Sie ersetzt die Konzernbetriebsvereinbarung Konzernweiter Arbeitsmarkt vom 05. Mai 1999.

Protokollnotiz:

Die Parteien sind einig, daß Arbeitnehmer, die die Voraussetzungen des Absatzes 3 in Abschnitt III der „Fortsetzung des Beschäftigungsbündnisses Bahn“ vom 14. Oktober 1998 erfüllen und weder unter den Geltungsbereich des KonzernRatioTV noch dieser Konzernbetriebsvereinbarung fallen, für die Dauer einer Erklärung des Vorstandes der DB AG zum Beschäftigungsbündnis nicht schlechter oder besser stehen sollen als Arbeitnehmer, die von dem/n Geltungsbereich/en dieser Regelungen erfaßt sind, sofern sie von einem rationalisierungsbedingten Beschäftigungswegfall betroffen sind.

(2) Die Konzernbetriebsvereinbarung kann mit einer Kündigungsfrist von 3 Monaten zum Ende eines Kalendermonats schriftlich insgesamt oder in einzelnen Bestimmungen gekündigt werden, frühestens jedoch zum 31. Dezember 2004. Sie endet, ohne daß es einer Kündigung bedarf, mit Außerkrafttreten des KonzernRatioTV.

(3) Die Parteien werden rechtzeitig vor Ablauf dieses Zeitpunkts unter Berücksichtigung der Erfahrungen mit dem KonzernRatioTV und den Instrumenten des Konzernweiten Arbeitsmarkts, über die Beibehaltung oder Änderung dieser Konzernbetriebsvereinbarung einvernehmlich entscheiden. Sie werden sie verlängern, wenn der Fortbestand des KonzernRatioTV die Durchführung des konzernweiten Arbeitsmarktes sowie die Tätigkeit der Transfergesellschaften dies rechtfertigt.

(4) Sollte eine der getroffenen Regelungen unwirksam sein, wird die Wirksamkeit der übrigen Bestimmungen nicht betroffen. Die vertragsschließenden Parteien verpflichten sich, die unwirksame Regelung in sinnentsprechender Weise durch eine dem verfolgten Zweck am nächsten kommende Regelung zu ersetzen.

Protokollnotizen:

Die Konzernbetriebsvereinbarung konzernweiter Arbeitsmarkt ersetzt mit Wirkung vom 01. Juni 2001 die bisherige Fassung dieser Konzernbetriebsver-

einbarung. Der KonzernRatioTV wird mit Wirkung vom 30. Juni 2001 in Kraft treten. Die sich daraus ergebenden Konsequenzen werden wie folgt geregelt:

1. Kündigungsbeschränkte Arbeitnehmer gehen nach dem 01. Juni 2001 nicht mehr in die DB Arbeit GmbH über. Sie verbleiben vielmehr im alten Unternehmen und werden ab dem 01. Juli 2001 gleich von der DB Vermittlung GmbH nach Maßgabe des KonzernRatioTV übernommen. Sollte die Gründung der DB Vermittlung GmbH sich verzögern, erfolgt der Eintritt nicht vor der Gründung der Gesellschaft. Die Aufnahme kann nach der Gründung erfolgen, auch wenn die Eintragung noch nicht erfolgt ist. In diesem Fall erfolgt der Übertritt ab Aufnahme der Tätigkeit durch die Gesellschaft, jedoch nicht vor dem 01. Juli 2001.

2. Nicht kündigungsbeschränkte Arbeitnehmer gehen ab dem 01. Juni 2001 nicht mehr in die DB Arbeit GmbH über.

Ihnen wird im Rahmen von Abschnitt IV des KonzernRatioTV ein Arbeitsverhältnis mit einer Transfergesellschaft angeboten, die unter Berücksichtigung der einschlägigen Regelungen des KonzernRatioTV und der KBV KWA als geeignet bestimmt worden ist. Die Aufnahme in eine solche Transfergesellschaft kann ab dem 01. Juli 2001 erfolgen. Soweit die rechtlichen Voraussetzungen für eine Überleitung in eine Transfergesellschaft noch nicht gegeben sind, verbleiben sie bis zu Erfüllung dieser Voraussetzungen im alten Betrieb.

3. Wenn eine betriebliche Regelung vor Inkrafttreten des KonzernRatioTV das Ausscheiden von Arbeitnehmern regelt, ohne die Förderung i. S. von Ziff. 2 ausdrücklich zu berücksichtigen, so steht dies der Förderung nicht entgegen. Vielmehr ist die DB AG verpflichtet, auch solche, nicht kündigungsbeschränkte Arbeitnehmer in die neuen Instrumente eintreten zu lassen. Voraussetzung ist nur, daß die betriebliche Regelung keine Bestimmungen enthält, die nach § 14 KonzernRatioTV die Förderung ausschließen.

Berlin, den 30. Mai 2001

DB AG Konzernbetriebsrat DB AG

Anlage 2

Gesamtbetriebsvereinbarung „Führungsgespräch einschließlich Zielvereinbarung“

Zwischen dem Vorstand der DB AG und dem Gesamtbetriebsrat der DB AG wird auf der Grundlage § 77 BetrVG in Verbindung mit §§ 87 Abs. 1 Ziff. 10 sowie 94 Abs. 2 BetrVG und gem. § 6 ZTV (gültig ab 1.1.97) diese Gesamtbetriebsvereinbarung einschließlich der Anlagen abgeschlossen.

§ 1 Aufgabe und Ziel des Führungsgespräches, Geltungsbereich

(1) Das Führungsgespräch einschließlich Zielvereinbarung (nachfolgend genannt Führungsgespräch) ist ein partnerschaftlicher Dialog zwischen Führungskraft und Mitarbeiter, der in strukturierter Form (Anlage 2) in regelmäßigen Zeitabständen durchgeführt wird. Das Führungsgespräch hat den Verantwortungsbereich des Mitarbeiters, die Ergebnisbesprechung, die Zielvereinbarung, die Erörterung der Kommunikation sowie die Planung der beruflichen Entwicklung zum Inhalt.

(2) Die GBV gilt für alle Arbeitnehmer im Sinne des §5 Abs. 1 BetrVG:

- die in den Entgeltgruppen AT 1-AT 4 eingruppiert sind,
- für Beamte des Bundeseisenbahnvermögens, die nach §12 Abs. 2 und Abs. 3 DBGrG zugewiesen und auf Arbeitsplätzen der Entgeltgruppen AT 1–AT 4 beschäftigt sind,
- für Führungsnachwuchskräfte gemäß Rahmengesamtbetriebsvereinbarung Führungskräfteentwicklung „§ 3“.

(3) Im Führungsgespräch fassen die Gesprächspartner zusammen,

- welche Kernaufgaben und Aufgabeninhalte von dem Mitarbeiter im zurückliegenden Zeitraum überwiegend wahrgenommen wurden und welche geschäftliche, personelle und fachliche Verantwortung der Mitarbeiter trug,
- ob bzw. in welchem Maße der Mitarbeiter die Ziele erreicht und die Kernaufgaben erfüllt hat und worauf die Ergebnisse zurückzuführen sind,
- wie das Kommunikationsverhalten und die Zusammenarbeit zukünftig erfolgsfördernder gestaltet werden kann,

- welche Aufgabeninhalte, Ziele und Prioritäten für den nächsten Zeitraum vereinbart wurden,
- welche Maßnahmen zur fachlichen und persönlichen Unterstützung und beruflichen Weiterentwicklung vereinbart wurden; dabei besprechen beide Gesprächspartner aus jeweils eigener Sicht Vorstellungen zu Entwicklungsperspektiven und möglichen zukünftigen Arbeitsbereichen des Mitarbeiters.

Die Einschätzungen stützen sich auf beobachtete, arbeitsbezogene Sachverhalte; die Gesprächspartner vermeiden pauschale Werteinschätzungen ohne Verhaltensbezug.

Im Führungsgespräch tauschen sich Vorgesetzter und Mitarbeiter über ihre Sichtweisen aus, um ein gemeinsames Ergebnis zu erreichen.

(4) Im Führungsgespräch ist ein offener und vertrauensvoller Gedankenaustausch unabdingbar. Dies verlangt von beiden Gesprächspartnern die Bereitschaft zu offener Rückmeldung. Darüber hinaus sind Optimierungsansätze und Entwicklungserfordernisse zur Absicherung der Zielerreichung herauszuarbeiten.

§ 2 Zeitpunkt des Führungsgespräches

(1) Das Führungsgespräch wird mindestens im jährlichen Turnus geführt.

(2) Für neu eingestellte bzw. versetzte Mitarbeiter wird das Führungsgespräch frühestens nach 3 Monaten, spätestens nach sechs Monaten geführt; dabei finden die Dauer der Unternehmenszugehörigkeit zur DB AG sowie bei extern eingestellten Mitarbeitern die Kenntnisse des Fachgebietes Berücksichtigung.

(3) Auf Wunsch des Mitarbeiters oder des Vorgesetzten wird das Führungsgespräch geführt, wenn das letzte Gespräch mindestens 6 Monate zurückliegt oder wichtige Gründe vorliegen.

(4) Um eine erfolgreiche Umsetzung der Zielvereinbarungen zu sichern, findet darüber hinaus eine regelmäßige Überprüfung der Vereinbarung (i. d. R. einmal im Quartal) statt. Die inhaltliche und organisatorische Gestaltung ist den Gesprächspartnern überlassen. Sofern die Beteiligten einverstanden sind, kann das Gespräch auch im Team geführt werden.

§ 3 Ablauf des Führungsgespräches

(1) Die Initiative zur Durchführung des Führungsgespräches geht grundsätzlich von dem Vorgesetzten mit Personalverantwortung aus.

(2) Führungsgespräche sind i.d.R. im I. Quartal durchzuführen. Es sind i.d.R. 3–5 Ziele durch die Gesprächspartner zu vereinbaren und zu priorisieren. Dazu sind jeweils Erfolgskriterien festzulegen.

(3) Der Erfolg des Führungsgespräches ist von einer intensiven Vorbereitung beider Gesprächspartner abhängig. Der Umschlag (Anlage 2a), der Aufzeichnungsbogen und der Leitfaden (Anlage 3) mit Hinweisen zur Durchführung werden dem Mitarbeiter rechtzeitig (i.d.R. 14 Tage) vom Vorgesetzten zur individuellen Vorbereitung vor dem zu vereinbarenden Gesprächstermin ausgehändigt. Das Gespräch beginnt damit, daß die Gesprächspartner die Kernaufgaben des Mitarbeiters erörtern und diese im Aufzeichnungsbogen dokumentieren.

(4) Das Führungsgespräch ist in folgende Phasen gegliedert:

Phase 1: Aufgabeninhalte und Verantwortungsbereich des Mitarbeiters erörtern

Phase 2: Vereinbarungen und Ergebnisse einschließlich Führungs- und Arbeitsverhalten besprechen

Phase 3: Ziele vereinbaren (Zielvereinbarung, siehe Anlage 1)

Phase 4: Unterstützungsmaßnahmen zur Absicherung der Zielerreichung planen

Phase 5: Berufliche Entwicklung planen

(5) § 25 (2) SchwbG ist zu beachten.

§ 4 Dokumentation des Führungsgespräches

(1) Das Führungsgespräch wird dokumentiert und von den Gesprächspartnern unterschrieben. Ist der Vorgesetzte nicht die Führungskraft mit Personalverantwortung, so hat auch der Personalverantwortliche die Aufzeichnungen gegenzuzeichnen. Vorgesetzter und Mitarbeiter können auf dem Aufzeichnungsbogen oder gesondert schriftliche Stellungnahmen abgeben, ohne in das Klärungsverfahren nach § 5 Abs. 1 einzutreten.

(2) Durch die Unterschrift unter das protokollierte Führungsgespräch mit Zielvereinbarung wird Art und Umfang des Arbeitsvertrages nicht beeinflußt.

(3) Je ein Exemplar des Aufzeichnungsbogens verbleibt bei den Gesprächspartnern. Ein weiteres Exemplar wird in die Personalakte genommen. Weitere Kopien werden nicht gefertigt. Zum Zwecke der statistischen Erfassung und Nachverfolgung wird das Durchführungsdatum personenbezogen über EDV gespeichert. Das bei dem Vorgesetzten befindliche Exemplar ist dem Mitarbeiter auszuhändigen, sobald ein neues Führungsgespräch durchgeführt und protokolliert worden ist. Der Mitarbeiter kann die Aushändigung des in der Personalakte befindlichen Exemplars verlangen, wenn er das Unternehmen verläßt oder das Führungsgespräch länger als 3 Jahre zurückliegt.

§ 5 Konfliktregelung

(1) Kommen Vorgesetzter und Mitarbeiter zu unterschiedlichen Einschätzungen bzw. ist eine Übereinstimmung zu Kernaufgaben, Zielen und Maßnahmen zur Unterstützung/Förderung und Weiterentwicklung einvernehmlich nicht zustande gekommen, so erfolgt im Zeitraum von 14 Tagen ein weiteres Gespräch. Wird auch im zweiten Gespräch kein Einvernehmen erzielt, so ist durch den nächsthöheren Vorgesetzten, ggf. unter Einbeziehung des Servicebereiches Personal eine Klärung herbeizuführen.

(2) Das Recht des Arbeitnehmers, ein Mitglied des Betriebsrates gemäß § 82 Abs. 2 BetrVG hinzuzuziehen sowie sein Beschwerderecht gem. § 84 BetrVG bleiben hiervon unberührt.

§ 6 Zielerreichung und Besondere Zulage

(1) Der Anspruch auf die Besondere Zulage besteht im Rahmen des vom Vorstand der DB AG hierfür bewilligten Budgets. Dabei wird der maximale Vomhundertsatz je Mitarbeiter bezogen auf das 12fache des Monatstabellenentgelts festgelegt.

Die Höhe der Besonderen Zulage beträgt entsprechend der derzeitigen tariflichen Regelung höchstens 26 v.H. des 12fachen Monatstabellenentgelts. Sie wird einmal jährlich nach Vorliegen des Jahresabschlusses gezahlt.

(2) Die jeweilige Höhe der Besonderen Zulage des Arbeitnehmers ist nach den folgenden Bestimmungen zu ermitteln:

- Nach Abschluß des Geschäftsjahres wird der Zielerreichungsgrad gemeinsam ermittelt. Dabei haben sich die Gesprächspartner grundsätzlich an objektivierbaren, in der Zielvereinbarung vorab festgelegten Erfolgskriterien zu orientieren. Darüber hinaus sind veränderte Rahmenbedingungen zu berücksichtigen.

Wenn keine Einigung erzielt werden kann, wird das Klärungsverfahren nach § 5 Abs. 1 dieser GBV eingeleitet.

- Die Höhe der Besonderen Zulage errechnet sich nach folgender Formel: Faktor × Vomhundertsatz × 12faches Monatstabellenentgelt

(3) Für die Zielerreichungsgrade und die ihnen zugeordneten Faktoren gilt die folgende Staffelung:

Zielerreichungsgrad	*Ziele*	*Faktor*
1	kaum erreicht	0
2	teilweise erreicht	0,2–0,6
3	weitgehend erreicht	0,7–0,9
4	erreicht	1

(4) Die Höhe des Faktors der o. a. Tabelle wird vom Vorgesetzten nach billigem Ermessen (§ 315 BGB) und ggf. weiteren zu berücksichtigenden Umständen des Einzelfalles festgelegt. Sie erfolgt innerhalb der den Zielerreichungsgraden zugeordneten Bandbreiten.

(5) Die Nichtgewährung der Besonderen Zulage ist mit dem nächsthöheren Vorgesetzten abzustimmen.

§ 7 Nichterreichung vereinbarter Ziele

(1) Bei Nichterreichung vereinbarter Ziele sind die Gründe durch die Gesprächspartner eingehend zu erörtern. Dabei sind ggf. veränderte Rahmenbedingungen, organisatorische sowie persönliche Hinderungsgründe zu berücksichtigen.

(2) Um die für ein Führungsgespräch notwendige Offenheit und Zusammenarbeit nicht zu gefährden, werden die allein durch das Führungsgespräch und die bei der Besprechung des Zielerreichungsgrades gewonnenen Erkenntnisse beiderseits vertraulich behandelt und nur im Rahmen der Regelungen dieser GBV verwertet.

§ 8 Einführungs-/Änderungs- und Schlußbestimmungen

(1) Die Wirksamkeit und Praktikabilität dieser GBV wird durch eine paritätisch besetzte Arbeitsgruppe beobachtet und nach 18 Monaten bewertet.

(2) Für den in § 1 Abs. 2 genannten Personenkreis ersetzt das Führungsgespräch das Beurteilungsverfahren gem. Konzernrichtlinie 010.0201.

(3) Diese Gesamtbetriebsvereinbarung kann mit einer Frist von drei Monaten zum Jahresende schriftlich gekündigt werden.

(4) Die GBV tritt am 01.01.98 in Kraft.

Anlage 3

Gesamtbetriebsvereinbarung „Mitarbeitergespräch“

Zwischen dem Vorstand der DB AG und dem Konzernbetriebsrat der DB-Gruppe wird auf der Grundlage des § 77 BetrVG in Verbindung mit § 94 Absatz 2 BetrVG diese Gesamtbetriebsvereinbarung einschließlich der Anlagen abgeschlossen.

Hinweis:

Soweit nachfolgend der Begriff „Mitarbeiter“ verwendet wird, sind ausdrücklich auch immer Mitarbeiterinnen gemeint.

Präambel

Unternehmensleitung und Konzernbetriebsrat stimmen darin überein, die bisherige Beurteilungssystematik aufgrund der gewonnenen Erfahrungen und der veränderten Anforderungen an die Mitarbeiter der DB AG durch die Einführung eines gesprächsorientierten Führungsinstrumentes weiterzuentwickeln. Hierbei liegt der Schwerpunkt einer Leistungseinschätzung auf der Rückmeldung von Stärken und Schwächen bei der Aufgabenerfüllung und auf Verbesserungs- und Entwicklungsmöglichkeiten. Deshalb wird ein Verfahren vereinbart, welches Elemente ergebnisorientierter Leistungseinschätzung mit Förderaspekten verbindet. Dabei sind Arbeitssituation, Verantwortungsumfang und Einsatzperspektiven zu berücksichtigen.

§ 1 Geltungsbereich

Diese Gesamtbetriebsvereinbarung gilt für alle Arbeitnehmer der DB AG im Sinne des § 5 Absatz 1 BetrVG,

- die in den Entgeltgruppen E 1 bis E 11 eingruppiert sind,
- für Beamte des Bundeseisenbahnvermögens, die nach § 12 Absatz 2 und 3 DBGrG zugewiesen und auf Arbeitsplätzen der Entgeltgruppen E 1 bis E 11 beschäftigt sind, unter Ausnahme des Personenkreises, der in § 1 Absatz 2 der Gesamtbetriebsvereinbarung „Führungsgespräch einschließlich Zielvereinbarung“ genannt ist.

§ 2 Grundsätze des Mitarbeitergespräches

Das Mitarbeitergespräch ist ein in regelmäßigen Zeitabständen zu führendes Gespräch zwischen Führungskraft und Mitarbeiter. Darin wird einerseits eine Leistungseinschätzung in Form einer detaillierten Rückmeldung an den Mitarbeiter und eine daraus abgeleitete Gesamteinschätzung der Mitarbeiterleistung durch die Führungskraft vorgenommen und besprochen. Andererseits werden die Arbeitssituation und die Einsatzperspektiven im Rahmen eines partnerschaftlichen Dialoges besprochen und geeignete Entwicklungsmaßnahmen festgelegt.

§ 3 Phasen des Mitarbeitergespräches

(1) Das Mitarbeitergespräch gliedert sich inhaltlich in vier Schwerpunkte:

- Aufgaben- und Verantwortungsbereich des Mitarbeiters,
- Leistungseinschätzung,
- Gesamteinschätzung,
- Arbeitssituation, Einsatzperspektiven und mögliche Entwicklungsmaßnahmen.

(2) Die Gesprächsführung und die Aufzeichnung erfolgen gemäß „Leitfaden für das Mitarbeitergespräch"

§ 4 Zeitpunkt des Mitarbeitergespräches

(1) Die Initiative zum Mitarbeitergespräch geht von der Führungskraft mit direkter Personalverantwortung aus. Der Zeitpunkt des Mitarbeitergespräches ist dem Mitarbeiter rechtzeitig – nach Möglichkeit zwei Wochen vorher – schriftlich mitzuteilen.

§ 25 Absatz 2 SchwbG ist zu beachten.

(2) Die Aufgabe der Gesprächsführung kann durch die Führungskraft mit direkter Personalverantwortung einem Mitarbeiter einer nachgeordneten Ebene übertragen werden, der aufgrund seiner gesteigerten Fach- oder Projektverantwortung das Arbeitsverhalten, die Arbeitsleistung und -qualität eines zugeordneten Mitarbeiters sachlich einschätzen kann. Über die Delegation der Gesprächsführung einschließlich der Einschätzung ist mit dem zuständigen Betriebsrat Einvernehmen herzustellen, bevor das Mitarbeitergespräch erfolgt.

(3) Das Mitarbeitergespräch wird für Mitarbeiter der Entgeltgruppen E 6 bis E 9 und für diejenigen Mitarbeiter der Entgeltgruppen E 10 bis E 11, für die nicht das jährliche „Führungsgespräch mit Zielvereinbarung" angewandt wird, mindestens alle zwei Jahre geführt. Ein früherer Zeitpunkt für die Gesprächsführung ist dann möglich, wenn Mitarbeiter *und* Führungskraft dies wünschen.

(4) Für Mitarbeiter der Entgeltgruppen E 1 bis E 5 ist das Mitarbeitergespräch dann zu führen, wenn Mitarbeiter *oder* Führungskraft es wünschen und das letzte Mitarbeitergespräch mindestens zwei Jahre zurückliegt.

(5) Beamte sind aufgrund laufbahnrechtlicher Vorschriften unabhängig von der tariflichen Zuordnung ihres Arbeitsplatzes grundsätzlich mindestens alle fünf Jahre einzuschätzen (zu beurteilen). Für Beamte, die das 50. Lebensjahr vollendet haben und die einen Arbeitsplatz der Entgeltgruppen E 1 bis E 5 versehen, besteht dieses Erfordernis nicht mehr.

(6) Für neu eingestellte bzw. versetzte Mitarbeiter oder bei Zuordnung zu einer neuen Führungskraft mit direkter Personalverantwortung wird das Mitarbeitergespräch frühestens nach 6 Monaten, spätestens nach 12 Monaten geführt.

(7) Mit Mitarbeitern, die nach Grundwehrdienst, Zivildienst, Beurlaubung oder Freistellung zurückkehren, ist das Mitarbeitergespräch auf eigenen Wunsch bereits nach sechs Monaten, jedoch spätestens nach einem Jahr zu führen.

(8) Das Mitarbeitergespräch ist mit Mitarbeitern zu führen, die aufgrund des Antritts einer Beurlaubung oder Freistellung eine aktuelle Einschätzung wünschen, sofern die letzte Einschätzung mindestens ein Jahr zurückliegt.

§ 5 Leistungseinschätzung

(1) Die Leistungseinschätzung und deren Rückmeldung an den Mitarbeiter durch die Führungskraft orientiert sich an der Aufgabenerledigung / Arbeitsleistung und dem beobachteten Arbeitsverhalten in den fünf Anforderungsdimensionen

- Arbeitseffizienz,
- Zusammenarbeit und Kommunikation,
- Wirtschaftliches Handeln,
- Dienstleistungsverhalten,
- Verantwortungsbereitschaft.

(2) Die im „Aufzeichnungsbogen zum Mitarbeitergespräch" unter den fünf Anforderungsdimensionen aufgeführten Merkmale dienen der differenzierten Einschätzung des Leistungsverhaltens des Mitarbeiters durch die Führungskraft und damit als Basisinformation für das Rückmelden und Besprechen der Leistungseinschätzung im Mitarbeitergespräch.

(3) Die Leistungseinschätzung bezieht sich auf den Einsatz des Mitarbeiters während des Zeitabschnitts seit der letzten Leistungseinschätzung. Einer Leistungseinschätzung sind sämtliche für die Bewertung relevanten Tatsachen des Zeitabschnitts seit der letzten Leistungseinschätzung zugrunde zu legen. Die

Leistungseinschätzung darf sich nur auf beobachtete, arbeitsbezogene Sachverhalte stützen.

(4) Ergeben sich in dem Mitarbeitergespräch neue Tatsachen, die für die Leistungseinschätzung wichtig und bisher noch nicht berücksichtigt worden sind, hat die Führungskraft ihre Einschätzung nochmals zu überprüfen und diese eventuell entsprechend zu ändern.

(5) Die Aufzeichnung der aufgaben- und anforderungsbezogenen Leistungseinschätzung erfolgt gemäß „Aufzeichnungsbogen zum Mitarbeitergespräch".

§ 6 Gesamteinschätzung

Die Gesamteinschätzung der Mitarbeiterleistung erfolgt durch die Führungskraft und stellt eine zusammenfassende, ganzheitliche Einschätzung der Aufgabenerledigung, der erreichten Ergebnisse und des Arbeitsverhaltens des Mitarbeiters aus der Sicht der Führungskraft dar. Sie wird in dem „Aufzeichnungsbogen zum Mitarbeitergespräch" festgehalten.

§ 7 Arbeitssituation, Einsatzperspektiven und mögliche Entwicklungsmaßnahmen

In diesen Abschnitten des Mitarbeitergespräches werden

- die Interessen und Vorschläge des Mitarbeiters im Zusammenhang mit seinem Aufgaben- und Verantwortungsbereich,
- die Hinweise der Führungskraft hinsichtlich eventueller Verbesserungsmöglichkeiten im Leistungsverhalten des Mitarbeiters,
- die Zusammenarbeit der Gesprächspartner,
- die gemeinsamen Folgerungen für Maßnahmen zur beruflichen Entwicklung und Qualifizierung,

besprochen und im Aufzeichnungsbogen festgehalten.

Hierbei werden mögliche

- Veränderungen oder Schwerpunktverlagerungen von Aufgaben,
- Versetzungen bzw. Einsatzwechsel,

besprochen und im Aufzeichnungsbogen festgehalten.

Das schließt auch das Ermitteln von Umständen ein, die eine berufliche Weiterentwicklung einschränken (z. B. Tauglichkeits- oder Mobilitätsbeschränkungen).

§ 8 Dokumentation des Mitarbeitergespräches

(1) Das Mitarbeitergespräch wird im Aufzeichnungsbogen dokumentiert und von beiden Gesprächspartnern unterschrieben. Wenn die Führungskraft keine direkte Personalverantwortung trägt, ist der Aufzeichnungsbogen auch von der zuständigen Führungskraft mit direkter Personalverantwortung zu unterschreiben und inhaltlich mitzuverantworten. Der Mitarbeiter bestätigt durch seine Unterschrift, daß ihm die Einschätzung begründet und erläutert wurde.

(2) Der Mitarbeiter kann dem Aufzeichnungsbogen innerhalb von vier Wochen nach dem Mitarbeitergespräch eine gesonderte schriftliche Stellungnahme hinzufügen, ohne in das Klärungsverfahren nach § 9 dieser Gesamtbetriebsvereinbarung einzutreten.

(3) Das Recht des Mitarbeiters, ein Mitglied des Betriebsrates gemäß § 82 Absatz 2 BetrVG oder eine Auskunftsperson gemäß § 3 ZuordnungsTV hinzuzuziehen sowie sein Beschwerderecht gemäß § 84 BetrVG, bleiben hiervon unberührt.

(4) Je ein Exemplar des Aufzeichnungsbogens verbleibt bei den Gesprächspartnern. Ein weiteres Exemplar wird in die Personalakte gelegt. Weitere Kopien werden nicht gefertigt. Zum Zwecke der statistischen Erfassung und Nachverfolgung kann das Gesprächsabschlußdatum personenbezogen über EDV gespeichert werden.

§ 9 Konfliktregelung

(1) Ist der Mitarbeiter mit dem Gesprächsergebnis oder der Einschätzung nicht einverstanden, erfolgt auf dessen Wunsch im Zeitraum von vier Wochen ein weiteres Gespräch.

(2) Wird auch hierbei kein Einverständnis erzielt, erfolgt innerhalb von sechs Wochen ein erneutes, klärendes Gespräch unter Hinzuziehung der nächst-höheren Führungskraft und des zuständigen Personalbereiches. Ein Mitglied des Betriebsrates und bei Schwerbehinderten oder Gleichgestellten auch ein Mitglied der Schwerbehindertenvertretung nehmen an diesem Gespräch teil, es sei denn, der Mitarbeiter verzichtet darauf.

§ 10 Schlußbestimmungen

(1) Diese Gesamtbetriebsvereinbarung tritt am Tage der Unterzeichnung in Kraft.

(2) Sie ersetzt das Beurteilungsverfahren gemäß Konzernrichtlinie 010.0201.

(3) Die DB AG und der Konzernbetriebsrat benennen jeweils drei Vertreter für eine paritätische Kommission, die im Falle von Problemen oder Streitigkei-

ten bei der Anwendung oder Auslegung dieser Gesamtbetriebsvereinbarung eine einvernehmliche Lösung anstrebt. Die Anrufung der Einigungsstelle nach Maßgabe des BetrVG bleibt hiervon unberührt.

(4) Diese Gesamtbetriebsvereinbarung kann mit einer Frist von drei Monaten zum Jahresende schriftlich gekündigt werden. Es wird einvernehmlich eine Nachwirkung vereinbart.

FRANKFURT am Main, 27.08.1998

gez. Dr. Föhr	gez. Mößinger	gez. M. Emmerich
(Deutsche Bahn AG)	(Konzernbetriebsrat)	

Literaturverzeichnis

Altvater, Lothar/*Bacher,* Eberhard/*Hörter,* Georg/*u. a.*: Kommentar zum Bundespersonalvertretungsgesetz mit Wahlordnung und ergänzenden Vorschriften, Kommentar für die Praxis, 4. Auflage Köln 1996

Arnim, Hans Herbert von: Rechtsfragen der Privatisierung: Grenzen staatlicher Wirtschaftsfähigkeit und Privatisierungsgebote, Karl-Bräuer-Institut des Bundes der Steuerzahler, Heft 82, Wiesbaden 1995

Badura, Peter: Die hoheitlichen Aufgaben des Staates und die Verantwortung des Berufsbeamtentums, ZBR 1996, S. 321 ff.

Bäsler, Uwe: Beamte in der Privatwirtschaft am Beispiel der Deutschen Bahn AG, PersR 1996, S. 357 ff.

Bansch, Frank: Zur Beleihung als verfassungsrechtliches Problem, München 1973

Barlage, Paul: Flexibilität im Personaleinsatz – Zum Recht am Amt unter besonderer Berücksichtigung des § 21 Bundesbahngesetz, ZBR 1978, S. 349 ff.

Battis, Ulrich: Kommentar zum Bundesbeamtengesetz, 2. Auflage, München 1997

– Beleihung anlässlich der Privatisierung der Postunternehmen, Festschrift für Peter Raisch zum 70. Geburtstag, Karsten Schmidt (Hrsg.), Unternehmen, Recht und Wirtschaft, Köln, Berlin, Bonn, München 1995, S. 355 ff

– Das Dienstrechtsreformgesetz, NJW 1997, S. 1033 ff.

Battis, Ulrich/*Grigoleit,* Klaus Joachim: Zulässigkeit und Grenzen von Teilzeitbeamtenverhältnissen, Verantwortung und Leistung, Heft 30, Düsseldorf 1997 in: Schriftenreihe der Arbeitsgemeinschaft der Verbände des höheren Dienstes

– Zur Öffnungsklausel des § 44a BRRG – Bedeutung, Zulässigkeit, Rechtsfolgen, ZBR 1997, S. 237 ff.

Battis, Ulrich/*Schlenga,* Hans-Dieter: Die Verbeamtung der Lehrer, ZBR 1995, S. 253 ff.

Becker, Friedrich/*Etzel,* Gehard (Hrsg.): Gemeinschaftskommentar zum Kündigungsschutzgesetz und zu sonstigen kündigungsschutzrechtlichen Vorschriften, 5. Auflage, Neuwied 1998

Behrens, Hans Jörg: Beamtenrecht, 2. Auflage, München 2001

Benndorf, Michael: Zur Bestimmung der „hoheitlichen Befugnisse“ gem. Art. 33 Abs. 4 GG, DVBl. 1981, S. 23 ff.

Bennemann, Stefan: Die Bahnreform – Anspruch und Wirklichkeit, Hannover 1994

Benz, Angelika: Privatisierung und Regulierung der Bahnreform in: König, Klaus/ Benz, Angelika (Hrsg.), Privatisierung und staatliche Regulierung, Baden-Baden 1997, S. 162 ff.

Benz, Hanspeter: Die verfassungsrechtliche Zulässigkeit der Beleihung einer Aktiengesellschaft mit Dienstherrenbefugnis, Frankfurt a. M. 1995

– Postreform II und Bahnreform – Ein Elastizitätstest für die Verfassung, DÖV 1995, S. 679 ff.

Berkowsky, Wilfried: Die betriebsbedingte Kündigung: eine umfassende Darstellung unter Berücksichtigung des neuen BetrVG und des Arbeitsgerichtsverfahrens, 5. Auflage, München 2002

Besgen, Nicolai/*Langner,* Sören D.: Zum Übergangsmandat des Personalrats bei der privatisierenden Umwandlung, NZA 22/2003, S. 1239 ff.

Bieback, Karl-Jürgen: Streik in Sonderbereichen in: Däubler, Wolfgang, Hrsg., Arbeitskampfrecht, 2. Auflage, Baden-Baden 1997

Blanke, Thomas: Der Beamtenstreik im demokratischen Staat, KJ 1980, S. 237 ff.

– Personalüberleitungs- und Personalgestellungsverträge bei der Privatisierung öffentlicher Einrichtungen, PersR 1996, S. 48 ff.

Blanke, Thomas/*Gebhardt,* A./*Heuermann,* M.: Leitfaden Privatisierungsrecht; Praxis der Personalüberleitungs- und Personalgestellungsverträge für Arbeiter und Angestellte, Baden-Baden 1998

Blanke, Thomas/*Sterzel,* Dieter: Ab die Post? Die Auseinandersetzung um die Privatisierung der Deutschen Bundespost, KJ 1993, S. 278 ff

– Beamtenstreikrecht: demokratische Verfassung und Beamtenstreik, Neuwied, Darmstadt 1980

– „Privatbeamte" der Postnachfolgeunternehmen und Disziplinarrecht, PersR 1998, S. 265 ff.

– Privatisierungsrecht für Beamte, Baden-Baden 1999

– Probleme der Personalüberleitung im Falle einer Privatisierung der Bundesverwaltung (Flugsicherung, Bahn und Post), ArbuR 1993, S. 265 ff.

Blanke, Thomas/*Trümner,* Ralf (Hrsg.): Handbuch Privatisierung: ein Rechtshandbuch für die Verwaltungspraxis, Personal- wie Betriebsräte und deren Berater; Baden-Baden 1998

Böhm, Monika/*Schneider,* Hans-Peter: „Beamtenprivatisierung" bei der Deutschen Bahn AG, Gestaltungsspielräume bei Besoldung, Arbeitszeit und Zuweisung für Beamte im Dienst der Deutschen Bahn AG, Baden-Baden 2002

Bönders, Thomas: Neue Leistungselemente in der Besoldung – Anreiz oder Flop?, ZBR 1999, S. 11 ff.

Bolck, Winrich: Personalrechtliche Probleme bei der Ausgliederung von Teilbereichen des öffentlichen Dienstes und Überführung in eine private Rechtsform, ZTR 1994, S. 14 ff.

Boysen, Harald Johannes: Kommunale out-sourcing-Rechtsprobleme der privatrechtlich verselbständigten Erfüllung kommunaler Aufgaben, VR 1996, S. 73 ff.

Bull, Hans Peter: Allgemeines Verwaltungsrecht, 4. Auflage, Heidelberg 1993

– Privatisierung öffentlicher Aufgaben, VerwArch, 86 (1995), S. 621 ff.

Carl, Sebastian: Die Altersteilzeit der Beamten und das Steuerrecht, ZBR 2002, S. 127 ff.

Cronauge, Ulrich/*Westermann,* Georg: Kommunale Unternehmen, 4. Auflage, Berlin 2003

Däubler, Wolfgang (Hrsg.): Arbeitskampfrecht, 2. Auflage, Baden-Baden 1987

– Tarifvertragsrecht, 3. Auflage, Baden-Baden 1993

Däubler, Wolfgang/*Kittner,* Michael/*Klebe,* Thomas (Hrsg.): Betriebsverfassungsgesetz mit Wahlordnung, Kommentar, 8. Auflage, Köln 2002

Denninger, Erhard (Hrsg.): Kommentar zum Grundgesetz für die Bundesrepublik Deutschland, Reihe Alternativkommentar, 3. Auflage, Neuwied, Kriftel 2001

Denninger, Erhard/*Frankenberg,* Günter: Grundsätze zur Reform des öffentlichen Dienstrechts, Baden-Baden 1997

Dieterich, Thomas/*Hanau,* Peter/*Schaub,* Günter: Erfurter Kommentar zum Arbeitsrecht, 3. Auflage, München 2003

Dürr, Heinz: Die Bahnreform – Chance für mehr Schienenverkehr und Beispiel für die Modernisierung des Staates, Heidelberg 1994

– Die Bahnreform und Industriepolitik, Freiherr-vom-Stein-Gesellschaft e. V., Münster 1992

– Kann der Staat als Unternehmer erfolgreich sein? Vortrag anlässlich der Eröffnung des Wintersemesters 1994/95 an der Deutschen Hochschule für Verwaltungswissenschaften Speyer am 08.11.1994, Speyer 1994

– Mit Plan und Perspektiven: ein Handbuch für Frauen bei der Bahn; Deutsche Bundesbahn; Deutsche Reichsbahn, Frankfurt am Main, Berlin, Vorstand der Deutschen Bahnen 1993

Engels, Gerd: Fortentwicklung des Betriebsverfassungsrechts außerhalb des Betriebsverfassungsgesetzes, in: Festschrift für Otfried Wlotzke zum 70. Geburtstag, Entwicklungen im Arbeitsrecht und Arbeitsschutz (Hrsg. Anzinger, Rupert/Wank, Rolf), München 1996, S. 279 ff.

Engels, Gerd/*Müller,* Christoph/*Mauß,* Yvonne: Ausgewählte arbeitsrechtliche Probleme der Privatisierung – aufgezeichnet am Beispiel der Bahnstrukturreform, DB 1994, S. 473 ff.

Engels, Gerd/*Mauß-Trebinger,* Yvonne: Aktuelle Fragen der Betriebsverfassung in den privatisierten Unternehmen der Bahn und der Post, RiA 1997, S. 217 ff.

Erichsen, Hans Uwe/*Ehlers,* Dirk (Hrsg.): Allgemeines Verwaltungsrecht, 12. Auflage, Berlin 2002

Erman, Walter/*Westermann,* Harm Peter (Hrsg.): Erman Bürgerliches Gesetzbuch: Handkommentar mit AGBG, EGBGB, ErbbauVO, HausratsVO, HausTWG, ProdHaftG, SachenRBerG, SchuldRAnpG, VerbrKrG, Band 1, 10. Aufl., Münster 2000

Eyerman, Erich/*Fröhler,* Ludwig/*Geiger,* Harald: Kommentar zur Verwaltungsgerichtsordnung, 11. Auflage, München 2000

Fehling, Michael: Zur Bahnreform: Eine Zwischenbilanz im Spiegel erfolgreicher „Schwesterreformen", DÖV 2002, S. 793 ff.

Finger, Hans-Joachim: Kommentar zum Allgemeinen Eisenbahngesetz und zum Bundesbahngesetz, Darmstadt 1982

Fitting, Karl/*Kaiser,* Heinrich/*Heither,* Friedrich/*Engels,* Gerd/*Schmidt,* Ingrid: Betriebsverfassungsgesetz mit Wahlordnung, Handkommentar, 21. Auflage, München 2002

– Betriebsverfassungsgesetz mit Wahlordnung, Handkommentar, 18. Auflage, München 1996

Frohner, Siegfried: Das Übergangsmandat des Personalrats und die Weitergeltung von Dienstvereinbarungen bei Privatisierung öffentlicher Einrichtungen, insbesondere im kommunalen Bereich, PersR 1995, S. 99 ff.

Fromm, Günter: Die Reorganisation der Deutschen Bahnen, DVBl. 1994, S. 187 ff.

Fürst, Walther (Hrsg.): Gesamtkommentar Öffentliches Dienstrecht (GKÖD); Loseblattsammlung,

- Bd. I, Beamtenrecht des Bundes und der Länder, Richterrecht und Soldatenrecht, Teil 2: Allgemeines Beamtenrecht II, Kommentar zum Bundesbeamtengesetz, Berlin, Stand: Januar 2001
- Bd. II, Disziplinarrecht des Bundes und der Länder: erläutert auf der Grundlage des Bundesbeamtengesetzes und des Bundesdisziplinargesetzes unter Einbeziehung des entsprechenden Rechts der Länder, bearbeitet von Weiß, Hans-Dietrich, Berlin, Stand: Januar 2002
- Bd. III, Besoldungsrecht des Bundes und der Länder: erläutert auf der Grundlage des Bundesbesoldungsgesetzes unter Einbeziehung ergänzender landesrechtlicher Regelungen, bearbeitet von Schinkel, Manfred-Carl/Seifert, Klaus, Berlin, Stand: Januar 2003
- Bd. V, Personalvertretungsrecht des Bundes und der Länder: erläutert auf der Grundlage des Bundespersonalvertretungsgesetzes unter Einbeziehung des Personalvertretungsrecht der Länder, bearbeitet von Fischer, Alfred/Goeres, Hans-Joachim, Berlin, Stand: März 2002

Fuhrmann, Stefan: Beamteneinsatz bei Streiks von Arbeitnehmern im öffentlichen Dienst: Möglichkeiten einer gesetzlichen Regelung, Frankfurt, Berlin 1999

Gamillscheg, Franz: Kollektives Arbeitsrecht, Band I: Grundlagen, Koalitionsfreiheit, Tarifvertrag, Arbeitskampf und Schlichtung, München 1997

Gaul, Björn: Die Privatisierung von Dienstleistungen als rechtsgeschäftlicher Betriebsübergang (§ 613a BGB), ZTR 1995, S. 344 ff., S. 387 ff.

Gaul, Dieter: Der Betriebsübergang, 2. Auflage, Ehningen bei Böblingen 1993

Gellner, Berthold: Eine der drängensten politischen Aufgaben, Internationales Verkehrswesen 44 (1992), S. 471 ff.

Gern, Alfons: Privatisierung in der Kommunalverwaltung, Leipzig 1997

Gitter, Wolfgang: Arbeitsrecht, 3. Auflage, Heidelberg 1994

Grabendorff, Walter/*Windscheid,* Clemens/*Ilbertz,* Wilhelm: Kommentar zum Bundespersonalvertretungsgesetz mit Wahlordnung unter Einbeziehung der Landespersonalvertretungsgesetze, 8. Auflage, Stuttgart 1995

Groeger, Axel: Probleme der außerordentlichen betriebsbedingten Kündigung ordentlich unkündbarer Arbeitnehmer, NZA 1999, S. 851 ff.

Großfeld, Bernhard/*Janssen,* Helmut: Zur Organisation der Deutschen Bundespost, DÖV 1993, S. 424 ff.

Grupp, Klaus: Eisenbahnaufsicht nach der Bahnreform, DVBl. 1996, S. 591 ff.

Günther, Hellmuth: Konkurrentenstreit und kein Ende? Bestandsaufnahme zur Personalmaßnahme Beförderung, ZBR 1990, S. 284 ff.

– Führungsamt auf Zeit: unendliche Geschichte?, ZBR 1996, S. 65 ff.

Günther, Klaus-D.: Jahrhundertwerk auf der Schiene, Bundesarbeitsblatt 1994, S. 9 ff.

Hagemeister, Adrian von: Die Privatisierung öffentlicher Aufgaben; eine verfassungs- und verwaltungsrechtliche Abhandlung unter Zugrundelegung des Verfassungs- und Verwaltungsrechts der Republik Österreich und der Bundesrepublik Deutschland, München 1992

Haller, Robert: Privatisierung öffentlicher Aufgaben, DÖD 1997, S. 97 ff.

Hammer, Ulrich: Privatisierung – Chancen und Risiken für die Mitbestimmung, PersR 1997, S. 54 ff.

Hanau, Peter/*Adomeit,* Klaus: Arbeitsrecht, 12. Auflage, Neuwied 2000

Hanau, Peter/*Becker,* Friedemann: Arbeitsrechtliche Probleme bei der Privatisierung öffentlicher Dienstleistungen, Stuttgart 1980

Harlander, Norbert/*Heidack,* Claus/*Köpfler,* Friedrich/*Müller,* Klaus-Dieter: Praktisches Lehrbuch Personalwirtschaft, 2. Auflage, Landsburg/Lech 1991

Harms, Jens: Wirtschaftlichkeit der öffentlichen Verwaltung – Anspruch und Mythos –, VOP 1994, S. 92 ff.

Heinemann, Andreas: Grenzen staatlicher Monopole im EG-Vertrag, München 1996

Heinze, Christian: Das Gesetz zur Änderung des Verfassungsrechts der Eisenbahnen vom 20.12.1993, BayVwBl. 1994, S. 266 ff.

– Rechts- und Funktionsnachfolge bei der Eisenbahnneuordnung, NVwZ 1994, S. 748 ff.

Hill, Hermann: Die Neue Selbständigkeit fördern: „Modernisierte" Mitarbeiter in der öffentlichen Verwaltung, in: Fisch, Rudolf/Hill, Hermann, Personalmanagement der Zukunft, Person-Team-Organisation, Speyerer Arbeitsheft Nr. 134, Speyer 2001, S. 31 ff.

– Jetzt die Beschäftigten „modernisieren" in: Fisch, Rudolf/Hill, Hermann, Personalmanagement der Zukunft, Person-Team-Organisation, Speyerer Arbeitsheft Nr. 134, Speyer 2001, S. 1 ff.

– Neue Anforderungen an die Mitarbeiter/innen, in: Fisch, Rudolf/Hill, Hermann, Personalmanagement der Zukunft, Person-Team-Organisation, Speyerer Arbeitsheft Nr. 134, Speyer 2001, S. 23 ff.

– Zur Rechtsdogmatik von Zielvereinbarungen in Verwaltungen, NVwZ 2002, S. 1059 ff.

Hofmann, Bernhard: Privatisierung öffentlicher Dienstleistungen und Beamtenbeschäftigung, ZTR 1996, S. 493 ff.

Holst, Axel: Der Prozeß der Privatisierung und Probleme der Regulierung aus der Sicht des Bundesministeriums für Verkehr als oberste Regulierungsbehörde, in: König, Klaus/Benz, Angelika (Hrsg.), Privatisierung und staatliche Regulierung, Baden-Baden 1997, S. 83 ff.

Hommelhoff, Peter/*Schmidt-Aßmann,* Eberhard: Die Deutsche Bahn als Wirtschaftsunternehmen: Zur Interpretation des Art. 87e Abs. 3 GG, ZHR 160 (1996), S. 521 ff.

Huber, Peter M.: Das Berufsbeamtentum im Umbruch, Die Verwaltung 29 (1996), S. 437 ff.

Hummel, Dieter: Die Mitbestimmung des Betriebsrates bei „privatisierten" Postbeamten, PersR 1996, S. 228 ff.

– Disziplinarrechtliche Probleme bei „privatisierten" Beamten, PersR 1996, S. 18 ff.

Hummel, Dieter/*Spoo,* Sybille: Zur Mitbestimmung des Betriebsrates bei der Versetzung von Beamten, AiB 1997, S. 21 ff.

Isensee, Josef: Beamtenstreik – zur rechtlichen Zulässigkeit des Dienstkampfes, Bonn-Bad Godesberg 1971

– Streikeinsatz unter Gesetzesvorbehalt – Gesetzesvollzug unter Streikvorbehalt, Deutsche Zeitschrift für Wirtschaftsrecht 1994, S. 309 ff.

Isensee, Josef/*Kirchhof,* Paul: Handbuch des Staatsrechts der Bundesrepublik Deutschland, Bd. III, Das Handeln des Staates, bearbeitet von Barbey, Günther, 2. Auflage, Heidelberg 1996

Jachmann, Monika: Der Einsatz von Beamten auf bestreikten Arbeitsplätzen, ZBR 1994, S. 1 ff.

Jachmann, Monika/*Strauß,* Thomas: Berufsbeamtentum, Funktionsvorbehalt und der „Kaperbrief für den Landeinsatz", ZBR 1999, S. 289 ff.

Janssen, Albert: Die zunehmende Privatisierung des deutschen Beamtenrechts als Infragestellung seiner verfassungsrechtlichen Grundlagen, ZBR 4/2003, S. 113 ff.

Jarass, Hans D./*Pieroth,* Bodo: Kommentar zum Grundgesetz, 6. Auflage, München 2002

Jauernig, Othmar: Kommentar zum Bürgerlichen Gesetzbuch, 10. Auflage, München 2003

Jung, Joerg: Die Zweispurigkeit des öffentlichen Dienstes, Berlin 1971

Kadel, Peter: Personalabbauplanung und die Unterrichtungs- und Beratungsrechte des Betriebsrates nach § 92 BetrVG, BB 1993, S. 797 ff.

Kathke, Leonhard: Versetzung, Umsetzung, Abordnung und Zuweisung, ZBR 1999, S. 325 ff.

Kempen, Otto Ernst/*Zachert,* Ulrich/*Hagemeier,* Christian: Kommentar zum Tarifvertragsgesetz, 3. Auflage, Köln 1997

Kissel, Otto Rudolf: Arbeitskampfrecht – Ein Leitfaden, München 2002

Kittner, Michael/*Däubler,* Wolfgang/*Zwanziger,* Bertram: Kündigungsschutzrecht, Kommentar für die Praxis zu Kündigungen und anderen Formen der Beendigung des Arbeitsverhältnisses, 4. Auflage, Köln 1999

Klages, Helmut: Neue Herausforderungen und Möglichkeiten der Leistungsbemessung und -beurteilung, in: Reinermann, Heinrich/Unland, Holger (Hrsg.), Die Beurteilung: vom Ritual zum Personalmanagement, Baden-Baden 1997, S. 21 ff.

Knack, Hans Joachim: Kommentar zum Verwaltungsverfahrensgesetz, 7. Auflage, Köln, Berlin, Bonn, München 2000

Koch, Franz-Michael: Outsourcing im Bereich öffentlicher Dienstleistungen, AuA 1995, S. 329 ff.

Köhler, Heinz/*Ratz,* Günter: Bundesdisziplinarordnung und materielles Disziplinarrecht, Kommentar für die Praxis, 2. Auflage, Köln 1994

König, Klaus: Rückzug des Staates – Privatisierung der öffentlichen Verwaltung, DÖV 1998, S. 963 ff.

Kopp, Ferdinand/*Schenke,* Wolf-Rüdiger: Kommentar zur Verwaltungsgerichtsordnung, 11. Auflage, München 1998

Kopp, Ferdinand/ *Ramsauer,* Ulrich: Kommentar zum Verwaltungsverfahrensgesetz, 8. Auflage, München 2003

Kotulla, Michael: Rechtsfragen im Zusammenhang mit der vorübergehenden Zuweisung eines Beamten nach § 123 a BRRG, ZBR 1995, S. 168 ff.

Kröll, Michael: Beamte und Beamtinnen in der Betriebsverfassung? Zur Neuregelung des § 123a Abs. 2 BRRG, PersR 1998, S. 62 ff.

Krölls, Albert: Rechtliche Grenzen der Privatisierungspolitik, GewArch 1995, S. 129 ff.

– Die Privatisierung der inneren Sicherheit, GewArch 1997, S. 445 ff.

– Privatisierung der öffentlichen Sicherheit in Fußgängerzonen, NVwZ 1999, S. 233 ff.

Kuhla, Wolfgang/*Hüttenbrink,* Jost: Der Verwaltungsprozeß, 3. Auflage, München 2002

Kunz, Wolfgang (Hrsg.): Eisenbahnrecht, Kommentar, Loseblattsammlung, Baden-Baden Stand: Juni 2002

Kutscha, Martin: Die Flexibilisierung des Beamtenrechts, NwVZ 2002, S. 942 ff.

Langer, Thomas: Monopole als Handlungsinstrumente der öffentlichen Hand, Berlin 1998

Laubinger, Hans-Werner: Die Umdeutung von Verwaltungsakten, VerwArch 1987, S. 207, 345 ff.

Lecheler, Helmut: Der Verpflichtungsgehalt des Art. 87 I 1 GG – Fessel oder Richtschnur für die bundesunmittelbare Verwaltung?, NVwZ 1989, S. 834 ff.

– Die „hergebrachten Grundsätze des Berufsbeamtentums" in der Rechtsprechung des Bundesverfassungsgerichts und des Bundesverwaltungsgerichts, AöR 103, 1978, S. 349 ff.

– Die Zukunft des Berufsbeamtentums, ZBR 1996, S. 1 ff.

– Leitungsfunktion auf Zeit – eine verfassungswidrige Institution?, ZBR 1998, S. 331 ff.

– Reform oder Deformation – Zu den „Februar-Reformen" des öffentlichen Dienstrechts, ZBR 1997, S. 206 ff.

Lehnguth, Gerold: Die Entwicklung des Funktionsvorbehalts nach Artikel 33 Abs. 44 GG und seine Bedeutung in der heutigen Zeit, ZBR 1991, S. 266 ff.

Leisner, Walter: Berufsbeamtentum und Entstaatlichung, DVBl. 1978, S. 733 ff.

– Der Beamte als Leistungsträger – Die Anwendbarkeit des beamtenrechtlichen Funktionsvorbehalts auf die Leistungsverwaltung, in: ders. (Hrsg.), Das Berufsbeamtentum im demokratischen Staat, Berlin 1975, S. 121 ff.

– Leitungsämter auf Zeit, ZBR 1996, S. 289 ff.

– Legitimation des Berufsbeamtentums aus der Aufgabenerfüllung, Bonn 1988

Leitges, Konrad: Die Entwicklung des Hoheitsbegriffs in Art. 33 Abs. 4 des Grundgesetz, Frankfurt am Main 1998

Lemhöfer, Bernt: Altersteilzeit-Blockmodell für Bundesbeamte ohne Gesetz?, ZBR 1999, S. 109 ff.

Löwisch, Manfred: Arbeitsrecht, Düsseldorf 2002

– Kommentar zum Kündigungsschutzgesetz, 8. Auflage, Heidelberg 2000

Löwisch, Manfred/*Rieble,* Volker: Kommentar zum Tarifvertragsgesetz, München 1992

Lorenzen, Uwe: Die Bahnreform – Neuland für Dienst- und Personalvertretungsrecht, PersV 1994, S. 145 ff.

– Die Postreform II – Dienst- und personalvertretungsrechtliche Regelungen, PersV 1995, S. 99 ff.

Lorenzen, Uwe/*Schmitt,* Lothar/*Etzel,* Gerhard/*Gerhold,* Diethelm/*Schlatmann,* Arne/*Rehak,* Heinrich: Kommentar zum Bundespersonalvertretungsgesetz, begründet von Lorenzen, Uwe/Eckstein, Karlfriedrich, 4. Auflage, Hamburg, Loseblattsammlung Stand: April 2003

Lorse, Jürgen: Das Gesetz zur Modernisierung der Besoldungsstruktur: Baustein für ein zukunftsorientiertes Personalmanagement?, ZBR 2001, S. 73 ff.

Loschelder, Wolfgang: Strukturreform der Bundeseisenbahnen durch Privatisierung, in: Schriften des WIÖD, Bd. 13, Battis, Ulrich u.a. (Hrsg.), Köln 1993

Mangoldt, Hermann/*Klein,* Friedrich/*Starck,* Christian: Das Bonner Grundgesetz, Kommentar, Band 3, 4. Auflage, München 2001

Maunz, Theodor/*Dürig,* Günter: Kommentar zum Grundgesetz,
- Bd. I, Art. 1–9 GG, Loseblattsammlung, Stand: München 1989
- Bd. II, Art. 12a–37 GG, Loseblattsammlung, Stand: München 1989

Maurer, Hartmut: Allgemeines Verwaltungsrecht, 14. Auflage, München 2002

Mayer, Franz: Die hergebrachten Grundsätze des Berufsbeamtentums in: Festschrift für Arnold Gehlen, Arnold Gehlen zum Gedächtnis: Vorträge vom 21. Juni 1976 in der Hochschule für Verwaltungswissenschaften Speyer, Berlin 1976, S. 227 ff.

Mehde, Veith: Das dienstliche Beurteilungswesen vor der Herausforderung des administrativen Modernisierungsprozesses, ZBR 1998, S. 229 ff.

Menges, Eva: Die Rechtsgrundlagen für die Strukturreform der Deutschen Bahnen: Auswirkungen der Neuorganisation auf das Verhältnis des Staates zu seinem Unternehmen, Heidelberg 1997

Merten, Detlef: Das Berufsbeamtentum als Element deutscher Rechtsstaatlichkeit, ZBR 1999, 1 ff.

- Grundgesetz und Berufsbeamtentum, in: Merten/Pitschas/Niedobitek, Neue Tendenzen im öffentlichen Dienst, 2. Auflage, Speyerer Forschungsberichte, Speyer 1999

Metzger, Michaela M.: Realisierungschancen einer Privatisierung öffentlicher Dienstleistungen, München 1990

Müller, Bernd: Arbeitsrecht im öffentlichen Dienst, 5. Auflage, München 2001

Müller, Jürgen: Kommunale Privatisierungsmaßnahmen und Mitbestimmung des Personalrates in Nordrhein-Westfalen, PersV 1990, S. 59 ff.

Münch, v. Ingo/*Kunig,* Philip (Hrsg.): Kommentar zum Grundgesetz, Band 3, 5. Auflage, München 2003

Münchner Kommentar, Rebmann/Säcker (Hrsg.): Münchner Kommentar zum Bürgerlichen Gesetzbuch, Band 3, 1. Halbband, §§ 433–651k BGB, 2. Auflage, München 1988

Netz, Ottmar: Die Tarifverträge für die Arbeitnehmer der Deutsche Bahn AG, ZTR 1994, S. 189 ff.

Ossenbühl, Fritz/*Ritgen,* Klaus: Beamte in privaten Unternehmen, Baden-Baden 1999

Palandt: Kommentar zum Bürgerlichen Gesetzbuch, 62. Auflage, München 2003

- Kommentar zum Bürgerlichen Gesetzbuch, 61. Auflage, München 2002

Pechstein, Matthias: „Öffnungsklauseln“ im Beamtenrecht; Gutachten zur Verfassungsmäßigkeit bestimmter „Öffnungsklauseln“ im Beamtenrecht für die bei der Deutschen Bahn AG und den Postunternehmen beschäftigten Beamten, Bonn 1999

Peine, Franz-Joseph: Der Funktionsvorbehalt des Berufsbeamtentums, Die Verwaltung (17) 1984, S. 415 ff.

– Grenzen der Privatisierung – verwaltungsrechtliche Aspekte, DÖV 1997, S. 353 f.

Pestalozza, Christian: Neues Deutschland – in bester Verfassung?, Jura 1994, S. 561 ff.

Pfohl, Gerhard: Arbeitsrecht des öffentlichen Dienstes, Stuttgart 2002

– Der Unterschied zwischen Personalvertretungsrecht und betrieblicher Mitbestimmung und seine Konsequenzen, Erlangen 1995

– Koalitionsfreiheit und öffentlicher Dienst, ZBR 1997, S. 78 ff.

Plog, Ernst/*Wiedow,* Alexander/*Beck,* Gerhard: Kommentar zum Bundesbeamtengesetz mit Beamtenversorgungsgesetz, Loseblattsammlung, Neuwied, Kriftel, Berlin, Stand: Juni 2002

Püttner, Günter: Die öffentlichen Unternehmen, 2. Auflage, Stuttgart 1985

Redeker, Konrad/*v. Oertzen,* Hans-Joachim: Kommentar zur Verwaltungsgerichtsordnung, 13. Auflage, Stuttgart, Berlin, Köln 2001

Reinhardt, Peter: Die Deutsche Bahn AG – von der öffentlich-rechtlichen zur privatrechtlichen Zielsetzung in Unternehmen der öffentlichen Hand, ZGR 1996, S. 374 ff.

RGRK Mitglieder des Bundesgerichtshofes: Kommentar zum Bürgerlichen Gesetzbuch,
- Band II, Teil 3/1, §§ 611–620 BGB, bearbeitet von Anders, Monika, 12. Auflage, Berlin, New York 1997
- Bd. II, Teil 3/2, §§ 621–630; Bergarbeitsrecht, See- und Binnenschifffahrt, Kirchenarbeitsrecht, §§ 651a–k, bearbeitet von Bemm, Wilfrid, 12. Auflage, Berlin, New York 1997

Richardi, Reinhard: Kommentar zum Bundespersonalvertretungsgesetz, Bundesbeamtengesetz, Bundes-Angestelltentarifvertrag, Beamtenversorgungsgesetz und weitere Vorschriften des öffentlichen Dienstrechts, Bd. 1, 2. Auflage, München Stand: 1. Mai 1979

– Mitbestimmung beim Personaleinsatz von Beamten in den privatisierten Postunternehmen, NZA 1996, S. 953 ff.

Rodin, Andreas: Rechtliche Rahmenbedingungen und Empfehlungen zur Vertragsgestaltung in: Fettig, Wolfgang/Späth, Lothar (Hrsg.), Privatisierung kommunaler Aufgaben, Baden-Baden 1997

Ronellenfitsch, Michael: Privatisierung und Regulierung des Eisenbahnwesens, DÖV 1996, S. 1028 ff.

Ruhl, Marion/*Kassebohm,* Kristian: Der Beschäftigungsanspruch des Arbeitnehmers, NZA 1995, S. 497 ff.

Sachs, Michael: Kommentar zum Grundgesetz, 3. Auflage, München 2003

Sandmann, Georg/*Marschall,* Dieter: Arbeitnehmerüberlassungsgesetz, Kommentar, Loseblattsammlung, Frankfurt a. M., Stand: Mai 2003

Schaub, Günter: Arbeitsrechtliche Fragen der Privatisierung, PersV 1998, S. 100 ff.

Schaub, Günter/*Koch,* Ulrich/*Linck,* Rüdiger: Arbeitsrechts-Handbuch, Systematische Darstellung und Nachschlagewerk für die Praxis, 10. Auflage, München 2002

Scheerbarth, Hans Walter/*Höffken,* Heinz/*Bauschke,* Hans Joachim/*Schmidt,* Lutz: Beamtenrecht, 6. Auflage, Siegburg 1992

Siedentopf, Heinrich: Reformprozesse in der Verwaltung und Personalentwicklung, in: Hill, Hermann (Hrsg.), Modernisierung – Prozeß oder Entwicklungsstrategie?, Frankfurt am Main, New York 2001, S. 325 ff.

Schipp, Barbara/*Schipp,* Johannes: Arbeitsrecht und Privatisierung, München 1996

Schipp, Johannes: Arbeitsrechtliche Probleme bei der Privatisierung öffentlicher Einrichtungen, NZA 1994, S. 865 ff.

Schlegelmilch, Andreas: Amtsunangemessene Beschäftigung am Beispiel der Deutschen Bahn AG. Das Ende einer beamtenrechtlichen Statusgarantie?, ZBR 2002, S. 79 ff.

Schmidt-Aßmann, Eberhard: Besonderes Verwaltungsrecht, 11. Auflage, Berlin, New York 1999

Schmidt-Aßmann, Eberhard/*Fromm,* Günter: Aufgaben und Organisation der Deutschen Bundesbahn in verfassungsrechtlicher Sicht, 1986

Schmidt-Aßmann, Eberhard/*Röhl,* Hans-Chr.: Grundposition des neuen Eisenbahnverfassungsrechts (Art. 87e GG), DÖV 1994, S. 577 ff.

Schmidt-Bleibtreu/Klein, Franz: Kommentar zum Grundgesetz, 8. Auflage, Neuwied, Kriftel, Berlin 1995

Schneider, Jürgen: Die Privatisierung der Deutschen Bundes- und Reichsbahn: institutioneller Rahmen – wertkettenorientiertes Synergiekonzept – Analyse der Infrastrukturgesellschaft, Wiesbaden 1996

Schneider, Wolfgang: Mitbestimmungsaspekte bei Personalangelegenheiten von Beamten in den privatisierten Postunternehmen, PersR 1998, S. 175 ff.

Schnellenbach, Helmut: Beamtenrecht in der Praxis, 4. Auflage, München 1998

– Die dienstliche Beurteilung der Beamten und Richter, 2. Auflage, München 1995

– Konkurrenzen um Beförderungsämter – geklärte und ungeklärte Fragen, ZBR 1997, S. 169 ff.

Schoch, Friedrich: Der Beitrag des kommunalen Wirtschaftsrechts zur Privatisierung öffentlicher Aufgaben, DÖV 1993, S. 377 ff.

– Privatisierung von Verwaltungsaufgaben, DVBl. 1994, S. 962 ff.

Schönrock, Sabrina: Beamtenüberleitung anlässlich der Privatisierung von öffentlichen Unternehmen, Berlin 2000

Scholz, Rupert: Staatliche Sicherheitsverantwortung zu Lasten Privater? in: Festschrift für Karl Heinrich Friauf zum 65. Geburtstag, Staat, Wirtschaft und Steuern, Wendt, Rudolf (Hrsg.), Heidelberg 1996, S. 439 ff.

Scholz, Rupert/*Aulehner,* Josef: Berufsbeamtentum nach der deutschen Wiedervereinigung: Die Personalstruktur der Deutschen Bundespost in den fünf neuen Ländern, Archiv für das Post- und Fernmeldewesen (ArchPT) 1993

Schrader, Peter: Arbeitgeberverbände und Mächtigkeit, NZA 2001, S. 1337 ff.

Schröder, Heinz/*Lemhöfer,* Bernt/*Krafft,* Ralf: Das Laufbahnrecht des Bundesbeamten, Kommentar zur Bundeslaufbahnverordnung (BLV), München, Berlin, Stand: Oktober 2002

Schütz, Erwin/*Maiwald,* Joachim: Beamtenrecht des Bundes und der Länder, 5. Auflage, Band 1, Loseblattsammlung, München, Stand: Januar 1999

Schuppert, Gunnar Folke: Jenseits von Privatisierung und „schlankem" Staat: Vorüberlegungen zu einem Konzept von Staatsentlastung durch Verantwortungsteilung in: Gusy, Christoph, Privatisierung von Staatsaufgaben: Kriterien – Grenzen – Folgen, Baden-Baden 1998

– Rückzug des Staates? Zur Rolle des Staates zwischen Legitimationskrise und politischer Neubestimmung, DÖV 1995, S. 761 ff.

Schwegmann, Bruno/*Summer,* Rudolf: Kommentar zum Bundesbesoldungsgesetz; Loseblattsammlung, 2. Auflage, München, Stand: Februar 2003

Sellmann, Klaus-Albrecht: Zum „Besitzstandsschutz" bei Beurlaubungen von Bundesbahnbeamten zu Nahverkehrsunternehmen, ZBR 1994, S. 71 ff.

Spoo, Sibylle: Anwendung des Disziplinarrechts auf „privatisierte Beamte", PersR 1997, S. 399 ff.

Sodan, Helge: Der Anspruch auf Rechtsetzung und seine prozessuale Durchsetzbarkeit, NVwZ 2000, S. 601 ff.

Sodan, Helge/*Ziekow,* Jan (Hrsg.): Nomos-Kommentar zur Verwaltungsgerichtsordnung, Band II, Loseblattsammlung, Baden-Baden, Stand: Januar 2003

Staudinger, Julius von: Kommentar zum Bürgerlichen Gesetzbuch,
- Bd. II, Einleitung zu §§ 241 ff.; §§ 241–243; 13. Auflage, Berlin 1995
- Bd. II, 2, Recht der Schuldverhältnisse, §§ 611–619 BGB, 12. Auflage, Berlin, New York 1993

Steiner, Udo: Öffentliche Verwaltung durch Private, Schriften zum Wirtschaftsverfassungs- und Wirtschaftsverwaltungsrecht, Bd. 10, Hamburg 1975

Steiner, Udo/*Arndt,* Hans Wolfgang: Besonderes Verwaltungsrecht, Heidelberg 1999

Stelkens, Paul/*Bonk,* Hans-Joachim/*Sachs,* Michael: Kommentar zum Verwaltungsverfahrensgesetz, 6. Auflage, München 2001

Stern, Klaus: Das Staatsrecht der Bundesrepublik Deutschland, Bd. 1, Grundbegriffe und Grundlagen des Staatsrechts, Strukturprinzipien der Verfassung, 2. Auflage, München 1984

Steuck, Jens-Peter: Zur Beschäftigung von Beamten in einer privatisierten Einrichtung, ZBR 1999, S. 150 ff.

Stober, Rolf: Die privatrechtlich organisierte öffentliche Verwaltung, NJW 1984, S. 449 ff.

Strauß, Thomas: Funktionsvorbehalt und Berufsbeamtentum: Zur Bedeutung des Artikel 33 Abs. 4 GG, Berlin 1999

Strehle, Volker: Alkoholbedingtes Fehlverhalten im öffentlichen Dienst, RiA 1995, S. 168 ff.

Suckale, Margret: Taschenbuch der Eisenbahngesetze, 13. Auflage, Darmstadt 2002

Summer, Rudolf: Die hergebrachten Grundsätze des Berufsbeamtentums – ein Torso, ZBR 1992, S. 1 ff.

– Leistungsanreize/Unleistungssanktionen, ZBR 1995, S. 125 ff.

– Modernisierung der Besoldungstechniken? Gedanken zum Entwurf eines Besoldungsstrukturgesetzes, ZBR 2000, S. 298 ff.

Thieme, Werner: Der öffentliche Dienst in der Verfassungsordnung des Grundgesetzes (Art. 33 GG), Göttingen 1961

– Der Aufgabenbereich der Angestellten im öffentlichen Dienst und die hoheitsrechtlichen Befugnisse nach Art. 33 Abs. 4 GG, Hamburg 1962

Tondorf, Karin/*Bahnmüller,* Reinhard/*Klages,* Helmut: Steuerung durch Zielvereinbarungen: Anwendungspraxis, Probleme, Gestaltungsüberlegungen, Berlin 2002

Trümner, Ralf: Probleme beim Wechsel von öffentlich-rechtlichen zum privatrechtlichen Arbeitgeber infolge von Privatisierungen öffentlicher Dienstleistungen, PersR 1993, S. 473 ff.

Uerpmann, Robert: Einsatz von Beamten bei einer Gesellschaft privaten Rechts, Jura 1996, S. 79 ff.

Ulber, Jürgen: Kommentar zum Arbeitnehmerüberlassungsgesetz und Arbeitnehmerentsendungsgesetz, 2. Auflage, Köln 2002

Ule, Carl Hermann: Öffentlicher Dienst, in: Bettermann, Karl August, Die Grundrechte: Handbuch der Theorie und Praxis der Grundrechte, Band IV/2, Grundrechte und institutionelle Garantien, 2. Auflage, Berlin 1972

Wagner, Fritjof: Beamtenrecht, 4. Auflage, Heidelberg 1994

Warbeck, Anke: Die Reichweite des Funktionsvorbehalts des Art. 33 Abs. 4 GG, RiA 1998, S. 22 ff.

Weiß, Hans-Dietrich: Disziplinarrecht bei den privaten Bahn- und Postunternehmen, ZBR 1996, S. 225 ff.

– Das neue Disziplinargesetz, ZBR 2002, S. 17 ff.

Wendt, Rudolf/*Elicker,* Michael: Die Prüfung disziplinarrechtlicher Maßnahmen durch die Bundesanstalt für Post und Telekommunikation, ZBR 2002, S. 73 ff.

Wenger, Anette: Leistungsanreize für Beamte in Form von individuellen Zulagen – Grundlagen, rechtliche Möglichkeiten und Grenzen –, Tübingen 1995

Wernicke, Hartmut: Bundesbahn – wo sind deine Beamten geblieben?, ZBR 1998, S. 266 ff.

Wind, Ferdinand/*Schimana,* Rudolf/*Wichmann,* Manfred: Öffentliches Dienstrecht, 4. Auflage, Köln 1998

Wolff, Hans J./*Bachof,* Otto/*Stober,* Rolf: Verwaltungsrecht I, 11. Auflage, München 1999

– Verwaltungsrecht II, 6. Auflage, München 2000

– Verwaltungsrecht II, 5. Auflage, München 1987

Wurm, Thomas: Der Begriff des öffentlichen Dienstes: eine Untersuchung unter besonderer Berücksichtigung der vom Staat privat organisierten Forschungseinrichtungen und der privatisierten Bahn- und Postunternehmen, Speyer 1998

Zander, Jürgen W.: Handlungsmöglichkeiten des Personalrats bei der Privatisierung öffentlicher Dienstleistungen, PersR 1991, S. 322 ff.

Ziekow, Jan: Rechtliche Rahmenbedingungen der Privatisierung kommunaler Dienstleistungen in: Meyer-Teschendorf, Klaus G., Föttinger u. a., Neuausrichtung kommunaler Dienstleistungen, Stuttgart 1999, S. 131 ff.

– Veränderungen des Amtes im funktionellen Sinne eine Betrachtung nach Inkrafttreten des Dienstreformgesetzes, DÖD 1999, S. 7 ff.

Zöllner, Wolfgang/*Loritz,* Karl-Georg: Arbeitsrecht, 5. Auflage, München 1998

Sachwortverzeichnis

(die Verweise beziehen sich auf die Seitenzahlen)

155 Eberhard Bohne (Hrsg.): **Perspektiven für ein Umweltgesetzbuch.** Beiträge zum 1. Speyerer UGB-Forum vom 21. und 22. Oktober 1999 und zum 2. Speyerer UGB-Forum vom 19. und 20. März 2001 an der Deutschen Hochschule für Verwaltungswissenschaften Speyer. Tab., Abb.; 400 S. 2002 ⟨3-428-11005-6⟩ € 76,– / sFr 128,–

156 Jörn von Lucke: **Regieren und Verwalten im Informationszeitalter.** Abschlussbericht des Forschungsprojekts „Regieren und Verwalten im Informationszeitalter" am Forschungsinstitut für öffentliche Verwaltung bei der Deutschen Hochschule für Verwaltungswissenschaften Speyer. Projektleiter: Univ.-Prof. Dr. Heinrich Reinermann. Abb.; 276 S. 2003 ⟨3-428-11011-0⟩ € 84,80 / sFr 143,–

157 Hans Herbert von Arnim (Hrsg.): **Reform der Parteiendemokratie.** Beiträge auf der 5. Speyerer Demokratietagung vom 25. bis 26. Oktober 2001 an der Deutschen Hochschule für Verwaltungswissenschaften Speyer. Tab.; 178 S. 2003 ⟨3-428-11055-2⟩ € 78,80 / sFr 133,–

158 Jan Ziekow (Hrsg.): **Bewertung von Fluglärm – Regionalplanung – Planfeststellungsverfahren.** Vorträge auf den Vierten Speyerer Planungsrechtstagen und dem Speyerer Luftverkehrstag vom 13. bis 15. März 2002 an der Deutschen Hochschule für Verwaltungswissenschaften Speyer. Tab., Abb.; 303 S. 2003 ⟨3-428-11164-8⟩ € 46,– / sFr 79,50

159 Jan Ziekow (Hrsg.): **Verwaltungswissenschaften und Verwaltungswissenschaft.** Forschungssymposium anlässlich der Emeritierung von Univ.-Prof. Dr. Dr. Klaus König. 216 S. 2003 ⟨3-428-11360-8⟩ € 58,– / sFr 98,–

160 Rainer Pitschas / Harald Stolzlechner (Hrsg.): **Auf dem Weg in einen „neuen Rechtsstaat".** Zur künftigen Architektur der inneren Sicherheit in Deutschland und Österreich. Vorträge und Berichte im deutsch-österreichischen Werkstattgespräch zur inneren Sicherheit an der Deutschen Hochschule für Verwaltungswissenschaften Speyer im Oktober 2002. Abb.; IV, 302 S. 2004 ⟨3-428-11384-5⟩ € 89,80 / sFr 152,–

161 Hermann Hill / Rainer Pitschas (Hrsg.): **Europäisches Verwaltungsverfahrensrecht.** Beiträge der 70. Staatswissenschaftlichen Fortbildungstagung vom 20. bis 22. März 2002 an der Deutschen Hochschule für Verwaltungswissenschaften Speyer. 476 S. 2004 ⟨3-428-11424-8⟩ € 68,– / sFr 115,–

162 Annette Guckelberger: **Der Europäische Bürgerbeauftragte und die Petitionen zum Europäischen Parlament.** Eine Bestandsaufnahme zu Beginn des 21. Jahrhunderts. 172 S. 2004 ⟨3-428-11315-2⟩ € 54,– / sFr 91,–

163 Jan Ziekow (Hrsg.): **Beschränkung des Flughafenbetriebs – Planfeststellungsverfahren – Raumordnungsrecht.** Vorträge auf den Fünften Speyerer Planungsrechtstagen und dem Speyerer Luftverkehrsrechtstag vom 19. bis 21. März 2003 an der Deutschen Hochschule für Verwaltungswissenschaften Speyer. 275 S. 2004 ⟨3-428-11489-2⟩ € 64,– / sFr 108,–

164 Rainer Pitschas / Jan Ziekow (Hrsg.): **Kommunalwirtschaft im Europa der Regionen.** Vorträge auf dem Speyerer Wirtschaftsforum vom 25. bis 27. September 2002 an der Deutschen Hochschule für Verwaltungswissenschaften Speyer. 211 S. 2004 ⟨3-428-11455-8⟩ € 76,– / sFr 128,–